新世纪财经系列教科书

李海波工作室

# 新编财政与金融
## XINBIAN CAIZHENG YU JINRONG

（第五版）

李海波 林 松 高寿昌／主编

立信会计出版社
LIXIN ACCOUNTING PUBLISHING HOUSE

图书在版编目(CIP)数据

新编财政与金融/李海波,林松,高寿昌主编. —5 版.
—上海:立信会计出版社,2014.2
新世纪财经系列教科书
ISBN 978-7-5429-4076-6

Ⅰ. ①新… Ⅱ. ①李… ②林… ③高… Ⅲ. ①财政
金融-高等职业教育-教材 Ⅳ. ①F8

中国版本图书馆 CIP 数据核字(2014)第 026588 号

责任编辑　　洪梅春
封面设计　　周崇文

## 新编财政与金融(第五版)

| | | | | |
|---|---|---|---|---|
| 出版发行 | 立信会计出版社 | | | |
| 地　　址 | 上海市中山西路 2230 号 | 邮政编码 | 200235 | |
| 电　　话 | (021)64411389 | 传　　真 | (021)64411325 | |
| 网　　址 | www.lixinaph.com | 电子邮箱 | lxaph@sh163.net | |
| 网上书店 | www.shlx.net | 电　　话 | (021)64411071 | |
| 经　　销 | 各地新华书店 | | | |
| 印　　刷 | 上海天地海设计印刷有限公司 | | | |
| 开　　本 | 710 毫米×960 毫米 | 1/16 | | |
| 印　　张 | 21.75 | 插　　页 | 2 | |
| 字　　数 | 356 千字 | | | |
| 版　　次 | 2014 年 2 月第 5 版 | | | |
| 印　　次 | 2018 年 1 月第 5 次 | | | |
| 印　　数 | 12401—15500 | | | |
| 书　　号 | ISBN 978-7-5429-4076-6/F | | | |
| 定　　价 | 38.00 元 | | | |

如有印订差错,请与本社联系调换

**李海波** 毕业于中央财经大学，教授，研究员，中国注册会计师，享受国务院政府特殊津贴的专家。

长期从事会计、财金等教学、理论研究和高校管理工作。先后兼任中国会计学会理事，中国审计学会理事，中国生产力学会常务理事，上海生产力学会常务副会长等职。多年来，主编出版了《公司会计》《企业会计》《股份制会计》《新编审计学》《财务管理》《新编会计学原理》《经济法》《财政与金融》《金融会计》《管理会计》《中国税制》《珠算》《生产力词典》等著作、词典、教科书四十多部，发表论文数十篇，教学、科研成果突出；多次荣获国家教育部、中国书刊发行业协会等颁发的"全国优秀畅销书"奖、"全国生产力理论实践成果著作一等奖""建国50周年精品图书"奖、全国"优秀教材特等奖""全国优秀畅销书"排行榜金杯奖和"优秀畅销书一等奖"；多次被授予"上海市财贸系统有突出贡献的优秀专家"称号，荣获"宝钢奖"。曾受聘担任国家教育部全国专科教育人才培养工作委员会副主任，并被收入《中国大学校长名典》和《中国教育名人录》。

# 前　言

　　为适应各类院校教学以及职业技术教育、上岗培训、技术职称考试、自学进修的需要，我们受全国经济书店、全国立信事业协作会和立信会计出版社的委托，组织长期从事教学、实际工作的有关专家、学者编写了《新编财政与金融》一书。该书问世以后，在全国各省、市、自治区发行，连续再版印刷20多次，荣获优秀图书奖，受到广大读者的欢迎和有关专家的好评。

　　为使本书内容更趋完善，作者根据近期财政、税收、金融方面的政策变化，对全书再次作了较大的修改，删除了不少老旧的资料性内容，使内容更加精炼，并以第五版形式敬献给广大读者。

　　本书全面、重点阐述了财政金融基本理论和基础知识。在吸收了近年来财政金融理论研究新成果的同时，本书紧密结合我国社会主义市场经济条件下财政金融改革和发展的实际，体现最新法律法规的规定和国家财税金融政策，使本书内容新颖、覆盖面广、富有特色、科学规范、实用性强。

　　本书由我国会计学专家、全国专科教育人才培养工作委员会副主任、中国生产力学会常务理事、中国会计学会理事、中国审计学会理事、享受国务院政府特殊津贴的专家李海波教授、财税学专家林松教授、金融学专家高寿昌教授任主编。

　　本书编写人员有(以姓氏笔画为序)：丁孟瑞、马忠林、方昌飞、王炼果、叶克全、朱伦、刘金保、寿伟光、吴健、李海波、林松、胡小明、陈嘉平、祝雪红、秦子敏、徐月丽、高寿昌、陶明娟、崔峰、蔡浩忠、颜放。

本书的出版得到了有关部门和有关专家的大力支持,在此谨表谢意。

本书错误和疏漏之处,恳请读者批评指正。

《新编财政与金融》编委会

# 目　录

## 第一章　财政概论 ……………………………………………… 1
### 第一节　财政概述 ………………………………………… 1
### 第二节　财政的产生和发展 ……………………………… 7
### 第三节　财政的职能和作用 ……………………………… 12

## 第二章　财政收入 ……………………………………………… 20
### 第一节　财政收入概述 …………………………………… 20
### 第二节　财政收入的形式和分类 ………………………… 26

## 第三章　财政支出 ……………………………………………… 32
### 第一节　财政支出的意义 ………………………………… 32
### 第二节　财政支出的原则 ………………………………… 34
### 第三节　财政支出的分类 ………………………………… 36

## 第四章　国有资产管理 ………………………………………… 48
### 第一节　国有资产管理概述 ……………………………… 48
### 第二节　国有资产产权管理 ……………………………… 52
### 第三节　国有资产评估管理 ……………………………… 57

## 第五章　国家预算和决算 ……………………………………… 61
### 第一节　国家预算 ………………………………………… 61
### 第二节　国家预算的编制、执行和调整 ………………… 66
### 第三节　国家决算 ………………………………………… 78

## 第六章　财政管理体制 ………………………………………… 82

第一节　财政管理体制建立的原则 …………………… 82
　　第二节　财政管理体制的建立和发展 ………………… 86
　　第三节　现行财政管理体制 …………………………… 93

**第七章　财政管理和财政监督** ………………………… 99
　　第一节　财政管理 ……………………………………… 99
　　第二节　财政监督 ……………………………………… 105
　　第三节　加强财政法制建设 …………………………… 110

**第八章　税收概论** ……………………………………… 115
　　第一节　税收概述 ……………………………………… 115
　　第二节　税收的性质和职能作用 ……………………… 119
　　第三节　税制结构和税收分类 ………………………… 123
　　第四节　税收征收管理制度 …………………………… 126

**第九章　现行征收各税** ………………………………… 133
　　第一节　流转税类 ……………………………………… 133
　　第二节　所得税类 ……………………………………… 140
　　第三节　资源税类 ……………………………………… 146
　　第四节　财产行为税类 ………………………………… 147
　　第五节　特定目的税类 ………………………………… 151

**第十章　税收法制** ……………………………………… 154
　　第一节　税法概述 ……………………………………… 154
　　第二节　税收法律责任 ………………………………… 159
　　第三节　税务行政复议和行政诉讼 …………………… 165

**第十一章　金融概论** …………………………………… 168
　　第一节　金融和金融学的研究对象 …………………… 168
　　第二节　金融的产生和发展 …………………………… 170
　　第三节　金融在国民经济中的作用 …………………… 175

## 第十二章 货币与货币制度 ... 178
第一节 货币的本质和职能 ... 178
第二节 货币制度 ... 182

## 第十三章 信用和利息率 ... 192
第一节 信用的产生和发展 ... 192
第二节 信用的形式 ... 194
第三节 信用工具 ... 199
第四节 利息和利息率 ... 205

## 第十四章 金融机构 ... 209
第一节 金融机构概述 ... 209
第二节 中央银行 ... 211
第三节 商业银行 ... 214
第四节 政策性银行 ... 217
第五节 非银行金融机构 ... 218
第六节 外资金融机构 ... 220
第七节 金融机构的监管 ... 220

## 第十五章 商业银行 ... 223
第一节 商业银行的经营原则和资产负债管理 ... 223
第二节 商业银行的负债业务 ... 225
第三节 商业银行的资产业务 ... 229
第四节 商业银行的中间业务和表外业务 ... 232

## 第十六章 涉外金融 ... 235
第一节 外汇与汇率 ... 235
第二节 外汇管理 ... 241
第三节 国际收支 ... 245
第四节 利用外资 ... 249

## 第十七章 金融市场 ············254
- 第一节 金融市场概述 ············254
- 第二节 外汇市场 ············259
- 第三节 货币市场 ············264
- 第四节 资本市场 ············267
- 第五节 我国的金融市场 ············272

## 第十八章 货币供求和货币政策 ············275
- 第一节 货币流通 ············275
- 第二节 货币供求 ············279
- 第三节 通货膨胀与通货紧缩 ············286
- 第四节 货币政策 ············294

## 第十九章 证券概论 ············304
- 第一节 证券及其种类 ············304
- 第二节 证券市场的形成和发展 ············309
- 第三节 证券市场的作用和风险 ············315

## 第二十章 证券市场 ············318
- 第一节 证券市场主体 ············318
- 第二节 证券发行市场 ············321
- 第三节 证券交易市场 ············329
- 第四节 证券市场的监督管理 ············335

# 第一章

# 财政概论

**内容提示** 本章主要阐述财政的概念和社会主义国家财政的基本特征,财政产生和发展的历史过程,财政的职能和作用。重点掌握财政参与社会产品分配过程中的分配关系,社会主义财政的职能和作用。

## 第一节 财政概述

### 一、财政的一般概念

财政是一个古老的经济范畴。但"财政"一词在我国的使用,则是近代的事情。中国古代称财政为国用、国计、度支。英文称作 Public Finance(意为"公共财务")。据考证,清光绪二十四年(1898年)在戊戌变法"明定国事"诏书中有"改革财政,实行国家预算"的条文,这是中国近代政府中第一次使用"财政"一词。光绪二十九年(1903年)清政府设财政处,整顿财政,为官方用财政名称之始。

财政是国家为实现其职能,凭借国家政治权力强制地无偿地参与社会产品或国民收入分配而形成的分配关系。这里包含着以下几层意思:第一,财政分配是国家为实现其职能所进行的分配。它与一般经济分配不同,财政分配不仅以国家为主体,而且分配的目的是为实现国家职能服务的。从这一意义上来说,财政和国家有相互依存的关系。第二,财政是凭借国家政治权力强制地无偿地参与社会产品或国民收入的分配。这是财政分配与其他分配形式的不同特征。第三,财政分配的对象是社会产品或国民收入,并以此保证国家职能的实现。财政分配形式随着社会经济的发展而发展,由最初的劳役和实物分配,最后发展到今天的价值分配。第四,财政分配体现的是以国家为主体的分配关系,即国家与企事业单位和个人之间的经济利益关系,这是财政的本质特征。

对于财政的一般概念,随着我国社会主义市场经济的建立和发展,财政学界对财政的概念也有不同的表述,如"财政是国家凭借其政治力量,通过集中一部分社会财富来满足社会公共需要收支活动,并通过这些收支活动调节社会总需求与总供给的平衡,以达到优化资源配置、公平分配、稳定和发展经济的目标。"①上述表述方法虽有不同,但为实现国家职能需要和公共需要,凭借国家政治权力参与社会产品或国民收入(或社会财富)分配等方面则是相同的。

## 二、我国社会主义财政的基本特征

我国是社会主义国家。由于国家性质和社会基本经济制度不同,我国社会主义财政与其他国家财政相比,有其不同的特征,主要表现在以下方面。

（一）分配关系的人民性

财政是国家的集中性分配,体现了一定的分配关系。我国是社会主义国家,国家的一切权力属于人民。我国经济制度的基本特征是以生产资料的社会主义公有制为主体、多种所有制经济共同发展。其中国有经济占主导地位,非公有制经济是国有经济有益的必要的补充。社会主义财政的根本任务是为维护和加强国家政权,巩固和发展以公有制为主体的、多种所有制经济共同发展的社会主义经济制度,促进生产力的发展,不断提高人民的物质文化水平。这表现在:我国财政收入的主要来源是公有制经济,特别是国有经济的缴纳。财政支出中,一部分用于公检法、行政管理和国防等支出,直接为巩固国家政权提供物质基础;大部分用于经济建设和文化教育、卫生事业和社会保障等方面的需要,用以发展社会生产力,巩固社会主义经济基础,满足人民日益增长的物质文化需要。因此,我国社会主义财政体现了"取之于民,用之于民"的分配关系,具有鲜明的人民性。

要特别指出的是,在分析不同社会形态下的财政本质时,必须着眼于社会经济制度和国家性质的本质区分。在资本主义国家,由于国家的性质是资产阶级专政,为资产阶级利益服务,因此,资本主义财政是为巩固资产阶级政权和为垄断资产阶级服务的工具。资本主义国家的财政收入,不论采取何种形式征收和由谁直接交纳,其来源都是工人和其他劳动者创造的剩余价值,对广大人民来说

---

① 冯宗容主编:《财政学》,四川大学出版社2002年版,第8页。

是一种"超经济剥削";其财政支出,是为资产阶级利益服务的。即使用于水利、道路、桥梁等公共设施和文化、教育、卫生事业等支出,以及社会保障、救济方面的支出,就现象看,同我国财政支出的某些项目有类似之处,但其最终目的是为维护资本主义制度的存在和资产阶级统治服务的。因此,资本主义财政体现的是一种超经济剥削关系。

(二) 根本利益的一致性

我国社会主义财政关系体现着国家、企业、个人之间以及中央和地方之间的分配关系。这是一种在根本利益一致基础上的人民内部的分配关系。它不同于资本主义经济中,作为整个资产阶级代表的国家为一方与广大劳动人民群众为另一方的剥削和压迫的关系。

我国财政分配关系中根本利益的一致性,首先,表现在国家财政对微观经济主体(企业、单位和个人)的征收,不仅是为了取得财政收入,而且是为了调节经济,为企业的公平竞争创造一个良好的外部环境,同时防止收入水平过分悬殊,这是符合全体人民的根本利益的。其次,通过财政再分配,将财政集中的资金用于经济建设和提高人民的物质文化生活水平的需要,正如马克思指出的"从一个处于私人地位的生产者身上扣除的一切,又会直接或间接地用来为处于社会成员地位的这个生产者谋福利。"[①]

根本利益的一致性并不排除在人民内部还存在着国家利益与个人利益、长远利益与眼前利益、全局利益与局部利益之间的矛盾。在社会主义市场经济条件下,这种利益矛盾是客观存在的,要通过正确的财政政策和制度,通过加强财税管理和监督,正确处理这些矛盾。

(三) 财政分配的生产建设性

我国是社会主义国家,国家具有双重身份和双重职能。一方面,国家作为政权机关,具有行政管理(包括经济管理)职能;另一方面,国家作为全民所有制的代表,具有所有者的身份,并以所有者的身份对国有经济行使管理的职能。这就使得我国社会主义财政不仅要通过征税和其他分配方式保障国家财政收入,为实现国家职能服务,同时,又使国家财政与社会再生产之间具有内在的联系,有明显的生产建设性特征。主要表现在:一方面,国家以政权机关身份通过征税取得财政收入,同时又以所有者身份直接参加国有经济的利润分配;另一方面,国

---

① 马克思:《哥达纲领批判》,人民出版社 1965 年版,第 12 页。

家通过征税和参与国有经济利润分配取得财政收入后转化为国家财政支出,进行基本建设投资,扩大再生产,促进生产建设的发展。我国社会主义财政的生产建设性,是不同于资本主义财政的一个重要特征。

改革开放以来,有一种观点认为,我国财政应像西方国家的财政那样退出生产领域,由"生产建设性财政"转变为"吃饭财政",只承担公共消费性支出。这种观点是不正确的。只要国有企业在我国经济中的主导地位不改变,作为国有企业的所有者,国家就必须将其分得的利润进行再投资,以保持国有资产的保值和增值;同时,只有政府承担关系国计民生的重大投资活动,才能加速工业化的进程,保证投资结构和产业结构的合理化,从而实现国民经济的持续、稳定、协调发展。

### 三、财政在社会再生产中的地位

财政是个分配问题,只有把财政放到社会再生产过程中来研究,财政的许多重大理论和实践问题才能得到正确的认识和解决。

(一) 分配在社会再生产中的地位

由于财政是个分配问题,因而财政在再生产中的地位首先取决于分配在再生产中的地位。

社会再生产过程由生产、分配、交换和消费四个环节构成一个统一体。其中,生产是起点,消费是终点,而分配和交换是连接生产和消费的中介环节。这四个环节之间的关系是:"一定的生产决定一定的消费、分配、交换和这些不同要素相互间的一定关系。当然,生产就其片面形式来说也决定于其他要素。"[①]在社会再生产中,生产对其他环节是决定因素。因为没有生产,就没有可供消费物,也就没有分配和交换。另一方面,没有消费,也就没有生产。因为只有在消费中,产品才能成为现实的产品,生产才能得到实现。同时,消费还为生产创造出新的需要,即创造出生产的动力,推动生产的发展。而没有分配和交换的中间环节,自然也不会有消费和生产。因此,分配和交换也制约着消费和生产。分配同交换的区别在于,分配是解决社会产品在价值量上分割的份额、比例问题的。具体来说,包括这样两个相互联系的过程和内容:

第一,社会产品在价值量上归谁占有和占有多少的问题,也就是社会产品分

---

① 《马克思恩格斯全集》第12卷,人民出版社1962年版,第749~750页。

别归各地区、各部门、各单位以及个人占有的份额和比例问题。

第二,社会产品在价值上用在哪些方面和使用多少的问题。社会产品从最终用途来看,要形成补偿、积累和消费三种基金。

上述占有的份额、比例和使用的份额、比例,都是解决社会产品在价值量上的矛盾问题,而不解决具体使用价值的矛盾问题。交换,则是解决获得价值支配权的单位和个人所需要的具体使用价值问题。分配和交换之间的关系,是相互制约、互为前提的。因为,从一个角度看,只有通过交换实现了产品价值才能进行分配;而从另一个角度看,只有经过分配形成各种货币收入以后才能进行产品交换。分配,作为再生产的中介环节,对再生产发挥着调节器的控制作用。因此,凡是调节经济的杠杆都属于分配范畴。

(二) 社会产品分配的原理

财政在再生产中的地位取决于财政在分配中的地位。这需要首先弄清在社会主义条件下,社会产品分配的原理和财政参与社会产品分配的过程。

马克思在《哥达纲领批判》一书中,在批判拉萨尔的"不折不扣"的分配时,对社会主义社会的产品分配进行了科学的分析,提出了社会产品分配的原理。这就是,社会产品在分配给个人消费以前,要进行一系列扣除:第一,用来补偿已消费的生产资料的部分;第二,用来扩大生产的追加部分;第三,用来应付不幸事故、自然灾害等的后备基金或保险基金。剩余的总产品的其他部分,作为消费资料进行再分配。对把这部分进行个人分配之前,还得从里面扣除:第一,和生产没有直接联系的一般管理费用;第二,用来满足共同需要的部分,如学校、保健设施等;第三,为丧失劳动能力的人等设立的基金。当时,马克思在讲述上述六项扣除时,是假定社会主义在全世界同时取得胜利。后来,列宁根据新的情况提出了社会主义只能在一个或几个国家首先取得胜利。这样一来,首先取得社会主义胜利的国家为了防止帝国主义的侵略和颠覆,还需要加强国防,因此还要增加一项国防费用的扣除。经过以上七项扣除,剩余的部分才能根据按劳分配的原则用于个人消费。

这就是说,社会主义社会的总产品在分配中大体要分为八部分,即八个份额。其中:第一项属于补偿基金;第二项属于积累基金;第三项,作为后备基金,通常把它列为积累基金;第四项至第七项属于社会消费基金;第八项是个人消费基金。社会消费基金和个人消费基金合在一起是消费基金。上述扣除是从产品的最终用途来分的,即社会产品从最终使用来看要分为补偿基金、积累基金和消费基金三部分。社会产品从创造出来到最终形成补偿、积累和消费,这中间要经过复杂的分配和再分配过程,财政不仅自始至终参与这一过程,而且发挥着重要作用。

(三) 财政参与社会产品分配的过程及其在分配中的地位

社会总产品是由物质生产部门创造的,在我国,目前主要是由国有经济、集体经济的劳动者创造的,此外,还有一定数量的城乡个体劳动者、私人企业、中外合资企业、外商独资企业的劳动者创造的社会产品。因此,社会产品首先要在物质生产部门和企业里进行初次分配。然后,通过财政再在社会范围内进行再分配。财政通过参与社会产品的分配过程,从而与国民经济(即社会再生产)活动的各个方面发生联系。

在市场经济条件下,企业生产的社会产品(W),以销售收入总和表现的社会总产品,在企业的初次分配中,先要扣除补偿生产资料的耗费(相当于 C 的部分),而后形成国民收入。国民收入中,一部分以工资的形式支付职工的劳动报酬(相当于 V 的部分);另一部分是企业的纯收入(相当于 M 的部分)。企业纯收入中,一部分以税收的形式上缴国家,部分国有企业还要上缴利润或国有资产收益,形成国家的财政收入;另一部分留归企业支配,形成盈余公积金(公益金)、未分配利润。盈余公积金属于积累基金,用于企业投资,进行扩大再生产;属于消费基金部分,用于发放奖金和改善职工福利。事业单位不创造产品,其开支主要靠政府经费拨款,但也有程度不同的各种形式的事业收入,根据财务管理办法的规定,或上缴财政,或抵补自身的支出。居民的收入来源主要是企业和事业单位发放的工资和奖金,其使用方向主要用于居民消费支出,形成消费基金;另外,作为居民整体,总有一部分收入形成居民储蓄,通过金融中介转化为积累基金,用于投资;此外,居民还向国家纳税,以及购买公债(国库券),从而形成财政收入。

财政除了通过上述税收、企业利润、事业收入、公债等形式从企业、事业单位、居民那里取得收入外,在实行开放政策的市场经济条件下,还可以取得国外借款收入,这些收入的总和形成财政总收入。财政收入形成之后,要在全社会范围内进行再分配,这是通过财政支出进行的。财政支出按照补偿、积累、消费的性质划分,大部分用于消费性支出,包括对文教、科学、卫生、行政、国防等事业单位的政府经费拨款;对居民的补贴和社会保障、抚恤、救济等转移性支出;对居民认购公债和国外借债的还本付息等。财政支出中的积累性支出,通常以政府投资的形式最终形成国有资产。此外,财政支出中还有属于补偿基金性质的挖潜改造支出，用于企业固定资产的更新改造。

社会总产品的价值形态是各种货币收入和资金，通过分配和再分配，最终形成补偿基金、积累基金和消费基金。其中，前两种基金主要形成对投资（即生产资料）的需求；后一种基金形成对消费品（即生活资料）的需求。社会总产品的使用价值形态是为社会提供的投资品和消费品的供给。显然，只有当社会总供给和总需求在总量和结构上都相适应的条件下，国民经济才能正常运行。在这里，财政分配处于重要地位，起着重要作用。主要表现在：① 剩余产品的大部分是通过财政分配的；② 财政分配直接调节积累与消费的比例关系；③ 财政通过其分配手段制约 C、V 和 M 之间的分配比例；④ 财政分配还制约价格、工资、信贷等分配。

## 第二节 财政的产生和发展

### 一、财政的产生

财政既是一个经济范畴又是一个历史范畴，它是随着社会生产力的发展和国家的产生而产生的。在原始公社制度下，由于生产力水平低，氏族成员共同占有生产资料，平均分配社会产品，没有私有制，没有剥削，没有阶级，也就没有阶级统治的机关——国家，没有为维护国家职能所需要的财政。

到原始社会末期，由于社会生产力的发展，开始有了剩余产品。这时，原始公社的氏族酋长和军事首领就凭借权力占有剩余产品，出现了私有制，进而产生了两个根本对立的阶级——奴隶主阶级和奴隶阶级。阶级利益的冲突必然引起被剥削被压迫阶级的反抗。奴隶主阶级为了维护自己的阶级统治，就要掌握一种拥有暴力的工具即国家，正如列宁指出的"国家是阶级矛盾不可调和的产物和表现"。"国家是阶级统治的机关，是一个阶级压迫另一个阶级的机关"。[①] 国家产生后，国家为维持它的存在和执行国家的职能，就要建立专门的机构，就要有一批脱离生产的专职人员参加管理，就要消费一定的物质资料，就要从社会产品分配中强制地、无偿地分配一部分社会产品以满足国家的需要。这样，在社会产品分配领域中出现了国家凭借政治权力的分配。这种以国家为主体凭借国家政

---

① 列宁：《国家与革命》，人民出版社 1970 年版，第 7 页、第 8 页。

治权力参与社会产品的分配,即国家财政。

## 二、财政的发展

随着社会生产力和国家的发展,国家财政也随之发展,并经历了奴隶制国家财政、封建制国家财政、资本主义国家财政和社会主义国家财政等不同发展阶段。

（一）奴隶制国家财政

奴隶制国家是建立在奴隶制生产关系之上的。奴隶制国家财政是实现奴隶制国家职能的工具,是维护和巩固奴隶主阶级统治地位的一种手段。奴隶制国家财政凭借国家的政治权力对社会产品强制地分配,体现了奴隶主阶级对奴隶阶级的剥削关系。

1. 奴隶制国家的财政收入

（1）田赋收入。奴隶制国家产生后,土地以及围绕土地形成的奴隶制社会经济基础,成为奴隶制国家财政分配的依据。以土地出产物和耕种土地的劳役为征收对象的财政收入是当时财政收入的主要来源。平民以"捐税"或"田赋"的形式向国家财政交纳出产物;奴隶则被迫在皇宫和奴隶主贵族的土地上提供耕种土地的劳役,皇室和奴隶主通过占有奴隶的劳动成果,获得财政收入。

（2）战争收入和贡纳收入。战争收入是指战胜后的战利品以及战俘沦为奴隶直接为国家提供的劳役。贡纳收入是指奴隶制国家内各地诸侯、卿、大夫等各级贵族奴隶主向天子(王朝)进贡和献纳的财政收入,包括各地诸侯贡纳的当地土特产、粮食、役力等。

（3）军赋收入。军赋收入除了军役兵车马匹,还有军需粮秣等。军赋收入主要来源于各地诸侯和平民。

（4）工商捐税收入。对从事土地经营之外的各类手工业生产者和商人,奴隶制国家财政通常课之以捐税。在生产力低下的奴隶社会,自然经济占统治地位,捐税是以手工业品或某些商品的实物形式上交给国家。

2. 奴隶制国家的财政支出

（1）军事支出。奴隶制国家是在王权和神权相结合基础上建立的,并以此形成了奴隶制国家的公共权力。为维护这种公共权力,奴隶制国家需要建立军队,对外征服其他部族,对内镇压奴隶反抗。在奴隶社会时期,庞大的军事支出是国家财政支出的主要内容。

(2) 皇室和国家政府机构支出。这是维护统治阶级自身生存发展的必要支出。皇室支出包括国王在内的皇宫全体人员的衣食住行、赏赐、宴会等支出。国家政府机构支出包括国家机构的建立、机构人员的俸禄、国家机构经常性开支等。

(3) 祭祀支出。奴隶制国家对奴隶阶级和平民进行精神统治的神权是依靠祭祀天地、田方、山川、祖先、宗庙等迷信活动得以巩固的。我国《周礼》中的"以九式均节财用"中，首要一式即为"祭祀之式"。可见祭祀在奴隶制国家财政支出中的重要地位。

(4) 建设支出。它主要有都城建设支出、奴隶制统治阶级穷奢极欲的享乐性宫殿支出，以及安定民生的生产性建设支出。比如夏禹时期开九州、通九道、陂九泽、度九山、治水平土、修四渎、兴沟域之利等，就是依靠财政集中的役力和财力支出。

(二) 封建制国家财政

封建制国家财政是建立在封建制生产关系基础上的。由于封建制国家的公共权力、暴力机构、王室和贵族的专制集权等日益发展，封建制国家的财政收支内容和分配形式也随之发展。

1. 封建制国家的财政收入

(1) 赋税收入。地租形式的田赋是以农业经济为基础的封建制国家财政的主要收入。捐税是国家财政对手工业者和商人课征的各种税收，随着商品经济在封建社会的逐步发展，各种捐税逐渐成为财政收入的主要来源之一。

(2) 官产收入。这是指封建主统治阶级在其领地内奴役、剥削农奴的收入。官产收入是封建领主经济时期的主要财政收入。在大部分农奴逐渐脱离对封建领主土地的依附，成为有人身自由的农民后，赋税收入逐渐代替官产收入，成为财政主要收入来源。

(3) 贡赋收入。封建国家的公共权力高度集中，在财力方面体现为各地诸侯贡赋的集中。贡赋收入包括封建王朝享乐的各地土特产，以及随时可调遣的军赋等。

(4) 专利收入。封建制国家对采矿、渔猎、采伐等特权转让的专利收入，以及国家对盐、铁、酒、茶、烟等专卖垄断经营权后转让所获得的收入等。

(5) 公债收入。封建制国家为解决财政入不敷出的状况，以信用方式向商人或拥有资产者举债取得的收入。

2. 封建制国家的财政支出

(1) 军事支出。为维护封建地主阶级的统治地位,封建制国家财政把军事支出放在首位。军事支出主要有常备军军费和战时军费。常备军军费是指封建制国家和封建诸侯常备军队的费用;战时军费是国家对内镇压叛乱,对外征服或抵御入侵时所耗军费。

(2) 官府费用支出。封建制国家以公共权力的高度集中即封建专制和封建国家机构日益庞大为重要特征。各类国家官府机构增多,冗员严重,开支直线上升,使官府经费支出成为封建财政支出的主要内容之一。

(3) 封建宗教和赏赐支出。奴隶社会的祭祀发展到封建社会,成为封建制国家奴役劳动人民精神的宗教,封建制国家财政为宗教文化发展提供了财力保障。大量的赏赐支出是封建主统治阶级显示专制权力、安抚诸侯的重要内容。同时又说明了统治阶级的挥霍无度部分地来自国家财政。

(4) 皇室支出。虽然封建制国家的皇室支出和国家财政收支逐渐分离,但封建主的专制特权致使皇室府库支空或皇室大肆营造、挥霍时,仍然要由国家财政来担负其支出。直至封建社会末期,国家预算产生之时,国家财政的皇室支出部分才被限在一定数额范围之内。

(5) 债务偿还和战争协约支出。根据信用原则,国家财政所举债务在财政支出中还本付息。战争协约支出包括战争结束后根据协约支付的赔款,战败后给予对方的财力补偿,以及战胜后为战败方重建都城、恢复经济所需要的财政支出。

(三) 资本主义国家财政

资本主义国家是建立在资本家占有生产资料、剥削雇佣劳动为特征的资本主义生产关系基础上的。因此,资本主义国家财政是资本主义国家用以维护资产阶级统治,对劳动人民进行超经济剥削的工具。资本主义国家财政在参与国民收入再分配过程中形成了体现资产阶级统治特性的财政收支结构。

1. 资本主义国家的财政收入

(1) 税收收入。税收是资本主义国家财政收入的主要来源。资本主义国家税收是国家凭借政治权力对劳动人民的强制剥夺,是资本主义国家分配和再分配的工具。进入垄断资本主义时期,资产阶级统治集团通过强化干预经济,加速生产集中和资本积累,对剩余价值进行更有利于资产阶级的税收分配。当今资本主义国家税收正如马克思所说:"是不断地减轻富人们的捐税负担,而把全部重担转嫁到穷人身上。"①

(2) 公债收入。资本主义国家财政通过公债发行借入的货币,是从本国或外国取得的临时性财政收入。在资本主义国家,公债收入是财政的预先收入,是纳税人的税收预支。因为公债暂时地延缓了增加税收,但最终要以增加税收来偿还公债。另外,资本主义国家公债收入主要用来支付军事费用和弥补财政赤字,这种消费性公债的还本付息直接增加了劳动者的负担。

(3) 财政性货币发行。为了应付不断增长的财政支出,弥补财政赤字,资本主义国家通过财政性货币发行,即增发没有物质保障的货币,把劳动人民的一部分购买力转移到政府手里,形成一种特殊的财政收入。

2. 资本主义国家的财政支出

(1) 军事支出。它包括军队、国防的军费开支,对外军事扩张以及其他军事活动经费。军事支出在资本主义国家分为两个重要时期:一是资本主义发展时期和进入垄断资本主义时期,特别是第一次、第二次世界大战期间,军事支出在资本主义国家财政支出中占有重要地位;二是第二次世界大战后,资本主义各国进入相对冷战时期,军事支出的比重虽有所下降,但仍居重要地位。

(2) 行政费用。它包括国家机关、司法部门行政管理及其人员费用。在资本主义社会前期,国家统治阶级鼓吹"廉价政府",并以紧缩行政机构开支来显示其言行一致。随着垄断资产阶级地位加强,国家暴力统治机构日益庞大,行政费用日益增多。

(3) 社会保险和社会福利支出。它包括国家对教育、幼儿保健、卫生以及国家保险、失业救济、退休金等方面的支出。资本主义国家以此项开支缓和统治阶级和劳动人民之间的阶级矛盾。目前,这项支出已成为资本主义国家财政支出的重要内容。

(4) 国家投资支出。它是指资本主义国家对国有企事业、国家参与合营企事业,以及道路、桥梁、水坝等公共工程的支出。在资本主义国家,有利可图的投资都让资本家所垄断,一些无利可图或资本家无力承担的公共工程投资则由国家承担。

(5) 债务支出。它是指公债的还本付息。资本主义国家依靠增加税收来偿还公债,公债的还本付息,是靠广大劳动人民所缴纳的税款来支付的。因此,资

---

① 《马克思恩格斯全集》第9卷,人民出版社1961年版,第73页。

本主义国家的巨额债务,成为无产阶级和劳动人民的巨大负担。

(四)社会主义国家财政

社会主义国家建立在生产资料公有制为主体的基础上,社会主义公有制决定了社会主义国家财政的性质。社会主义国家财政是国家为实现其职能,以国家政治权力代表者和生产资料所有者的双重身份,对一部分社会产品分配和再分配所形成的分配关系。

首先,社会主义财政是为国家实现其职能提供财力保障的工具。社会主义国家对内要巩固人民民主专政,对外要防御外来侵略,财政要适应社会主义国家在不同历史时期政治经济形势发展的需要,提供实现国家职能的财力保障。

其次,社会主义财政是以国家为主体,凭借国家的政治权力和生产资料所有者的代表身份参与一部分社会产品分配。财政凭借国家的政治权力参与分配,保持了财政分配强制性无偿性的共性。财政以生产资料所有者代表身份参与分配,则区别于一切剥削阶级凭借拥有的生产资料对劳动者的剥夺和产品的占有。社会主义财政以兼顾国家、集体和个人三者利益为原则,对社会产品进行合理分配。

第三,社会主义财政是对一部分社会产品,主要是剩余产品的分配和再分配。财政首先以生产资料所有者的身份有计划地参与国有企业的初次分配(譬如上缴利润等),然后凭借国家政治权力参与一部分社会产品的再分配。

第四,现阶段社会主义财政是在社会主义市场经济条件下进行各项财政分配活动所形成的分配关系。因此,财政有可能自觉运用市场经济规律,利用价值形式分配财政资金,调节和引导国民经济持续、稳定地发展。

## 第三节　财政的职能和作用

### 一、财政的职能

财政的职能,是指财政在社会经济生活中固有的功能,它是财政这一经济范畴本质的反映,具有客观必然性。财政职能概括起来有配置资源、公平分配和稳定经济三个方面。

(一)配置资源职能

1. 配置资源的含义

所谓配置资源,是指对现有的人力、物力、财力等社会经济资源的合理分配,实现资源结构的合理化,使其得到最有效的使用,获得最大的经济和社会效益。

在市场经济条件下,人力资源和物力资源的配置决定于财力资源的配置,即决定于资金的流向和流量的不断调整。社会主义财政作为资金分配的枢纽,对资源的合理配置具有重要作用。财政的配置资源职能,就是通过财政对资金的分配,最终实现优化资源配置的目标。

2. 财政配置资源职能的主要内容

(1) 调节积累与消费的比例关系。积累与消费的比例关系是社会主义分配领域最重要的比例关系,也是影响国民经济能否持续、稳定、协调发展的根本性问题。在积累与消费比例关系最终形成上,财政起着重要的调节作用,主要表现在:第一,财政分配的规模调节国民收入中 V 和 M 的比例关系,从而制约着积累与消费的比例。生产领域中 V 和 M 的比例是决定积累与消费比例关系的基础。因为 V 基本上用于消费,在 M 的使用方向(积累和消费)的比例为一定的条件下,V 占比重的大小直接决定消费占比重的大小。而 V 与 M 之间存在着此消彼长的关系,由于 M 的主要部分是通过财政分配的,因此,财政收入占国民收入的比重直接制约了 M 占国民收入的份额和比例,从而也影响着积累与消费比例关系的基础。第二,在 V 和 M 的比例一定的条件下,积累与消费的比例就决定于 M 的使用方向,是用于积累还是用于消费,以及它们之间的比例关系。由于国民经济中 M 的主要部分是通过财政支出分配的,而它又在国民收入中占有举足轻重的地位,所以财政支出分配对积累与消费比例的最终形成具有决定性作用。

(2) 调节资源在产业部门之间的配置,即产业结构。合理的产业结构对提高宏观经济效益、促进国民经济实现良性循环,具有重要意义。调整产业结构有两条途径:一是调整投资结构。因为产业结构是由投资结构所决定的,增加对某个产业的投资就会加快该产业的发展;反之,减少对某个产业的投资就会延缓其发展。二是现有企业的生产方向,即调整资产存量结构,促使一些企业转产。在这两方面,财政都能发挥调节作用。就调整投资结构来看,首先,是调整国家预算支出中的投资结构,例如增加能源、交通和原材料等基础工业和基础设施方面的投资和减少加工工业的投资。其次,利用财政税收和投资政策引导企业投资方向,鼓励企业向短线生产投资,对长线投资进行限制。

(3) 调节社会资源在政府部门和非政府部门(包括企业和个人)之间的配

置。这取决于财政收入占国民收入或国民生产总值的比重。提高这一比重,意味着社会资源中归政府部门支配使用的部分增大,非政府部门支配使用的部分减少;反之,降低这一比重,则意味着社会资源中归政府部门支配使用的部分减少,非政府部门支配使用的部分增大。社会资源在政府部门和非政府部门之间的合理分配,财政分配起着重要的作用。

(二) 公平分配职能

1. 公平分配的含义

所谓公平分配,是指通过调节国家、企业和个人之间的分配关系,实现收入的公平合理分配目标。在社会主义制度下,实行生产资料公有制为主体的社会主义市场经济,公平分配体现按劳分配原则,财政税收分配对实现公平分配起着重要作用。

2. 财政公平分配职能的主要内容

财政的公平分配职能,主要是通过调节企业的利润水平和居民的个人收入水平来实现的。

调节企业利润水平涉及两个问题:一是企业的税收负担,即国家集中多少,给企业留利多少,这主要取决于各个时期的经济体制和财政体制。在社会主义市场经济条件下,合理的税收负担水平应当是:既能满足国家实现其职能的财力需要,又要使作为经济活动主体的企业具有自我积累、自我发展和自我改造的能力。二是企业的利润水平要能反映企业的经营管理水平和主观努力,即要为企业创造一个公平竞争的外部环境。这里除了要进行价格改革外,一个重要方面就是通过税收对企业利润水平的影响,使企业在大致相同的条件下获得大致相同的利润。调节居民个人收入水平要贯彻国家的分配政策。在社会主义初级阶段,分配的方式不可能是单一的。我们必须坚持以按劳分配为主体、其他分配方式为补充的原则,在收入水平上,既要合理拉开差距,又要防止贫富悬殊,坚持共同致富,在促进效率提高的前提下体现社会公平。对过高的个人收入,主要通过个人所得税进行调节。

(三) 稳定经济职能

1. 稳定经济的含义

稳定经济包括多方面的含义,通常是指:第一,充分就业;第二,物价稳定;第三,国际收支平衡。应当着重指出,稳定经济,并不是不要经济增长,稳定和增长是相辅相成的。我们讲经济稳定,是在经济增长中的稳定,即动态稳定,而不是静态稳定。因此,稳定经济就含有经济增长的内容,就是要保持经济的持续、稳定、协调地发展。

2. 稳定经济职能的主要内容

要实现经济的稳定增长,关键是要做到社会总供给与社会总需求的平衡,包括总量平衡和结构平衡。财政在这两个方面都能发挥重要作用。

(1) 调节社会供求总量的平衡。财政对社会供求总量平衡的调节,主要是通过财政收支计划的国家预算来进行的。由于国家预算收入代表可供国家支配的商品物资量,是社会供给总量的一个组成部分,因此,通过调整国家预算收支之间的关系,就可以起到调节社会供求总量平衡的作用。当社会总需求大于社会总供给时,可以通过实行国家预算收入大于支出的结余政策进行调节;而当社会总供给大于社会总需求时,可以实行国家预算支出大于收入的赤字政策进行调节;在社会供求总量平衡时,国家预算应实行收支平衡的中性政策。

(2) 调节社会供求结构的平衡。社会供求结构的平衡,包括供求在地区结构、两大部类产品结构和主要产品结构等方面的平衡关系,其中,主要是两大部类产品结构上的平衡,即在社会供求总量平衡的前提下,还要做到生产资料的供求平衡和消费资料的供求平衡。这是社会再生产顺利进行的条件。

## 二、社会主义国家财政的职能

社会主义国家财政的基本职能,是为国家的存在和发展提供财力保障的职能。在社会主义市场经济条件下,财政的职能具有两种属性和四种形式。

财政职能的两种属性,是指财政职能按其所反映的分配关系来界定,可以概括为财政属性职能和以国家为主体的经济属性职能两类。财政属性职能,是指国家财政凭借国家政治权力,以国家统治者和社会管理者的身份,参与社会产品和国民收入的分配,对国家政权建设和社会发展所具有内在的作用。以国家为主体的经济属性职能,是指国家财政凭借国家政治权力所拥有的生产资料所有权和宏观经济管理权,以生产资料所有者和宏观经济管理者的身份,参与社会产品和国民收入的分配,促进国民经济发展。

财政职能的四种形式,是指筹集资金职能、配置资金职能、调节经济职能和监督管理职能。

(一) 筹集资金职能

财政筹集资金的职能,是指财政为实现社会主义国家履行政治职能、社会职

能、经济建设职能和宏观管理职能的需要,运用各种分配手段积累资金的职能。主要体现在以下四个方面:

(1) 运用税收手段为国家政权建设筹集资金,为国家政权建设、处理对内对外国家事务提供经费来源和物质基础。

(2) 运用税收手段为社会管理、社会全面发展筹集资金,为文化、教育、科技、卫生、社会保障、公用事业和公共服务事业等的发展,提供经费来源和物质基础。

(3) 运用公债、利润、公共行政预算结余等形式,为国家经济建设提供资金,为国有经济的发展、现代化经济建设、优化产业结构、发展社会生产力服务。

(4) 综合运用税收、公债、利润等形式,为促进社会总供给与总需求的平衡和国民经济的稳定发展筹集资金。

(二) 配置资金职能

财政配置资金的职能,是指财政在充分发挥市场对资源配置的基础性作用前提下,通过资金分配,优化资源配置。主要体现在:

(1) 对不能由市场机制进行配置的行政管理、国防事业,通过无偿投资、经费拨款,以公共行政预算形式予以资金安排。

(2) 对市场机制作用迟缓的文化、教育、科学技术、卫生、环境保护、社会保障、公益事业、公共服务等社会事业发展和社会管理领域,通过无偿投资、全额经费拨款、差额预算补助、非生产性财政补贴等形式,以公共行政预算的形式予以资金安排和财力支持。

(3) 对市场机制不便发生作用的风险大、投资数额巨大、微利或无利的项目,国家为了增强调控能力必须控制的战略性产业,具有垄断性必须由国家经营的产业,运用政府经济建设投资、投资入股、提供周转金、财政性贷款等形式,通过经济建设预算予以资金安排。

(4) 对市场机制作用效果不好或无力作用、完全由市场机制自发调节会导致社会财富巨大浪费,引发经济波动的整个国民经济运行,综合运用社会救济、政府公共支出、经济建设支出等以国家为主体的两种属性再分配手段,作出有利于社会总供给与总需求达到平衡的安排,如增加或缩减政府公共支出、经济建设支出、社会救济支出等。

(三) 调节经济职能

财政的调节经济职能,是通过财政筹集和配置资金,对以国家为主体的两种属性分配关系进行调节,促进国家在一定历史时期的政治经济任务的实现。

(1) 调节各阶级、阶层和个人在国民收入中占有的份额,调节它们之间的经济利益分配关系,促进社会主义公有制经济的壮大和多种经济成分的共同发展,巩固发展社会主义的经济基础,巩固人民民主专政的国家政权。

(2) 调节社会成员的收入水平,调节社会利益在社会成员之间的分配关系。例如社会普及教育、基本的社会保障、基本的医疗保健以及享受基本的社会服务等,实现社会分配公平。

(3) 调节资源配置,调节产业结构,调节国家与国有企业之间的分配关系,巩固和发展全民所有制经济,充分发挥公有制经济在结构优化和总量平衡中的骨干作用,推动社会生产力和社会主义市场经济的发展。

(4) 调节中央与地方之间、各地区之间的分配关系,以及社会总供给与总需求之间的平衡关系,促进国民经济平稳运行。

(四) 监督管理职能

财政的监督职能是指财政在资金筹集和配置过程中,财政对社会经济情况进行全面的信息控制,对社会经济各方面进行有效制约,并通过审核、检查和财政制裁等形式,对国民经济各个方面进行监督。财政监督贯穿于财政分配活动的全过程。

(1) 在资金筹集过程中,对有缴纳义务的地方、部门、单位和公民,监督其是否履行缴纳义务,对征收税款的单位,监督其是否依法行使征收权力。

(2) 在资金配置过程中,通过财政监督,支持经济发展,对违反政策、法律、法规的行为进行制裁。财政监督按内容划分,包括预算监督、税务监督、财务监督、国有资产监督、会计监督等。财政监督按时间划分有事前监督、事中监督和事后监督等。

## 三、财政的作用

财政的作用,是指财政职能发挥后的影响和效用。资本主义社会前期,财政的作用主要在于维护资产阶级专政的国家机器的正常运行,通过国民收入的再分配,提供国防、司法、公共机关和公用事业等费用。到了垄断资本主义时期,财政的作用已经扩展到整个经济领域,资产阶级财政学者声称,资本主义国家财政已经在保持经济稳定和促进经济发展方面起着重要作用。

在社会主义国家,财政作为国家财力分配的工具,凭借国家政治权力和生产

资料所有者双重代表身份,参与社会产品的分配,在社会主义国家发展及其社会主义经济建设中发挥着以下四个主要作用:

第一,为社会主义国家职能的实现提供财力保障的作用。社会主义国家政治、经济职能的实现,需要财政通过筹集资金予以财力保障,这是财政的重要作用。在社会主义国家,由于国家职能范围不限于通过巩固人民民主专政、加强国防力量来维护政治权力,还需要通过财政分配大力发展社会主义经济,为社会主义的物质文明和精神文明建设奠定坚实的基础。2015年全国财政收入达到15.22万亿元(不含债务收入),比上年增加1.5万亿元。

第二,巩固和发展社会主义公有制的作用。社会主义国家是建立在生产资料社会主义公有制基础上的。财政在巩固和发展生产资料社会主义公有制方面担负着重要的作用。在生产资料私有制的改造时期,财政通过资金的筹集和运用,加速私有资本经济的社会主义改造,发展壮大了国有经济,巩固了社会主义公有制。在社会主义发展阶段,财政在分配活动中,通过财政政策、财政收支以及财政管理和监督,大力发展公有经济,同时扶植集体、个体和各类合营经济的发展。

第三,财政在社会再生产分配领域的控制作用。在社会主义国家,社会产品在生产领域创造出来之后进入分配领域,通过财政、信贷、工资、价格、企业财务等分配环节进行分配。财政在社会产品分配过程中综合反映信贷、工资、价格、企业财务等分配。这是因为财政分配是国家有计划地组织国民收入分配的枢纽,对分配领域的其他分配环节的分配方向、规模和比例起着控制作用,使信贷分配、工资分配、价格分配和企业财务分配与财政分配的方向、规模、比例相适应。

第四,调节积累与消费的比例关系,促进经济稳定发展的作用。社会总产品通过分配和再分配形成补偿基金、积累基金和消费基金。在我国,财政分配对积累和消费基金的形成及其两者间的比例关系影响极大。财政分配可以直接形成一部分积累基金和消费基金,财政还可以运用税收等经济杠杆调整积累与消费的比例关系。多年来,国家运用财政调节积累与消费比例的关系,促进了国民经济稳定、协调地发展。

关于财政职能作用问题,近年来我国引入市场失灵和公共财政理论。认为,在市场经济条件下,社会资源配置主要应由市场来决定。鉴于市场竞争中的不确定性,即在某些方面市场失灵的情况下,一些通过市场不能解决的公共事项,诸如提供公共产品、调节收入分配和稳定经济等方面,则由政府的财政职能来解决。换言之,政府财政职能所要解决的是社会公共事项,由此建立起来的公共财政理论,对在我国经济向市场经济转轨过程中转变政府职能,促进社会经济发展,有其借鉴的意义。

# 第二章

# 财政收入

**内容提示** 本章主要阐述财政收入的意义,组织财政收入的原则,我国财政收入的形式和分类,筹集财政资金的途径。重点掌握财政收入的原则和我国筹集财政资金的途径,提高财政资金使用效益。

## 第一节 财政收入概述

### 一、财政收入的意义

财政收入,是指国家通过财政各环节集中起来的各种财政资金的总称。财政资金包括预算内资金和预算外资金,其中以预算内资金占主要地位,通常按财政年度计算。财政收入是国家参与社会产品或国民收入分配取得的收入,在不同社会制度下具有不同的性质。资本主义国家财政收入主要是税收,是资本主义国家对工人阶级和其他劳动人民创造的剩余价值的再分配,体现了资本主义国家对广大劳动人民的超经济剥削关系。在社会主义制度下,财政收入主要来自劳动者为社会创造的纯收入,它是为满足国家和社会各项需要,为人民群众当前和长远利益服务的,体现了社会主义国家与劳动人民根本利益一致的关系。国家各级财政部门利用价值形式参与社会产品或国民收入的分配,把分散在各地区、各部门、各单位劳动者为社会劳动创造的纯收入集中起来,形成国家财政收入,它对巩固国家政权、促进经济和社会发展、提高人民物质文化生活水平,具有重要的意义。

(一)财政收入是巩固人民民主专政国家政权的财力保证

我国正处在社会主义初级阶段。为了逐步把我国建设成为社会主义现代化强国,必须进一步巩固我国人民民主专政的国家政权。由于国际国内阶级矛盾因素还将在一定范围内长期存在,为惩治国内危害国家安全、社会安定的破坏活动和防御外来侵略,必须加强国防建设,加强公安、司法、监狱等专政机关,巩固国家政权,需要有相应的财力保证。随着我国社会主义现代化建设发展而不断增长的国家财政收入,则为巩固人民民主专政的国家政权提供了财力保证。

(二) 财政收入是促进我国国民经济和社会发展的重要条件

促进国民经济和社会发展,是社会主义国家职能的重要方面。促进国民经济发展,一方面,要进一步改革经济管理体制,逐步建立和完善社会主义市场经济体制;另一方面,要大力发展社会生产力,不断扩大社会主义生产规模。这就要有相应的资金和物质条件。同样,促进社会发展,特别是教育、科学、文化、体育、卫生等各项社会主义事业的发展,也必须有相应的物质条件。我国不断增长的财政收入,为促进我国国民经济和社会发展提供了重要的经济条件。

(三) 财政收入是不断提高人民物质文化生活水平的物质基础

我国实行生产资料社会主义公有制为主体、多种经济成分共同发展的方针。这一社会主义经济制度的优越性在于,广大劳动人民的物质文化生活水平,能够随着国民经济的发展得到不断提高。财政收入是以国家为主体参与社会产品和国民收入分配取得的收入,也是国民经济的综合反映。只有国民经济发展了,财政收入增加了,国家才能有更多的财力用于增加职工工资和社会福利。因此,国家财政收入是不断提高广大劳动人民物质文化生活水平的重要物质基础。

## 二、财政收入的来源

我国财政收入的来源,主要来自广大劳动人民为社会创造的纯收入。下面从财政收入的价值构成、所有制结构和部门经济结构方面进行分析。

(一) 财政收入的价值构成

财政收入的价值构成,是指财政收入与社会产品价值之间的关系。由于社会产品价值是分别由 C、V、M 三个部分组成的,因而财政收入与这三个部分有紧密的联系。

(1) 社会产品价值构成中的 C,是补偿已消耗生产资料价值的补偿基金。由两个部分构成,一部分补偿流动资金消耗,它随生产投入,随实现销售而收回,不可能成为财政收入来源;另一部分补偿固定资产消耗,它也随生产投入,但要实现销售后通过多次固定资产折旧而收回,而且经营期间沉淀的折旧基金只能由企业直接支配,因而也不可能成为财政收入的来源。但是,作为社会产品价值构成中的 C,在 V 不变的条件下,与新创造的价值 M 有彼此消长的关系,即 C 的部分减少,则 M 的部分增大,从而可以增加国家财政收入。因此,企业的生产经营活动,要尽可能地降低成本费用消耗,以增加企业盈利并为国家创造财政收入。

(2) 社会产品价值构成中的 V,是新创造的价值中归劳动者支配的活劳动的价值。在产品价格不变的条件下,V 的部分减少,M 部分相对增大,从而可以增加财政收入。但是,V 的部分是不能随意减少的,特别是在社会主义制度下,V 的部分不仅不能降低,而且要随着生产发展不断提高。因此,要降低单位成本中的 V,相应增加 M,唯一途径就是提高社会劳动生产率。诚然,在现实生活中确有一部分 V 构成财政收入来源。如对服务业征收的营业税中有一部分是由 V 的再分配转移来的,对个人工资薪金所得和其他所得征收的个人所得税,也是通过对 V 的再分配形成国家财政收入的。这是实现社会公平、促进社会稳定发展所必需的。

(3) 社会产品价值构成中的 M,是新创造的价值中归社会支配的部分,是财政收入的基本来源。在我国,包括内资企业和外商投资企业在内的各类企业创造的 M 部分,一部分要通过征收企业所得税上缴国家,部分国有企业还要上缴利润或国有资产收益,从而形成国家财政收入。因此,促进企业加强经营管理,加强经济核算,增加产量,提高质量,降低消耗,提高企业经济效益,增加 M 的部分,是增加国家财政收入的重要途径。

(二) 财政收入的所有制结构

财政收入的所有制结构,是指财政收入在不同所有制经济成分中所占的比重。在我国,公有制为主体,多种所有制经济共同发展,是我国社会主义初级阶段的基本经济制度。由于我国国有经济、集体经济等公有制经济占主导地位,国民生产总值的绝大部分是由公有制经济创造的,所以,我国财政收入主要来源于公有制经济。此外,国内私营经济、个体经济和外商独资企业等非公有制经济,也通过向国家缴纳各种税收成为国家财政收入的来源之一。

(三) 财政收入的部门经济结构

财政收入的部门经济结构,是指财政收入在各个部门经济中所占的比重。从部门经济结构来看,我国财政收入主要来源于工业、农业、交通运输业、商业和旅游业等经济部门。

工业是实现国民收入的主要部门。工业创造的国民收入占全部国民收入的一半以上,而且工业部门(特别是大工业)大都是国有企业,其盈利的大部分由国家集中分配,因此,工业是财政收入的主要来源,工业发展状况对财政收入影响极大。

农业是国民经济的基础,也是各部门经济赖以发展的基础。农业直接收入虽占整个财政收入比重不大,但农业为工业、交通运输业、商业间接提供的收入,以及由于工农业产品剪刀差的存在,农业转移到工业部门创造的价值也是财政收入的重要来源。

交通运输业是直接为国民经济服务的经济部门。交通运输业不仅直接为国家提供财政收入,更主要的是通过交通运输,使其他经济部门创造的价值得以实现。因此,交通运输业也是国家财政收入的重要来源。

商业是沟通生产与消费的纽带。商业的发展,不仅直接为国家提供财政收入,而且通过商品销售使工农业产品的价值得到实现,从而为国家增加财政收入。第三产业,特别是旅游业的兴起和发展,不仅扩大了劳动就业,而且直接为国家提供财政收入。因此,商业和旅游等服务业也是国家财政收入的重要来源。

### 三、财政收入的原则

组织财政收入的过程,是以国家为主体参与社会产品或国民收入分配和再分配的过程,涉及各方面的分配关系。为了正确处理好各种分配关系,在组织财政收入过程中,必须遵循一定的原则。这样,既有利于处理好各方面的分配关系,促进社会主义经济发展,又有利于不断增加国家财政收入。组织财政收入必须遵循的原则,主要有以下四项。

(一) 发展经济、广开财源的原则

组织财政收入,筹集财政资金,首先要遵循发展经济、广开财源的原则。这是根据马克思关于社会再生产原理中生产决定分配的原理提出的。马克思指出:"一定的生产决定一定的消费、分配、交换和这些不同要素相互间的一定关系。"[①]又指出:"分配关系和分配方式只是表现为生产要素的背面。……分配的结构完全决定于生产的结构,分配本身就是生产的产物,不仅就对象说是如此,而且就形式说也是如此。就对象说,能分配的只是生产的成果,就形式说,参与

---

① 《马克思恩格斯选集》第2卷,人民出版社1972年版,第102页。

生产的一定形式决定分配的特定形式,决定参与分配的形式。"①这就是说,生产是决定分配的,没有生产就没有分配。财政作为重要的分配范畴,要以国家为主体参与社会产品或国民收入的分配,首先要有可供分配的社会产品或国民收入,而可供分配的社会产品或国民收入,则取决于社会经济的发展。因此,生产决定分配,经济决定财政,这就要求在组织财政收入过程中,首先必须遵循发展经济、广开财源的原则。正如毛泽东同志指出的:"财政政策的好坏固然足以影响经济,但是决定财政的却是经济。"②"从发展国民经济来增加我们财政的收入,是我们财政政策的基本方针"。③ 实践证明,只有经济发展了,才能广开财源,增加国家财政收入。因此,财政部门在制订财政收支计划,特别是在组织财政收入工作中,一定要牢固树立促进经济发展、增加财政收入的观点,并把是否促进经济发展作为衡量财政工作的一个重要标志。从当前我国来说,财政工作的一个重要方面,就是要促进社会主义市场经济的发展,通过深化改革,优化资源配置,促进生产经营单位转换经营机制,加强企业经营管理,加强经济核算,提高经济效益,以此广开财源,增加国家财政收入。

(二)合理确定财政收入数量界限的原则

财政收入,是国家凭借政治权力参与社会产品或国民收入分配取得的收入。财政收入有一个数量界限问题。合理确定财政收入的数量界限,既可以达到"民不加赋而国用足",又可以促进经济发展和人民生活水平的提高;反之,取之无度,必然给国民经济和人民生活带来严重危害。因此,合理确定财政收入的数量界限,使之"取之有度而民不伤",便是组织财政收入时必须遵循的一项重要原则。根据财政客观规律和实际工作经验总结,财政收入的数量界限,一是财政收入增长的最高限量,即当年财政收入的增长速度和规模不能超过同期国民收入的增长速度和规模;二是财政收入的最低限量,即在正常年景下,当年财政收入的规模不低于上一年已达到的水平。财政部门在组织财政收入时,要根据发生变化的情况,合理确定财政收入的数量界限,切实做好财政收入工作。

需要指出的是,这里所说的财政收入,主要指的是国家预算内的收入。实际上,我国财政收入还应包括预算外的收入。由于预算外资金性质所决定,它不可能像国家预算内资金那样,由国家统筹安排用于国家重点建设等方面的需要。

---

① 《马克思恩格斯选集》第 2 卷,人民出版社 1972 年版,第 98 页。
② 《毛泽东选集》一卷本,人民出版社 1964 年版,第 846 页。
③ 《毛泽东选集》一卷本,人民出版社 1964 年版,第 120 页。

因此，合理确定财政收入的数量界限，在正确处理中央与地方、国家与企事业单位的分配关系时，还应考虑到地方各级政府、各企事业单位预算外资金的情况。

（三）兼顾国家、集体和个人三者利益的原则

组织财政收入，筹集财政资金，必然涉及各方面的物质利益关系，特别是国家、集体和个人之间的物质利益关系。在财政分配问题上，尤其在组织财政收入过程中，如何兼顾好国家、集体和个人三者利益，对于充分调动广大劳动者的社会主义积极性，对于促进社会主义经济持续稳定发展，对于保障国家财政收入，具有十分重要的意义。毛泽东同志指出："在分配问题上，我们必须兼顾国家利益、集体利益和个人利益。对于国家的税收、合作社的积累、农民的个人收入这三方面的关系，必须处理适当，经常注意调节其中的矛盾。国家要积累，合作社也要积累，但是都不能过多。我们要尽可能使农民能够在正常年景下，从增加生产中逐年增加个人收入。"[1]这里讲的虽然是合作社的问题，实际上是整个经济工作中，包括组织财政收入工作，如何兼顾好国家、集体和个人之间三者利益的基本原则。兼顾国家、集体和个人三者利益，首先，要保证国家利益。这是因为，国家利益是社会产品或国民收入分配中劳动者为社会劳动部分的体现，主要用于巩固国家政权和社会主义经济建设，代表广大劳动人民的根本利益，同时，也是实现集体利益和个人利益的根本保证。其次，要兼顾好集体利益。集体利益，包括企事业单位和社会团体利益，是劳动者的局部利益。财政在正确处理各方面的分配关系时，固然集体的利益要服从国家全局的利益，但是，为了促进集体经济发展和社会各项事业的发展，在保证国家全局利益的前提下，要尽可能兼顾集体的利益。再次，要兼顾个人利益。个人利益，是国民收入分配中劳动者为自己劳动部分的体现，是劳动者个人的切身利益，也是国家利益和集体利益的归宿。财政在正确处理各种分配关系时，在保证国家利益和兼顾集体利益的同时，为了更好地调动广大劳动者的社会主义积极性，也要兼顾好劳动者个人的利益，并在生产建设持续发展的同时，个人的物质文化生活水平不断得到提高。

（四）区别对待、合理负担的原则

我国地域辽阔，人口众多，由于历史的原因，经济发展很不平衡。因此，我国组织财政收入，不仅要为实现国家职能筹集所需要的资金，而且还要根据党和国家对不同地区和各个产业、各个企业的不同方针政策，实行区别对待、合理负担

---

[1] 毛泽东：《关于正确处理人民内部矛盾问题》，人民出版社1977年版。

的原则。区别对待，是指对不同地区、不同产业和企业，因某种原因需要扶持和鼓励的情况，予以区别对待。合理负担，是指除了按照负担能力合理负担外，对国家需要扶持和鼓励的地区、产业和企业在负担上给予政策优惠，以促进这些地区经济、产业和企业发展。目前，我国的财政收入，原则上实行了区别对待、合理负担的原则。主要有以下方面：

（1）对不同地区实行区别对待、合理负担原则。譬如，为了缩小地区差别，扶持"老、少、边、穷"地区经济发展，我国对"老、少、边、穷"地区按不同情况实行部分减免税收政策。又如，为贯彻我国对外开放政策，我国对经济特区（包括上海的浦东新区）、沿海城市经济开放区、经济技术开发区、高新技术产业开发区、经国务院批准的国家旅游度假区等，也实行不同的低于一般地区的企业所得税负担政策。

（2）对不同产业和产品实行区别对待、合理负担原则。这是为了贯彻国家的产业政策，优化资源配置，以及为国计民生所需要，国家对某些产业和产品，实行优惠的财政税收政策。譬如，我国对资源开发、能源、交通、农业、水利等产业给予税收上的优惠政策；对国计民生产品、农产品、出口产品、国家短期内不能生产需要进口的产品、利用"三废"（废气、废液、废渣）作为主要原材料生产的产品、经国家批准试制的新产品等，国家也分别不同情况给予减税或免税优惠。

（3）对不同企业实行区别对待、合理负担的原则。譬如，我国新企业所得税法规定，对符合条件的小型企业实行20%的优惠税率，对一些高新技术企业实行15%的优惠税率，扩大对创业投资及企业投资于节能环保等方面的税收优惠。

## 第二节 财政收入的形式和分类

### 一、财政收入的形式

财政收入形式，是指取得财政收入的具体方式，它是由财政收入所体现的分配关系和取得该项财政收入的目的决定的。首先，财政收入形式取决于每项收入所体现的分配关系。譬如，我国对国有企业实现的利润，既可以采取利润上交或利润提成形式，也可以采取税收形式。这是因为，国有企业（亦称公有制企业）是国家所有的企业，其生产资料和产品，连同实现的利润，都是属于国家所有的财产,国家可以以所有者的身份直接从国有企业取得收入。因此,从分配关系方面来说,国家同国有企业的关系,是全民所有制内部全局和局部的关系。国家无论采取何种形式从国有企业取得收入,都不会发生所有权转移的问题,因而国家可以以生产资料所有者的身份,采取利润上交的形式从国有企业取得财政收入。而国家与集体企业、私营企业的关系则不同,它们是不同所有制之间的关系。从分配关系方面来说,集体企业和私营企业的生产资料是归集体企业和私营企业所有的,不归国家所有,因而国家不能以所有者的身份直接支配集体企业和私营企业的利润,而只能凭借国家的政治权力,采取所得税形式把它们的一部分利润转为国家财政收入。

国家取得财政收入的形式,总体上要服从国家政治经济形势发展的需要,因而财政收入形式也不是一成不变的。改革开放以来,随着我国社会主义市场经济体制的确立,财政管理体制、税收管理体制、企业管理体制等经济管理体制的改革,财政收入的形式也有相应的变化。如国有企业向国家上交的利润形式,自1984年国有企业第二步利改税后,基本上改为缴纳企业所得税形式;对沿袭多年由机关、团体、企事业单位和居民个人认购的国库券,现在也改为公开发行公债的形式。而且,随着我国实行新的复式预算制度后,原来的债务收入已不再列入预算收入。只是在建设性预算支出大于收入而发生预算赤字时,通过举借国内外债务收入予以弥补,以及用于到期的国内外债务的还本付息。目前,我国财政收入形式从大的方面划分,有税收收入、国有经营单位上交国家收入、专项收入和其他收入四种形式。在以上四种财政收入形式中,税收是我国财政收入的主要形式。因为税收是以国家为主体强制征收的,而且具有征收面广、价值单方面转移的特征,能够与财政支出相适应成为国家主要财政收入形式。

## 二、财政收入的分类

按照我国财政收入的主要内容分类,我国财政收入大致可分为工商税收类、关税类、农牧业税和耕地占用税类、国有经营单位上缴国家收入类、国家能源交通重点建设基金收入类、国家预算调节基金收入类、国有企业计划亏损补贴类、专项收入类、社会保障基金收入类、行政性收费类、罚没和追回赃款赃物收入类、其他收入类等十二类。

(一)工商税收类

工商税收类,是指由国家税务机关征收的各种工商税收。具体包括增值税、消费税、营业税、企业所得税、个人所得税、资源税、城镇土地使用税、房产税、车船税、契税、耕地占用税、固定资产投资方向调节税(2000年起保留税种,暂停征收)、印花税、屠宰税、筵席税、城市维护建设税、土地增值税、车辆购置税等。

在我国工商税收类中,增值税和消费税占很大比重。2012年全国税收收入100 601亿元,其中国内增值税和国内消费税两税合计342 88亿元,占全国税收总收入的34%。因此,组织财政收入,加强增值税和消费税的征收管理工作,具有特别重要的意义。

(二)关税类

关税类,是指由国家海关负责征收管理的各种税收,包括进口关税、出口关税和船舶吨税等。按照规定,海关还负责对进口产品代征进口增值税和进口消费税的征收工作。关税是我国重要的一项税收,虽然关税占全国税收总额比重并不很大,但对于维护国家主权和经济利益,对于打击贩私走私,维护国家经济秩序有其重要的作用。

(三)农牧业税和耕地占用税类

这是指由国家财政机关负责征收管理的各种税收。包括农业税、农业特产农业税、牧业税、耕地占用税和契税等。农业税是我国现行税制中的一个重要税种。我国人口众多,农业人口占总人口很大比例,农民的经济状况如何,对于国民经济发展和社会稳定有极大关系。因此,通过农业税的征收,对正确处理好国家与农民的分配关系有其重要的意义。在2006年的全国人民代表大会上,中央人民政府决定从2007年起取消农业税和牧业税的征收,这对于我国解决"三农"(农民、农业、农村)问题,促进农村经济发展、促进牧业区农牧业生产发展和广大农牧民生活水平的提高有重大意义。

(四)国有经营单位上缴国家收入类

这里主要是指按照规定应当上缴国家的国有资产收益。包括国有资本经营收入、应上缴利润的国有经营单位上缴的利润,国有小型企业出售或转让国有资产产权收入、国有企业产权转化收益、股份制企业国家股股利收入等。

国有经营单位上缴国家的收入,主要是国家以生产资料所有者的身份从国有企业取得的收入。长时期来,国家从国有企业取得的收入,都是以利润形式上缴国家的。具体方式上,曾经有过全额利润上缴、利润留成、盈亏包干等不同方式。1983年后,为了正确处理好国家与国有企业的分配关系,将原来国有企业上缴利润形式改为国家征税形式,即"利改税"。利改税,就是将国有企业原来上缴的利润,改为按国家规定的税种、税率,向国家缴纳税金,企业纳税后的剩余利润,全部留归企业支配使用。这是国有企业利润分配制度的重大改革。

(五) 国家能源交通重点建设基金收入类

这是国家为集中必要的资金进行能源交通重点建设,促进国民经济协调发展,从1983年起征集的一种基金。其征集范围包括所有国有企业、事业单位、机关、团体、部队和地方政府的各项预算外资金,以及这些单位所属城镇集体企业缴纳所得税后的利润。除按规定免予缴纳者外,均按所列各项资金当年收入的15%缴纳能源交通重点建设基金。1985年国家又扩大了征集范围,对未开征能源交通重点建设基金的城乡集体企业、私营企业和个体工商业户,均按缴纳所得税后利润的7%缴纳。从1994年和1995年起,为了减轻企业负担,国家先后对国有企业和其他各类企业(包括个体工商户)停征了能源交通重点建设基金。

(六) 国家预算调节基金收入类

这是国家为适当集中资金,增强宏观调控能力,从1989年开始征集的一种基金。其征集范围包括所有国有企业、事业单位、机关、团体、部队和地方政府的各项预算外资金,所有集体企业、私营企业和个体工商业户缴纳所得税后的利润,除按规定免予缴纳者外,均按所列各项资金10%征集国家预算调节基金。从1994年和1995年起,在调整和规范国家与企业的分配关系时,国家先后对国有企业和其他各类企业停征了国家预算调节基金。

(七) 国有企业计划亏损补贴类

国有企业计划亏损补贴,是国家财政用于经核定的国有企业财务计划所列的亏损补贴。1985年前,国有企业计划亏损补贴包括政策性价格补贴、政策性亏损补贴,以及对限期扭亏企业的经营性亏损补贴。补贴数额在企业收入中冲减,不列入预算支出,不列预算科目。从1986年起,亏损补贴中不包括价格补贴,其他亏损补贴改列预算支出。鉴于国有企业计划亏损补贴已冲减了企业收入,该项补贴亦应列入国家财政收入。

(八) 专项收入类

专项收入,是国家为特定项目支出而组织的财政收入。目前我国专项收入主要有水利建设基金、电力建设基金、水电站和水库库区后期扶持基金、粮食风险基金、副食品风险基金、民航基础设施建设基金、铁路建设基金、三峡建设基金、市话初装基金、煤炭开发基金、育林基金,以及全国散装水泥专项资金、电影事业发展专项资金、出版企业发展专项资金、经贸教育补助资金、改烧油为烧煤专项收入、铁道专项收入、征收排污费收入、征收城市水资源费收入、下放港口以港养港收入、新增粮食调拨经营费收入、交通运输提价收入、教育附加费收入、车辆购置附加费、邮电附加费、水运客货运附加费、港口建设费、机场管理建设费和残废人就业保障基金等。

（九）社会保障基金收入类

社会保障基金收入，是指纳入国家预算管理的社会保障基金的收入。主要包括企业职工基本养老保险基金收入、企业职工待业保险基金收入、企业职工工伤保险基金收入、企业女工生育保险基金收入和企业职工医疗保险基金收入等。

（十）行政性收费类

为了加强国家宏观调控，规范中央与地方财政分配关系，维护企事业单位合法权益，保护合法的行政性收费，国家财政部于1994年专门下达了行政性收费纳入预算管理的通知。按照财政部通知规定，我国纳入预算管理的行政性收费项目主要有：律师工作执照费、民事诉讼费、治安管理收费、户籍管理证件费、居民身份证证件费、出入境管理收费、公安交通管理收费、边防检查费、社团登记费、婚姻证书费、收养登记费、企业注册登记费、个体工商业户注册登记费、商标注册费、经济合同仲裁和鉴证费、外国人就业证费、技师合格证书费、海关监管手续费、报关单位注册登记手续费、货物进出口证明书费、房屋所有权登记费、税务登记证费、经营外汇业务许可证费、外商投资企业批准证书费、入境签证费、演出许可证费、烟草专卖许可证费、口岸管理费等。

（十一）罚没和追回赃款赃物收入类

罚没和追回赃款赃物收入分为两类：凡依法查处走私贩私、投机倒把、违反物价管理等违法犯罪案件的罚没款和没收物资，称为"罚没财物"；凡依法查处追回贪污盗窃、行贿受贿等违法犯罪案件的财物，称为"追回赃款赃物"。按照国家有关规定，我国罚没财物和追回赃款赃物主要有：① 海关、工商行政管理等执法机关依法查处走私贩私、投机倒把、违反物价管理等违法、违章案件的罚没财物。② 公安机关、人民检察院、人民法院等政法机关依法查处违反治安管理和各类违法案件的罚没财物和追回的赃款赃物。③ 交通、林业、外汇、渔政、土地管理、标准计量、烟草专营、医药卫生、劳动安全及其他经济管理部门，依照有关法律、法规查处违法、违章案件的罚没财物。④ 国有企业、事业单位、机关团体内部查处的不构成刑事犯罪的贪污盗窃案件追回的赃款和赃物等。违反财经纪律、税收法规、业务章程、合同协议的罚款处理,不在此列,应按有关的财政财务制度处理。

(十二)债务收入

债务收入,从其来源的真实性来说,并不是国家真实的财政收入,而是国家需要还本付息的借款收入。

债务收入分为国内债务收入和国外借款收入。国内债务收入,简称内债,是我国以往财政收入的补充形式,也是在特定条件下取得财政收入的一种手段。内债,主要是国内公债或国库券,即国家向国内单位和公民举借的债务。国外借款收入,简称外债,是我国以往财政收入的辅助形式。外债,主要是向外国银行或国际金融组织的借款,也有通过政府间经济合作形式的借款。主要用于引进先进技术设备或购买国内没有条件生产的特种物资。

1980年以来,我国通过债务收入,对于集中资金加快社会主义建设,利用外资引进先进技术设备,促进我国经济发展,以及平衡财政收支等方面,起到了重要作用。

需要指出的是,债务收入一直是我国财政收入的一种形式,但在上述我国财政收入的分类中,并不包括债务收入。为了更好地反映我国财政收入的真实性,我国从实行新的复式预算制度后,就不再把债务收入列入国家预算收入,只是在建设性预算发生赤字时,我国通过举借债务收入平衡预算收支。从我国目前经济发展水平来看,债务收入仍将是我国平衡财政收支的一种手段,并在我国社会主义建设中发挥重要的作用。

(十三)其他收入类

其他收入,是指上述各类收入以外的财政收入。这些其他收入都是零星收入,数额虽小,但种类繁多,需要划清界限,加强管理,不使财政收入流失。其他收入主要有国家资源管理收入、事业收入、外事服务收入、中外合资经营企业收入,以及国际捐赠和援助收入等。

# 第三章

# 财政支出

**内容提示** 本章主要阐述财政支出的意义,财政支出的原则,财政支出的分类。重点掌握我国财政支出的原则,财政支出分类中各项财政支出与社会经济发展的关系。

## 第一节 财政支出的意义

我国财政支出,是国家为了实现其职能,把通过财政收入筹集的资金,进行有计划地再分配的过程,是实现党和国家政治经济任务的财力保证。新中国成立以来,我国财政支出为社会主义革命和社会主义建设,为支持改革开放,供应了大量的资金,对于巩固人民民主专政、发展社会主义经济,不断提高人民的物质文化生活水平,以及把我国建设成为社会主义现代化强国,具有十分重要的意义。

### 一、保证国家巩固人民民主专政的资金需要

我国是人民民主专政的社会主义国家。人民民主专政既是工人阶级和广大人民群众镇压敌对分子反抗的工具,又是实现工人阶级和广大人民群众经济利益的手段。人民民主专政的巩固,必须有相应的财力保证。我国通过安排财政支出,保证了国家巩固人民民主专政的财力需要。国家预算每年根据党的政策和国家的计划对国防和行政费用拨出巨额资金,用于加强国防力量,强化国家机器,对内维护社会主义制度,对外反对侵略,维护世界和平,使国内有一个安定团结的政治局面,争取国际上有一个和平的环境,这是保证我国实现社会主义现代化建设的前提条件。

### 二、支持国家进行经济建设的资金需要

社会主义国家作为全民所有制生产资料的所有者,具有组织和领导国民经

济的职能。国家将发展社会生产力,进行社会主义经济建设作为中心任务。只有这样,才能为不断提高人民物质文化生活水平和巩固人民民主专政提供强大的物质基础。因此,社会主义国家必须通过财政对生产要素和生产成果的分配,直接支持社会扩大再生产,促进国民经济的持续、稳定和协调地发展。财政本着"一要吃饭,二要建设"的原则,通过财政支出的统筹安排,调整经济结构,促进国民经济有计划协调地发展,所以,财政资金对经济建设投入的数量和方向,直接关系到整个国民经济发展的规模、方向和速度,直接关系到社会总供给与总需求之间的平衡。

### 三、促进科学、文教卫生事业发展的资金需要

实现社会主义现代化,提高人民物质文化生活水平与巩固人民民主专政,都离不开科学技术、文教卫生事业的发展。科学技术现代化是实现现代化建设的关键,而科学技术的发展在于教育,教育要面向世界,面向未来,培养社会主义建设所需要的各种专门人才。在我国,党和国家非常重视社会主义科学、文教卫生事业的发展。为了提高全民族的文化科学水平,财政用于科学、文教卫生方面的支出是逐年增加的。1978年以来,我国政府更加重视文教卫生事业的发展,在财政比较困难的情况下,还是不断增加投入的比重,促进了教育、科学、文化、卫生事业的不断发展。

### 四、提高人民物质生活水平的资金需要

我们进行社会主义经济建设,其目的是为了提高全体人民的共同消费水平,而且必须不断提高劳动者个人的生活水平。我们党和国家十分关心人民生活问题,主张在生产发展的基础上不断提高人民的生活水平,提高城镇居民的工资和农民的收入。1978年以来,为了纠正长时期来人民生活水平提高偏慢的状况,多次调整了工资。1985年起逐步对工资进行了改革,职工个人收入随着社会主义经济发展不断提高。同时,国家十分重视社会保障事业的发展,相当一部分财政资金用于养老、医疗、抚恤和社会福利等方面的需要。

### 五、维护国家统一和民族团结的资金需要

国家的统一,人民的团结,国内各民族的团结,是我国社会主义事业必定胜利的保证。这就要通过财政支出的安排,保证维护国家统一和民族团结的

资金需要。由于历史、地理等原因,我国各地区的经济发展很不平衡。为了逐步缩小地区之间的经济文化差别,加强国内各民族的团结,国家在安排财政支出时,对于"老、少、边、穷"地区应尽可能给予必要的照顾。

## 六、支持改革开放的资金需要

改革开放以来,我国的生产关系发生了很大的变化,各种生产要素不断地、合理地进行重新组合,随之调整了各方面的利益关系,诸如中央与地方之间的利益关系;地方与地方之间的利益关系;国家、企业和个人之间的利益关系。为了支持经济体制改革的顺利进行,保障社会经济的稳定发展,财政应克服种种困难,在资金上给予必要的保证。仅财政给予价格补贴一项每年达近千亿元。

## 第二节 财政支出的原则

国家财政支出过程,包含着一系列矛盾,如财政支出与财政收入的矛盾,各项财政支出之间的矛盾,财政支出与其所要求的财力与物力之间的矛盾,财政支出与其效果的矛盾,财政支出中节约与浪费的矛盾,等等。我们要分析这些矛盾,找出其规律,提出正确处理这些矛盾的原则,即财政支出的原则。财政支出要贯彻以下原则。

### 一、量入为出原则

社会主义建设事业的发展和人民生活水平的提高,提出了不断增长财政支出的需要。然而,我国的财政收入虽然随着经济的发展不断增长,但这种增长总是有一定的限度,这就产生了资金需要与可能之间的矛盾。解决这个矛盾,必须遵循量入为出的原则,有多少钱办多少事。量入为出的原则,主要表现在以下几个方面。

(一)根据收入的多少,安排支出多少,财政支出总量不超过财政收入总量,做到在安排预算时,财政收支平衡,略有结余,不搞赤字预算,不留缺口

要根据财力的可能,对要办的事情分析研究,区别轻重缓急,有计划地进行,不能超过客观上资金供应的可能,去办力所不及的事情。

(二)根据收入增长多少,安排支出增长多少

随着社会主义经济的发展和财政收入的增长,为财政支出的增长提供了

可能。但是,支出的增长必须受收入增长的制约,把支出增长的总量控制在收入增长的总量范围之内。如果支出的增长总量,超过了收入的增长总量,势必影响财政收支平衡,不利于经济的稳定和发展。

(三)用有限的资金办更多的事

量入为出,不仅要根据收入的多少,安排支出多少,而且要把有限的资金用好用活,精打细算,厉行节约,反对浪费,提高财政资金使用效益。

## 二、统筹兼顾原则

我国地域广阔,人口众多,各项经济建设事业的发展和人民生活水平的提高,都提出了对国家财政资金的需要,而财政资金是有一定限度的,因此在安排财政支出时,必须贯彻统筹兼顾的原则。统筹兼顾的原则,指的是统筹兼顾、全面安排、保证重点、兼顾一般的原则。所谓统筹兼顾、全面安排,就是要从全国一盘棋出发,对国民经济各部门之间的比例关系,进行全面的、有计划的安排,保证其协调发展。

(一)正确处理积累性支出与消费性支出之间的比例关系

积累与消费之间的比例关系是国民收入分配中最基本的比例关系。在我国社会主义制度下,国民收入中积累基金的大部分(包括扩大生产基金、非生产性基本建设基金和国家物资储备基金)是由国家财政安排的;消费基金中社会共同消费部分,主要也是由国家财政安排的。所以,正确安排财政支出中积累性支出和消费性支出的比例关系,对于正确处理国民收入分配中积累与消费的比例关系具有重大作用。因此,在安排财政支出时必须保持积累性支出和消费性支出的适当比例。

(二)正确处理生产性支出与非生产性支出的比例关系

生产性支出与非生产性支出都是国家实现其职能,发展经济建设与文化事业以及改善人民生活所必需的。生产性支出特别是工农业生产支出处于十分重要的地位,只有工农业生产的发展,其他非生产性事业的发展与人民生活的提高才有可靠的物质基础。但是,非生产事业,特别是科学、教育等事业的发展是生产发展的前提条件,没有这些事业的发展,生产的发展也是不可能的。因此,财政支出的安排要正确处理好这两方面的关系。

(三)正确处理简单再生产与扩大再生产的比例关系

简单再生产是扩大再生产的基础,扩大再生产所需要的资金和物资要靠现有企业的简单再生产来提供。而扩大再生产,建立新型的工业企业,是发展新的生产力的保证。要按照先生产、后基建,先简单再生产、后扩大再生产的顺序安排财政支出。

### 三、限定性原则

限定性原则是指财政支出的投向和数量一经法律确定之后,必须依法安排支出,不能随意变动投向和增减数量。首先是要坚持专款专用。财政安排的各项支出,是按照党和国家的基本路线、战略任务,根据国民经济发展计划确定的,是由政府制定、经人民代表大会讨论通过的,它具有严肃的法律效力。因此,必须按照法律规定,安排各项支出,决不能在支出项目间相互挪用,以保证各项建设事业的资金需要。其次是不能乱开口子,随意增加支出。各项建设事业所需资金数量,一经法律确定以后,不能以长官意志,乱批条子,乱开口子。如果确实需要对某项建设事业追加支出,而资金来源又有保证,也必须按照法律规定的程序确定。

## 第三节 财政支出的分类

为了适应社会主义建设事业各方面的资金需要,财政支出的种类很多。因此,对财政支出应根据其性质和作用进行科学分类,不仅有助于认识财政支出的各种结构和比例关系,而且有利于合理地安排和分配财政资金,加强财政管理和监督,提高资金使用效益。

### 一、按照财政支出的经济性质分类

按照财政支出的经济性质分类,就是按照财政支出的项目是否购买商品和劳务为标准的分类。政府财政支出项目要直接购买商品和劳务的,为政府购买性支出;政府财政支出项目不直接购买商品和劳务,而是无偿支付财政资金的,为政府转移性支出。

#### (一)政府购买性支出

政府购买性支出,是指财政支出中政府在商品和劳务市场上直接购买所需要的商品和劳务的支出。它既包括政府购买日常行政管理所需要的商品和劳务的支出,还包括政府投资兴办各种事业所需要的商品和劳务的支出。如由国家投资的各类经济建设支出,行政管理、文教卫生体育、公检法司和国防支出等。

(二)政府转移性支出

政府转移性支出,是指财政支出项目中,政府不直接购买商品和劳务,而是单向地向某些地区或社会成员无偿拨付财政资金。在我国,这类财政支出主要为社会保险和社会救济抚恤的各种福利支出,国内外债务和利息支出,以及政府捐赠支出等。

## 二、按照财政支出的范围和作用分类

(一)国内支出和国外支出

我国财政支出主要用于国内方面,如用于满足社会经济和文化的发展、人民生活的改善等。这是财政支出的基本内容。此外,我国财政支出也有一小部分用于国外方面,如偿还外债和少量的对外援助等。我国根据自力更生为主、争取外援为辅的原则,为了利用国外的先进技术,加速我国现代化事业的发展,适度地利用了外债。向外国举债是要偿还的,而且偿还期的高峰正在到来,我们要积极筹措还本付息的资金以偿还外债。由于我国是社会主义国家,履行国际主义义务是我们的神圣职责,我们要根据国力的可能,对遭受严重自然灾害的国家进行道义的援助,以及支付联合国等世界性组织的经费。

(二)中央支出和地方支出

国家预算是分级的,由中央预算和地方预算组成。财政支出也就分成中央支出和地方支出。根据事权与财权相统一的原则,中央预算支出主要担负全国重点建设、国防战备、援外等方面的资金需要。同时,还要支援经济不发达地区和应付重大自然灾害等开支。因此,中央支出在财政支出中占有主导地位。地方支出,主要用于地方的农业和工业、城市公用事业、文教卫生事业和少数民族地区的建设。因此,地方支出在财政支出中占有重要位置。当前,随着权力的下放,财力分散现象严重。为了保证中央必不可少的资金需要,有必要适当集中财力,以保证全国经济的稳定和发展。

(三)补偿性支出、积累性支出和消费性支出

财政支出使用的最终结果,可以分为补偿性支出、积累性支出和消费性支出三大类。

1. 补偿性支出

它用于补偿国有企业简单再生产消耗的资金不足。在财政支出中,属于补

偿性支出所占的比重很少,主要是用于更新改造。这部分资金支出大约相当于国家财政集中的折旧基金收入部分。随着改革的推进,财政将最终退出补偿性支出范围。

2. 积累性支出

积累性支出主要包括属于扩大再生产的基本建设投资、非生产性基本建设投资、增拨企业流动资金、增加国家物资储备支出和用于农田基本建设支出等。积累性支出在全部财政支出中占有很大的比重,以保证生产规模的不断扩大和加速国民经济的发展,保证科学、文教、卫生、国防等事业相应地发展。

3. 消费性支出

消费性支出是指社会共同消费,即文教、行政、国防等部门的经费,以及抚恤和社会救济等方面的支出。

(四) 生产性支出和非生产性支出

按财政支出的经济性质分类,可以分为生产性支出和非生产性支出两大类。

1. 生产性支出

它是指与生产直接有关的各项支出,如生产性基本建设投资、增拨企业流动资金、支援农业支出、增加国家物资储备等等。这类支出保证社会再生产的不断发展和社会主义经济的物质技术基础的不断加强。

2. 非生产性支出

它是指与生产没有直接联系的支出,如非生产性基本建设投资,文教、卫生、行政、国防等方面的经费等。这类支出对于巩固人民民主专政,领导、组织和管理社会主义经济和文化建设,提高人民的物质文化生活水平,都有重要意义。

(五) 经常性支出和建设性支出

经常性支出主要有各项事业费、行政管理费、国防费、价格补贴支出等。建设性支出主要有基本建设支出、挖潜改造资金、增拨企业流动资金、新产品试制费、支援农业生产支出、粮食外贸等部门的简易建筑支出、国外借款还本付息支出等。此外,还有一些专项资金,可在安排上作列收列支,如城市维护建设税、耕地占用税收入等。

经常性支出和建设性支出的划分,可以更好地体现"一要吃饭,二要建设"的方针,有利于坚持量入为出,有多少钱办多少事的原则;同时可以增加财政困难的透明度,有利于找出原因,有针对性地采取措施,平衡预算收支;还可以加强资金支出的分口管理,有利于发挥财政的调控和监督作用。

（六）非财政信用支出和财政信用支出

按财政支出是否采用信用方式进行分类，可把财政支出分为非财政信用支出和财政信用支出。

在财政支出中，无偿性的非财政信用支出占主要部分。是财政支出的主要形式。如国家预算拨款的基本建设支出、农业、林业、气象等部门和文教卫生事业费、行政管理费和国防支出等。

随着社会主义市场经济的发展，为了多渠道地筹集资金，提高资金使用效益，克服当前财政资金困难，改变投入产出效益低的状况，在目前以非财政信用支出为主的情况下，同时实行财政信用支出是很有必要的。财政信用支出以信用为基础，有借有还，而且在资金使用权让渡的过程中，以提高资金使用效益为目的，同时，一般还以取得不同程度的利息为条件。财政信用支出具有偿还性、周转性和长期性等特点。

### 三、按照国家实现其职能的分类

我国是人民民主专政的社会主义国家，其职能是巩固人民民主专政的国家政权，发展社会主义经济，不断提高日益增长的人民物质文化生活水平的需要。因此，按照国家实现其职能的分类，财政支出可分为经济建设支出、科教文卫和行政国防支出，以及财政补贴等支出。

（一）经济建设支出

经济建设支出，主要包括基本建设支出、流动资金支出、发展农业支出等。财政对经济建设的资金投入，促进和支持了社会扩大再生产，发展了社会主义经济，为使我国早日实现现代化，进入世界先进行列和巩固人民民主专政提供了强大的物质基础。因此，财政对经济建设的支出，具有十分重要的意义。

1. 基本建设支出

(1) 基本建设支出的性质和作用。基本建设支出是指国家财政用于固定资产扩大再生产与一部分简单生产的资金支出。

基本建设支出为社会再生产提供先进的劳动手段，在发展社会主义经济建设中具有重要的作用。首先，基本建设支出是实现扩大再生产的物质基础，是建设具有现代农业、现代工业、现代国防和现代化科学技术的社会主义强国的重要条件；另外，通过基本建设支出有计划按比例地分配，对于完善国民经济各部门之间的比例关系，优化生产力的合理布局，发展现代最先进的科学技术，并运用于经济建设,具有重大的作用。

(2) 基本建设投资额与基本建设拨款额。基本建设投资额,是用货币表现的基本建设工作量,它反映一定时期内国家基本建设的规模,包括从工程开始到竣工投入生产期间全部费用的总和。

基本建设投资额的正确确定,对于国民经济的稳定和发展具有决定性意义。确定基本建设投资额,必须根据需要和可能、国力和规模的辩证关系,进行综合平衡。

根据国民经济发展的需要来确定基本建设投资额,必须考虑实现投资的可能性。确定基本建设投资额,首先必须根据国家财政能提供用于基本建设资金的限度;其次必须根据国家与社会上能够提供多少基本建设能力、多少建筑材料和多少施工能力的限度。总之,基本建设投资计划的确定必须全面考虑需要和可能,使其建立在稳妥可靠的基础上。基本建设投资规模过小,固然会影响经济建设的发展速度;而投资规模过大,超过现实的可能性,造成基本建设规模失控,同样会给国民经济的发展带来消极影响。

基本建设拨款额是国家在计划年度内对基本建设的预算拨款数。拨款额是基本建设投资的主要资金来源,但不是唯一的来源。从所有制上看,集体企业和居民个人的基本建设投资,主要靠其本身的积累,不足部分则通过银行贷款解决。属于全民所有制的基本建设投资,其资金来源,除财政拨款外,还有银行的投资性贷款,企业和地方的自筹资金,以及利用外资进行的筹资。随着经济体制改革的深入进行,企业财权的扩大,基本建设资金中,来自预算外资金的部分不断增大,这是近几年来基本建设失控的重要原因之一,也是今后基本建设中必须认真解决的问题。

依靠财政拨款进行的基本建设投资,投资额与拨款额之间往往是不相等的,拨款额可能大于、等于或小于投资额。这主要是因为基本建设的周期较长,许多项目从施工准备到建成,往往要一年甚至几年,因而投资额与拨款额之间因受基本建设储备资金增减变化的影响而发生差异。国家预算用于为下一年度工程储备设备、材料占用的资金(一般称为下年度储备资金),不属于计划年度基本建设投资额,但要计入当年预算的基本建设拨款额中。基本建设的上年结余(即上年度为计划年度储备设备、材料的资金),要用来抵充下年度的储备资金。如上年结余大于下年度的储备资金,则要抵充当年的基本建设拨款。

财政部门在确定基本建设拨款额时,一方面要以投资额为依据;另一方面要充分动员建设单位的内部资源,在保证完成国家基本建设计划与不降低工程质量的前提下,尽量减少预算拨款,以节约更多的资金用于其他方面的经济建设。

(3)提高基本建设投资效益。基本建设投资效益是指投入基本建设的资金,通过基本建设活动所取得的有用效果。它反映了基本建设中投入与产出的关系,因此,提高基本建设投资效益具有特别重要的意义。

基本建设投资效益的考核,主要有以下三项指标:① 投资额。这是国家对于基本建设工程项目投资的数量,它是衡量投资效益的一个基本指标。对于规模相同的建设项目,投资额越小,投资效益就越高;反之,投资效益就越差。对于规模不同而产品相同的建设项目,应该用单位生产能力的投资额作为衡量投资效益的指标。单位生产能力的投资额越小,投资效益越高;反之,投资效益就越低。② 建设周期。这是指基本建设施工过程所需要的时间。它是一个非常重要的综合性指标,在一般情况下,建设周期越短,投资效益就越高;反之,投资效益就越低。③ 投资回收期。这是指新建企业正式投产后,用每年能够提供的税利全部偿还建厂投资所需的时间。回收期短,一般来说投资效益就高;反之,效益就低。

提高基本建设投资效益的主要途径有:

第一,正确安排基本建设投资结构。在分配基本建设资金时,首先必须处理好国民经济各部门之间的比例关系。特别是农轻重的比例关系。基本建设资金的安排按照农轻重次序来进行,要把农业与轻工业投资安排好,再安排重工业投资。加强对农业与轻工业的投资不仅有利于人民生活的改善,而且也从根本上保证了重工业发展需要的资金和市场。

第二,保证重点建设项目。基本建设必须首先保证重点建设项目的资金和物资的需要。因此,必须对基本建设项目进行分类排队,分别轻重缓急,分期分批地进行安排。如果不讲重点,不分主次,不仅分散基本建设力量,使许多工程项目长期不能形成新的生产力,而且,势必引起基本建设失控,给整个国民经济的发展带来困难。

第三,安排好建设项目内部、外部的配套工程,保证建成后迅速形成生产力,发挥经济效益。如果工程项目不配套,迟迟不能投产,或生产能力不能充分发挥,将造成很大的浪费。因此,在安排基本建设投资项目时,一定要坚持主体工程和配套工程同步建设。

第四,加强可行性研究,坚持按基本建设程序办事。可行性研究就是拨款或贷款单位，根据建设单位提供的各种资料，对建设项目进行详细、周密、全面的调查分析，研究建设项目的可行性，选出最佳方案作为投资对象，保证投资取得最大的经济效益的工作。基本建设是一个复杂的系统过程，涉及面广，内外协作配合的环节多，必须按照基本建设程序，有步骤、有秩序地进行。根据我国的经验，对基本建设规定了一整套先勘察、设计，后施工、验收、使用的科学办法。只有坚持按基本建设程序办事，才能提高基本建设投资效益。

第五，加强对基本建设拨款的管理工作。我国基本建设投资拨款和贷款是统一由中国建设银行负责办理的。建设银行在拨款中要坚持"四按"原则：① 按基本建设计划拨款；② 按基本建设程序拨款；③ 按基本建设支出预算拨款；④ 按基本建设进度拨款。建设银行不仅要管理预算内的基本建设项目，而且对地方和企业以自筹资金进行的建设项目，也要进行统一管理和监督。

第六，改革基本建设资金的供应办法。长期以来，我国基本建设投资一直采取由财政无偿拨款的办法，这在当时的经济条件下起过积极的作用，取得了很大的成就。但是，由于这种拨款制度没有使投资额的多少与企业经营成果之间建立直接联系，企业也不负经济责任，因而许多建设单位争项目，大手大脚，不顾投资效果。为了适应社会主义市场经济发展的要求，随着经济体制改革的进行，我国把某些基本建设投资改由银行贷款，并收取利息。"拨改贷"的改革，有利于建设单位责、权、利的紧密联系，提高投资效益。至于那些无收益的行政、事业单位，没有计划盈利的企业、经济组织等，不能实行贷款方式的重点投资建设项目和单位，可以实行投资包干办法，促进建设项目保质保量、按时完成和资金的节约使用。

2. 流动资金支出

(1) 流动资金支出的性质与作用。社会主义全民所有制企业即国有企业，是在国家统一领导下的相对独立的生产经营单位。企业为了进行正常的经营活动，必须占有一定数量的资金，用以购买劳动资料、劳动对象和支付工资。流动资金是企业垫支在劳动对象和职工工资上的资金，是随生产的一个周期一次性全部地转移到产品价值中去的，它的价值循环过程与生产过程的周转是一致的。与生产过程相对应，流动资金在存在形式上分别表现为储备资金、生产资金和产成品资金。由于再生产过程的不间断进行，流动资金不仅顺利地经过各个阶段，而且同时分布在各个阶段上，进行周而复始地循环。流通领域中流动资金的周转过程与生产领域不同，它的循环过程是货币-商品-货币，只表现为货币资金与商品资金两种形态。但是,无论是生产领域或流通领域,流动资金都处于不断循环与周转之中。

流动资金的周转,实际上是一种价值运动,是生产和商品流转过程的反映。因此,流动资金的作用,就是实现社会产品的价值周转。在生产企业,流动资金是通过保证劳动对象和活劳动消耗的不断补偿,从而保证生产过程不间断地进行的。在商业企业,流动资金是保证商品的采购、调运和销售的不断进行,以及必要的商品储存的,即保证商品流转的顺利实现。在整个国民经济中,流动资金通过保证社会产品在价值形式和实物形式上不断得到补偿来保证社会再生产的实现,并促进国民经济持续、协调、稳定地发展。

(2) 流动资金的供应方式。流动资金的供应方式,是指流动资金由什么部门来供应与如何供应的问题,它是由流动资金的性质和不同时期的政治经济形势与任务决定的。

根据再生产过程中各种流动资金的不同特点,企业流动资金分为定额流动资金与超定额流动资金两部分。定额流动资金是生产正常周转所需要的最低数量的资金,包括原材料、燃料、辅助材料等储备资金,在产品与半成品等生产资金和必要的产品库存所占用的成品资金。超定额流动资金是由季节性与超计划生产等需要所形成的临时性需要的资金。根据定额流动资金和超定额流动资金的不同特点,对它们采取了不同的供应方式。新中国成立以来,流动资金供应方式经过了多次变化,但概括地说,除1959年前后一度采取由银行单口供应办法外,基本上都由财政和银行双口供应。定额流动资金一般全部由财政拨款,超定额流动资金一直由银行贷款,这种双口供应流动资金的办法是与当时的政治经济形势相适应的,发挥了应有的作用。

近几年来,随着经济体制改革的深化、企业经营自主权的扩大和银行储蓄存款余额的增加,在实际供应给国有企业的流动资金中,财政所占的比例越来越小,银行贷款所占的比例越来越大。因此,从1983年7月1日起,国家对国有企业的流动资金除有特殊规定外,不论是临时占用的,还是经常占用的,一律由银行贷款解决。这样,既可以减轻国家财政支出的负担,又可以更好地发挥银行对企业资金使用的监督作用。

(3) 加速流动资金周转,管好用好流动资金。流动资金在不断地循环与周转中,存在着一个速度问题。流动资金周转速度的衡量指标是流动资金周转率,它是衡量流动资金利用效果的重要指标。为了具体说明流动资金的周转速度,

可用流动资金完成一次周转所需的天数或一定时期内周转的次数来表示,即:

$$周转天数 = \frac{流动资金平均占用额 \times 计算期天数}{计算期产品销售收入}$$

$$周转次数 = \frac{计算期产品销售收入}{流动资金平均占用额}$$

周转天数和周转次数是表示流动资金周转率的两个主要指标。另外,每百元工业产值所占用的定额流动资金也是分析流动资金周转情况经常使用的指标,它比较适用于生产周期较长的工业部门。

加速流动资金周转,充分发挥流动资金的效用,具有重大的经济意义。流动资金周转速度越快,同样规模的生产和商品流转所需的流动资金就越小;或者说,同样数量的流动资金,其周转速度越快,完成生产和商品流转的数量就越多,创造与实现的价值也就越大。所以,加速流动资金周转,提高流动资金使用效果,具有十分重要的意义。

3. 发展农业支出

(1) 发展农业支出的基本内容。农业是国民经济的基础。农业情况如何,不仅关系到国家政权的巩固,而且关系到社会扩大再生产能否顺利进行,关系到整个国民经济的发展。由于农业极其重要的地位,财政部门在资金的分配中,必须尽力支援农业的发展。在我国财政支出中,发展农业占着重要地位。除此以外,国家财政还拨给革命老根据地、少数民族地区、边远地区和贫困地区一定的发展资金,帮助这些地区发展农业生产。近几年来,农业虽获得发展,但仍必须增加财政对农业的投入,以进一步促进农业的发展。

国家财政用于发展农业的资金,概括地说,包括国家对农业、林业、水利、农机站、气象等方面的基本建设投资、国家对这些事业单位的事业费拨款,以及国家对部分经济困难的乡村的无偿投资和受灾地区的救济费等。此外,对农村的长期农贷也是由国家财政以专项基金的形式拨给银行的,实际上也是财政用于发展农业的支出。

(2) 发展农业支出,必须处理好几个方面的关系:

第一,正确处理自力更生为主,国家支援为辅的关系。我国有八亿多农民,农业发展资金的主要部分,应当依靠农民自己来筹集。如果农业发展资金全部由财政包下来,一方面,财政负担不了,没有可能;另一方面,农民的积极性不能调动起来,效果也不会好。当然,财政必须尽最大可能,保证农业发展必不可少的资金需要。

第二,正确处理财政支援与价格支援的关系。财政投资与农业生产资料降价、农副产品提价都是对农业的支援,最终都要由财政负担。但是,由于财政和价格是不同的分配杠杆,它们作用的对象、范围和方法是不同的。因此,必须有机地结合起来,统筹安排,以期达到支援农业的最大经济效益和社会效益。

第三,正确处理无偿支援与信贷有偿支援的关系。对于大规模的农田水利基本建设、对于因自然灾害使农业遭受影响和损失的、对于贫困地区的资金需要等等,财政必须给予无偿的支援。对有经济效益的农业生产项目的投入,一般应以信贷的方式进行支援。短期农贷主要由农业银行帮助解决。近几年来,财政实行支农周转金的办法,效果是比较好的。一方面调动了财政部门管好用好支农资金的积极性,更主要的是借款要还本付息,增强了使用单位的经济责任。所以,必须把无偿支援与信贷有偿支援有机地结合起来,通盘考虑,提高支农资金的使用效益。

第四,正确处理资金支援与物资供应的关系。财政支援、价格支援、信贷支援,都是不同形式的资金支援,最终增加农民的购买力。因此,必须把资金支援与物资供应很好地结合起来,坚持做到确保物资、物资适用、群众欢迎、讲求实效。只有把资金支援与相应的有保证的物资供应统一起来,才能更好地发挥资金支援的效用。如果资金支援与物资供应相脱节,通过资金支援形成的购买力买不到需要的物资,那么,对农业资金支援的效果也就不会好。

财政对经济建设的支出,除上述基本建设支出、流动资金支出和支援农业支出外,还有其他方面的支出,如企业挖潜改造资金支出,地质勘探费支出,科技三项费用支出,工业交通、商业流通等部门的事业费支出等。

(二) 科教文卫与行政国防等支出

1. 科教文卫支出

科教文卫支出是国家用于文化教育、科学技术、卫生、体育、出版、通讯、广播等事业部门支出的总称。教科文卫支出在整个财政支出中占有十分重要的地位,这是由科教文卫在我国现代化建设中的地位和作用决定的。

在实现社会主义现代化过程中,科学是关键,教育是根本。没有教育事业的发展,就谈不到科学的发展。没有教育和科学的进步,现代化建设就难以实现。科教文卫事业,担负着提高全民族的科学技术文化水平,促进社会生产力的发展,调动人们劳动积极性的艰巨任务,它对于为把我国建设成为具有高度物质文明和精神文明的社会主义现代化强国,保证最大限度地满足人们日益增长的科学文化、体育卫生等方面的需要,起着极其重要的作用。

科教文卫事业费支出主要包括:① 教育支出,包括初等、中等和高等学校的教育经费、教师进修费和业余教育以及对教育部门所属企业的拨款等。② 科学技术支出,包括国家和地区专门研究机构的科学研究经费、干部培训费、人员经费、公用经费和所属企业的经费等。③ 卫生支出,包括各种医疗单位经费、各级保健和防疫防疾经费、各级公费医疗经费、其他卫生支出等。④ 其他支出,包括文化艺术、通讯广播、体育等经费支出。

由于科教文卫事业涉及面广,类型繁多,有些单位有收有支,有些单位有支无收,有些单位收大于支,有些单位支大于收。为了调动各部门职工的积极性,有效节约地使用资金,教科文卫的财务管理主要采取以下四种方式:① 全额管理,就是单位的各项收支全部纳入国家预算,需要的支出全部由财政拨款,其所取得的各种收入,按规定应上缴的要全部上缴财政。这种管理形式,一般适用于行政机关和没有经常业务收入的事业单位。② 差额管理,就是对有经常业务收入的单位采取全面核算收支,收支挂钩,以收抵支的管理办法,如定额补助、结余留用、差额补助或差额上缴等形式。这种管理形式,适用有固定收入的单位,如剧团、医疗机构等。③ 事业单位的企业管理,是指那些单位的性质属于事业,而经营管理却是参照企业的方法进行。这种管理适用于有些科教文卫的附属单位、某些出版社等。④ 民办事业,国家补助,是指国家对集体或民办的城乡文教卫生事业单位,由财政给予一定的经费补助,也叫民办公助,如中小学的民办教师补助等。

2. 行政管理支出

我国行政管理支出,是国家权力机关和行政管理机关的费用支出。它是巩固人民民主专政,领导和组织经济建设,发展科教文卫事业,进行外交活动所必要的支出。这种支出是与广大人民的根本利益相一致的。行政机构不直接创造社会产品和国民收入,其所需经费由财政直接拨款。

行政管理经费支出,必须贯彻勤俭建国的方针,发挥艰苦奋斗的精神,节省开支,提高工作效率。要精简国家机构,紧缩人员编制,从资金供应方面控制机关工作人员的任意增加;要压缩社会集团购买力,压缩行政经费开支,加强廉政建设,严肃财政纪律,财政部门对行政经费使用要加强监督和检查。

3. 国防支出

国防支出是用于陆、海、空军,武警部队及国防建设的各种费用。主要包括国防费、民兵装备购置费及民兵事业费、国防科委事业费、人民防空经费等。

为了保卫祖国,保卫社会主义建设事业和安定团结的政治局面,必须加强我国现代化国防建设。我国国防支出在财政支出中占有相当的比重是十分必要的,保证国防建设的必不可少的资金需要,是财政工作的极为重要的任务。

党和国家一向贯彻勤俭建军的方针。军队参加生产和建设,是我军的光荣传统,不但节省了国防开支,而且增强了军队的政治素质,密切了军民关系。中国人民解放军不仅是保卫祖国的钢铁长城,而且在社会主义现代化建设中发挥了重要作用。

(三) 财政补贴支出

财政补贴,是国家根据一定时期的政治经济形势的客观要求,为有计划地调节生产、分配、流通和消费,对经济组织、城乡居民实施的财政性特定补助。

根据我国现行的财政补贴办法,大致可以作如下分类:

(1) 按财政补贴的环节划分,可分为对生产环节的补贴、对流通环节的补贴、对居民消费的补贴。对生产环节的补贴,如对企业生产的政策性亏损补贴等;流通环节的补贴,如对商业企业购销价格倒挂的亏损补贴;消费环节的补贴,如对居民因提高副食品销售价格而给予的补贴等。

(2) 按补贴的透明度划分,可分为明补和暗补两种。明补是指直接对城乡人民增加收入的一种补助。暗补是指对生产和流通领域里的企业的一种补贴。

(3) 按补贴对财政影响的渠道划分,可分为减少财政收入的补贴和增加财政支出的补贴两种。前一种补贴,主要是指从国家预算收入中退库拨补给国有企业的政策性亏损补贴。后一种补贴,主要是指经国家批准由国家预算支出的对价格补贴项目的补贴。

财政补贴还有其他分类方法。如按财政补贴的性质划分,可分为价格补贴和福利补贴;按财政补贴的时间划分,可分为经常性补贴和临时性补贴等。

财政支出是一级政府为实现其职能,对财政资金的再分配。它主要包括一般预算支出、基金预算支出、国有资本经营预算支出、专用基金支出、转移性支出和财政周转金支出等。

# 第四章

# 国有资产管理

**内容提示** 本章主要阐述国有资产管理的意义和内容,国有资产产权的界定、评估和管理,国有资产管理体制。重点掌握国有资产产权的管理和收益增量的管理。

## 第一节 国有资产管理概述

### 一、国有资产管理的意义

国有资产,是属于我国实行社会主义制度的国家所有,并由社会主义国家代表全体人民行使所有权的一切财产。包括经营性资产、非经营性资产、资源性资产(矿藏、森林、河流、海洋、土地等自然资源)。国有资产按运动方式可分为固定资产、流动资产、资源性资产、无形资产、递延资产、长期投资、其他资产等;按是否盈利可分为经营性资产和非经营性资产;按存在的地域可分为境内国有资产和境外国有资产;按其形成的方式不同可分为资源性资产和开发性资产;按管理权的归属可分为中央政府资产和地方政府资产或预算内和预算外资产。目前,属于新成立的国务院国有资产监督管理委员会管理的是隶属于中央的3万亿元国有净资产。

国有资产管理是对产权归国家所有的资产进行的管理。产权是指财产所有权和与财产所有权有关的财产权。首先,产权是指所有人依法对自己的财产享有占有、使用、收益和处分的权利,包括国家财产所有权、劳动群众集体财产所有权和公民个人财产所有权等。其次,产权是指与财产所有权有关的财产权。这种财产权是在所有权权能与所有人发生分离的基础上产生的,是指非所有人在所有人的财产上享有的占有、使用以及在一定条件下依法享有的收益权或处分权。它与所有权有着密切的联系,但并不是所有权。我国《宪法》规定,我国现阶段生产资料公有制主要有两种形式,即社会主义全民所有制和社会主义劳动群众集体所有制。国家财产所有权就是社会主义国家所有制在法律上的表现。国家财产所有权具有特殊的法律地位,这是因为全民所有制是国民经济的领导力量,掌握着国家的经济命脉,它代表全社会的最高经济利益,而且,我国全民所有制财产是巩固国家政权最有力的物质基础。

新中国成立以来,我国依靠自力更生、艰苦奋斗精神已积累了一定规模的国有资产,其来源有:没收官僚资本和敌伪财产,购买资本主义商业,积累(主要是国有企业的积累),税收等。这些国有资产是社会主义公有制的重要物质基础,对推进我国社会主义建设,提高全国人民的物质和文化生活水平有重大意义。因此,加强对国有资产的管理,保证国有资产及其权益不受损害,有效地经营国有资产,提高国有资产的经济和社会效益,以促进国民经济持续、稳定、协调发展,充分发挥社会主义制度优越性,具有重要意义。

## 二、国有资产管理的内容

国有资产管理的主要任务是:对国有资产进行优化管理,包括对国有资产产权的管理,国有资产收益分配的管理,国有资产存量调整和增量管理,国有资产评估管理等,逐步完善国有资产管理制度;保障国有资产的保值和增值;维护国有资产使用单位的合法权益;巩固和发展全民所有制经济的骨干作用,推动社会生产力和社会主义市场经济的不断发展;促进国有资产使用单位有效地经营和使用国有资产,依法缴纳国家规定的各项税收和费用,依法向国家上缴国有资产股权收益,实现国有资产的保值增值;按照"统一领导、分级管理"的原则,逐步建立从中央到地方的国有资产管理体系。根据1990年国务院《关于加强国有资产管理工作的通知》精神,对国有资产管理主要包括以下内容。

(一)在全国范围内有计划地开展清产核资的工作

清查资产、核实国家资金、摸清国有资产"家底"的工作,简称清产核资。通过清产核资,核实各部门、各单位占用的国有资产价值总量,将一切应归国家所有的资产都纳入国有资产管理轨道,认真解决"家底"不清、管理混乱、损失浪费严重等问题。

(二)防止和纠正损害国有资产产权的行为

各级政府要组织国有资产管理机构和其他有关部门对股份经营、租赁经营、中外合资经营的中方资产和在境外经营的国有资产,以及企业兼并和出售小企业、国有企业办集体企业、行政事业单位搞"创收"等经济活动中的国有资产管理状况进行检查。针对各种损害国有资产产权问题,建立和健全相应的规章制度,以防止和纠正损害国有资产行为。

(三)推进国有资产存量的合理流动,提高国有资产经济效益

国有资产管理部门要会同有关部门通过组建企业集团、联合经营、兼并和其他各种有效方式,推进国有资产存量合理流动,优化资源配置,克服资产的闲置浪费,提高国有资产的经济效益。

(四)加强对国有资产投资的管理

为了加强固定资产投资效益的监督检查,防止和克服固定资产投资建设过程中的损失浪费,各级国有资产管理机构要和有关部门密切配合,对固定资产投资效益进行监督,加强对固定资产投资的管理。

(五)逐步建立与社会主义市场经济相适应的国有资产管理体制

要按照"统一领导、分级管理"的原则,逐步建立与社会主义市场经济相适应的国有资产管理体制,从制度上加强国有资产管理。

## 三、国有资产管理的原则和管理体制

国有资产管理应遵循三个基本原则:

(1)"国家统一所有、政府分级监督、企业自主经营"的原则。这是加强我国国有资产管理的前提条件和根本保障。

(2)政府的行政管理职能与国有资产所有者职能分开的原则。这既能保证政府有效行使管理职能,又有利于国有资产的营运和增值。

(3)国家财产所有权与企业经营权适当分离的原则。这既有利于保障所有者权益,又有利于调动企业自主经营管理国有资产的积极性,增强企业的活力。

国有资产管理体制是规定中央与地方之间,地方各级之间,国家同企业、事业单位之间,有关国有资产管理职权的一项制度。建立和完善国有资产管理体制,有利于明确国有资产管理的职责和权限,保证各方面的权力和利益,促进国有资产的保值和增值。

1978年以后,国家陆续出台了一些有关国有资产管理的法规条例,但仍需进一步改革和完善,建立与社会主义市场经济体制相适应的新型的国有资产管理体制。首先是建立和完善国有资产管理机构;其次是建立和完善"国家统一所

有、政府分级监管、企业自主经营"的国有资产管理体制（包括国有资产管理机构的组织系统、国有资产管理经营的运作系统、国有资产管理的监控系统）；第三是建立和完善国有资产管理的目标责任制。具体方面，为了便于加强国有资产管理，我国建立了由国有资产管理、国有资产经营公司和国有企业三个层次构成的国有资产管理结构。

1988年正式成立的国有资产管理局，负责全部国有资产的管理事项，包括代表国家行使所有者的职能，对国有资产进行监督和管理，保证国有资产的完整和增值。国有资产经营公司（即投资公司），是从事国有资金投资业的经济组织，其主要职能是根据国家有关产业政策和国有资产管理法律法规，负责经营管理盈利性的投资项目，实现资产的优化配置，提高国有资产的收益率。国有企业，是国有资产的生产者和经营者，其性质是具有法人资格的独立经济实体。国有企业对法人财产拥有使用权，通过生产经营活动获得盈利，实现企业国有资产的保值和增值。1998年我国政府机构进行了重大改革，原国有资产管理局并入财政部，强化了国有资产价值形态的管理，实行国有资本金管理，建立以国有资本为管理对象，以产权界定为前提，以产权登记为基础，以变动监督为重点，以股权管理为突破口，以资本预算为手段的国有资本金管理体系。

在2003年3月召开的第十届全国人民代表大会上，为深化国有资产管理体制改革，设立了国有资产监督管理委员会（简称国资委）。将国家经贸委的指导国有企业改革和管理的职能、中央企业工委的职能及财政部有关国有资产管理的部分职能等整合起来，划归国资委。国务院授权国资委代表国家履行出资人职责。确定国资委的监管范围为中央所属企业（不含金融类企业）的国有资产。地方所属企业的国有资产，由改革后设立的省、市（地）两级地方政府国有资产管理机构负责监管。其他国有资产，依照相关的法律法规进行管理。国资委的主要职责是：根据授权，依照《中华人民共和国公司法》等法律和行政法规履行出资人职责，指导推进国有企业改革和重组；代表国家向部分大型企业派出监事会；通过法定程序对企业负责人进行任免、考核并根据其经营业绩进行奖惩；组织清产核资、产权登记、产权界定、资产评估等基础管理工作，通过统计、稽核对所管国有资产的保值增值情况进行监管，并对违法行为依法行政处罚；拟订国有资产管理的法律、行政法规和制定规章制度，依法对地方国有资产管理进行指导和监督；会同有关部门协调解决国有资产产权纠纷；承办国务院交办的其他事项。

## 第二节　国有资产产权管理

### 一、国有资产产权界定

（一）国有资产产权界定的意义

国有资产产权界定属于财产权界定范畴，是指对企业应属国有资产依法确认所有权的法律行为。它包括两方面内容：一是国有资产所有权界定，即界定是否属于国家所有的财产；二是与国有资产所有权相关的，由国家资产所有权权能分离产生的其他产权的界定，即界定国有资产各类经营、使用、管辖主体行使资产占有、使用和收益权及依法处分权的界限、范围和关系。

为制止和纠正侵占国有资产的行为，维护国有资产所有者的合法权益，保护社会主义制度的物质基础和市场经济的正常秩序，需要制定国有资产所有权归属的界定工作条例。产权界定是深化经济体制改革的客观需要；是维护国家利益，保障所有权的客观需要；是调动资产经营者的积极性，落实经营权的客观需要；是做好国有资产管理工作的需要。

（二）产权界定的情形及程序

国有资产产权界定工作，按照资产的现行分级分工管理关系，由各级国有资产管理部门会同有关部门进行。占有、使用国有资产的单位，发生下列情形的应当进行产权界定：与外方合资、合作的；实行股份制改造和与其他企业联营的；发生兼并、拍卖等产权变动的；国家机关及其所属事业单位创办企业和其他经济实体的；国有资产管理部门认为需要界定的其他情形。

产权界定依下列程序进行：一是全民单位的各项资产及对外投资，由全民单位首先进行清理和界定，其上级主管部门负责督促和检查，必要时也可以由上级主管部门或国有资产管理部门直接进行清理和界定；二是全民单位经清理、界定已清楚属于国有资产的部分，按财务隶属关系报同级国有资产管理部门认定；三是经认定的国有资产，须按规定办理产权登记等有关手续。占用国有资产的其他单位的产权界定，可以参照上述程序办理。

（三）产权界定的内容

1. 国家机关及其所属事业单位产权的界定

国家机关及其所属事业单位占有、使用的资产以及政党、人民团体中由国家拨款等形成的资产,界定为国有资产。

2. 全民所有制企业中国有资产所有权的界定

(1) 有权代表国家投资的部门和机构以货币、实物和所有权属于国家的土地使用权、知识产权等向企业投资,形成的国家资本金,界定为国有资产。

(2) 全民所有制企业运用国家资本金及在经营中借入的资金等所形成的税后利润经国家批准留给企业作为增加投资的部分以及从税后利润中提取的盈余公积金、公益金和未分配利润等,界定为国有资产。

(3) 以全民所有制企业和行政事业单位担保,完全用国内外借入资金投资创办的或完全由其他单位借款创办的全民所有制企业,其收益积累的净资产,界定为国有资产。

(4) 全民所有制企业接受馈赠形成的资产,界定为国有资产。

(5) 在实行《企业财务通则》、《企业会计准则》(下称"两则")以前,全民所有制企业从留利中提取的职工福利基金、职工奖励基金和"两则"实行后用公益金购建的集体福利设施而相应增加的所有者权益,界定为国有资产。

(6) 全民所有制企业中党、团、工会组织等占用企业的财产,不包括以个人缴纳党费、团费、会费以及按国家规定由企业拨付的活动经费等结余购建的资产,界定为国有资产。

3. 集体所有制企业中国有资产所有权的界定

(1) 全民单位以货币、实物和所有权属于国家的土地使用权、知识产权等独资创办的以集体所有制名义注册登记的企业单位,其资产所有权界定按全民所有制企业中的产权界定办法处理。但依国家法律、法规规定或协议约定并经国有资产管理部门认定的属于无偿资助的除外。

(2) 全民单位用国有资产在非全民单位独资创办的集体企业中的投资,以及按照投资份额应取得的资产收益留给集体企业发展生产的资本金及其权益,界定为国有资产。

(3) 集体企业依据国家规定享受税前还贷形成的资产,其中属于国家税收应收未收的税款部分,界定为国有资产。

(4) 集体企业在发展过程中,使用银行贷款、国家借款等借贷资金形成的资产,全民单位只提供担保的,不界定为国有资产。但履行了连带责任的,全民单位应予追索清偿。集体企业确实无力按期归还的,经双方协商可转为投资,转为投资的部分界定为国有资产。

4. 其他性质的企事业单位国有资产产权的界定

在股份制企业、联营企业、中外合资企业、中外合作企业中由国家出资的部分,以及税后和专项基金中国家按投资或协议应占有的份额,界定为国有资产。

(四)产权界定的责任和处罚

(1)产权界定主管机关的工作人员利用职权谋取私利或玩忽职守,造成国有资产损失的,国有资产管理部门和有关部门应按照干部管理权限,给予责任人员行政处分;触犯刑律的,提交司法机关处理。

(2)发生属于产权界定范围的情形,国有资产占用单位隐瞒不报或串通作弊,导致国有资产权益受损的,产权界定主管机关可以根据情节轻重,对占用单位的主管人员和直接责任人员给予通报批评、罚款等处罚。

(3)对于违反产权界定及纠纷处理程序,国有资产管理部门可以单独或会同有关部门给予责任人员行政或经济的处罚;触犯刑律的,提交司法机关处理。

## 二、国有资产产权登记

(一)国有资产产权登记的意义

国有资产产权登记是国有资产管理部门代表国家对国有资产进行登记,依法确认国家对国有资产的所有权以及企业单位占有、使用国有资产的法律行为。为了体现所有权与经营权适当分离的原则,保障国家对国有资产的所有权,落实占有、使用国有资产的企业单位的经营权和经济责任,提高国有资产的营运效益,巩固和发展全民所有制经济,必须进行国有资产产权登记。其重要意义是:产权登记是国有资产管理的一项基础工作,是产权管理的前提和手段;有利于保证国有资产的完整,防止国有资产流失;企业可以合法进行各种经营活动,有利于企业提高经济效益;有利于财政和工商等部门实施管理职能。

(二)国有资产产权登记的种类和内容

占有、使用国有资产,并已取得企业法人资格或申请取得企业法人资格的全民所有制企业和实行企业化管理的事业单位,必须依法申办国有资产产权登记。产权登记分为开办产权登记、变动产权登记、注销产权登记和产权登记年度检查。《国有资产产权登记表》分为开办登记表、变动登记表、注销登记表和年度检查表。

1. 开办产权登记

开办产权登记,适用于新开办企业单位。占有、使用国有资产的新开办企业单位,应在向工商行政管理机关申办工商注册登记前,申报开办产权登记。申报开办产权登记时,应填报开办登记表,并提交有关文件资料,包括批准设立的文件、企业单位章程副本、国有资产总额及来源证明,其他需要提交的文件和资料。

2. 变动产权登记

变动产权登记,适用于名称、地址、法定代表人、经济性质、主管单位发生变化,以及国有资产总额增减超过一定比例的企业单位。申办时,应填报变动登记表。名称、地址、法定代表人变更的企业单位,在工商行政管理机关核准变更登记后30日内,应携带换领的《企业法人营业执照》副本,到国有资产管理部门申办相应的变动产权登记。其中:名称变更的,应换领《国有资产授权占用证书》及副本;地址和法定代表人变更的,应换领《国有资产授权占用证书》副本。

需要变更经济性质的企业单位,应在向工商行政管理机关申办变更登记前,申办变动产权登记。申办时,应提交有关部门批准文件、资料。

企业单位(不含专业银行、保险公司)国有资产总额增减变动,超过上次产权登记数额20%的,应在向工商行政管理机关申办变更登记前申办变动产权登记。申办时,企业单位应提交变动当期的会计报表及其他有关文件、资料。

3. 注销产权登记

注销产权登记,适用于撤销、被合并、被兼并等需要终止的企业单位。申办时,应填报注销登记表,并提交下列文件、证明及有关资料:① 有关部门或单位的批准文件;② 终止财务决算报告及编制说明;③ 财产清理报告书;④ 国有资产管理部门下达的资产评估结果确认通知书;⑤ 资产处置请示及国有资产管理部门批复;⑥ 资产处置结果报告;⑦ 原《国有资产产权登记表》、《国有资产授权占用证书》及其副本;⑧ 其他有关文件、资料。

4. 产权登记年度检查

国有资产管理部门按年对企业单位进行产权登记检查,检查企业单位占有、使用国有资产情况,其主要内容是:① 是否按规定申办国有资产开办产权登记、变动产权登记;② 国有资产的增减变动审批手续是否完备;③ 国有资产的保值增值情况;④ 国有资产的合法权益是否受到侵害。

产权登记年度检查时,企业单位应填报年度检查表,提交产权登记检查年度会计决算报表、国有资产增减变动审批文件及其他有关资料,提交《国有资本授权占用证书》副本。

(三) 国有资产产权登记的程序

产权登记按以下程序办理:

(1) 需申办产权登记的企业单位,向国有资产管理部门申报,经确认受理后,填写《国有资产产权登记表》。

(2) 申办的企业单位将产权登记表报主管单位审查并签署意见。

(3) 申办的企业单位携带有关文件、证件、资料及经主管单位审查后的产权登记表到国有资产管理部门办理审定手续。

(4) 国有资产管理部门对审查合格的单位,给予办理有关核发《国有资产授权占用证书》事宜。《国有资产授权占用证书》依据审定的开办登记表予以核发,依据审定的变动登记表予以换发,依据注销登记表予以收回,依据年度检查表签署产权登记年度检查意见。企业单位的法定代表人应在《国有资产授权占用证书》副本上签字。

(四) 国有资产产权登记的责任和处罚

(1) 国有资产管理部门应监督检查企业单位申办产权登记和产权登记年度检查的情况。对不按规定申办产权登记和产权登记年度检查的企业单位和责任人员,由国有资产管理部门或会同其主管单位依据国家有关法律、法规、规章等进行必要的经济和行政处罚。

(2) 国有资产管理部门对其有关工作人员不按规定办理产权登记,及在产权登记工作中严重失职或营私舞弊的,根据情节轻重给予相应的处分。

### 三、国有资产产权纠纷处理

国有资产产权纠纷系指由于财产所有权和经营权、使用权等产权归属不清而发生的争议。省级以上国有资产管理部门应当成立产权界定和产权纠纷调处委员会,具体负责产权界定及纠纷处理事宜。产权纠纷的处理应本着实事求是、公正、公平的原则依法进行。

(1) 全民所有制单位之间因对国有资产的经营权、使用权等发生争议而产生的纠纷,应在维护国有资产权益的前提下,由当事人协商解决。协商不能解决的,应向同级或上一级国有资产管理部门申请调解和裁定,必要时报有权管辖的人民政府裁定,国务院拥有最终裁定权。

(2) 上述全民单位对国有资产管理部门的裁定不服的,可以在收到裁定书之日起 15 日内,向上一级国有资产管理部门申请复议,上一级国有资产管理部门应当自收到复议申请之日起 60 日内作出复议决定。

(3) 全民所有制单位与其他经济成分之间发生的产权纠纷,由全民所有制单位提出处理意见,经同级国有资产管理部门同意后,与对方当事人协商解决,协商不能解决的,依司法程序处理。

## 第三节 国有资产评估管理

### 一、国有资产评估的意义

国有资产评估是由评估机构或人员遵循经济规律和国家有关政策、法规,依据有关资料,坚持一定的原则,运用科学的方法,按照评估的目的和规定的标准及程序,对国有资产的价格判断和估计。

国有资产评估是国有资产管理的重要内容,通过国有资产评估有利于准确掌握现有国有资产存量、结构,可以优化组合国有资产,促进其合理流动。同时,还可以使国有资产以其真实价值参与企业生产经营,防止国有资产在企业产权变动过程中的损失。我国国有资产管理中比较突出的问题,是资产的账面价值与其现价或重置价值严重背离。这就不利于正确考核资产经营者的真实效益和资产的保值情况,促使资产合理流动。新中国成立以来,我国先后于1951—1952 年、1962 年、1971—1972 年、1972—1980 年,以及"八五"期间,进行了全国范围内的国有企业清产核资工作,对全面清查资产存量,摸清"家底"起到一定作用。由于当时物价基本稳定,故着重于实物资产的清查核实,没有充分考虑物价因素,资产账面价值与资产现价不符情况突出,因而不能真实反映资产实际价值。因此,必须对国有资产进行评估,通过评估,可起到以下积极作用:可以摸清"家底",真实反映企业资产价值水平和经营情况;可以维护所有者、经营者的权益;可以确保国有资产的补偿价值与市场价格相联系;可以进一步扩大对外开放的深度和广度。

### 二、国有资产评估原则和组织管理

国有资产评估应当遵循真实性、科学性、可行性原则,依照国家规定的标准、程序和方法进行评定和估算。真实性是指资产评估所依据的数据、资料必须是客观、真实、可靠的。科学性是指评估时采取适当的方法,运用正确的参数,有理有据地进行科学分析。可行性是指评估得出的结论,应该是信得过的、可行的、具有法律效力的。

资产评估由资产评估机构进行资产评估并实行有偿服务。根据《国有资产评估管理办法》的规定,凡持有国务院或省、自治区、直辖市人民政府国有资产管理行政主管部门颁发的资产评估资格证书的资产评估公司、会计师事务所、财务咨询公司、审计师事务所等机构或者经国有资产管理行政主管部门认可的临时评估机构,均具有承担国有资产评估工作的资格,并接受国有资产管理部门的监督和管理。资产评估机构必须具备一定条件,才有资格申请资产评估资格证书。

各资产评估机构在开展资产评估业务时,应自觉遵守工作规则。资产评估机构在结束评估工作后,应及时向委托者提交资产评估报告。资产评估机构玩忽职守,致使资产评估结果严重失实,国有资产管理部门有权责令其重新评估或由委托者另选评估机构评估。由于时间延误所造成的委托者经济损失,委托者有权依照仲裁或法律程序要求赔偿。资产评估机构违反规定,情节严重的,由国有资产管理部门给予吊销资产评估资格证书的处理,并提请司法机关追究其法律责任。

### 三、国有资产评估程序

(一)申请立项

凡是占有国有资产的单位,发生下列情形者必须进行资产评估:如资产拍卖、转让;企业兼并、出售;联营、股份经营;与外国公司、企业和其他经济组织或者个人开办中外合资经营企业或者中外合作经营企业;企业清算;依照国家有关规定需要进行资产评估的其他情形。当事人认为需要的评估(资产抵押及其他担保、企业租赁等)的时候,经其主管部门审查同意后,应向同级国有资产管理行政主管部门提交资产评估立项申请书,并附财产目录和有关会计报表等资料。经国有资产管理行政主管部门授权或者委托,占有单位的主管部门可以审批资产评估立项申请。

国有资产管理行政主管部门应自收到资产评估立项申请书之日起 10 日内进行审核,并作出是否准予资产评估立项的决定,通知申请单位及其主管部门。申请单位收到准予资产评估立项通知书后,可以委托资产评估机构评估资产。

(二)资产清查

受占有单位委托的资产评估机构应当在对委托单位的资产、债权、债务进行全面清查的基础上,核实资产账面与实际是否相符,经营成果是否真实,据以作出鉴定。

(三)评定估算

受占有单位委托的资产评估机构应根据国有资产评估方法,对委托单位被评估资产的价值进行评定和估算,并向委托单位提出资产评估结果报告书。

(四)验证确认

国有资产管理行政主管部门应当自收到占用单位报送的资产评估结果报告书之日起45日内组织审核、验证、协商,确认资产评估结果,并下达确认通知书。占有单位对确认书有异议的,可以自收到通知书之日起15日内向上级国有资产管理行政主管部门申请复核。上一级国有资产管理行政主管部门应当自收到复核申请之日起30日内作出裁定,并下达裁定通知书。占有单位收到确认通知书或者裁定通知书后,应当根据国家有关财务、会计制度进行账务处理。

## 四、国有资产评估方法

资产评估机构进行资产评估时,根据资产原值、净值、新旧程度、重置成本、获利能力等因素,采用适当的评估方法来评定,一般有以下几种方法。

(一)收益现值法

收益现值法是根据被评估资产合理的预期获利能力和适当的折现率,计算出资产的现值,并以此评定重估价值的方法。在我国目前情况下,企业经营受非经营性因素影响较大,对预期收益的预测具有一定困难,因此,这一评估并没有广泛运用,收益现值法一般只用于评估长期获利为主的企业,如评估长期出租或经营的企业,评估股份制企业及专利、版权等无形资产。

(二)重置成本法

重置成本法是根据该项资产在全新情况下的重置成本,减去按重置成本计算的已使用年限的累计折旧额,考虑资产功能变化、成新率等因素,评定重估价值,或者根据资产的使用期限,考虑资产功能变化等因素重新确定成新率,评定重估价值的方法。

(三)现行市价法

现行市价法是指参照相同或者类似资产的市场价格,评定重估价值的方法。这一方法适用于数据充分可靠,市场活跃的资产,如房地产、旧汽车等的评估及二手设备及某些无形资产的评估。

(四)清算价格法

清算价格法是指根据企业清算时其资产可变现的价值,评定重估价值的方法。清算价格法适用于企业破产、抵押、停业清理等经济情形中的资产评估。

(五)其他方法

对流动资产中的原材料、在产品、协作件、库存商品、低值易耗品等进行评估时，应根据该项资产的现行市场价格、计划价格、考虑购置费用、产品完工程度、损耗等因素，评定重估价值。

对有价证券的评估，参照市场价格评定重估价值；没有市场价格的，考虑票面价值、预期收益等因素，评定重估价值。

对占有单位的无形资产，应区别情况评定重估价值：外购的无形资产，根据购入成本及该项资产具有的获利能力；自创或者自身拥有的无形资产，根据其形成时所需实际成本及该项资产具有的获利能力；自制或自身拥有的未单独计算成本的无形资产，根据该项资产具有的获利能力。

# 第五章

# 国家预算和决算

**内容提示** 本章主要阐述国家预算的概念,国家预算体系,国家预算的编制、调整和执行,国家决算的编制。重点掌握我国的预算制度,国家预算编制的原则,国家预算的编制和执行及国家决算的编制。

## 第一节 国 家 预 算

### 一、国家预算的一般概念

国家预算是社会经济发展到一定历史阶段的产物。起源于封建社会和资本主义社会交替时期的英国。当时,英国新兴的资产阶级为了夺取财政大权,向政府提出国家的各项财政收支必须事先编制计划,并由有新兴资产阶级代表参加的议会审查批准后才能执行。经过长期斗争,这一要求得以实现。这种有一定法律形式和法律保证的国家年度财政收支计划,就是最早出现的国家预算。

国家预算是经法定程序编制和批准的国家年度基本财政收支计划,是国家为了实现政治经济任务,有计划地集中和分配部分国民收入的重要工具,是国家财政的主导环节。国家预算收支活动制约着政府活动的范围和方向,它规定了国家主要财力的来源、结构和方向,体现了国家对发展国民经济和各项社会事业的方针政策。国家预算收支的有效期限即预算编制和执行所依据的法定界限,称之为预算年度或财政年度。我国和世界上大多数国家一样,预算年度的起始期限为当年的1月1日至12月31日。按照法定程序,在每个预算年度开始以前,由财政部门估算的国家年度财政收支计划的预计数称为预算草案;国家预算草案经过立法机关审查批准以后,才成为具有法律效力的国家预算。

## 二、国家预算体系

国家预算体系是指国家预算的组成。我国国家预算体系是与国家政权机构和行政区域相一致的,原则上要求有一级政权应建立一级预算。为了使财权与事权相统一,设立中央预算,省(自治区、直辖市)预算、市(自治州)预算,县(自治县、市辖区、旗)预算、乡(镇)预算等五个级次。这五个级次的预算,除中央预算外,其他四个级次的预算又称为地方预算。中央预算和地方预算共同组成国家预算。中央预算是由中央各部门的单位预算和企业财务收支计划所组成的,是中央政府的财政收支计划,在国家预算中占有主导地位。地方预算是由省(自治区、直辖市)和所属市(自治州)和县(市、自治县)预算组成的,是地方政府的财政收支计划,在国家预算中占有重要地位。我国的国家预算体系如图 5-1 所示。

我国国家预算按其构成还可以分为总预算和单位预算。总预算是指各级政府本级及下级政府的年度收支经审核后汇编的预算。例如,我国国家总预算由中央级预算和省、自治区、直辖市总预算组成;省总预算由省级各部门的单位预算、企业财务收支计划和所属县、自治州、自治县、市总预算组成。

单位预算是指各级政府直属机关就其本身及其所属机关的年度收支所汇编的预算,它包括行政事业单位和企业财务收支计划。行政事业单位预算是行政事业单位根据工作任务、事业计划、开支标准等,编制和汇编的资金收支计划,企业和主管部门的预算缴拨款计划是根据企业和主管部门的财务收支计划编制的。单位预算分为年度和季度预算。单位预算是国家预算的基础环节,也是财政机关向所属预算单位拨款的依据。

## 三、国家预算制度和预算法

国家预算制度是指国家有关预算收支管理方面的规范和准则,是保证国家预算的正确编制和顺利执行,监督检查预算执行情况的、具有法律性质的依据。我国预算制度主要有预算管理体制,预算、决算制度,预算执行报告制度和若干有关预算收支管理的具体办法、规定和标准等。

国家预算制度体现了党和国家的经济政策,是各级总预算和各单位预算统一的行动准则。这对于建立起正常的预算管理工作程序,更好地执行党和国家的方针政策,保证国家预算任务的顺利完成具有重要意义。

根据国家预算编制的形式不同,国家预算可以分为单式预算和复式预算。

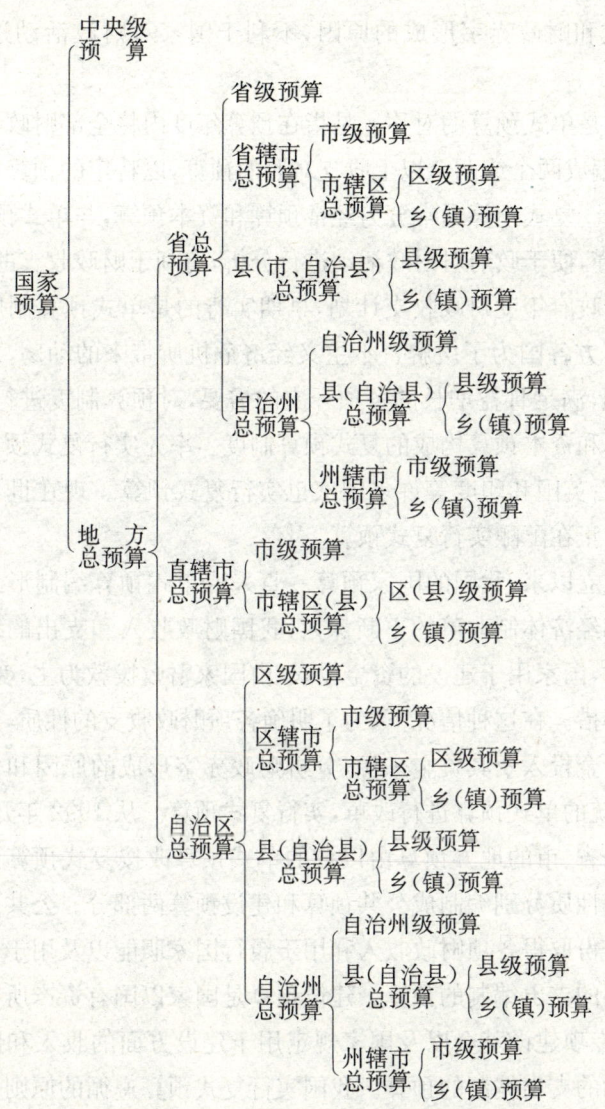

图 5-1 我国的国家预算体系

单式预算是传统的预算编制形式,它是把预算年度内国家预算的全部财政收支汇成一个统一的预算平衡表的一种预算编制方式。在单式预算中,所有预算管理的收入,包括各项税收收入、各种基金收入、企业收入、债务收入和其他收入等都列入预算收入账户;把预算承担的各项支出,包括生产性和非生产性各种支出都列入预算支出账户。单式预算可以简明地反映国家财政收支的全貌,具有预算结构和编制方法简单的优点。但是,单式预算不能明确地反映各项财政收入的性质和财政赤字形成的原因,不利于国家对财政活动进行分析和宏观调控。

复式预算是单式预算的对称。是指在预算年度内将全部财政收支按经济性质归类,分别编成两个或两个以上收支对照的预算,以特定的预算收入来保证特定的预算支出。复式预算通常分为经常预算和资本预算,与单式预算相比,复式预算科学、严谨,便于政府对财政活动进行分析,有利于财政收支的控制。

各国编制政府年度财政收支计划,早期实行的是单式预算制度,到了20世纪30年代,西方各国为了缓解资本主义经济危机所带来的动荡,加强国家对经济活动的干预,满足日益增长的各项开支的需要,对预算制度进行了改革,采取了由经常预算和资本预算构成的复式预算制度。率先实行复式预算的国家是丹麦和瑞典,随后英国和印度等许多国家也实行复式预算。现在世界大多数发达国家也实行或正在酝酿实行复式预算。

新中国成立以来,我国的国家预算一直采取单式预算编制形式。随着社会生产的发展和经济体制改革的不断深入,我国财政收入和支出的结构发生了很大变化。同时,国家用于建设的资金投入,由国家财政拨款为主,变为财政、贷款等多种渠道筹措。在这种情况下,为了明确各项财政收支的性质,全面反映国家用于建设的资金投入及其资金来源,分析财政赤字形成的原因和债务收入的用途,必须对传统的单式预算进行改革,实行复式预算。从1992年开始,我国的中央预算和部分省、市的地方预算由以往的单式预算改按复式预算试编。把全部预算收支按其性质分别编制成公共预算和建设预算两部分。公共预算是国家以社会管理者身份取得各项财政收入和用于履行国家职能以及用于人民生活和社会保障等方面的支出编制的预算。建设预算是国家以国有资产所有者身份取得的收入、各项专项建设基金以及国家规定用于建设方面的收入和国家用于各项经济建设活动的支出编制的预算。我国实行复式预算遵循的原则是:第一,充分体现国家财政的社会管理和经济建设的双重职能。第二,公共预算要保持收支平衡并有所节余,建设预算要量力而行并保持合理的规模。第三,国家复式预算要与国民经济和社会发展计划相适应,充分体现国家有关方针政策,保持国民经济持续、稳定、协调发展。

根据新颁布的《中华人民共和国预算法》的规定,我国中央预算和地方各级政府预算全部按照复式预算编制。这是我国预算技术组织形式的一项重大改革,它对于健全国家财政职能,完善国家预算管理有重要作用。

1. 实行复式预算有利于健全国家财政职能

复式预算把各项财政收支按不同收入来源和支出性质分为公共性收支和建设性收支,并建立起稳定的对应关系,可以比较清楚地反映国家财政的双重职能。

2. 实行复式预算能较全面地反映国家财政活动,增加财政分配的透明度

复式预算把经常性收支和建设性收支通过两个平衡表反映出来,具有较高的透明度,便于了解财政赤字形成的原因和国家债务的规模,探索促进我国财政发展的途径。

3. 实行复式预算有利于建立预算收支的约束机制

复式预算对不同性质的财政收支采取不同的管理办法,公共预算支出只能依靠财政收入来安排,有利于对公共预算实行硬约束;建设预算支出要量力而行,保持适当的规模,举债要与产生的效益相适应,有利于从宏观上约束建设规模,改善投资结构,提高建设资金的使用效益,促进经济建设发展。

实行复式预算后,无论是中央公共预算还是地方公共预算,都不准编制赤字预算。对于建设性预算,中央的建设预算可在建设规模适度的前提下通过举借内外债办法求得平衡,但地方建设预算不准运用发行地方债券的办法来平衡。从单式预算到复式预算,是我国预算制度的重大改革,对于加强财政宏观调控,完善国家预算,促进我国财政经济发展,无疑会起到重要的作用。但是,由于我国实行复式预算起步较晚,与之相配套的管理体制改革没有到位,影响到复式预算作用的发挥。通过近几年的实践,我国实行的复式预算还存在一些问题需要进一步研究探讨,如经常性预算与建设性预算相互平衡的问题;重新科学划分预算收支科目问题;如何控制债务规模问题;国家复式预算如何更好地与国民经济和社会发展计划相适应问题等等。因此,需要通过深化改革和不断总结经验来完善我国的复式预算制度。

1994年3月22日第八届全国人民代表大会第二次会议通过了《中华人民共和国预算法》(以下简称《预算法》),自1995年1月1日起执行。《预算法》的组成大体有三个部分:一是权责法规,以划分各级预算管理的权力和责任为主要内容;二是组织法规,以预算组织和管理的基本规定为主要内容;三是程序法规,以预算编制、执行、决算的方法程序为主要内容。国家预算制度必须根据《预算法》的规定来制定。《预算法》是国家对预算工作规定的基本法规,属于经济法的范畴。《预算法》规定了中央与地方各级政府在国家预算方面权责的划分,并把国家预算的基本组织方法、编审程序、国家预算纪律等带根本性的问题,用法律

形式肯定下来。《预算法》对于建立正常的国家预算工作程序,加强预算管理,更好地发挥国家预算的职能作用,具有重要意义。

## 第二节 国家预算的编制、执行和调整

### 一、国家预算的编制原则

国家预算,是国家的基本财政计划。它对于实现国家财政任务,促进国民经济和社会发展,具有重大意义。因此,编制国家预算,必须遵循一定的原则。国家预算编制的原则,是指国家编制预算的指导思想和应遵循的基本准则。国家预算编制原则是随着国家预算制度的产生而产生,并随着国家预算制度的发展而不断发展的。在不同历史发展时期和不同国家里,有着不同的预算编制原则。

(一) 一般性原则

1. 公开性原则

这是指全部国家预算收支必须经过立法机关(人民代表大会会议)审查批准,并向社会公布,便于公众了解预算收支情况并实行监督。

2. 完整性原则

这是指国家预算应包括国家全部财政收支,不准少列和隐瞒。国家允许的预算外收支,也应在综合预算中反映。

3. 可靠性原则

这是指编制国家预算收支数字的依据必须可靠,计算正确,不能假定,更不能随意编造。各项预算收入的编制,应与国民生产总值的增长率相适应,使预算所列数据符合实际。

4. 年度性原则

这是指国家预算应按年度编制,要列清全年的财政收支,不允许将不属于本年度财政收支的内容编入本年度的国家预算之中。

5. 法律性原则

这是指编制的国家预算经过国家最高权力机关批准之后,就具有法律效力,必须贯彻执行。非经法定程序批准,不得改变国家预算。

上述国家预算编制原则属于一般性原则。具体到每一个国家,由于政治、经济情况不同,又有其特殊性。一个国家的预算编制原则通常体现在国家预算法

中。国家预算法是国家为了强化预算的分配和监督职能,加强国家宏观调控而制定的国家预算管理的法律规范。

(二)我国国家预算编制的原则

1. 正确贯彻党和国家的各项方针政策

国家预算是国家的基本财政收支计划,直接关系到国家职能的实现以及国民经济发展的规模和方向。因此,党和国家在各个时期规定的政治经济任务以及为实现这些任务而制定的各项方针政策,就是预算编制的首要原则。当前,我国编制国家预算时,要体现"以经济建设为中心,坚持两个基本点"的要求,根据党和国家制定的具体方针、政策来组织收入和安排支出。

2. 以国民经济和社会发展计划为依据

国民经济和社会发展计划是国家发展国民经济的总计划,它规定国民经济各部门的比例关系以及我国经济建设的规模和发展速度。国家预算是国民经济和社会发展计划的有机组成部分,是实现国民经济和社会发展的财力保证。国家预算同国民经济和社会发展计划的关系,是财政与经济的关系。因此,编制国家预算必须以国民经济和社会发展计划为依据。但是,国家预算对国民经济和社会发展计划也起着重要的制约作用,因为国民经济和社会发展计划所规定的发展速度和规模,要考虑国家财力的可能,即要受国家预算的制约。

3. 坚持当年预算收支平衡,略有结余的原则

坚持当年预算收支平衡,略有结余,不搞赤字预算,不"寅吃卯粮",是我国财政预算工作的一贯方针。为了做到这一点,必须处理好两个问题:一是坚持"量入为出"的方针,反对"赤字预算"政策。因为预算赤字是没有物资保证的空头支票,主要通过向银行透支或多发货币来安排支出,必定引起物价上涨,导致经济秩序混乱,从而影响改革的顺利进行和人民生活的改善。二是处理上年度财政结余。因为财政结余一般是构成银行信贷资金的一项来源,随意将上年度财政结余列入预算收入来安排支出,势必影响到银行信贷资金平衡和其他经济问题。因此,动用上年结余,一定要考虑到财政、信贷、外汇和物资的综合平衡。

4. 适当安排国家预算的后备力量

编制国家预算要留有余地,建立后备,这是保证国民经济正常发展的必要条件。在一个预算年度中,免不了会有一些意外事件发生。为了预防意外事件的干扰及其影响,保持国民经济持续稳定地发展,国家要适当安排预算的后备力

量,在编制国家预算时,一方面要有计划地安排资金,建立国家物质储备;另一方面要有计划地建立必要的预算后备基金,包括预备基金和预算周转金。

## 二、国家预算的编制和执行

(一)国家预算编制的程序

国家预算的编制,按照法定程序,先由国务院下达关于编制下一年度预算草案的指示和要求,各级政府、各级部门、各单位根据国务院的指示和要求,参考上一年度预算执行情况和对本年度收支情况的预测,编制各自的预算草案,并在规定的时间内,各省级政府将总预算草案报国务院。省以下各级地方政府将编制的总预算草案报上级政府。具体编制程序分两个阶段进行。

1. 预算编制的准备

(1)对本年度预算执行情况进行预计和分析。本年度预算执行情况是确定下年度预算收支指标的基础,而下一年度的预算,一般是在当年第四季度编制的。所以,在预算编制之前,各级财政部门要对本年度预算收支情况进行科学的分析和预测,结合经济发展形势,并参考上年预算收支情况,预计第四季度预算收支完成情况,然后汇总全年预算收支数字供编制下年度预算时参考。

(2)拟定下年度预算收支控制指标。在做好本年度预算执行情况预计的基础上,由财政部拟定下年度国家预算收支控制指标,经国务院审定后下达各地区、各部门作为编制下年度预算的依据。

(3)修订预算收支科目和制定统一的预算表格。预算收支科目是预算收支项目的总分类,分为收入科目和支出科目两大部分。目前收入科目分为类、款、项、目四级;支出科目分为类、款、项、目、节五级,其中类、款两级是全国统一科目,项以下由各地具体规定。预算表格是预算收支指标体系的表现形式。从内容上看,预算表格基本上可以分为三类:一是收支总表,综合反映预算收支规模和平衡情况;二是收支明细核算表,反映各主要收支科目核算的过程和具体根据;三是基本数字表,反映经费预算单位的事业及业务活动的主要指标,如人员数、机构数等。为了保证国家预算的全国统一性,每年由财政部根据政治经济形势发展和预算管理体制改革的需要,以及加强预算管理和财务管理的要求,修订颁发预算收支科目和统一的预算表格。

(4)具体组织部署。为了保证国家预算的完整性、准确性和及时性,每年预算编制之前,国家要通过开会或发布通知、指示等形式,对预算编制工作进行具体的组织部署。包括提出预算编制的方针和任务,各项收支预算的编制要求,预算编制的方法,预算报告报送程序和期限等。

2. 正式编制国家预算

国家预算编制在完成上述准备工作后,就可以开始正式的预算编制工作。我国的国家预算编制,采取自上而下与自下而上相结合的方法。先由各省(自治区、直辖市)和中央各部门提出计划年度预算收支建议数,报送财政部,然后由财政部根据国民经济和社会发展计划,参照各地区、各部门上报的预算收支数,在全面权衡后提出各省(自治区、直辖市)和中央各部门预算控制指标,经国务院批准后下达。各省(自治区、直辖市)和中央各部门根据下达的预算控制指标,结合本地区、本部门的国民经济和社会发展情况,并参照所属地区和单位的预算收支建议数,通过细致的核算,拟定预算收支和财务收支指标,逐级下达。各省(自治区、直辖市)所属各单位、各县(市)总预算,根据各省(自治区、直辖市)下达的指标,自下而上汇编单位预算和总预算草案,上报各省(自治区、直辖市)汇编后报送财政部。中央各部门所属企业、事业单位,也是根据上级下达的指标,自下而上地编制单位预算和财务收支计划草案,报经主管部门审查汇编后报送财政部。财政部对中央各部门的单位预算草案和各省(自治区、直辖市)预算草案首先进行审核,然后汇编成国家预算草案报送国务院,经国务院审查通过,提请全国人民代表大会审议批准后,即成为具有法律效力的国家预算。

从 2001 年开始,我国改革中央预算编制办法,提前和细化预算编制工作,并开始试编"部门预算",以便中央预算编制逐步做到科学、规范、公平和透明,增强其约束力。"部门预算"是指一个部门一本预算,其中包括部门的所有收支情况。各部门预算将从基层单位逐级分项编制汇总,再由主管部门汇编,经财政部门审核报全国人大审计通过后才能执行。

(二)国家预算编制的方法

1. 预算收支数的测算方法

由于我国的国家预算编制程序是一个自上而下与自下而上、两上两下、逐级汇编预算草案的过程,具有内容多、范围广、周期长的特点,预算编制的时间要求常常会与预算的编制程序发生矛盾,因而经常是将财政部门测算的收支建议数和代编的预算草案上报,待预算草案经过批准,对下级单位逐级核定预算时,才结合逐级上报的预算草案,按部门和单位以及预算收支科目进行正式核定编制预算。因此对各级财政部门来说,测算年度收支建议数和代编预算草案是一项经常性的工作。为了做好这项工作,经常采用以下几种方法:

(1) 系数法。所谓系数是指两个变量之间比例关系的量化值,系数法就是在已知计划期经济指标的条件下,利用已有的财政收支同经济指标之间的数量关系,预测计划期的财政收支数的一种方法。系数测算有两个公式:

一个是绝对数系数测算。

$$系数 = \frac{基期某项预算收入或支出数}{基期有关经济、事业指标数}$$

$$计划年度某项预算收入或预算支出计划数 = 计划年度有关经济事业指标数额 \times 系数$$

另一个是增长速度系数测算。

$$系数 = \frac{基期预算收入或支出数的增长速度}{基期有关经济事业增长速度}$$

$$计划年度某项预算收入或预算支出计划数 = 计划年度有关经济事业增长速度 \times 系数$$

(2) 定额法。定额法是利用对收支计划单位所规定的指标额度作为计算的具体依据,从而测算计划期财政收支数的一种方法。预算定额是根据历年统计资料和长期的实践经验确定的,是测算某些预算收支项目时采用的经济指标额度。其公式为:

$$计划年度预算收入或支出数 = 计划年度有关经济事业发展指标 \times 预算定额$$

(3) 比例法。比例法就是利用过去局部与全部的比例关系,来测定某个局部预算数的一种方法。就财政收支而言,就是利用各项收入或支出占全部收入或支出的比例关系,来计算各个项目收入和支出的预算数。其公式为:

$$某项预算收入或支出占预算收入或支出总额的比例 = \frac{某时期某项预算收入或支出数}{同时期预算总收入或总支出数} \times 100\%$$

$$计划年度某项预算收入或支出数 = 计划年度预算收入或支出总额 \times 某项预算收入或支出占预算收入或支出总额的比例$$

(4) 分析法。分析法也称基数法,就是在对报告年度财政收入或支出基数经过调整和扣除不可比因素的基础上,分析财政收入或支出的增减变化因素,计算出增加或减少数额的一种方法。这种方法适用测算收入或支出的个别项目,对测算计划期财政收支的全貌则不太合适。其公式为:

$$\text{计划年度某项预算收入或支出数} = \text{某项预算收入或支出的上年基数} \pm \text{计划年度各种增减因素对预算收支影响的数额}$$

(5) 综合法。综合法就是综合运用系数法和分析法来预测财政收支的一种方法。这种方法除了考虑国民经济计划的发展情况以外,还分别考虑了各种因素对财政收支的影响,因此比较合理。其公式为:

$$\text{计划年度预算收入或支出} = \text{报告年度预算收入或支出数} \times (1 \pm \text{计划年度预算收支增长速度}) \pm \text{各种增减因素}$$

(6) 典型调查法。典型调查法就是通过调查总体中的一部分情况去分析推断总体情况的一种方法。编制财政收支预算在涉及面广、时间要求紧,不可能进行全面统计调查的情况下,为了能够比较正确地预测,采用这种方法是非常必要的。

从 2001 年开始,财政部决定将预算编制时间统一提前:即将下达编制预算的通知提前到每年的 9 月初,比过去提前近两个月;财政部向下下达预算控制数的时间改在全国人大召开前,提前近 3 个月;财政部批复各部门预算的时间在《预算法》规定的时间内,时间上比过去亦大大提前。

2. 预算的汇编

(1) 总预算和单位预算。总预算是指各级地方政府汇总本级和下级政府的年度预算收支编成的预算。地方各级总预算由本级政府预算(简称本级预算)和汇总的下一级总预算组成;下一级只有本级预算的,下一级总预算即指下一级的本级预算。没有下一级预算的,总预算即指本级预算。单位预算是指列入部门预算的国家机关、社会团体和其他单位的收支预算。如:我国各省直属厅(局)的单位预算,就由厅(局)本身的预算及其所属机关、单位的预算汇编而成。根据经费领报关系,我国将单位预算分为主管单位预算、二级单位预算和基层单位预算;凡向同级财政部门领取经费又向所属下级单位转拨经费的,称为主管单位预算;凡向主管单位领取经费又向所属下级单位转拨经费的,称二级单位预算;凡向上级部门领取经费下面没有所属单位的,称为基层单位预算。单位预算是总预算的基础,总预算是单位预算的综合。

(2) 单位预算的编制与汇总。使用预算资金的各部门、各单位按照国家规定的收支范围、隶属关系和法定程序编制单位预算。一般要求:第一,按照国家的方针、政策和国民经济和社会发展计划规定的有关指标,以及各项定额标准进行计算,按照规定的预算收支科目和报表格式详细填列,并附有核算根据和编制说明;第二,根据财政预算制度规定的定额标准,核实各项收支数字;第三,严格划分资金渠道,划清事业单位同企业单位、行政单位之间的支出关系。单位预算编成后,连同编制说明一同报送上级主管部门。主管部门对所属单位预算进行审核后,汇编成部门单位预算草案,报送同级财政部门。

(3)中央预算的汇编。中央预算由财政部根据中央各部门上报的汇总单位预算和企业财务收支计划进行汇编。在汇编过程中,必须根据预算管理方法和预算内容要求,把同预算有缴款、拨款关系的数字汇总编列,同时把财政部直接掌握的收支,如债务收入、债务支出、国防支出、地方上解收入、补助地方支出等一并列入,通过审核汇总和综合平衡,编制成中央预算草案,如表5-1、表5-2和表5-3所示。

表 5-1

**200×年中央复式预算表(一)**

| 经常性预算 ||||||||
|---|---|---|---|---|---|---|---|
| 收 入 |||| 支 出 ||||
| 项 目 | 200×年执行数 | 200×年预算数 | 200×年为200×年的% | 项 目 | 200×年执行数 | 200×年预算数 | 200×年为200×年的% |
| 一、各项税收 | | | | 一、非生产性基本建设支出 | | | |
| 二、非生产性企业亏损补贴 | | | | 二、事业发展和社会保障支出 | | | |
| 三、国家预算调节基金收入 | | | | 三、国家政权建设支出 | | | |
| 四、专项收入 | | | | 四、对外援助支出 | | | |
| 五、教育附加收入 | | | | 五、价格补贴支出 | | | |
| 六、其他收入 | | | | 六、其他支出 | | | |
| | | | | 七、中央预备费 | | | |
| | | | | 八、外汇差补贴支出 | | | |
| 本级经常性收入小计 | | | | 本级经常性支出小计 | | | |
| | | | | 补助地方经常性支出 | | | |
| 地方上解收入 | | | | 经常性支出合计 | | | |
| 经常性收入合计 | | | | 经常性预算结余 | | | |

表 5-2

## 200×年中央复式预算表(二)

### 建 设 性 预 算

| 收 入 | | | | 支 出 | | | |
|---|---|---|---|---|---|---|---|
| 项 目 | 200×年执行数 | 200×年预算数 | 200×年为200×年的% | 项 目 | 200×年执行数 | 200×年预算数 | 200×年为200×年的% |
| 一、经常性预算结余 | | | | 一、生产性基本建设支出 | | | |
| 二、专项建设性收入 | | | | 二、挖潜改造和新产品试制费 | | | |
| 三、生产性企业亏损补贴 | | | | 三、增拨企业流动资金 | | | |
| | | | | 四、地质勘探费 | | | |
| | | | | 五、支援农业生产支出 | | | |
| | | | | 六、支援不发达地区的发展资金 | | | |
| | | | | 七、商业部门简易建筑支出 | | | |
| | | | | 本级建设性支出小计 | | | |
| | | | | 补助地方建设性支出 | | | |
| 本级建设性收入小计 | | | | 建设性支出小计 | | | |
| 建设性预算收支差额 | | | | 中央支付合计 | | | |
| 中央收入合计 | | | | 中央本级支出国内外债务还本付息支出 | | | |
| (扣除经常性预算结余数) | | | | 利用国外借款安排的重点建设支出 | | | |
| 中央本级债务收入 | | | | 中央支出合计 | | | |
| 中央收入总计 | | | | | | | |

表 5-3

**单式预算收支表**

| 科目编号 | | 项 目 名 称 | 预 算 数 |
|---|---|---|---|
| 款 | 项 | 项 目 名 称 | |
| | | 一、收入 | |
| | | 　各项税收 | |
| | | 　债务收入 | |
| | | 　其他收入 | |
| | | 　减：企业计划亏损补贴 | |
| | | 　收入合计 | |
| | | 二、支出 | |
| | | 　基本建设支出 | |
| | | 　文教科学卫生事业支出 | |
| | | 　支援农业支出 | |
| | | 　国防费 | |
| | | 　债务支出 | |
| | | 　总预备费 | |
| | | 　支出合计 | |
| | | 三、结余或赤字 | |

(4) 地方总预算的汇编。地方总预算由财政部根据各省(自治区、直辖市)总预算草案审核汇总编制。各省(自治区、直辖市)总预算包括本级预算和所属地方总预算。其中,各省(自治区、直辖市)本级预算草案,由财政厅(局)根据本级各主管部门报送的单位预算和企业财务收支计划审核汇总编制,所属各级地方总预算由各级财政部门根据本级单位预算、企业财务收支计划和下一级总预算汇总而成,并逐渐上报上一级财政机关。各省(自治区、直辖市)财政厅(局)对所属地方总预算草案进行审核后,连同本级预算草案汇总成各省(自治区、直辖市)总预算草案,报送财政部汇总。

(三) 国家预算的审查和批准

财政部在对各省(自治区、直辖市)预算草案和中央各部门的单位预算草案汇总之前,要进行认真的审查。审查的主要内容有以下三个方面:一是预算草案收支的安排是否贯彻了党和国家的各项方针政策以及国务院关于编制预算草案的指示精神;二是预算收支的安排是否符合国民经济和社会发展计划指标及国家预算指标的要求,收支安排是否平衡;三是预算编制内容是否符合要求,资料是否完整,有无技术上和数字上的错误等。审核过程中如需核增核减的,要与有关部门或地区协商后定。

财政部汇总成国家预算草案以后,将国家预算表和文字说明书报送国务院,经国务院审查通过后,提请全国人民代表大会审查批准。国家预算草案经全国人民代表大会通过以后,即成为具有法律效力的国家预算。全国人民代表大会审查批准国家预算的一般程序是:首先由财政部长代表国务院报告上年度国家预算执行情况和本年度预算草案内容,经代表们讨论,由全国人民代表大会财政经济委员会具体负责审查,代表大会根据财政经济委员会的审查报告通过国家预算,并作出批准的决议。国务院根据全国人民代表大会批准预算的决议,对国家预算进行修订,并分别核定中央预算和地方总预算。

(四)国家预算的执行

国家预算草案经全国人民代表大会批准后,就成为具有法律效力的国家预算。要实现预算安排的各项收支任务,必须正确组织预算的执行。根据国家宪法规定,国家预算的执行机关是国务院和地方各级人民政府,实行统一领导,分级管理,即国务院负责国家预算的组织执行,地方各级人民政府负责本级地方总预算的组织执行。财政部在国务院领导下,具体负责组织中央政府预算和国家预算的执行。各级地方财政部门在地方各级人民政府领导下,具体组织本地区预算的执行。除此以外,国家还指定或设立一些机构参与国家预算的执行工作。

1. 参与国家预算执行的机构

(1) 税务机关。主要负责国家各项税收的征收管理工作。

(2) 海关。主要负责进出口货物和各种物品等依法征收关税和规费,并为税务机关代征进出口产品的增值税、消费税以及国家交办的涉及进出口产品的其他税收的征收管理工作。

(3) 中国建设银行、国家开发银行和中国投资银行。主要负责管理国家基本建设资金的拨款和贷款,参与国家预算支出的执行,负责办理国家固定资产投资项目的确定、拨款、贷款、结算与监督等业务。

(4) 中国农业银行、中国农业发展银行。主要负责办理农业事业费和国家支农支出的拨款、贷款和结算业务。

(5) 中国人民银行。主要负责办理中央级行政事业经费的限额拨款,并代理国家金库负责国家收支的出纳保管工作。

2. 国家预算收入的汇缴方式

国家预算收入应当正确、及时、足额地缴入国库。按现行制度规定,预算收入的缴库方式分为就地缴库、集中缴库和自收汇缴三种方式。

(1) 就地缴库,就是不论隶属关系如何,缴款单位通过开户银行,向当地国库办理缴款手续。就地缴库可以避免层层汇解,有利于预算收入及时入库,各项税收和大部分缴款单位都采取就地缴款的方式。

(2) 集中缴库,就是基层缴款单位将应缴预算收入先通过银行汇缴到主管部门,然后由主管部门集中缴入国库。少数实行主管部门统一核算的企业,如铁道、邮电、银行等部门采用集中缴库的方式。

(3) 自收汇缴,就是先由基层征收机关(如税务机关)自收缴纳款项,然后再由征收机关汇总缴入国库。

国家预算支出的执行,关系到党和国家方针政策的贯彻实行,关系到经济建设和各项事业的顺利进行,关系到人民物质文化生活水平的不断提高,因此做好国家预算支出的执行具有十分重要的意义。预算拨款采用两种方式,即划拨资金和限额拨款。划拨资金,也叫实拨资金,财政部门根据主管部门的申请,在已核定用款单位的年度和季度用款计划之内,开出拨款凭证,通知金库支款,将预算资金直接划拨到用款单位的银行存款账户,用款单位按照预算规定的用途和开支范围及标准,在其存款余额内支用。限额拨款是指财政部门根据主管部门的申请,在核定的年度预算范围内,开出"限额拨款通知书",通知银行和用款单位。各用款单位在核定的用款限额内,按照预定的用途,从开户行支用款项,或开出"转拨限额通知书",向所属单位转拨限额。每月终了,银行将限额支用数同财政部门办理结算,由财政部门根据结算款额通知金库把库款一次拨给银行。年终以后限额如有结余,由开户银行自动注销。

(五) 国家金库制度

国家金库简称国库,主要负责办理国家预算资金的缴纳、保管和支拨。国家金库分为中央总金库,省、自治区、直辖市分金库,地区(市)中心支库和县(市)支金库。随着我国乡镇财政的建立和完善,在有条件的乡镇还建立了乡镇金库。由中国人民银行具体办理国库业务。

国库工作是国家预算管理的重要环节,主要任务是:

(1) 办理国家预算收入的缴纳、退付、划分和留解。国家预算收入分别由各级财政机关、税务机关和海关负责管理、组织征收或监交,最后汇总国库。

（2）按照财政制度的有关规定和银行的开户办法，为各级财政机关开立账户。根据财政机关填发的拨款凭证，办理同级财政库款的支拨。

（3）对各级财政库款和预算收入进行会计账务核算，按期报送日报、旬报、月报和年度决算报表。

（4）协助财政、税务机关督促企业和其他有经济收入的单位向国家缴纳应缴款项。

（5）组织和指导下级国库和国库经收处的工作，总结经验，解决存在的问题。

### 三、国家预算的调整

由于国民经济发展变化的情况比较复杂，在预算执行过程中难免会发生意外事件，以及财政政策的调整和改革，引起预算收支、规模及其结构发生变化，为了使年度预算符合客观实际，需要对预算进行调整。国家预算调整方式有以下四种：

（一）动用预备费

各项预算的预备费是为了解决某些临时性急需或事前难以预料的开支而设置的后备基金。在预算执行过程中如有发生重大自然灾害和重大经济改革，以及国家预算没有列入而又必须马上解决的临时性开支等情况，才可以用预备费。预备费一般应控制在下半年使用，并按规定程序审批。中央预备费的动用，须由财政部提出，报经国务院批准；地方预备费的动用，须由本级财政部门提出，报经本级人民政府批准。

（二）经费流用

在预算执行过程中，各预算支出科目之间经常会发生有的资金不足，有的资金有余的情况，为了充分发挥预算资金使用效益，在保证完成国民经济与社会发展计划，又不超过原来核定的预算支出总额的前提下，可按规定在预算科目之间进行必要的调整。经费流用也要经过一定的批准程序。

（三）预算划转

由于行政区域的改变而造成企业、事业单位隶属关系改变的，必须同时改变其预算的隶属关系。各单位应上缴的预算收入与各项拨款和经费一律按照预算年度的全年预算数划转，年度预算已执行的部分由划出、划入双方进行资金结算。

(四)预算的追加追减

在原核定的预算定额以外增加的收入或支出数字,称为追加预算。在原核定的预算总额以内减少的收入或支出的数字,称为追减预算。在预算执行过程中,由于经济建设与社会发展计划的调整等原因,而需追加预算或追减预算时,可向上级人民政府提出申请,编制预算调整方案,经审核批准后办理。

## 第三节 国家决算

### 一、国家决算的概念

当国家预算执行进入终了阶段,要根据年度执行的最终结果编制国家决算。国家决算是经法定程序批准的年度国家预算执行的总结。通过编制和审查国家预算,可以检查国家关于财政经济工作的路线、方针、政策和制度的贯彻执行情况,检查预算执行结果和总结预算管理工作的经验。未经法定程序批准前,称为决算草案。国家决算由决算平衡表和文字说明书两部分组成。国家决算反映年度国家预算数字的最终结果,是国家经济活动在财政上的集中反映。决算收入表明国家建设资金的主要来源、构成和资金积累水平,决算支出体现了国家各项经济建设和社会发展事业的规模和速度。决算中基本数字反映了各项事业的发展进程和已取得的成果。

国家决算由中央级决算和地方总决算两个部分构成。中央各主管部门的单位决算,汇总组成中央级决算,省(自治区、直辖市)级决算及其所属县、市、州总决算汇总组成省(自治区、直辖市)总决算,各省(自治区、直辖市)总决算汇总组成地方总决算。

中央级决算、省(自治区、直辖市)级决算和县级总决算,由同级主管部门汇总的行政事业单位决算、企业财务决算、基本建设财务决算和金库年报、税务年报等组成。行政事业单位决算由各执行单位预算的国家机关、工交商农林水利、文教科卫等事业单位编制。企业财务决算、基本建设财务决算由国有企业和基本建设单位编制。实行以收抵支、差额管理或实行自收自支的单位也要编制单位决算。参加组织预算执行、经办预算资金出纳和拨款的机构,如国家金库、税务部门、企业利润监交机关、人民银行、建设银行、工商银行、农业银行等,也要编制年报或决算。各级财政部门还要编制财政部门经管的各项预算外收支决算和行政事业单位经营的预算外收支决算。上述参加预算执行的有关机构和单位的年报或决算,都是各级总决算和国家决算的有机组成部分。

### 二、国家决算的编制

(一) 编制国家决算的准备工作

国家决算是国家政治经济活动在财政上的集中反映,也是国家进一步研究和调整财政经济政策并为制订下年度预算收支控制指标的重要依据。因此,编制国家决算是我国财政工作中的一项重要工作。为了做好这一工作,在编制国家决算之前要做好如下准备工作。

1. 拟定和颁发国家决算的编制方法

通常情况下,财政部在总结上年编制决算工作经验的基础上,要拟定决算的编制方法,一般在每年的第四季度下达。其主要内容包括:编制决算的原则和要求,有关具体问题的处理,编制决算的具体方法和决算报送期限等。

2. 进行年终收支清理

各级财政部门和行政事业单位、企业和基本建设等单位,在年终编制决算之前,要对预算收支、会计科目、财产物资等进行全面核对、清查和结算。具体包括:核对年度预算收支数字;清理本年度预算应收应支款项;结清预算拨款借款;清理各种往来账款;清查财产物资;进行决算收支数字对账工作等。

3. 颁发编制决算统一表格

决算表格是编制国家决算的工具。财政部在颁发决算编制方法的同时,制定颁发编制决算的统一表格。决算表格分为两种:一是各级财政部门适用的表格;二是各级主管部门和所属单位适用的表格。决算表格反映的内容大致可以分为三类:① 决算收支表和资金活动情况表类;② 基本数字表类;③ 其他附表类。

4. 中央财政和地方财政年终结算

中央财政和地方财政年终结算,包括中央财政与地方财政之间年终结算事项和结算方法等。

(二) 国家决算的编制方法

国家决算的编制方法,大致分为单位决算草案编制方法、各级政府决算草案编制方法和决算说明书的编写三个部分。

1. 单位决算草案的编制方法

单位决算是执行单位预算的行政、事业单位编制的决算,是各级政府决算的基础。编制单位决算,要在搞好年终清理、结清会计账目的基础上,填报单位决算表格。预算数字,按照年终清理核对无误的年度预算数填列;会计数字,按单位预算会计有关账簿发生的数字填列;基本数字,按有关财务统计和业务统计资料的基本数字填列。各单位决算报表编成后,附上决算说明书,报送上级单位。上级单位将所属单位决算,连同本单位决算汇总后,报送主管部门。主管部门连同本部门直接支出一并汇编成本部门的汇总单位决算,报送同级财政机关,作为财政机关汇编本级政府决算草案的依据。

2. 各级政府决算草案的编制方法

各级政府决算草案是各级政府预算执行结果的报告文件,由各级财政机关编制。各级财政机关汇编的决算包括预算数、决算数和基本数字三部分,并分别填列本级决算收支数。本级决算收入数按照预算会计明细账的全年累计数填列,本级决算的支出数按所辖主管部门报送的汇总单位决算和财政部门直接经办的支出数填列。基本数字按照所属各部门决算的基本数字各表汇总填列。

3. 决算说明书的编写

决算说明书是年度预算执行情况的书面总结和决算数据的文字说明。编制单位决算和本级决算时,都要编写决算说明书。决算说明书的主要内容包括:收入和支出情况,收支平衡情况,预算变动情况和其他情况。编写决算说明书时,还要根据决算收支数字,结合国民经济和社会发展计划完成情况以及积累的调查研究资料,对预算执行结果进行详细分析,分析预算收支完成好坏的原因,总结预算执行的经验,研究贯彻执行各项政策存在的问题,提出加强预算管理的意见和办法等,写成书面材料一并上报。所以,决算说明书是国家决算工作的重要组成部分。

(三)国家决算的编制程序

国家决算的编制,从执行预算的基层单位开始,自下而上逐级汇编。各市、县财政机关汇总执行预算的基层单位决算和乡(镇)总决算,编成本级总决算报送省(自治区、直辖市)财政机关;各省(自治区、直辖市)财政机关将本级各主管部门汇总的单位决算和由本级财政机关总会计账簿产生的决算数,连同县、市报来的总决算,汇编成省(自治区、直辖市)总决算,报送财政部。财政部根据中央各主管部门报送的单位总决算、财务决算、国库年报、税收年报以及财政部本身掌握的收支决算数,汇编成中央总决算。并将各省(自治区、直辖市)上报的总决算汇编成地方总决算。最后,将中央总决算和地方总决算汇编成国家决算草案连同决算说明书呈报国务院和全国人民代表大会审查批准。

(四)国家决算的审查和批准

各级决算编成后,连同决算说明书报同级人民政府审查。审查的主要内容包括:贯彻执行党和国家方针政策、财经制度、财经纪律等方面的审查;预算收入、支出、结余和资金运用方向等方面的审查,以及决算报表的数字关系等有关具体规定等方面的审查。

国家决算经逐级审核后,由财政部将国家决算草案连同决算说明书报国务院审查。经国务院审查通过后,提请全国人民代表大会审查批准。全国人民代表大会常务委员会设财经委员会,负责对国家预算和决算的具体审查工作,并向全国人民代表大会提出审查报告。国家决算经全国人民代表大会批准后,财政部代国务院批复中央各主管部门的单位总决算和各省(自治区、直辖市)总决算。地方各级总决算由财政机关报送同级人民政府审查核定,由同级人民政府提请同级人民代表大会审查批准。

# 第 六 章

# 财政管理体制

**内容提示** 本章主要阐述财政管理体制的概念和意义,财政管理体制建立的原则,我国财政管理体制的建立和发展。重点掌握财政管理体制建立的原则和我国现行财政管理体制。

## 第一节 财政管理体制建立的原则

财政管理体制,是经济管理体制的重要组成部分。建立适应我国发展社会主义市场经济要求的财政管理体制,对于保证财政分配的正常进行,实现国家财政收入的稳定增长,理顺中央与地方的分配关系,促进经济和社会各项事业发展,具有十分重要的意义。

财政管理体制是规定中央与地方、地方各级政府之间、国家与企业事业单位之间财力管理权责和收支分配的一项根本制度。在社会主义市场经济条件下,国家资源的优化配置,首先是通过国家财力的分配来实现的。为了保证财力的合理分配,就必须确定各级政府之间、国家与企业事业单位之间在整个财政活动中的地位和职责,并在它们之间划分财政收入和支出的范围。

我国财政管理体制是根据我国社会主义制度和各个不同时期的经济状况和财力状况建立的,通过制定财政管理的法令、规则、制度、形式、方法来反映财政管理体制的内容。所以,财政管理体制是国家财政管理的基本规范,是各级政府、企业事业单位进行财政活动的行为准则。

财政管理体制的实质,是正确处理中央与地方、地方各级政府之间,以及国家与企业事业单位之间财权财力方面的集权与分权关系。所谓集权与分权,就是在中央统一领导下,通过职责权限的划分,分工负责,充分发挥各个方面的积极性,保证国民经济持续、稳定、协调地发展。在我国,中央和地方、地方各级政府之间,国家与企事业单位之间的根本利益是一致的,但由于中央、地方、企事业单位所处地位不同,所承担的政治经济任务及各项职能不同,必然产生中央与地方、全局与局部,以及各单位之间利益的矛盾,这些矛盾实际上反映了集权与分权的矛盾。因此,在处理集权与分权的关系时,既不是集中得越多越好,也不是分散得越多越好,集中和分散的程度要根据不同时期国家政治经济形势和任务来定。

财政管理体制的范围,是由国家预算管理体制、税收管理体制、企业财务管理体制、基本建设财务管理体制、行政事业财务管理体制等共同构成的。其中国家预算管理体制居于主导地位,国家预算是国家基本的财政计划,它对其他的财政管理体制具有综合反映和重要的制约作用。

建立适应我国社会主义市场经济体制的财政管理体制,必须认真总结新中国成立以来特别是改革开放以来财政管理体制的实践经验,并借鉴国外财政管理的成果,必须遵循以下原则。

## 一、统一领导,分级管理的原则

我国是人民民主专政的社会主义国家,《宪法》规定"中华人民共和国的国家机构实行民主集中制的原则"、"中央和地方的国家机构职权的划分,遵循在中央的统一领导下,充分发挥地方的主动性、积极性的原则"。我国各级政府机构和各种经济管理体制都是按照民主集中制原则建立的。因此,作为国家经济管理体制重要组成部分的财政管理体制,必须服从民主集中制的要求。统一领导,分级管理是民主集中制在财政管理体制中的具体体现,也是建立国家财政管理体制的基本原则。

统一领导,分级管理的原则,首先要强调"统一"。一个繁荣富强的国家,必须有一个强有力的政府。一个强有力的政府,必须有一个强有力的财政,而建设一个强有力的财政的重要前提在于财政的统一。在统一领导和分级管理的相互关系中,统一领导居于主导地位,表现为在财力分配中,中央支配的财力应为主要部分,与中央政府的职能相适应,保证中央财政对地方财政有较强的调控能力。

统一领导,就是全国统一方针政策,统一财政计划,统一财政法令和制度。各级地方政府必须按照全国统一的财政方针政策和法律规定办事。

(一) 全国统一财政方针政策

全国统一财政方针政策,是指由中央统一制定全国财政方针政策,各级政府和各级财政部门必须保证贯彻执行,严格按照规定办事,不能自行其是。在执行过程中,如有不同意见,可以向上级反映,但在中央没有改变以前,必须认真贯彻执行。

(二) 全国统一财政计划

全国统一财政计划,是指根据国民经济和社会发展战略,由中央统一制定国家财政发展战略和中长期财政计划,编制年度国家预算草案,执行全国人大批准的国家预算。地方各级政府应根据全国统一的财政计划,按照中央统一的规定和要求,编制地方预算。地方预算是国家预算的组成部分,各级政府必须积极组织收入,合理安排支出,以保证国家预算任务的完成。

(三) 全国统一财政法令和制度

全国统一的财政法令和制度是国家财政方针政策的具体化,也是进行依法理财、规范管理的依据。全国财政、预算、税收、非贸易外汇收支、财务、会计等方面的法令和基本建设财务管理制度,都由中央统一制定,各地区、各部门必须按照统一的财政法令、制度办事。

我国财政管理体制在坚持中央统一领导的前提下,还必须实行分级管理,充分发挥地方的积极性。这是因为,我国是一个多民族、地域广大、地区发展极不平衡的国家,国家的经济建设和各项事业必须依靠各地区、各部门共同努力来完成。实行分级管理,有利于各级地方政府、各部门因地制宜地处理问题,把本地的各项工作做好,以保证国家方针政策的贯彻执行。分级管理,就是在中央统一领导下,根据国家经济宏观调控的要求,以及本地区经济建设和事业发展的需要,各级地方政府有自己的财源、财力和财权,负责本级的财政管理,促进地方经济和社会发展。

分级管理,要求有一级政权要相应建立一级财政,编制一级预算。目前我国分为中央、省(自治区、直辖市)、地市、县市和乡镇五级财政管理体系。分级管理首先是明确各级政府的职权职责范围,在此基础上,界定各级政府的事权,并考虑到公平与效率,划分和确定其财权财力,建立相应的财政管理体制。现阶段实行分级管理的主要内容是:

(1) 地方政府根据按税种划分的中央财政收入和地方财政收入的范围,编制本地区的地方预算,统筹安排地方财政收支计划;在保证完成中央计划任务的前提下,地方政府对其财力自行安排,自求平衡。

(2) 地方政府确定自己的主体税种,健全地方税体系,建立中央与地方两套相对独立的税收制度,分别设置机构征收。

（3）地方政府根据中央统一制定的财政政策、法规制度,结合本地区情况,制定具体的执行办法和实施细则;并根据地方政府的事权,制定一些地方性的财政法规。

## 二、财权与事权相适应的原则

财政管理体制的核心是解决中央与地方政府,以及地方各级政府之间的财政分配关系。在一个国家内部,作为不同级次政府间的财政关系,它反映了国家的政体结构,表现出各级政府的职责范围和事权程度,即一级政府、一级事权、一级财权。财政管理体制之所以要实行财权与事权相结合的原则,这是因为各级政府担负着各自的职责和任务,必须要有相应的财政资金作保证,并根据各该级政府的事权范围,确定各级政府的财权。

财权与事权相结合的原则,首先,是科学界定政府的职责。一般来说,政府职责包括以下三方面:一是社会管理和公共服务。包括国防、外交、维护社会治安、城市基础设施和公用事业建设、普及教育、提供医疗保健条件等;二是进行国民收入再分配。包括实施社会保险、平衡公民收入及地区间收入差距等;三是调节经济运行,促进国民经济持续稳定发展。其次,是合理划分中央与地方政府的事权。按照国际通常做法和我国实际情况,应将作用于政治、经济领域的保卫性和稳定性职责,如国防、外交、宏观经济管理等划为中央政府的主要事权,由中央政府担负这些职责,以利于维护全国的社会稳定,并促进经济的协调发展。将经济、教育、科学文化和其他社会领域的管理性和服务性职责划为地方政府的事权,由地方政府行使这些职责,有利于因地制宜加强管理,提高社会效益和经济效益。

在合理划分各级政府事权范围的基础上,要赋予各级政府相应的财权,即一级政府的事权要有一级的财权。在财政收入划分上,要让地方政府有相对稳定的收入,以利于地方政府行使其职责。按照各级政府的事权划分财权,中央政府要适当集中财权,以利于中央政府的宏观调控政策的实施。中央政府把集中起来的资金,通过财政转移支付制度,以税收返还和专项补助资金形式弥补地方政府的收支缺口,使地方政府事权与财权相适应。

## 三、权、责、利相结合的原则

正确处理中央与地方的财政分配关系,应在保证中央财政的前提下,尽可能地调动地方政府的积极性。这是因为,我国地域广大、地区经济发展不平衡,国家经济建设和各项事业发展要靠各级地方政府的共同努力。为调动各级地方政府的积极性,财政管理体制必须贯彻权、责、利相结合的原则。

权、责、利相结合的原则,就是要保证各级地方政府财政都有各自的收入来源和支出范围,承担相应的责任,享受应得的利益。权力、责任和利益是相互联系的,不能只强调其中的一个方面,不能有责无权,忽视经济利益;也不能只有权力和利益,不承担相应的责任。各级地方政府必须有责有权,权责分明,各负其责。要把财力分配同各级地方政府的贡献大小和经济效益结合起来。凡是财政上缴能力较大的地区,经济发展后劲和基础较好的地区,中央给予较大的财政权益。这样,既有利于调动地方的积极性,促进地区经济发展,又为中央财政提供更多的收入来源。

## 第二节 财政管理体制的建立和发展

### 一、财政管理体制的建立

我国财政管理体制的建立,是以革命根据地和解放区的财政为雏形,伴随着中华人民共和国的成立,在新的社会政治制度和新的生产关系的基础上建立和发展起来的。

新民主主义革命时期,财政是以农村革命根据地为基础,并以保障革命战争的供给,争取革命胜利为其主要任务的。在新民主主义革命时期,革命根据地建立了以下财政制度:

(1) 颁布《中华苏维埃共和国暂行财政条例》,建立预决算制度,统一财政收支,加强财政工作的计划性,规定支出范围与标准,保证革命战争的供给与各项工作的顺利进行。1932年9月,中央财政部曾下令:"不按照财政系统,依照财政手续,无论任何机关,都不准给一个钱"。

(2) 颁布《中华苏维埃共和国暂行税则》,统一税收,包括统一税收政策和统一税收的实施办法,规定:"为实行财政统一,一切国家税收,概由国家财政机关(中央及各省、县、区财政部门及城市财政科)按照临时中央政府所颁布的税则征收,地方政府不得自己规定税则或征收。"

(3) 颁布《中央财政部关于统一会计制度的训令》,建立统一的会计制度,规定了会计规则、会计科目、预决算规则和各种簿记单据规则等。

(4)建立审计制度,防止贪污浪费,严格财政纪律,监督各级财政部门和机关企事业单位节约使用资金。

(5)颁布《国库暂行条例》,建立国库制度,规定:"国库是掌握国家一切款项之收入、保管与支出事宜"的机关,由国家银行代理国库业务。

抗日战争时期,革命根据地财政的根本任务是保障抗日战争的供给。中共中央在1937年8月提出的《抗日救国十大纲领》中规定:"财政政策以有钱出钱和没收汉奸财产作抗日经费为原则。"1941年,革命根据地的财政提出了"独立自主,统一领导,分散经营"的原则,各个革命根据地认真贯彻执行这一原则,并取得巨大成绩。但分散经营,也给财政管理带来一些混乱现象,因此,1942年的财政工作方针又改为"统筹统支为主,生产自给为辅",即保证粮食、草料、被服、食盐、纸张等实物的供给,以减轻部队、机关、学校生产自给的任务,同时继续支持部队、机关、学校的生产自给,以弥补财政经费的不足。1943年,为贯彻毛泽东同志1942年12月在陕甘宁边区高级干部会上提出的"发展经济,保障供给"的财经工作总方针,陕甘宁边区财政工作实行"统一领导,分区统筹"的方针。以分区为单位进行统筹,根据分区脱产人员多少,生产情况及地方税收收入多少,边区政府分别给以一定补助或不补助,由分区包干使用。

解放战争时期,财政工作主要是保障解放战争的供给,恢复和发展国民经济,为全国的胜利做准备。在东北根据地,财政管理体制有一个由分散到集中的过程。东北根据地初创时处于被分割的状况,财政工作只能采取分散自给的方针,各省、县的财政自收自支,各自为政。随着战争形势的发展,东北局为了保障战争供给,1946年9月,决定整顿财政,由省统一,然后统一全东北。1947年1月召开了北满各省财经会议,确定北满实行以省为单位的财政统一,东满、南满实行必要的补助和调剂。在部分地方统一公粮的征收和支配,统一税收方针政策。与此同时,东北根据地财经会议又提出:从发展经济中增加财政收入,实行量出为入的财政收入方针。

1949年10月1日,中华人民共和国成立。作为临时宪法的《中国人民政治协商会议共同纲领》第40条规定:"关于财政:建立国家预算决算制度,划分中央和地方的财政范围,厉行精简节约,逐步平衡财政收支,积累国家生产资金。国家的税收政策,应以保障革命战争的供给,照顾生产的恢复和发展及国家建设的需要为原则,简化税制,实行合理负担。"同时,根据《中华人民共和国中央人民政府组织法》的规定,成立了中央人民政府财政部。财政部受政务院的领导及政务院财政经济委员会的指导,主管全国财政工作。同年11月,政务院指示以原华北税务总局为基础,成立中央人民政府财政部税务总局。随后各大行政区,各省、市、县也先后建立了地方的各级财政税务机构。新中国的财政机构逐步建立,财政工作逐步展开,并随着国民经济恢复任务的完成和财政经济状况的根本好转,完成了由战时财政向和平时期财政的转变,由以农村为中心的分散财政向以城市为中心的集中统一财政的转变,由供给财政向经济建设财政的转变。

新中国财政管理工作起步之后,就着手编制国家预算。国家预算的编制是国家财政管理体制建立的重要标志。1949年12月,中央人民政府第四次会议通过了《1950年度财政收支概算草案》,这个概算草案,以"保证战争胜利,逐步恢复生产"为指导思想,以"量入为出与量出为入兼顾,取之合理、用之得当"为基本原则,以开源节流为总方针,适应了当时政治经济形势发展的需要。

新中国成立后,为保证国家财政收入,整顿改造旧税制,统一和建设新税制,1949年11月,中央人民政府财政部在北京召开了首届全国税务工作会议。会议讨论研究了统一全国税政,制订统一税法,确定税务机构、编制和工作职责,制订了第一个全国性的税收计划。会议拟定了《全国税政实施要则》,作为整顿与统一全国税收的基本准则,从1950年起在全国实行。与此同时,在革命根据地公营经济企业财务管理和文教卫生财务管理的基础上,建立了新中国的企业财务管理和文教卫生财务管理制度。至此,新中国崭新的财政管理体制已经建立。

## 二、财政管理体制的发展

新中国成立以来,我国财政管理体制,随着政治经济形势的发展,进行了多次调整和改革。总的趋势是根据"统一领导,分级管理"的原则,由高度集中的管理体制,逐步实行分级管理的管理体制。

(一)1950年实行高度集中的"统收统支"财政管理体制

新中国成立初期,为了克服国家财政经济工作面临的严重困难,恢复和发展国民经济,平衡财政收入,稳定物价,安定人民生活,保证解放战争的彻底胜利,采取了统一财政经济管理的重大决策。1953年3月,政务院发布《关于统一国家财政经济工作的决定》、《关于统一管理1950年度财政收支的决定》,使财政工作从分散状况进入到高度集中的统收统支管理。主要表现在:财政管理权限集中在中央。一切财政收支项目、收支程序、税收制度、供给标准、行政编制等,均由中央统一制定。各项财政收支,除地方附加外,全部纳入统一的国家预算。这种财政管理体制,是高度集中的,基本上是中央财政统收统支的管理体制。它符合当时政治经济形势的要求,保证了中央集中资金,促进了恢复国民经济任务的提前完成。

(二) 1951—1957年实行"划分收支,分级管理"财政管理体制

1951年全国财政经济情况开始好转,实行高度集中的财政管理体制,地方财政的机动性太小,已不适应形势发展的需要。为此,1951年3月政务院颁发了《关于1951年度财政收支系统划分的决定》,将中央和地方财政收支范围适当加以划分,实行"划分收支,分级管理"的财政管理体制。其主要内容是:① 财政实行分级管理。国家财政分为中央级、大行政区级和省(直辖市)级三级财政。其中,大行政区和省(直辖市)级财政为地方财政。② 国家财政支出,按照企业、事业和行政单位的隶属关系,划分为中央财政支出和地方财政支出。③ 国家财政收入,分为中央财政收入,地方财政收入以及中央和地方的比例解留收入。④ 地方的财政收支,每年由中央核定一次,不足部分由比例解留收入抵补。⑤ 地方的上年结余,分别列为各级的财政收入,并编入本年度预算。⑥ 农业税超收部分,50%留给地方。

(三) 1958年实行"以收定支,五年不变"财政管理体制

1958年,我国进入第二个五年计划时期。当时的资本主义工商业社会主义改造已基本完成,经济建设有了很大发展,对我国的经济管理体制,作了较大的改革,改革的中心是扩大地方的权限。随着经济体制的改革,财政管理体制也相应作了重大改革。1957年11月,国务院颁发了《关于改进财政管理体制的规定》,决定从1958年起,实行"以收定支,三年不变(以后改为五年不变)"的财政管理体制。主要内容是:① 收入实行分类分成的办法。属于地方财政收入的,有地方固定收入、企业分成收入、调剂分成收入三种。划给地方收入的比例,根据各个地区平衡财政收支的需要,分别计算确定。② 地方财政支出分为正常年度支出和中央专案拨款支出两种。此外,对地方国营企业的流动资金,30%由地方财政拨款,70%由中央财政拨款或由银行贷款。③ 各项收支划分以1957年预算数为基数,收入项目和分成比例确定后,原则上5年不变,地方多收可以多支,结余留归地方。

(四) 1959—1970年实行"总额分成,一年一变"财政管理体制

针对1958年财政管理体制执行中存在的问题,国务院于1958年9月通过

了《关于进一步改进财政管理体制和改进银行信贷管理体制的几项规定》,决定从 1959 年起,实行"收支下放,计划包干,地区调剂,总额分成,一年一变"的财政管理体制,简称"总额分成,一年一变"体制。所谓总额分成,是指地方组织的总收入与地方财政的总支出挂钩,按地方财政总支出占地方财政总收入的比例,作为地方总额分成比例。地方财政的收支指标、分成比例和补助数额,由中央每年核定一次,通过一年一变,解决财政预算同国民经济计划不相衔接的问题。

(五) 1971—1973 年实行"财政收支包干"财政管理体制

1971 年,我国进入第四个五年计划时期,为充分调动地方积极性,中央决定把大部分企事业单位再次下放到地方管理。与之相适应,财政管理体制也进行了较大的改革。1971 年 3 月 1 日,财政部颁发了《关于实行财政收支包干的通知》,决定从当年起,实行"定收定支,收支包干,保证上缴(或差额补贴),结余留用,一年一定"的财政管理体制,简称"财政收支包干"体制。其主要内容是:① 扩大地方财政收支范围。② 中央核定地方预算的收支指标,收入大于支出的,包干上缴中央财政;支出大于收入的,由中央财政按差额包干补助。③ 预算执行过程中,收入超收或支出结余,都归地方支配使用,如果发生短收或超支,由地方自求平衡。

(六) 1974—1975 年实行"收入按固定比例留成,超收另定分成比例,支出按指标包干"财政管理体制

这种体制 1973 年先在华北、东北地区和江苏省试行,后在全国推行,其主要内容是:① 地方的财政收入总额,按固定比例留成给地方(留成比例各省不同,平均为 2.3%),作为稳定的机动财力。② 地方财政收入的超收部分,另定分成比例,但留给地方的一般不超过 30%。③ 地方财政支出,按中央核定的指标包干使用,年终节余留归地方。

(七) 1976—1979 年实行"收支挂钩、总额分成"财政管理体制

为解决固定比例留成体制存在的收支不挂钩、权责利不联系的问题,1976 年再次实行"收支挂钩,总额分成"的财政管理体制。其基本形式和内容与 1959—1970 年的体制大致相同,但有以下几点不同:① 扩大了地方财政的收支范围,增大了地方财政的管理权限。② 保留了地方实行固定比例留成的既得利益,使地方有了一定的机动财力。③ 改变了过去超收部分按总额分成比例分成的办法,规定地方总额分成比例在 30% 以下的,超收部分按 30% 分成;总额分成比例在 70% 以上和受补助的地区,超收部分按 70% 分成。这一体制虽然保留了地方原有的既得利益,仍然未同地方的收入任务相联系,不利于充分调动地方积

极性。为解决上述问题,1978年在部分省(直辖市)试行"增收分成、收支挂钩"的办法,对地方机动财力实行增收分成,以调动地方增收的积极性。

(八) 1980—1984年实行"划分收支,分级包干"财政管理体制

从1980年起,为了适应经济体制改革的需要,财政管理体制进行了改革。1980年2月国务院颁发了《关于实行"划分收支、分级包干"财政管理体制的暂行规定》,从1980年起实行。这种财政管理体制又称为"分灶吃饭"体制。其主要内容是:① 按照经济管理体制规定的隶属关系,划分中央和地方的财政收支范围。财政收入,实行分类分成办法,包括固定收入,固定比例分成收入和调剂收入。财政支出,分为包干支出和中央对地方专项拨款支出。包干支出,按企事业单位行政隶属关系,中央的归中央,地方的归地方支出。对部分基建拨款,特大自然灾害救济费等,仍由中央专案拨款解决。② 地方财政收支的包干基数,按1979年预算收支执行数为基础,经过适当调整后确定。对地方三项收入仍不能抵补支出的,由中央定额补助解决。③ 地方上缴比例,调剂收入分成比例和定额补助数由中央核定下达后,原则上一定五年不变。地方在划分的收支范围内,多收可以多支,少收就要少支,自求平衡。

(九) 1985—1987年实行"划分税种,核定收支,分级包干"财政管理体制

随着经济管理体制改革的深入,从1985年起,我国实行了"划分税种,核定收支,分级包干"的财政管理体制。其主要内容是:① 基本上按照利改税第二步改革后的税种设置,把全部财政收入按税种划分为中央固定收入,地方固定收入,中央和地方共享收入。② 财政支出按隶属关系划分为中央财政支出,地方财政支出,中央财政专案拨款支出。③ 分成办法,凡地方固定收入大于地方支出的,定额上解中央;地方固定收入小于地方支出的,从中央、地方共享收入确定一个分成比例留给地方。地方固定收入和中央、地方共享收入全部留给地方还不足以抵补支出的,由中央定额补助。收入的分成比例或上解、补助的数额一经确定后,一定五年不变。地方多收可以多支,少收就要少支,自求平衡。这种财政管理体制的基本特点,是以税种划分各级财政收入,为向分税制财政管理体制过渡迈出了一步。

(十) 1988—1993年实行"财政大包干"财政管理体制

1986年以后,中央财政收入占全国财政收入的比例持续下降,中央级财源不稳定,为充分调动地方组织收入的积极性,中央决定对地方实行财政大包干。财政管理体制根据各省、自治区、直辖市财政收入情况分别实行不同形式的包干

办法,具体有以下六种:① 收入递增包干。以1987年财政决算收入和地方应得的财力为基数,参照各地近几年财政决算收入增长情况,确定地方收入增长率和留成、上解比例。② 总额分成。根据前两年的收支情况,核定收支基数以及地方支出占地方收入的比例,确定地方分成和上缴中央的比例。③ 总额分成加增长分成。每年以上年实际收入为基数,基数部分按总额分成比例留成,实际收入比上年收入增长部分,除按总额分成比例分成外,另加增长分成比例。④ 上解递增包干。以1987年上解中央收入为基数,每年按一定比例递增上交的办法。⑤ 定额上解。按中央核定的收支基数,收大于支的部分,确定固定数额上交中央。⑥ 定额补助。按中央核定的收支基数,支大于收的部分,由中央实行定额补助。

### 三、财政管理体制的改革

新中国成立以来,我国财政管理体制进行过多次调整与改革。进入20世纪80年代,加快了财政管理体制改革的步伐,以放权让利为中心的改革,改变了计划经济体制下高度集中、统收统支为基本特征的财政管理体制,扩大了地方财政的自主权,调动了地方各级政府的积极性,保证了国民经济持续发展和改革开放的顺利进行。

1988年起实行的财政大包干体制,适应了当时社会经济发展的需要。但它毕竟不是一种科学、合理、规范的办法,仍然保持着适应计划经济的基本框架,不适应建立社会主义市场经济体制的要求,其缺陷随着社会经济的发展和改革的深入日渐显露出来。财政包干体制的缺陷主要表现在以下方面。

1. 削弱了中央财政的宏观调控能力

财政包干的最大问题就是把地方政府应上交中央财政的收入包死,地方增加的收入中,除按规定比例上交中央外,其余全部留给地方,中央财政收入的增长缺乏弹性。

2. 强化了地方利益机制

财政包干刺激了地方发展高税利企业,在一定程度上助长了地区封锁和盲目建设,不利于国家产业结构的调整和资源的合理配置。

3. 弱化了效率优先、兼顾公平的原则

财政包干体制类型多,不规范,不能很好地体现效率优先、兼顾公平的原则,这与建立社会主义市场经济体制的要求不相适应。

综上所述,财政包干体制,已不适应社会主义市场经济发展的要求,必须进行改革。1992年起,在部分地区实行分税制财政管理体制的试点。在分税制试点地区总结经验的基础上,1993年国务院颁发了《关于实行分税制财政管理体制的决定》,从1994年1月1日起在全国实行。

## 第三节 现行财政管理体制

### 一、实行分税制财政管理体制的重要意义

财政管理体制改革是经济体制改革的重要内容。改革财政包干体制,建立分税制财政管理体制,是发展社会主义市场经济的客观要求。从国际来看,分税制是许多市场经济国家普遍实行的一种财政管理体制,如美国、英国、法国、日本、印度等,都采用了分税制财政管理体制。从这些国家的实践看,有成功的经验,但由于国情不同,在具体操作上各有特点,其普遍特征是:按税种划分收入;设置各级财政的主体税种;无论是联邦制国家,还是单一制国家,中央集中必要的财力实施宏观调控;中央和地方分设税务机构,分别征税;建立科学的中央对地方转移支付制度。从我国实际情况来看,实行分税制财政管理体制的条件基本成熟。随着我国社会主义市场经济的发展,与分税制相关的各项改革,如税收制度改革、国有企业分配制度改革、国有资产管理体制改革、金融体制改革以及投资体制改革等相继出台,为分税制财政管理体制的顺利实施创造了条件。

实行分税制财政管理体制,就是按照中央与地方政府事权的划分,合理确定各级财政的支出范围;根据事权与财权相适应原则,将税种统一划分为中央税、地方税和中央地方共享税,并建立中央税收和地方税收体系,分设中央与地方两套税务机构分别征管;科学核定地方收支数额,逐步实行规范化的中央财政对地方财政的转移支付制度;建立和健全分级预算制度,硬化各级预算约束。

实行分税制财政管理体制,有利于促进中央与地方财政收入的合理增长,有利于提高中央财政收入的比重,强化税收征收管理,消除各级政府之间财力分配的随意性,体现效率优先、兼顾公平原则,更好地发挥财政的调节作用。同时,也有利于促进政府职能的转变,保证企业平等竞争和全国统一市场的形成,有利于优化资源配置。

财政管理体制改革,实质上是社会分配制度的改革,涉及各方面的利益分配关系。我国幅员广大,人口众多,正确处理好这些关系,对于全国统一市场的形成

和社会主义市场经济体制的建立,对于增强国家的宏观调控能力和全国经济发展,对于我国的社会主义现代化建设,乃至国家的统一和长治久安,都有重大意义。

## 二、分税制财政管理体制的主要内容

### (一)中央与地方事权和支出的划分

根据现在中央政府与地方政府事权的划分,中央政府主要承担国家安全、外交和中央国家机关运转所需经费,调整国民经济结构、协调地区经济发展、实施宏观调控所必需的支出以及由中央直接管理的事业发展支出。具体包括:中央统管的基本建设投资,中央直属企业的技术改造和新产品试制费、地质勘探费,由中央财政安排的支农支出、国防费、武警经费、外交和援外支出、中央级行政管理费,以及应由中央负担的国内外债务的还本付息支出,公检法支出和文化、教育、卫生、科学等各项事业费支出。

地方政府主要承担本地区政权机关运转所需支出,以及本地区经济、事业发展所需支出。包括地方统筹的基本建设投资,地方企业的技术改造和新产品试制经费,支农支出,城市维护和建设经费,地方文化、教育、卫生等各项事业费和行政管理费,公检法支出,部分武警经费,民兵事业费,价格补贴支出以及其他支出。

我国中央与地方之间财政支出范围的划分如表 6-1 所示。

表 6-1

**分税制体制下我国中央与地方之间财政支出划分**

| 中央财政支出范围 | 地方财政支出范围 |
| --- | --- |
| 1. 国防费 | 1. 地方行政管理费 |
| 2. 警察经费 | 2. 本级公检法支出 |
| 3. 外交和援外支出 | 3. 地方统筹的基本建设投资 |
| 4. 中央级行政管理费 | 4. 地方企业的技术改造和新产品试制费 |
| 5. 中央统筹的基本建设投资 | 5. 支农支出 |
| 6. 中央直属企业的技术改造和新产品试制费 | 6. 城市维护和建设费 |
| 7. 地质勘探费 | 7. 价格补贴支出 |
| 8. 由中央财政安排的支农支出 | 8. 地方科学、教育、文化和卫生等各项事业经费支出 |
| 9. 由中央负担的国内外债务还本支出 | |
| 10. 由中央本级负担的公检法支出 | |
| 11. 由中央本级负担的文化、教育、科学和卫生等事业支出 | |

## 第六章 财政管理体制

### (二) 中央与地方收入的划分

根据事权与财权相适应的原则,按税种划分中央与地方的财政收入。将维护国家权益、实施宏观调控所必需的税种划为中央税;将同经济发展直接相关的主要税种划为中央与地方共享税;将适合地方征管的税种划为地方税,并充实地方税税种,增加地方税收收入。

中央固定收入包括:关税,海关代征消费税和增值税,消费税,车辆购置税,中央企业所得税,地方和外资银行及非金融企业所得税,铁道、银行总行、保险总公司等部门集中缴纳的收入(包括营业税、所得税、利润和城市维护建设税),中央企业上缴利润等。外贸企业出口退税,除现在地方已经负担的20%部分外,以后发生的出口退税全部由中央财政负担。

地方固定收入包括:营业税(不含银行总行、铁道、保险总公司集中交纳的营业税),地方企业所得税(不含上述地方和外资银行及非银行金融企业所得税),地方企业上缴利润,个人所得税,城镇土地使用税,城市维护建设税(不含银行总行、铁道、保险总公司集中缴纳的部分),房产税,车船税,印花税,屠宰税,农牧业税,耕地占用税,契税等。

中央与地方共享收入包括:增值税中央分享75%,地方分享25%。资源税按不同的资源品种划分,大部分资源税作为地方收入,海洋石油资源税作为中央收入。证券交易印花税中央分享94%,地方分享6%。

### (三) 中央财政对地方税收返还的确定

中央财政对地方税收返还数额以1993年为基期年核定。按照1993年地方实际收入以及税制改革和中央地方收入划分情况,核定1993年中央从地方净上划的收入数额(即消费税+75%的增值税-中央下划收入)。1993年中央净上划收入,全额返还地方,保证地方既得财力,并以此作为中央对地方税收返还基数。1994年以后,增值税和消费税税收返还额在1993年基数上逐年递增,递增率按全国增值税和消费税平均增长率1:0.3系数确定。如果1994年以后上划中央收入达不到1993年基数的,相应扣减税收返还基数。

### (四) 原体制中央补助、地方上解以及有关结算事项的处理

为顺利推行分税制财政管理体制改革,实行分税制以后,原体制的分配格局暂时不变,过渡一段时间后再逐步规范化。原体制中央对地方的补助继续按规定补助。原体制地方上解仍按不同体制类型执行;实行递增上解的地区,按原规定继续递增上解;实行定额上解的地区,按原确定的上解额继续定额上解;实行

总额分成地区和原分税制试点地区,暂按递增上解办法执行。原中央对地方的专项专款,区别不同情况处理,该下拨的继续下拨。

为了保证分税制财政管理体制的顺利实施,还同步进行了税收管理体制的改革,以及改革预算编制方法、建立适应分税制财政管理体制的国库体系和税收返还制度,建立规范化的国债市场等配套改革措施。

### 三、不断完善我国财政管理体制

1994年实行的分税制财政管理体制改革,朝着建立适应社会主义市场经济体制的财政管理体制迈出了关键性的一步。经过三年的实践,取得了可喜的成绩,财政收入有了较大幅度的增长,初步建立起稳定的中央与地方财政收入增长机制,进一步调动了地方挖掘收入潜力的积极性。但也存在一些问题:一是中央和地方政府之间事权划分不清,影响了财权的划分;二是科学规范化的转移支付制度尚未建立;三是税收体系不完善,按现行税种划分中央与地方财政收入不尽科学;四是中央财政收入增长幅度低于地方财政收入增长幅度;五是省以下分税制财政管理体制还未完全建立。因此,在今后一个时期,要按照建立社会主义市场经济体制的改革目标,加快改革步伐,建立起更加完善的、适应社会主义市场经济体制的新型财政管理体制。

(一)科学地界定中央与地方的事权和财权

1994年我国进行的分税制财政管理体制改革,是在保证地方既得利益的基础上进行的,尚未完全合理划分中央政府与地方政府各自的事权和财权,仍保留了旧体制的特征。从当前来看,仍然存在政府职能不清、职责不明、政企不分的情况,并导致政府事权划分不明,影响了财权的划分。要不断完善我国的财政管理体制,必须按照现代市场经济的要求,科学地界定政府的职责,划分中央和地方政府的事权。首先是将政府最能发挥有效作用而市场却无力顾及的国防、外交、法律法规制定及宏观经济管理,作为政府职责。其次是将政府发挥有效作用较大,企业和个人虽可参与但发挥作用有限的教育、卫生、基础设施、交通、能源等也纳入政府职责范围内;而将一般生产性投资和服务业,以及企业能充分参与、市场能最大限度地发挥作用的项目,由投资主体经营,不纳入政府职责范围。在确定政府与市场各自活动范围后,科学界定中央与地方的事权。总的原则是,在确保中央政令统一的前提下,将大部分事权授给地方管理,中央政府主管大政方针和宏观经济管理,具体的经济事务和社会管理由地方政府负责。

在科学界定中央与地方事权的基础上,要合理调整中央和地方的财权。鉴于目前国家财力还不十分充裕的情况下,财权应适当集中在中央,以保证中央政府在巩固国家政权和宏观调控的需要。至于地方事权所需财力的不足,中央政府可以通过财政转移支付制度来解决。

(二) 逐步建立科学的规范化的财政转移支付制度

财政转移支付制度,是国家为了调节地区之间的财力分配,实现各项事业发展而采取的一项财政支付制度。世界上许多实行分税制财政管理的国家,在处理中央与地方政府之间财政分配关系时,普遍采用财政转移支付制度。

我国在实行分税制财政管理体制以后,中央对地方采用的税收返还和专项补助等财政转移支付形式,是在原包干体制基础上形成的,办法不够规范,分配不够合理,存在较多的问题。同时,我们还看到,我国是发展中国家,政府财政收入规模不大,中央财政收入十分有限,这就制约了中央对地方财政转移支付的能力。因此,我国财政转移支付制度只能逐步规范和完善。具体可分两步走:第一步,在"九五"计划前期,重点解决少数民族地区和其他经济欠发达地区的财政转移支付问题。第二步,从"九五"计划后期开始,加大改革力度,打破现有既得利益格局,实施新办法,规范财政转移支付制度。在明确划分各级政府事权的前提下,采用因素法来测定其"标准收入"和"标准支出",作为平衡各地方政府财政收支的客观依据。尔后根据各地区的人口数量、土地面积、人均GNP、少数民族、自然资源和市政建设、教育、卫生等社会发展因素,按其影响程度的大小,确定该地区的财政转移支付数额。

(三) 进一步完善省以下财政管理体制

根据中央和地方各级政府间事权的划分,我国目前分为中央、省市、地市、县(市)和乡镇五级财政管理体系。1994年实行的分税制财政管理体制主要是解决中央和省一级财政分配关系,大多数省以下各级财政仍然实行原有包干体制或其他形式的财政管理体制。随着中央对地方分税制财政管理体制的逐步规范,必须逐步完善省以下的财政体制。

1. 确定省以下各级财政的主体税种

国外实行分税制财政管理体制的国家,各级政府都有自己的主体税种,并且主体税种的收入占地方政府收入的比重较大。从我国目前实际情况出发,可将与农村经济密切相关的税种,如农业税、农业特产税、耕地占用税、契税等划为乡级财政的主体税种;将与城市经济发展和建设联系紧密的税种,如地方国有企业和集体企业的所得税、城市维护建设税等划为县(市)级财政的主体税种;将征收范围广的营业税作为省级财政的主体税种。

2. 赋予地方一定的税收立法权,逐步完善地方税体系

从国外实行分税制财政管理体制的国家看,许多国家都赋予地方政府的税收立法权,联邦制国家,其地方政府的税收立法权较大,单一制国家,其地方政府的税收立法权相对较小。从我国实际情况看,我国的税收政策及其重要法规必须由中央统一制定,但可以赋予地方一定的税收权限。我国地方税收权限可包括以下内容:① 在中央规定的范围内,地方可选择或调整某些地方税的税率;② 地方有权因地制宜地开征某些新的地方税;③ 对某些地方税,地方有开征和停征的权限;④ 地方税收立法权限集中在省一级。

3. 运用恰当的财政政策和财政管理体制,合理调节省以下地区之间的财力分配

在市场经济条件下,经济的非均衡增长及其财力不平衡问题,不仅在全国区域之间存在,而且在区域范围内地区之间也十分突出,这就要求对省以下地区之间的财力分配进行合理调节。合理调节地区之间的财力分配,一方面要有利于经济较为发达地区继续保持良好的发展势头;另一方面要通过地方自上而下的税收返还和转移支付,促进落后地区的经济发展。对于贫困地区的社会服务还要实行保护性政策,科学地划定最低贫困线,对最低贫困线以下的地区由中央和省进行必要的扶持。

此外,我国财政管理体制在今后时期还要进行以下几方面的改革:① 加快预算管理制度改革,完善复式预算制度,改进目前经常性和建设性预算的编制办法,编制政府公共预算、国有资产经营预算和社会保障预算。② 进一步改革和完善税收制度,扩大地方税,统一内外企业所得税,扩大个人所得税的覆盖面,逐步建立起一个以直接税为主的税制体系。③ 完善国有企业利润分配制度,改革国有资产管理体制,建立起一个有利于国有资产保值增值,符合市场经济规律的国有资产管理和营运体系。④ 改革国家债务管理制度,统一管理政府内外债务,将政府外债纳入预算管理,尽快建立中央偿债基金;保持举债规模适度,建立借、用、还紧密联系,责、权、利有机结合的国债资金管理体系。⑤ 建立符合中国国情的财政投融资体制。依托资金市场,扩大财政投融资资金来源,按照政策性和有偿性相统一的原则,运用好财政投融资资金,并尽快建立统一规范的财政投融资管理体系。

# 第七章

# 财政管理和财政监督

**内容提示** 本章主要阐述财政管理、财政监督的意义和内容,加强财政法制建设。重点掌握财政管理、财政监督和财政法制建设的主要内容。

## 第一节 财政管理

### 一、财政管理的意义

财政管理,就是对财政分配活动的组织、指挥、调节和监督。具体地说,财政管理是在认识财政活动规律的基础上,通过制定财政方针、政策、法令和制度,以及编制财政收支计划、指导、组织和监督财政分配活动,以期达到收入的完善、支出的合理、监督的有效,从而起到促进整个国民经济的协调、稳定、健康发展的作用。因此,财政管理的好坏,直接关系到财政任务的实现,只有加强财政管理,才能完成国家财政任务。

在我国,加强财政管理具有十分重要的意义。主要有以下方面。

(一) 加强财政管理是建立社会主义市场经济体制的客观需要

现阶段,我国实行社会主义市场经济体制,一方面,要求社会主义企业要建立现代企业制度,成为独立核算、自主经营、自负盈亏的经济实体;另一方面,要求国民经济各部门和各企业之间、城乡之间大体上保持一定的比例关系,以达到协调发展。但是,由于各部门和各企业之间经营管理、生产能力、盈利水平不尽相同,在各自不同利益驱动下,某些时期会产生盲目生产,产品滞销,以致造成资源损失浪费的情况,这就需要通过财政管理活动集中一部分资金,在各部门、各企业之间进行有计划的调节和分配,以促进国民经济健康发展,并为发展社会主义市场经济创造条件。

（二）加强财政管理是实现国家职能的需要

我国是人民民主专政的社会主义国家，担负着巩固国家政权，进行社会主义现代化建设，不断提高人民物质文化生活的重任。国家要实现这一重要职能，就必须有强大的物质基础，这就要求加强财政管理，通过有效地组织财政收入，合理地确定国防、外交、经济、科学、文化建设等各项支出，保证国家职能的实现。只有加强财政管理，合理地集中资金，有效地使用资金，才能保证社会主义各项事业的发展。

（三）加强财政管理是提高经济效益的客观需要

财政管理的优劣，对于经济效益的提高，具有重要的作用。当今世界把管理视为资源，把先进的生产技术和科学的管理方法看作是快速发展经济的"两个轮子"，把科学、技术和管理的现代化作为发展生产力的三大支柱。而财政管理手段，如财政政策、财政目标、财政计划、财政制度、财政措施等，都会直接或间接地影响和制约企业的经营和分配活动，影响其经济效益。财政管理得好，就能促进国民经济发展，促进经济效益的提高；反之，财政管理不好，不仅不能进行合理的调节，促进经济效益的提高，反而会滋长乱摊成本，截留财政收入，损害国家利益。因此，加强财政管理，是促进国民经济发展，提高经济效益的客观需要。

（四）加强财政管理是提高财政资金使用效果的客观需要

财政的经营管理活动，主要是讲究生财之道、聚财之道、用财之道。财政管理既要开拓财源，筹集资金，又要对财政资金运动进行组织、调节、控制和监督，不断提高财政资金的使用效果。财政管理的一个重要方面，是正确处理好中央与地方、国家与企业、国家与个人之间的分配关系，只有加强财政管理，才能调动各方面的积极性，促进企业改善经营管理，加强经济核算，以最少的劳动消耗取得最大经济效果，实现增产增收，为国家提供更多的积累。同时，只有加强了财政管理，才能促使各方面合理地节约使用财政资金，真正做到少花钱，多办事，提高财政资金的使用效果；反之，财政管理不善、财经纪律松弛、指挥不灵、监督不力，就会造成资金积压、效益低下，给国民经济带来重大损失。因此，加强财政管理，对于提高财政职能部门内部管理水平，提高财政资金使用效果具有重要意义。

## 二、财政管理的内容

财政管理的内容贯穿于整个财政活动的全过程，包括计划、组织、指挥、调节、监督等方面。具体地说,财政管理的内容,就是在党的基本路线及其方针、政策指导下,以经济建设为中心,按照客观经济规律的要求,运用经济、行政手段,调动各方面的积极性,科学地、有效地组织好财政收支活动,实行计划管理,积极地筹集和供应资金,提高资金使用效果。具体包括以下方面:

(一) 计划管理

计划管理是指对未来财政活动进行规划和安排。在我国,通常以编制年度国家预算来进行财政计划管理。国家预算是国家的基本财政计划,因此,财政计划管理应以国家预算为中心。在国家预算的编制和执行过程中,必须切合实际,符合客观经济形势的发展和党的路线、方针、政策的要求。一切根据规定应纳入预算的收支,都要编入预算。确定收支指标要从现时国力出发,量力而行,量入为出,坚持收支平衡,留有余地,不编赤字预算,不留缺口。在预算执行中,严格按照既定的预算办事,坚持先收后支,注意宏观经济形势变化情况,适时地调控,及时处理收支矛盾,随时调节好新的平衡,年度终了,要按照实际执行结果,认真编制国家决算。

(二) 制度管理

财政规章制度是财政收支规律的反映,是协调各种财政活动和经济活动的行动准则。财政规章制度,一方面要求正确反映财政分配和管理财政资金的客观规律,例如各项工作的要求,办事程序,职责范围都有明确规定,据以维持财政工作的正常秩序和达到预期的工作效果;另一方面要根据财政工作的规律,建立一个有效的管理系统,合理调配和使用人力、物力和财力,有效发挥各职能部门的作用,形成一个有机整体。规章制度是指令性文件,它是在调查研究、总结经验基础上制定的,一经审定颁布,就成为指导工作的规范,具有指令性和强制性特征。全国性的重要制度必须由国家统一规定,有一些制度,国家可以授权给地方或部门,在不违反国家规定的大前提下,结合本地区、本部门具体情况制定。各地区、各部门、各单位在下达各种地方性规章制度时,必须顾全大局,以整体利益为重,自觉地维护全国财政制度的统一性和严肃性,不得下达与国家统一制度相违背的规定,如遇统一制度与本地区或本部门不相适应的情况,应在执行的同时积极向上级报告,在上级没有正式修改统一制度前,不得以各种借口违反统一制度的规定。

(三) 业务管理

财政业务管理包括预算管理、税收管理、企业财务管理、基本建设拨款管理、文教卫生行政财务管理、监督管理、预算外资金管理等。

(1) 预算管理。要建立和健全预、决算制度,严格执行编制、审核与批准的程序;要按月按季检查预算执行情况,发现问题及时采取有效措施,确保预算收支计划的完成。

(2) 税收管理。要按照税收政策法令,在促进生产发展的基础上,积极组织收入;保证税款及时足额入库;加强税收票证管理,堵塞漏洞,清理欠漏;严格执行税收管理体制,正确划分中央、地方和中央地方共享收入的界限,加强税收检查,防止越权减免、挪用和截留国家税款。

(3) 企业财务管理。要在深入调查和了解企业财务工作的基础上,建立和完善各行业财务管理制度,加强对经济核算的指导,促进合理组织生产经营,提高设备的有效利用,鼓励降低消耗,提高劳动生产率,加速资金周转,促进企业全面提高经济效益。企业对国家专项下拨资金,必须专款专用,不得侵占和挪用。

(4) 基本建设拨款管理。要严格执行国家基本建设计划,一切建设项目的资金由建设银行归口管理;中国建设银行要按国家规定的计划,按预算、基建程序、工程进度拨款;积极稳妥地改进基本建设投资办法,变无偿拨款为有偿贷款,以促进建设单位保证工程质量、降低工程造价、缩短建设周期、提高投资效果。

(5) 文教卫生行政财务管理。要加强制度建设,整顿事业费的经费定额和开支标准,实行定员定额管理,严格按国家经费开支标准办事;有计划地逐步推行预算包干办法,调动主管部门和单位管理财务的积极性,力求少花钱、多办事、办好事,提高资金使用效果。

(6) 监督管理。在财政工作整体运行过程中,为了保证财政工作的顺利进行,必须要加强监督,无论在事前、事中、事后,财政监督都是一个不可忽视的重要环节。从发现问题、反映问题到依照政策规定解决问题,财政监督贯穿财政工作的全过程。因此,财政的监督管理是做好各项财政工作的一个重要方面。

(7) 预算外资金管理。在现行财政管理体制下,预算外资金对于调动地方、部门、企业的积极性,因地制宜地办一些生产建设事业,起到了积极作用。但是,也应该看到,对预算外资金如不加以规范管理、放任自流,缺乏有效的监督和引导,势必会产生负面效果。所以,加强预算外资金管理是一项政策性强、涉及面广的重要工作。预算外资金管理的重点是:① 实行计划管理,编制预算外资金的收支计划,建立预决算制度。② 加快预算外资金管理的立法工作,制定预算外资金管理条例,建立预算外资金决算审议制度,使预算外资金真正成为国家的

"第二预算"。③ 加强引导和调控。综合运用经济政策、经济手段,加强对预算外资金的引导、调节和控制。④ 健全财会制度。各地、各部门、各企业凡有预算外资金的,都要建立健全预算外资金财务会计制度。财政部门应给予积极的指导、帮助和检查,管好用好预算外资金。

### 三、财政管理现代化

随着社会主义现代化建设事业的不断发展,财政管理的任务也日益繁重,电子计算机的应用是财政管理现代化的必然趋势,也是财政管理工作的一个飞跃。

(一) 财政管理电算化的意义

1. 促进财政信息管理现代化

随着社会主义现代化建设事业的发展,对财政管理工作的要求越来越高,财政管理的各种资料、情报、报告等信息量成倍增加,数据结构和处理要求日益繁重,单靠传统的手工处理方式是难以为继的。而解决这一问题的唯一途径就是采用微机处理,实行电脑化管理,特别是采用数据库技术,就可以将各种信息进行系统化整理和归集,做到及时、准确、完整,并可使这些信息长期有效地使用。

2. 加强财政决策的科学性

财政决策需要有各种各样的信息为依据,不仅要有定性分析,也要有定量分析,并在此基础上实行科学决策。而这些分析、决策都要建立在大量而又精确的计算之上,这些工作只有依靠"电脑"这种先进的工具来完成,从而实现财政决策的科学化。

3. 提高财政管理效率

时效性是现代化财政管理的客观要求。在传统的管理模式下,手工处理信息速度慢,往往不能及时准确地把握财政活动的变化过程和规律性。采用电脑就可以大大提高工作效率,而且能随时掌握变化情况,进行必要的控制和调整。同时,电脑参与财政管理可以使管理人员摆脱许多事务性工作,有利于提高管理水平,从而提高财政管理的效率。

(二) 电脑在财政业务中的应用

1. 数据处理

数据处理是指用电脑对财政业务信息进行处理。它包括对数据的收集、转换、分组、组织、计算、贮存、检索等项处理。用电脑处理财政管理中的各种数据,可以提高数据处理效率。

2. 计划编制

计划编制是指将所要求的计划项目,按照既定的程序输入电脑,电脑按照要求编制出计划。当经济活动发生变化,可以给电脑下指令并提供新的信息,它能自动调整原计划,使调整后的计划可行。

3. 报表处理

报表处理是指通过汉字报表应用程序将数字输入电脑,并通过激光汉字打印机输出,输出的中文资料(报表)可以用作底稿,也可以直接照相制版印刷。经电脑制作成的报表,具有数字准确、字迹清晰、表面清洁、速度快和便于存档等优点。

4. 记账、算账

记账、算账是指按照编制的记账程序将凭证数据输入电脑内,电脑则按编制的程序要求记账、算账。整个会计程序的记录、计算具有速度快、准确而又省时的优点,也减轻了业务人员的重复劳动,工作效率大为提高。

5. 日常管理

利用电脑处理、记录信息的长处,还可用来管理人事档案、工资财务、物资设备、住房和图书资料等。

(三)电脑应用的基本条件

从传统的管理方式向现代科学先进的管理模式转化是一次大的变革,要让电脑在财政管理中发挥出更大作用,还要一定的条件,主要是:

(1)要有与电脑相适应的科学管理体制和方法。电脑化的信息系统不仅是数学程序与设备的简单综合,而是新的工作方法和新的管理技术、方法、形式必须与电脑相适应或相配套。因此,财政系统必须逐步实现管理组织科学化、管理业务标准化、管理工作程序化。

(2)要有正确及时的原始数据,才能得到对财政管理有用的信息。数据缺乏可靠性,再科学、再先进的工具也得不到正确的结果。因此,在数据的收集与整理中,必须建立相应的制度来保证原始数据的真实、及时和准确。

(3)要有一支电脑管理的专业队伍来编制应用软件进行系统开发、运用和维护其正常动作,尤其是系统分析员的选择和培养,更为重要。这类人员不仅要熟悉财政和财政管理专门知识和有丰富的工作经验,而且要知晓电脑和经济应用数学。因此,要重视这方面人才的培养,并拥有一支电脑管理专业队伍,才能使电脑广泛应用于财政管理工作。

(4) 要做好系统开发工作。借鉴国外经验,一般把系统开发划分为问题提出、可行性研究、逻辑设计、物理设计、系统实行和系统运行维护等阶段。整个系统开发就体现为一个集体的智慧和创造性劳动,要按科学的方法,分阶段做好这项工作。

(5) 要有适用的电脑和通讯设备来实行有效的财政管理。这里除了选择机型外,还应配备与之相适应的数据采集设备,传送系统,存贮、检索和输出设备,相互间的衔接才会产生显著效果。

## 第二节 财政监督

### 一、财政监督的概念

我国社会主义财政,是国家为实现其职能的需要,凭借政治权力对一部分社会产品或国民收入进行的分配活动,财政的本质是这种分配活动体现的分配关系。而财政监督则是这种分配关系派生出的一种职能。具体地说,财政监督是国家为保证财政分配活动的正常进行和社会经济的健康发展,凭借政治权力,在财政分配过程中对直接影响分配关系的各种经济活动进行的检查、督促、纠正、制裁和反映,它是我国社会主义经济监督体系的重要组成部分。当前,随着我国社会主义市场经济的发展,作为财政工作重要组成部分的财政监督,具有重要的意义。

(一) 财政监督是国家实施宏观经济调控的需要

财政作为国民经济的综合反映和国家实施宏观经济调控的重要手段之一,有条件也有责任通过财政监督,及时分析和反映国民经济运行中出现的新情况和新问题,为国家制定宏观经济决策提供及时准确的信息,提高国家宏观调控的及时性和有效性。

(二) 财政监督是振兴国家财政,健全财政职能的需要

财政是以国家为主体对社会产品和国民收入进行的分配和再分配活动,具有分配、调节、监督三个固有的基本职能。财政分配与调节职能为财政监督职能提供客观依据和活动范围,而财政监督职能又为财政分配和调节职能的实现提供保障。按照国家经济发展远景目标提出的振兴国家财政、健全财政职能的要求,加强财政监督,是振兴国家财政、健全财政职能的客观需要。

(三) 财政监督是强化财政管理的需要

财政监督是财政管理的有机组成部分和重要环节。没有财政监督或忽视财

政监督，就不可能有科学严密的财政管理。目前，我国财政管理中仍然存在不少漏洞，无论是预算收支管理，还是企业财务管理、国有资产管理，都不同程度存在一些薄弱环节，需要通过加强财政监督，强化财政管理，做好各项财政工作来解决。

（四）财政监督是加强财政法制建设，整顿财政秩序的需要

财政监督是财政执法体系的重要环节，加强财政监督，建立起科学严密的财政监督机制，是加强财政法制建设的重要方面。当前，我国经济领域违法违规、财经纪律松弛，税收流失，预算外资金侵蚀税基，巨额财政性资金脱离预算管理，支出约束不严、控制不力等问题十分突出，必须通过加强财政监督来整顿财经秩序，促进财经秩序的根本好转和国民经济的健康发展。

## 二、财政监督的内容

财政监督是对有关财政分配活动的监督，因此财政监督的内容总是同财政活动联系在一起的。具体可以从以下三方面来认识。

（一）从财政分配活动的过程看，财政监督可以分为收入过程的监督和支出过程的监督

收入支出过程的监督主要是对各种收入支出手段运用过程的监督，因此采取的收入支出手段不同，收入支出过程监督的具体内容也不相同。就我国目前情况来说，财政监督是财政部门以各个单位、各个部门的财务收支为基础的监督，这是因为财务收支是各行业、各部门经济活动在一定时期内的集中反映，不论哪一种行业都存在财务收入。工农业企业财务收支与生产经营密切相关；流通企业财务收支由商品进、销、存而引出；金融保险企业财务收支由信贷资金的融通而产生；行政机关财务收支与其管理活动相联系；事业单位财务收支与其服务性任务相联系。所以各行业、各单位的财务收支活动是经济活动的基础。它一般通过会计资料反映出来。各行各业的财务收支活动是否执行国家规定的财务制度、财经政策法规，必然成为财政部门应审查的基本内容，就这方面监督业务特点而言，财政监督与财务审计有相似之处。

财政部门对财务收支的监督大致有以下方面：一是会计资料是否真实、准确和完整无缺。会计通过一系列专门方法对经济事项进行登记计算，分类整理汇总，首先要保证原始资料的真实性，不允许弄虚作假，要按财务核算制度规定，正确核算不同时期的收入与支出。二是财务收支合法性。审查被审单位的每一次

财务收支项目是否合乎有关的政策法规制度、财经纪律,是否符合计划、预算,这是财务收支合法性的一个标准。例如审查企业成本开支范围是否符合成本管理条例,基建项目是否严格按国家下达计划执行,工资总额支出是否突破指标,有无乱挤成本的现象等,都属监督的具体内容。

(二)从财政分配活动在社会再生产活动中的地位和作用来看,财政监督的内容可以分为对财务管理体制监督和对应上交国家款项监督

财务管理体制是处理国家与企业之间财政关系的根本制度,这是财政管理工作的基础。对所有的企业来讲,企业与国家的财政关系包括:① 企业对国家应尽的经济责任,这是基本前提,所不同的是各类型的企业应尽的经济责任不同。② 国家必须规定企业享有的管理权、经营权及简单再生产和收入分配方面的权限。③ 按企业应负经济责任的完成情况,将企业的生产经营成果和福利、奖金相联系。利润分配是企业财务管理体制的核心,企业财务管理制度是成本补偿、资本积累、资金供应和盈利分配等方面制度的有机总体。国家对企业利润的分配都作出相应规定,因此,财政要对企业财务管理体制的制定、实施、执行情况进行监督。财务管理体制的监督基本内容包括利润分配,特定的专项税收性收入,亏损拨补,实行分税制财政管理体制后,政策执行的从属级次,中央收入与地方收入的划拨、解缴、退付等,其中着重解决盈利分配中的责权利关系问题。

企业向国家上缴税收,既是应尽义务,也是国家财政税收法制所规定的内容。在深化改革的过程中,事业单位也开展了多种形式的生产经营活动,构成了纳税主体,也有向国家上缴税金的义务。上缴款项主要有四种形式:一是各种税收,如增值税、营业税、所得税等。二是各种税收的附加及有关基金。三是各种形式的上缴利润,有的以所得税形式上缴,有的以承包利润形式上缴。四是国家征收的非税性收费上缴款项,如三峡基金、电力基金等。财政部门对上缴款项的监督依据是国家的有关财政税收法规,无论哪类企事业单位,只要构成了国家规定的应上缴税项行为,就应该按规定缴款,这是保障国家财政收入的重要监督。

(三)从财政活动的具体内容看,财政监督主要是国家预算监督和税务监督

国家预算监督的具体内容包括:各种收入是否及时缴库,中央、地方两级收入有无混库,各级预算管理是否有截留财政收入或"寅吃卯粮"的现象,各级预算管理部门是否有滥开收入减免口子的现象,是否严格按预算管理体制划分收支内容和收入分成比例,以及正确处理好地方各级之间的预算分配关系。

在以税收作为财政收入主要手段的国家,税务监督是财政收入监督的主要内容。通过税法执行情况的监督来确保国家财政收入。具体内容包括:对工业企业供产销过程中发生的核算关系的监督,对流通企业商品流通费用和利润分配的监督,对金融企业围绕信贷资金运动而发生的财务收支关系和上交关系的监督,对农业企业应表现为对农作物、牲畜良种、化肥等材料消耗,及其经济核算和分配关系的监督,对集体企业财务收支和应上交所得税的监督,对股份制、联营企业经济核算及其股份分红和投资者多方利益的监督等。

### 三、严格财政监督、严肃财经纪律

在社会主义市场经济条件下,由于经济利益的多元化,严格财政监督,严肃财经纪律,将是今后加强财政管理,振兴我国财政的一项重要工作。

（一）严格财政监督

严格财政监督,作为财政部门的一项重要职责,已经在长期的工作实践中积累了宝贵的经验,并取得了积极的成效。随着社会主义市场经济的发展,对财政监督提出了更新更高的要求,这就是要进一步强化财政监督工作。强化财政监督,必须改变单纯面向企业财务收支的传统模式,而要对预算收入解缴、征管、入库、退付等实行全过程的监督。必须改变重收入、轻支出的陈旧观念,实行收支并举的监督,特别是加强支出的监督。必须把监督与管理更紧密地结合起来,改变只重检查、不重管理,只重收缴、不重堵漏,监督与管理相脱离的片面做法。必须加快立法步伐,严格财政执法,改变财政监督立法滞后,执法不严,屡查屡犯,屡禁不止的状况。必须加强财政监督机构和干部队伍建设,逐步建立一套适应社会主义市场经济发展,与我国国情相适应的财政监督组织体系和政治素质高、业务能力强的财政监督干部队伍。

（二）严肃财经纪律

财政纪律,是国家根据党的基本路线、方针政策,为完成财政经济任务而制定的各种财经政策、法令、制度、规定、条例等的总称。严肃财经纪律,对于加强财政管理,实施财政监督,做好财政经济工作,对于提高宏观、微观经济效益,保证国民经济健康、稳定、协调地发展,都有重要意义。财经纪律的基本内容有以下方面。

1. 保障国家财政收入

任何地区、部门、单位和个人都不得挪用、挤占或截留应上交国家财政的资金。不得擅自坐支或退库,或将预算内资金转为预算外资金,变全民为集体。不得越权减免税收。税收和应上交国家的利润必须及时缴入国库,凡有意拖欠、偷漏税收和拒交税款的,可以通过银行扣款,或给予必要的经济、行政处罚,直到追究刑事责任。各企业要严格执行国家规定的成本开支范围,不得乱挤成本,乱摊费用,不得擅自扩大、提高各项税后自留资金的提取比例。任何部门都不得向企业摊派资金和物资。

2. 不得违反国家规定,乱挪乱用资金

任何地区、部门和单位,都不得任意搞计划外基本建设。对国家规定停建、缓建的项目,要坚决停下来。未经国家批准,不得擅自增加人员,不得任意提高工资和福利标准,不准挪用流动资金或银行贷款搞基本建设和其他财政性开支。

3. 反对铺张浪费

不准超越关于社会集团购买力的规定,擅自扩大购买范围,不准任意扩大和提高经费开支标准。严禁公款请客送礼、游山玩水。不得以任何借口铺张浪费,挥霍国家财产,不准私人长期拖欠公款。

4. 严禁弄虚作假,侵占和骗取国家财产

不准借改制、改建形式,化公为私,压价变卖国家资产,削价私分国家财产物资,不得以"试用"为名,无偿或低价占用国家产品。不得虚报冒领或转移资产,不得巧立名目扩大奖金范围,不得采取人为手段,虚报损失和亏损。

严肃财经纪律,在坚持思想教育的同时,必须辅之以必要的纪律制裁。诚然,要根除违反财经纪律的现象,仍应从健全法制着手,把包括财政法在内的各种经济法作为执行财政纪律的依据,做到先晓之以理、导之以规,再绳之以法。

(三)强化财政监察工作

严格财政监督的一个重要方面,就是强化财政监察,它是国家同一切违反财经纪律、财经政策的行为作斗争的一个有力武器。财政监察贯穿于整个财政监督全过程,它的任务既要监督检查国家机关、团体、企事业单位贯彻执行财政政策、财经纪律的情况和存在的问题,又要监督检查财政、财务部门及有关人员遵守财政政策、财经纪律的情况和存在的问题,还要受理和检查违反财经纪律的案件,并开展遵守社会主义法制,维护财经纪律的宣传教育工作。

财政监察工作通常是通过专职的监察机构来完成的。在我国,财政监察工作由财政部领导,具体实施职能的机构可分四个层次:

第一个层次为财政部派出驻各地财政监察专员办事处（以下简称专员办），它是在国家财政体制实行分税制后，为了适应财政职能的转变而由原"中企处"转换而来的，其主要职能是保证中央收入足额及时入库，并承担增值税退税审核，征收国家规定的非税性款项，组织重要的调研项目，对一些重点行业财务事项专项审批，参与异地交叉检查，以及财政部下达的其他专项任务。驻各地专员办的建立是财政部在新形势下强化财政监督职能的一个有力措施，对保证中央收入的及时足额入库起到了重要作用。

第二个层次为各省、自治区、直辖市、计划单列市财政局设立的财政监察机构，其主要职能是监督检查国家机关、社会团体、企事业单位执行财政政策、法令、制度的情况，办理有关违反财政、税收、会计制度和纪律的案件，以及因坚持财政会计制度而遭受打击报复的案件。

第三个层次为财税专项检查机构。该机构为非常设机构，它与财政监察等财政监督专门机构有区别，但也属于财政监督机构范畴。其主要任务是为了维护财税秩序，在依靠常设监督机构不足以在预定期限内缓解矛盾的情况下，采取灵活措施，组织一定力量，开展财税专项检查，以发挥其解释政策、实施协调、处理违纪问题的职能。

第四个层次为纳税检查机构。该机构的建立是在国家实行税收征管制度改革后推出的，是形势发展的需要，也是税制改革的必然要求。其主要任务是：负责纳税检查、处理税务违章案件和税务机关内部征管质量的考核工作。

## 第三节　加强财政法制建设

### 一、加强财政法制建设的意义

财政法制，就一般的含义来说，包括两个方面的内容。从立法方面来说，财政法制是通过国家政权确认建立起来的为维护广大人民群众利益的财政法律制度；从执法方面来说，财政法制是指平等的依法办事的原则，即各级国家机关、政党、社团以及任何企事业单位、国家工作人员和公民都必须依法办事，任何单位和个人都没有超越税收法律的特权。所以，财政法制既包括财政法律制度方面的内容，也包括严格依法办事的内容，是财政立法、执法、守法和监督财政法律实施的四个方面的统一体。

加强财政法制建设,严肃财政法纪,有效地运用财政法律武器,以事实为依据,以法律为准绳,坚决打击破坏国家财政管理制度的违法犯罪行为,对于巩固我国人民民主专政的社会主义国家政权,保障国家财政收入;对于调节国民经济,加强宏观控制;对于促进社会主义市场经济发展,促进企业改善经营管理,提高经济效益;对于维护国家主权和经济利益,以及对在财政经济活动中出现的复杂关系,通过财政法律进行调整,使财政经济活动有一个良好的法律秩序,保障社会主义现代化建设事业的顺利进行,都有十分重要的意义。

## 二、财政法制建设的主要内容

财政法律是我国财政法制建设的重要内容。新中国成立以来,我国发布了一系列财政法律、行政法规、地方性法规和规章,对规范财政经济活动,保证我国社会主义建设事业的发展,起到了重要的作用。为了保证财政法律法规的贯彻实施,1987年6月国务院发布并实施了《关于违反财政法规处罚的暂行规定》(以下暂称《处罚规定》),同年10月财政部、审计署联合发布了《违反财政法规处罚的施行细则》(以下简称《施行细则》),其主要内容包括以下方面。

(一)《处罚规定》的适用范围

根据《处罚规定》第二条的规定:"国家机关、全民所有制企业、事业单位,由国家拨给经费的团体及其所属的工作人员,在财政、财务活动中必须遵守有关财政法律、行政法规、地方性法规、规章的规定","对于违反财政法规的行为,违反财政法规截留、挪用、浪费国家资金的款项,除有关法规另有处罚规定外,依照本规定予以处罚、处理。"

(二)违反财政法规的行为种类

根据《处罚规定》的规定,违反财政法规的行为主要有以下八个方面:

(1)隐瞒、截留应当上交国家的税金、利润或者其他财政收入的行为。包括挤占和虚列成本,乱列营业外支出,隐瞒销售收入和营业外收入,向减免税单位转移产品和收入,隐瞒、截留或者动用代征、代扣、代交的税金,隐瞒、截留或者坐支上交款项等手段,少交、漏交财政收入的行为。

(2)虚报冒领,骗取国家财政拨款或补贴的行为。包括虚报预算支出,骗取财政拨款,虚报产量、销量或者亏损,骗取亏损补贴,虚报人员编制,骗取行政、事业经费,以及其他虚报冒领、骗取财政拨款或者补贴的行为。

(3)超越权限擅自减免税收、动用国库款项的行为。超越权限擅自减免税收的行为,包括地方各级人民政府违反税收征管体制的规定,越权作出减免税收决定;各级财政、税务机关擅自减免税收,以及税务人员不依法征税、擅自减免税收的行为。擅自动用国库款项的行为,是指违反《中华人民共和国金库管理条例》所确认的库款支配权的行为,包括地方各级人民政府违反规定强令冲退国库收入;各级财政机关违反规定,自批、自退、自冲国库款项,以及各级国库违反规定,擅自动用国库款项的行为。

(4) 违反规定挪用生产性资金用于非生产性支出的行为。这是指违法单位将国家拨给、自行筹集、借入和提存的专门用于生产的资金,用于非生产性基本建设、非生产性购置支出的行为。

(5) 违反规定将全民所有的财产转让给集体或者将预算内资金划为预算外资金的行为。违反规定将全民所有的财产转让给集体,是指将全民所有制企业、事业单位、国家机关、团体等占有的固定资产、流动资产、无形资产、股权、债权和其他资产的所有权,违反国家规定无偿转让给集体单位的行为;将预算内资金划为预算外资金,是指违反国家规定将已经列入预算的收入、支出和结转项目的资金,列入预算管理的专项资金和预算周转金,以及按国家规定应当作为预算收入的其他资金,划转为预算外,以逃避预算监督、管理的行为。

(6) 严重违反财务开支规定,挥霍浪费国家资财的行为。主要是指超越国家财务开支规定,用公款请客、送礼,提高规定的招待标准,以及违反规定公费旅游、滥发实物、擅自购买社会集团购买力专项商品等行为。

(7) 违反国家规定,超越权限擅自提高补贴标准,扩大补贴范围,提高工资的行为。

(8) 利用职务便利,将公共财物非法占为己有,未构成犯罪或者依法免予刑事处罚的行为。利用职务上的便利,将公物非法占为己有,包括挪用公共财物归私人使用6个月以上的行为。

(三) 违反财政法规的处罚规定

1. 对违反财政法规款项的处理

凡是违反财政法规的款项,不论数额大小,都应区别情况,作出相应的处理。

(1) 没收非法所得。没收是剥夺违法单位或个人的非法所得和有关财产的占有权或所有权,无偿地收归公有的一种处罚手段。非法所得的范围,包括以下几个方面:第一,利用职务上便利,非法占有的公共财物;第二,违反规定将全民所有的财产转让给集体经营所获得的收入;第三,弄虚作假所骗取的奖金、实物和骗得提级、提职后增加的工资;第四,利用职务上的便利非法收受的钱物;第五,滥涨价、滥收费所攫取的收入;第六,依法应予没收的其他非法所得。

(2) 收缴应当上交的收入。应当上交的收入包括:隐瞒、截留的税金和应当上交的利润;非法减免的税金以及依法应当上交的其他收入。

(3) 追回被侵占、挪用的资金。被侵占、挪用的资金包括:虚报冒领、骗取的拨款或者补贴;违反规定动用的国库款项;用于非生产性支出的生产性资金;挪用或者克扣支前、救灾、防灾、抚恤、救济、教育等专项资金和物资;转让给集体的全民所有的财产;划转为预算外资金的预算内资金等。

(4) 冲转有关账目。对依法没收、收缴和追还的违反财政法规款项,被处罚单位应当调整有关账目,进行账务处理。属于挤占成本的,应如数冲减成本;挪用专项资金的,应如数补充被挪用的专项资金。

2. 对单位和个人的处罚

对违反财经法规行为的单位和责任人的处罚,应当根据事实和情节,分别给予处罚。

(1) 对有违反财政法规行为的单位,应分别给行政处罚和经济处分。行政处罚有警告和通报批评;经济处罚指罚款。《处罚规定》对罚款的幅度作了具体规定,即罚款金额一般不超过违反财政法规款额;情节特别严重的,最高不超过违反财政法规款额的 5 倍。对单位的行政处罚和经济处罚,应由进行检查的审计机关或财政机关作出。

(2) 对违反财政法规行为的直接责任人员和单位行政领导应给予必要的处罚。直接责任人员包括违反财政法规行为的决定者和直接执行者。对个人的处罚包括行政处分和经济处分两种。行政处分包括警告、记过、记大过、降级、降职、撤职、开除留用察看、开除八种形式。经济处分即指罚款,对个人所处罚款以最高不超过本人 3 个月基本工资为限。行政处分由进行检查的审计机关或者财政机关提出建议,按照国家行政机关工作人员奖惩规定或者企业职工奖惩规定,由有关部门作出决定。经济处分由进行检查的审计机关或财政机关作出罚款的决定。

(四) 行政复议

《处罚规定》规定:被处罚的单位或个人对处罚决定不服的,可以在接到处罚决定或处罚通知书之日起 15 天内,向作出处罚决定机关的上一级主管机关提出复议申请。上一级主管机关应当在接到复议申请 30 天内进行行政复议。复议期内,原处罚照常执行。

### 三、加强财政法制建设,促进财政经济工作

加强财政法制建设,从根本上说,就是要做到有法可依,有法必依,执法必严,违法必究。就我国现阶段情况来说,随着社会主义市场经济体制的建立和完善,加强财政法制建设,必须做好以下几方面工作。

(一)加快财政立法工作,完备财政法律制度

加强财政立法工作,使我国的财政活动有法可依,这是加强财政法制建设的首要条件。当前,除了已经立法并颁布实施的财政法律、法规外,应抓紧制定、修订地方税法规,如《耕地占用税暂行条例》、《车船使用税条例》、《遗产税暂行条例(草案)》和《物业税暂行条例》等;制定《行政性收费管理条例》、《政府采购制度实施条例》、《预算外资金管理条例》和《财政监督条例》;修订《国务院关于违反财政法规处罚的暂行规定》、《个人所得税法》、健全财务会计、国有资产管理法规;制定《国有企业财务监督管理办法》、《注册会计师法实施条例》、《注册资产评估师条例》,制定具体会计准则等。

(二)切实做到财政工作"有法可依,有法必依,执法必严,违法必究"

财政工作要有法可依已如前述,但是,当前我国在财政经济工作中有法不依的情况仍然存在。这种情况的发生,固然有历史的原因,也有国家利益与局部利益发生矛盾时不能正确对待和正确处理的问题。这就要求各级政府工作部门和企事业单位,要从国家政权的巩固、社会主义现代化建设事业成败的高度,来认识社会主义财政的重要地位和作用,模范执行国家财政政策法令,切实做到有法必依,执法必严,违法必究。这是强化财政管理和财政监督的首要问题。各级财政机关要以身作则,要正视财政法律的严肃性,敢于依法办事,敢于同违法违纪行为作斗争。

(三)加强财政法制宣传教育,自觉维护财经秩序

财政法制是我国社会主义法制的重要组成部分。要使我国的财政法制具有强大的威力,加强财政法制宣传教育是非常重要的。党的十一届三中全会以来,党中央十分重视法制教育,但就普及财政法制教育方面,还有一些薄弱环节。当前,在经济领域里出现严重违法乱纪情况,与没有能够普及财政法制教育,人们头脑里没有牢固树立财政法制的观念是分不开的。因此,加强财政法制教育,使广大人民群众充分认识财政在社会主义现代化建设中的重要地位和作用,懂得在国家财政法律、法规的范围内从事经济活动,自觉遵守财经纪律,维护财经秩序,是加强财政法制建设,做好财政经济工作的重要条件。

# 第八章

# 税收概论

**内容提示** 本章主要阐述税收的概念和基本特征,税收的职能和作用,税制结构和税收分类,我国税收征收管理制度。重点掌握我国社会主义税收的职能和作用,现行税收征收管理制度。

## 第一节 税收概述

### 一、税收的概念

税收,在历史上又被称为赋税、租税或捐税。税收是国家为了实现其职能,按照法律规定,向单位和个人无偿征收的实物或货币;是国家凭借政治权力,参与国民收入分配和再分配,以取得财政收入的一种基本形式。

税收是一个古老的经济范畴,早在奴隶社会就已经出现税收。以后,随着社会经济制度和国家的发展,税收在封建社会、资本主义社会和社会主义社会不仅继续存在,而且日益发挥着重要的作用。

税收是国家存在的基础。国家通过税收方式取得财政收入,是为了实现国家职能的需要。但是,对于国家为什么要征税,资产阶级学者有着不同的解释。以 17 世纪德国的旧官房学派柯劳克为代表的"公需说"认为:国家出于公共需要而向人民征税,他说:"租税如不是出于公共福利者,即不得征收;如果征收,则不得称为正当的租税。所以征税必须以公共需要为征税的理由。"[①]以 18 世纪小资产阶级思想家卢梭等为代表的"利益说"认为:国家征税是为了保护人民的利益,税收是人民获得利益的保障。人民为了欲求财产安全或欲求财产而享乐,乃

---

[①] 小川乡太郎:《租税总论》,商务印书馆 1935 年版,第 57 页。

分割其一部分供给国家之用。19世纪初,以法国无政府主义者蒲鲁东为代表的"交换说"则认为:赋税是交换的代价,即国家以一定的成本产生勤劳,卖于人民,故人民应以交税来偿付国家勤劳的代价。到19世纪后期,德国劳吾等资产阶级学者提出"义务说",反对以社会契约为理论基础的"交换说"。他们认为:纳税是人民应尽的义务,任何公民都不得例外。进入20世纪以来,以美国赛格里曼·汉森为代表的资产阶级学者又提出了"社会政策说",认为:税收是一种社会改良政策。国家通过征税,可以改变收入和财产的不平等,特别是运用累进所得税可以防止贫富悬殊,以达到社会改良之目的。

以上这些理论的共同特点,都没有科学地说明国家的本质。因而也就没有科学地说明国家征税的直接原因。他们都是站在资产阶级立场上,从统治阶级的利益需要出发,并随着时代的变迁和国家发展时期的不同寻找各自需要的"理论"依据。马克思主义认为,国家是阶级统治的工具,国家政权为了行使其职能,就要耗用一定的物质资财,因而必须采用适当的方式取得国家财政收入,税收就是国家在客观经济条件下取得财政收入的基本形式。马克思说:"捐税体现着表现在经济上的国家存在。官吏和僧侣、士兵和女舞蹈家、教师和警察、希腊式的博物馆和哥特式的尖塔、王室费用和官阶表这一切童话般的存在物于胚胎时期就已安睡在一个共同的种子——捐税之中了。"①

综上所述,作为税收的一般概念,有如下特点。

(一)税收是国家为了实现其职能取得财政收入的一种方式

从最直观的现象来看,税收首先是国家的一种财政收入,是国家为了实现其职能取得财政收入的一种方式。历史上不同社会制度的国家取得财政收入有多种方式,如奴隶制国家有王室土地收入、贡纳收入;封建制国家有官产收入、特权收入和专卖收入;资本主义国家有公产收入、公营企事业收入和债务收入;社会主义国家的国有企业利润收入、规费收入和国家信用收入等。税收同这些财政收入一样,也是国家财政收入的一种方式,而且是古今中外不同社会制度的国家普遍采用的一种方式。

(二)国家征税凭借的是国家的政治权力

国家取得任何一种财政收入,总要凭借国家的某种权力。国家的王室土地收入、官产收入以及国有企业利润收入等,凭借的是国家对土地和其他生产资料

---

① 《马克思恩格斯选集》第1卷,人民出版社1966年版,第171页。

所有者的权力;国家的特权收入和贡纳收入,凭借的是国家对山林、水流、矿藏等自然资源拥有的特权和统治的权力。国家权力,归根到底是两种权力,即财产权力和政治权力。马克思指出:"在我们面前有两种权力:一种是财产权力,也就是所有者的权力;另一种是政治权力,即国家的权力。"①国家取得各种财政收入,所凭借的不外是这两种权力。国家征税,凭借的不是财产权力,而是国家的政治权力,即通过国家制定的税收法律,进行强制的、无偿的和固定的征收。

(三) 税收体现特定的分配关系

税收作为国家凭借政治权力参与社会产品或国民收入分配以取得国家财政收入的一种方式,在社会再生产过程中属于分配范畴。社会再生产过程是生产、分配、交换、消费四个环节的统一体,分配和交换是连接生产与消费的纽带。分配是把社会产品或国民收入分为不同的份额,并决定各个份额归谁占有的环节。在整个社会产品或国民收入的分配过程中,有各种不同的分配形式,税收就是分配环节上的一种分配形式,税收分配与利润、地租、利息等分配形式不同,这些分配形式一般都以财产占有关系为前提,而税收则是一种以国家政治权力为前提的以国家为主体的分配。国家征税的过程,就是把一部分社会产品或国民收入从纳税人手中强制地转变为国家所有的过程。因此,税收分配是从一般分配形式独立出来的一种特定的分配形式,并体现一种特定的分配关系。这种特定的分配关系,集中表现为国家与各个阶级、阶层以及各社会成员之间的经济利益关系。国家征税的结果,不仅使一部分社会产品或国民收入的所有权转为国家所有,同时还会引起社会成员之间占有社会产品或国民收入比例的变化,使一部分社会成员占有的比例增加,而另一部分社会成员占有的比例减少。正如马克思指出的:"无论在不同社会阶段上分配方式如何,总是可以像在生产中那样提出一些共同的规定来,可以把一切历史差别混合和融化在一般人类规律之中。例如,奴隶、农奴、雇佣工人都得到一定量的食物,使他们能够作为奴隶、农奴和雇佣工人来生存。靠贡赋生活的征服者、靠税收生活的官吏、靠地租生活的土地所有者、靠施舍生活的僧侣,或者靠什一税生活的教士,都得到一份社会产品,而决定这一份产品的规律不同于决定奴隶等等那一份产品的规律。"②

社会产品分配关系是社会生产关系的组成部分。税收作为一个分配范畴,在

---

① 《马克思恩格斯选集》第1卷,人民出版社1966年版,第160页。
② 《马克思恩格斯全集》第46卷,人民出版社1979年版,第24页。

不同的社会经济制度下,与该社会的生产关系性质相适应,体现着不同性质的分配关系。在以生产资料私有制为基础的剥削制度下,税收体现阶级剥削关系;在以生产资料公有制为基础的社会主义制度下,税收体现国家与广大劳动人民根本利益一致的社会主义分配关系。

## 二、税收的基本特征

税收作为国家取得财政收入的一种方式,与其他方式相比较,具有强制性、无偿性、固定性的基本特征。

### (一) 税收的强制性

税收的强制性,是指国家征税必须以法律为依据。国家颁布的税收法律和法令,是国家法律的组成部分,任何单位和个人都必须依法纳税,否则就要受到法律的制裁。

税收的强制性,是国家政治权力在税收上的体现。特别是近代各国,在法律上都明确规定,在法律面前人人平等,任何单位和个人都必须依法纳税。我国《宪法》第56条规定:"中华人民共和国公民有依照法律纳税的义务。"我国《刑法》第二篇第三章第六节也作出了对违反税法的处罚规定。正由于税收具有强制性的特征,具有对不同经济成分和不同纳税人普遍适用的性质,使税收能够成为国家取得财政收入最广泛、最可靠和最持久的形式。

### (二) 税收的无偿性

税收的无偿性,是指国家征税以后,征收的实物或货币就成为国家财政收入,不再返还给纳税人,也不支付任何报酬,是一种无偿的征收。列宁指出:"所得赋税,就是国家不付任何报酬而向居民取得东西。"[①]可见税收的"无偿性"并非专指私有制国家而言,而是一切社会形态的国家税收的共性。

税收的无偿性,是税收本质的属性。税收只有无偿征收,才能体现财政的职能作用,并在一定范围和一定程度上,改变社会财富分配的不合理状况,以贯彻国家各项方针政策的要求。同时,税收的无偿性与税收的强制性是紧密联系的。如果税收不具有无偿性的特征,税收是有借有还的,就无须法律规定强制征收。

### (三) 税收的固定性

税收的固定性,是指国家征税之前,都以法律形式预先规定了征税对象和征

---

① 《列宁全集》第32卷,人民出版社1959年版,第275页。

收的数额或比例。纳税人只要取得了应纳税的收入或发生了应税行为,就必须按照规定的数额或比例纳税。一般不受其他客观因素的影响,税收具有相对的固定性。

税收的固定性,使税收能够成为国家稳定的财政收入。如果税收没有法律预先规定的征税标准,没有固定性,其征税对象、征收数额或比例可以任意改变,就不能保障国家财政收入,保证国家实现其职能的需要。同时,税收的固定性与税收的无偿性也是紧密联系的。税收既是无偿性的,就同纳税人的经济利益关系极大。如果税收的征收,没有法律预先规定的标准,可以任意征收,必然要遭到纳税人的反对,同时也不利于纳税人有计划地进行生产经营活动。因此,税收的固定性如同税收的强制性和无偿性一样,也是税收的本质属性,是税收缺一不可的重要特征。

税收的以上三个基本特征,是区别一种财政收入形式是不是税收的重要标志。只有同时具备上述税收三个基本特征的,就是税收,否则,就不是税收。在我国历史上,有许多没有称为税的国家财政收入,如赋、租、租庸、厘金等,都因为同时具有强制性、无偿性、固定性的特征,实际上也是税。也有名为"税"而实际上不是税的,如某些发达国家目前征收的"社会保险税"并不同时具有税收的三个基本特征,只是采用税的名称征收,实际上是一种"费",即社会保险费。因此,看一种财政收入形式是不是税,不是看它的名称,而是看它是否同时具备税收的三个基本特征。

## 第二节 税收的性质和职能作用

### 一、税收的性质

研究税收的性质问题,必须先研究税收的本质。税收的本质,是国家以法律规定向经济单位和个人无偿征收实物或货币所形成的特殊分配关系。这种分配关系,集中反映了国家与各阶级、各阶层的经济关系、利益关系,具体的又表现在这样一些方面:分配的主体是国家,它是一种以国家政治权力为前提的分配关系;分配的客体是社会总产品或国民收入,不论税款由谁缴纳,一切税源都是来自当年劳动人民创造的国民收入或以往年度积累下来的社会财富;分配的目的,为实现国家职能服务;分配的结果,必然有利于统治阶级,而不利于被统治阶级,因为税收从来都是为统治阶级的利益服务的。不同的社会经济制度和不同的国家性质,决定不同国家税收的本质,进而决定了不同国家税收的性质。

(一) 资本主义国家税收性质

资本主义国家税收,是资本主义国家财政收入的主要来源,是其国家(政府)机器赖以存在并实施一切职能的物质基础。从税收负担来看,不论是直接税或间接税,都要由劳动人民来负担。间接税,现象上是由商业资本家来缴纳的,但实际上税款又通过消费品的价格转嫁给了广大劳动人民。列宁在《评国家预算》一文中指出:"征收日用品的间接税是极不公平的。它把全部重担转嫁到穷人身上,给富人造成特权。人愈是穷,他愈是要把自己更大一部分收入以间接税形式交纳给国家。"[①]从税收用途来看,资本主义国家通过税收取得的收入,又通过财政支出为资产阶级利益服务。特别是庞大的军费支出,成了垄断资产阶级发财致富的重要途径。其暴力机关的支出,也是直接或间接地为资产阶级利益服务的。此外,资本主义国家还通过国家干预经济,对那些需要大量投资而私人资本家又不愿投资的项目,如水电站、大坝以及风险较大的尖端技术试验等,通过财政拨款来投资,一方面,使成百上千亿的国民收入通过资本主义财政的再分配直接转到了资本家的腰包;另一方面,维护了资本主义制度。资本主义国家税收就其性质来讲,它是资本主义国家的经济基础,是资本主义国家对劳动人民的额外剥削,是一种超经济剥削关系。

(二) 我国社会主义税收性质

我国是人民民主专政的社会主义国家,是为广大劳动人民谋利益的。在我国社会主义制度下,实行生产资料社会主义公有制为主体、多种所有制并存,劳动人民是国家的主人、企业的主人。在国家、生产单位和劳动者个人之间根本利益是一致的。因此,我国的社会主义经济制度和社会主义国家性质,决定了我国社会主义税收与资本主义税收有着截然不同的性质。

从我国社会主义税收的来源看,主要来自社会主义全民所有制的国有企业、集体所有制企业和农业集体经济的交纳。在我国,国有经济在国民经济中占主导地位,国有企业缴纳的税额已占税收总额的80%。我国税收的增长,主要依靠社会主义生产的增长,特别是依靠社会主义国有企业收入的增长。国家对集体经济的征税,实行兼顾国家、集体和个人三者利益的原则。对农民交纳的农业

---

① 《列宁全集》第5卷,人民出版社1959年版,第20页。

税,则实行轻税、稳定负担、增产不增税的政策。而且,随着农业生产的发展,农业税在税收总额中所占比重已经逐渐下降。国家对劳动人民和其他个人征税的比重很小。从我国税收的用途来看,我国社会主义税收是为广大劳动人民利益服务的。它直接或间接地用于为劳动人民造福的各项事业。国家通过税收筹集的资金,按照国家预算的安排,有计划地用于发展社会主义经济,发展社会主义科学、文化、教育、卫生事业,用于加强战备、巩固国防等。这些都是直接关系到劳动人民根本利益的。与此同时,国家在生产发展的基础上,还不断提高人民的物质文化生活水平。近几年来,国家共拿出 3 100 亿元用于改善城乡人民的物质文化生活,包括提高农副产品的收购价格、各种价格补贴、提高工资、增加养老金、安置城镇下岗失业人员和新建民用住宅等。从以上我国社会主义税收的来源和用途可以看到,我国社会主义税收的性质,是国家筹集社会主义建设资金的工具,是为广大人民利益服务的,体现了一种"取之于民,用之于民"的社会主义分配关系。

## 二、税收的职能作用

一般地说,税收具有组织收入、调节经济、监督管理三个职能。组织收入的职能,是指税收作为国家强制地、无偿地取得财政收入的一种手段,能够为国家取得财政收入。调节经济的职能,是指税收作为国家直接掌握的一个重要的经济杠杆,能够深入到国民经济各个领域和社会再生产的各个环节,广泛发挥调节作用,为国家一定时期的政治经济任务服务。监督管理的职能,是指税收在征收过程中,通过调查税源、了解情况、发现问题等,督促纳税人严格执行国家的政策法令,遵守财经纪律,依法纳税,并同违反税法和违反财经纪律的行为作斗争,实现对生产经营活动的监督和管理。

税收的作用,是税收职能的具体体现。由于政治经济形势的变化,税收在各个不同历史时期的作用也不尽相同。新中国成立以来,我国社会主义税收,从资金上为巩固人民民主专政提供物质基础,引导国民经济按照有利于国计民生的要求发展,配合经济领域的斗争,对贪污、偷税抗税进行斗争,巩固和发展社会主义经济基础,促进农业、手工业和资本主义工商业的社会主义改造,以及筹集资金为国家投资大规模的社会主义经济建设等方面,都发挥了重要的作用。在我国社会主义现代化建设新时期,随着国民经济的发展,我国社会主义税收发挥了更大的作用,主要表现在以下方面:

(一) 为社会主义现代化建设积累资金

由于税收具有强制性、无偿性和固定性的特征,它是国家通过法律规定取得财政收入的一种主要方式。所以,我国社会主义税收能够可靠地、稳定地为国家取得财政收入,为社会主义现代化建设积累资金。新中国成立 50 多年,我国社会主义税收已为国家积累资金几十万亿元(2015 年全国税收收入 11.06 万亿元),有力地支援了我国社会主义建设事业的发展。

(二) 调节生产和消费,促进国民经济协调发展

税收是社会主义国家利用价值规律以调节经济关系的重要手段。税收作为商品价格的组成部分,它可以配合价格政策,通过对不同产品设计高低不同的税率,直接调节产品的盈利水平,或鼓励短线产品的生产,限制长线产品的生产;或鼓励某些产品的消费,限制某些产品的消费;或鼓励某些生产经营方式的发展,限制某些生产经营方式的发展,从而有利于国家有计划地安排生产,实现产品结构、产业结构和企业组织结构的合理化,促进资源的合理配置,促进国民经济协调发展。

(三) 调节企业利润水平,促进企业加强经济责任制

税收通过对于价格高于价值的产品多征税,对于价格低于价值的产品少征或不征税,可以排除产品价格与价值背离对企业利润水平的影响。同时,对由于资源条件的优劣、资金有机构成的高低、地理位置和交通条件的不同等客观因素形成的级差收入,通过开征消费税、资源税、所得税等,使企业利润更为合理,更能反映企业的经营状况,有利于鼓励先进,鞭策后进,促进企业加强经济核算,改善经营管理,提高经济效益。

(四) 调节国民收入,促进多种经济形式的合理配置和发展

税收是国家对国民收入进行分配和再分配的主要形式。通过税收有计划地合理地调节各种经济成分的收入,有利于巩固国有经济的主导地位,促进多种经济形式的合理配置,促进整个国民经济的繁荣和发展。

(五) 维护国家经济权益,促进对外经济往来

随着我国对外经济往来的不断发展,税收是国家实行对外开放政策的一个重要手段。近几年来,通过国家涉外税法的颁布实施,我国税收在维护国家主权和经济利益,争取税收上的互惠,以及在平等互利的基础上,推动国际间的经济合作和往来,鼓励引进外资和国际先进技术设备,促进我国经济的发展,都发挥了重要的作用。

(六) 监督各项经济活动,同经济领域里的不法行为作斗争

税收是社会主义国家对国民经济活动进行监督管理的重要工具。税收可以通过稽征管理工作深入到国民经济各个部门、社会生产的各个环节,以及企业生产经营活动的各个方面,对各项经济活动实行有效的监督,及时发现问题,采取措施,使微观经济活动符合宏观控制的要求。同时,对于及时纠正一切违反财经纪律的行为,制止经济领域中的本位主义、分散主义和盲目生产、盲目建设,打击偷税抗税、投机倒把、走私贩私、贪污受贿等违法犯罪活动,也都有重要的作用。

## 第三节 税制结构和税收分类

### 一、税制结构

税制结构,是税类、税种和税法要素分主次、分层次相互联结、组合、制约和协调关系的整体构成。这种构成,既有它们之间内在的比例关系,又有各自在总体构成上的地位和作用。税制结构是在一定的社会制度、经济制度、经济结构和经济管理体制下,国家基于发挥税收的职能作用,运用税收这一分配形式的客观社会经济发展的产物。如在资本主义发展的不同时期,各资产阶级经济学派曾从几个不同的方面来分析税制结构:古典学派亚当·斯密以课税主体划分,对三个阶级和三种收入理论进行分析,建立起地租、利润、工资三个系统的税制结构。瓦格纳以课税客体性质划分为收益、所得、消费三个系统的税制结构。不同的税制结构,它所作用的方向及其深度和广度是不同的。

税制结构就其具体内容来说,一般包括由那些税类、税种为主体的税类的构成、税法要素组合关系的构成、征收管理层次的构成,以及地区之间、部门之间、不同经济成分之间税制组合和协调关系的构成等。这些税制结构的内容,是相互交叉紧密联系的。由这些内容相互联结并协调的关系,作为一个整体,形成不同类型的税制结构。各种税制结构的差别主要表现为:主体税类、税种与其他各税类、税种所处的地位不同;各税类、税种的组合与协调的比例关系不同;税法基本要素之间及其内部组合与协调的关系不同;主要税种的纳税人、征税对象、税目和税率等基本征收规定不同;中央与地方各级之间、地区之间和部门之间税制联结与协调的关系不同;税收征收管理层次之间以及各自内部的具体构成关系不同;税制结构在国家财政收入结构中所处地位的不同等。过去,我们往往把税

制结构仅仅理解为主体税种与其他税种的布局问题,这固然是重要的,因为主体税种的设置与其他税种的合理配置是税制结构的基本内容。但就税制结构的完整概念和它的内涵来说,还必须包括其内部的各种组合和协调关系。因此,税制结构是一个复杂的系统工程,包括同经济结构等各个方面的协调关系。

在我国,经过多年的国民经济体制改革,建立了社会主义市场经济体制。为了适应我国现阶段经济发展的需要,我国实行了多种税、多环节、多层次调节的复合税制为我国的税制结构。这种税制结构,除了确立以流转税类和所得税类为主体税类并辅之以其他税类的税收体系外,还包括了税法基本要素的组合和延伸的协调关系,以及涉及税收广度与深度的征税范围、纳税环节和对违章、违法处理等征收管理层次的协调关系。这对于正确处理国家与各种经济成分的分配关系,促进社会主义市场经济发展,实行分税制财政管理体制,保证国家财政收入,都有重要意义。

## 二、税收分类

研究税收的分类,目的在于为设计税制结构,分析税收负担,划分预算级次,加强税收征收管理服务。当今世界各国普遍实行复合税制。由于税种与税种之间必然存在一定的联系,就其相同或近似的税种可以联结为一种类型。同时,由于各税种有各自不同的特点,从不同的研究角度出发,又可以划作另一类型。一般地说,税收的分类大致有以下几种类型。

(一)按照税制结构的单一性与复杂性来划分,可分为单一税制与复合税制

单一税制是指一个国家在一定时期内主要实行一种税的税收制度。复合税制是指一个国家在一定时期内实行由若干税种构成的税收制度。我国目前实行的就是由多种税构成的复合税制。

(二)按照税收的征收实体或交纳形式来划分,可以分为实物税与货币税

实物税是指国家以实物形式征收的税收。货币税是指国家以货币形式征收的税收。根据我国的实际情况,在税收交纳形式上同时采用了实物税与货币税两种形式。

(三)按照税收的征收方法或税额的确定方法来划分,可分为定率税与配赋税

定率税,是指国家按照税法中征税对象既定的税率,按期依率计算征收的税收。配赋税,是指国家预先对某种税规定应征税总额,然后依据一定的标准,按

照纳税人或征税对象进行分摊,确定每一纳税人或每一征税对象的应纳税额征收的税收。旧中国和其他国家历史上都曾采用过配赋税的征收方法。

(四) 按照税收的计税依据划分,可分为从价税与从量税

从价税,是指以征税对象和计税依据的价格或金额为标准,按照规定的税率计征的税收。从量税,是指以征税对象的重量、件数、容积、面积等数量为标准,按照每一计量单位规定的税额征收的税收。我国的增值税、营业税等属于从价税;资源税、屠宰税、车船税等属于从量税。

(五) 按照税负是否转嫁来划分,可分为直接税与间接税

直接税,是指由纳税人直接负担的各种税,由于这些税不能转嫁负担,纳税人即负税人,故称直接税。间接税,是指纳税人能将税负转嫁给他人负担的各种税,纳税人不一定是负税人,故称间接税。一般认为,以商品、营业收入为征税对象的增值税、消费税、营业税等为间接税;以利润所得和其他所得为征税对象的所得税、利得税等为直接税。

(六) 按照税收归属于哪级政府支配使用来划分,可分为中央税、地方税和中央与地方共享税

一般地说,属于中央政府固定收入的税种为中央税;属于地方政府固定收入的税种为地方税;属于中央政府与地方政府共同享有,并按一定比例分成的税种,为中央与地方共享税。目前我国将关税、消费税、海关代征的增值税、集中缴纳的营业税、中央企业的所得税等列为中央税;将营业税、地方企业所得税、个人所得税、城镇土地使用税、城市维护建设税、车船税、房产税、印花税、固定资产投资方向调节税、筵席税、屠宰税、土地增值税、耕地占用税、契税等列为地方税;将增值税、资源税等列为中央与地方共享税。

(七) 按照税收的征税对象来划分,可分为流转税、资源税、所得税、财产税和行为税

流转税,是以商品流转额和非商品流转额为征税对象征收的税,如增值税、消费税、营业税和关税等。资源税,是以各类应税资源为征税对象征收的税,如资源税、城镇土地使用税等。所得税,是以纳税人的利润所得和其他所得为征税对象征收的税,如企业所得税、个人所得税等。财产税,是以纳税人所有或由纳税人支配的财产数量或价值额为征税对象征收的税,如房产税、契税等。行为税,是对纳税人的某些特定行为征收的税,如屠宰税、车船税、印花税等。在我国,为了配合国民经济体制改革的需要,适当解决在改革过程中出现的某些特殊矛盾,还有以达到某

种特定目的而征收的税,一般称为特定目的税,如土地增值税、城市维护建设税、固定资产投资方向调节税(保留税种,暂停征收)等。

## 第四节 税收征收管理制度

税收征收管理制度,简称税收征管制度,它是国家为保证税法的贯彻执行,正确处理税务机关与纳税人之间的关系,规定征纳双方必须共同遵守的规章制度;是关于税款从征收到报解入库过程的一系列具体规定;是国家财政管理和财政监督的重要组成部分。也是征纳双方必须共同遵守的业务规范和做好税收征收管理工作的必要条件。在税收征管制度中,征纳双方共同执行的制度包括:税务登记制度、纳税申报制度、纳税辅导制度、发票管理制度、纳税检查制度等;税务机关内部执行的制度包括:纳税档案制度、税务干部工作岗位责任制度等。随着我国社会主义市场经济体制的建立和税制改革的进一步深化,健全征管制度,严格执行征管制度,成为建立科学严密征管体系的重要任务。

### 一、税务登记制度

税务登记制度,是指税务机关根据税法规定,对纳税义务人的生产经营活动及其税源变化情况进行登记管理的一项基本制度。《中华人民共和国税收征收管理法》明确规定,凡从事生产、经营,实行独立经济核算,并经工商行政管理部门批准开业的纳税人,应当自领取营业执照之日起30日内,持有关证件,向税务机关申报办理税务登记。税务机关审核后发给税务登记证件。纳税人办理税务登记后,发生需要改变税务登记的情形时,应当自有关部门批准或者宣告之日起30日内,向税务机关申报办理变更或注销税务登记。

纳税人申报办理税务登记,应首先提出申请登记报告和有关批准文件,同时提供有关证件。主管税务机关对其报告、文件、证件审核后,予以登记,发给税务登记证。税务登记的内容包括以下几方面:单位名称、法定代表人、住所、经营地点、经济性质、企业形式、核算方式、注册资金、投资总额、开户银行及账号、生产经营期限、从业人数、营业执照号码、财务负责人、办税人员及其他有关事项。

### 二、纳税申报制度

纳税申报制度,是纳税人履行其纳税义务,按照《税收征收管理法》的规定,就计算缴纳税款的有关事项向税务机关提出书面报告的一项制度。它是税务机关办理征收业务,核实应征税款,填开税票的主要依据,是税收征收管理的一个重要环节。纳税人、扣缴义务人,必须按税法规定时间向税务机关报送纳税申报表、财务会计报表以及税务机关根据实际需要要求纳税人报送的其他纳税资料。纳税申报表主要内容包括:税种、税目、应纳税项目或者应代扣代缴、代收代缴税款项目、适用税率或单位税额、计税依据、扣除项目及标准、应纳税额或应代扣代缴、代收代缴税额、税款所属期限等。纳税人、扣缴义务人按照规定期限办理纳税申报确有困难,需要延期的,经税务机关核准,可以延期申报。

### 三、纳税辅导制度

纳税辅导制度,是税务机关在征税之前,按照税法规定,主动帮助纳税人解决纳税方面存在问题的一项制度。它是加强税收征收管理,防止错漏,密切征纳关系的有效方法。

纳税辅导的方式有:① 经常性辅导和临时性辅导。经常性辅导是税务人员在征管过程中针对纳税人在税收、财务上存在的问题而进行的日常性辅导工作。临时性辅导是当国家税收政策发生较大变动时或企业生产经营发生变化时,税务人员为及时解决办税人员疑难问题而采取的一种辅导方式。② 重点辅导与一般辅导。重点辅导是税务人员把税源较大,管理核算基础差,存在问题较多的单位作为重点辅导对象进行帮助提高的一种方式。一般辅导是相对于重点辅导而言、对其他纳税户进行的辅导工作。③ 个别辅导与集体辅导。个别辅导是把税源大,纳税环节多,财会制度不够健全,办税人员不熟悉纳税业务的纳税单位作为辅导对象的一种方式。集体辅导是把生产经营业务大体相同的中小企业单位的办税人员定期集中起来,对他们共同存在的问题,宣讲税法,讲解财会知识及纳税事项的一种方式。

### 四、纳税检查制度

纳税检查制度,是指税务机关根据国家税法和财务会计制度的规定,对纳税人履行纳税义务的情况进行检查的一项制度。纳税检查的主体是各级税务机关。它代表国家行使政治权力,体现了税收的监督职能。纳税检查的客体是纳税人所从事的经济活动和其他应税行为。税务机关在法律规定的权限范围内,按照法定程序对纳税人依法纳税的情况进行检查,对于贯彻执行国家的税收法令、加强税收征收管理、保证国家税收及时足额入库,有重要的作用。

### 五、发票管理制度

发票管理制度是国家税务机关对发票的印制管理、发票的领购、发票的开具和保管、发票的检查以及对发票违法行为进行处罚的一项制度。发票,是指在购销商品、提供或者接受服务以及从事其他经营活动中,开具、收取的收付款凭证。加强发票的管理和财务监督,对保障国家税收收入,维护经济秩序起了很大的作用。尤其是随着税制改革的深入,增值税专用发票不仅是纳税人经济活动中的重要商业凭证,而且是兼记销货方纳税义务和购货方进项税额的合法证明,对增值税的计算和管理起着决定性的作用。为了加强增值税专用发票的使用管理,确保增值税凭发票注明税款抵扣制度的顺利实施,国家税务总局制定了《增值税专用发票使用规定》。为了加强对发票的印制、领购、开具、取得和保管的管理,财政部制定了《中华人民共和国发票管理办法》。由国家税务总局统一负责全国发票管理工作,各省、自治区、直辖市地方税务局依据各自的职责,共同做好本地区的发票管理工作。

为了保障国家税收收入,维护经济秩序,对发票的印制、领购、开具、取得和保管必须实行严格管理,对违反发票管理法规的行为必须进行严肃处罚。税务机关是发票的制定、监督和管理机关。

### 六、票证管理制度

票证管理制度是指税务机关对税收票证各项管理工作的制度。税收票证是税务机关征收税款所使用的各种专用凭证,与经济活动中其他凭证比较,有其自身特点:税收票证是一种可以无偿收取货币资金的凭证;税收票证填用以后,具有一定的法律效力。所以加强税收票证管理对于贯彻执行税收政策,堵塞各种漏洞,加强税务监督,保证税款安全、及时、足额入库具有十分重要的意义。

税收票证的种类有:① 各种专用缴款书,是纳税人直接向国库经收处缴纳税款或税务机关将自收税款汇总缴入国库经收处时所使用的专用凭证。如"税收专用缴款书"、"企业所得税缴款书"、"汇总缴款书"等。专用缴款书只在将税款缴入国库经收处时使用,不允许使用这一凭证自收、代征、代扣税款或收取现金,也不得用作征收其他财政收入。② 各种完税证,是税务机关自收税款和委托代征、代扣税款时所使用的凭证。完税证不适用纳税人将税款缴入国库经收处,而适用于税务机关或代征、代扣单位直接收(扣)缴税款的税收征收形式。主要有:通用完税证、限额完税证、定额完税证、涉外税收完税证、印花税票。③ 其他票证类,指除征收税款所使用的票证外,还有其他一些有关的征收凭证或列入票证管理范围的其他凭证。如有:收入退还书、罚款收据、票证专用章、戳等。税收票证管理包括票证印制、领发、保管、缴销等方面的管理。

### 七、税收征收管理机关

税收征收管理机关,是指由税务干部组成的执行税务管理职能的组织形式,是开展税务管理活动的指挥和工作体系。它是国家职能机构的组成部分,也是整个税务管理体系的重要组成部分。税务管理机构具有三大基本职能:一是正确制定国家的税收政策、法令、制度,并保证贯彻执行;二是为国家建设筹集资金,及时、足额地组织税收收入入库;三是动用税收杠杆调节经济,发挥税收监督作用。因此,需要根据党和国家一定时期对税收工作提出的任务和要求,从我国实际情况出发,从上至下建立一套具有权威的自成体系的税务管理机构,以保证整个税务管理机制能正常高效率地运转。其最终目的是为了实现税收的财政、经济、监督职能。

根据我国实际情况,我国的税收征收管理机关由两个部分组成:① 国家税务机关。省以下分为国家税务局和地方税务局两个系统。国家税务局负责增值税,消费税,铁道部门、各银行总行、各保险总公司集中缴纳的营业税、所得税、城市维护建设税,金融、保险企业缴纳的营业税中按照提高3%税率征收的部分,中央企业缴纳的所得税,中央与地方所属企业、事业单位组成的联营企业、股份制企业缴纳的所得税,地方银行、非银行金融企业缴纳的所得税,海洋石油企业缴纳的所得税、资源税,外商投资企业和外国企业缴纳的企业所得税,证券交易征收的印花税及中央税的滞纳金、补税和罚款等。地方税务局负责营业税、城市维护建设税(不包括上述由国家税务局负责征收的部分),地方国有企业、集体企业、私营企业缴纳的所得税,个人所得税,资源税,城镇土地使用税,耕地占用税,固定资产投资方向调节税(从2000年开始,该税保留税种,暂停征收),土地增值税,房产税,城市房地产税,车船税,车辆购置税,印花税,契税,屠宰税,筵席税的征收及地方税的滞纳金、补税和罚款等。② 海关。海关主要负责进出口关税的征收,并负责代征进口环节的增值税和消费税。

## 八、税款征收方式

按照我国税收征收管理有关法律、法规的规定,我国税款的征收方式主要有以下八种。

(一)查账征收

这是指纳税人在规定的纳税期限内,根据自己的财务报表或经营结果,向税务机关申报应纳税收入或所得额及应纳税额,经税务机关审查核实后,填写纳税缴款书,纳税人据以纳税的一种方式。

(二)查定征收

这是指税务机关通过按期查定纳税人的实物量而确定纳税人的应纳税额,分期征收税款的一种征收方式。

(三)查验征收

这是指税务机关对某些难以进行税源控制的征税对象,通过查验证、照和实物进行征税的一种征收方式。

(四)定期定额征收

这是指由税务机关对纳税人一定经营时期核定应纳税收入,应纳税所得额和按照适用税率核定的应纳税额,分期征收税款的一种征收方式。

(五)代扣代缴和代收代缴

这是指依照税收法律、行政法规的规定,负有代扣代缴或代收代缴税款义务的单位和个人,按照《税收征收管理法》的规定,代扣代缴或代收代缴纳税人应缴税款的一种征收方式。

(六)委托代征

这是指税务机关委托的部门和单位代为征收不属于依法应当由扣缴义务人代扣、代收的零星、分散税收的一种征收方式。

(七)海关代征

这是指海关征收进口关税的同时,代征进口货物或物品应纳进口增值税和消费税的一种征收方式。

(八)税收保全制度

这是指税务机关为防止偷、逃税款,要求应税收入流动性较大的纳税人,以一定数量的财产(包括货币和实物)置于税务机关控制之下,以保证税款缴纳的一种保全制度。纳税人如果不能按期足额缴纳税款、滞纳金和罚款,税务机关将从其控制的纳税人的财产价值中扣除,以保障国家税收不受损失。

### 九、税收减免管理办法

2005年8月国家税务总局发布了《税收减免管理办法(试行)》,自2005年10月1日起执行。减税是指从应纳税款中减征部分税款;免税是指免征某一税种、某一项目的税款。两者统称为减免税。该办法的主要内容有:① 合理划分减免税类型,规范审批手续。该办法将减免税分为备案和报批两种类型。② 保障纳税人的合法权益。对纳税人不能分别核算或核算不清的,由税务机关按合理方法核定。对于纳税人可以依法享受减免税待遇但未享受而多缴税款且不需要税务机关审批或没有超过申请期限的,可以按照《税收征管法》的规定申请退还多缴的税款。③ 规范减免税的监督管理。明确纳税人已享受减免税的,应当纳入正常申报。纳税人享受减免税到期的,应当申报缴纳税款;税务机关则将对减免税每年年审制度,调整为与纳税检查、执法检查或者其他专项检查相结合,并按照实质重于形式原则对企业的实际经营情况进行事后监督检查。

### 十、欠税公告制度

为规范税务机关的欠税公告行为,督促纳税人自觉缴纳欠税,防止新欠税的发生,保证国家税款及时足额入库,国家税务总局公布了《欠税公告办法(试行)》,从2005年1月1日起实行。按照欠税公告办法规定,企业或单位欠税的,每季公告一次;个体工商户和其他个人欠税的,每半年公告一次;走逃、失踪的纳税户以及其他经税务机关查无下落的非正常户欠税,随时公告。税务机关将按期在办税场所或广播、电视、报纸、期刊、网络等新闻媒体上公告纳税人欠缴税款情况。

欠税公告办法明确:企业、单位纳税人欠缴税款200万元以下(不含200万元),个体工商户和其他个人欠缴税款10万元以下(不含10万元)的由县级税务局(分局)在办税服务厅公告。企业、单位纳税人欠缴税款200万元以上(含200万元),个体工商户和其他个人欠缴税款10万元以上(含10万元)的,由地(市)级税务局(分局)公告。对走逃、失踪的纳税户以及其他经税务机关查无下落的纳税人欠税的,由各省、自治区、直辖市和计划单列市国家税务局、地方税务局公告。

欠税公告内容包括:企业单位公告名称、纳税人识别号、法定代表人或负责人姓名、居民身份证或其他有效身份证件号码、经营地点、欠税税种、欠税余额和当期新发生的欠税金额；个体工商户公告业户名称、业主姓名、纳税人识别号、居民身份证经营地点、欠税税种、欠税余额和当期新发生的欠税金额；个人（不含个体工商户）公告其姓名、居民身份证或其他有效身份证件号码、欠税税种、欠税余额和当期新发生的欠税金额。

# 第九章

# 现行征收各税

**内容提示** 本章主要阐述现行征收各税的征税对象、纳税人、税率、计算征收等基本内容。重点掌握增值税、消费税、关税、企业所得税、个人所得税的基本内容和计算征收的基本技能。

## 第一节 流转税类

流转税类,即对流转额征收的税类,有增值税、消费税、营业税和关税。

### 一、增值税

增值税,是以商品的增值额为征税对象征收的一种税。增值额是指商品在生产经营过程中新增加的价值额。在我国基本上相当于净产值,主要包括工资、税金、利润和其他属于增值性的费用等。从理论上讲,增值额是企业在生产过程中所创造的那一部分价值,即产品价值额 $C+V+m$ 中,扣除生产过程中消耗掉的生产资料 $C$ 之后的余额,即 $V+m$ 的部分。

增值税的特点是,只就商品销售额中的增值额部分征税;按各个生产经营环节的增值额道道征税,而又不重叠征税;就一项商品而言,不论是由一个单位生产经营或几个单位协作生产经营,只要最后的销售价格相同,所纳的增值税税额也相同,税负不会因生产和流转环节的变化而变化,具有征税的合理性和稳定性。

新中国成立以来,我国对工业产品的征税,一直是按照销售收入全额计算征收的。这就存在一个问题,即同一产品因生产结构不同而税负高低不一。全能厂的产品,税负低于社会平均水平;专业化协作生产厂的产品,由于道道征税,重叠征税,税负高于社会平均水平,这就很不合理。

实行增值税的优越性在于：① 按商品的增值额征税，排除了重叠征税的因素，不仅可以平衡企业之间的税负，而且有利于企业加强经济核算，提高经济效益，适应经济体制改革的需要。② 实行增值税，有利于促进专业化协作生产的发展，能够适应工业改组和发展横向经济联合的需要。③ 实行增值税，能较准确地实行出口退税政策，有利于发挥税收"奖出限入"的作用，促进对外贸易发展，适应我国对外开放政策的需要。④ 由于增值税排除了重叠征税的因素，能够实行公平税负的原则，可以更好地协调国家与企业的分配关系，稳定国家财政收入。因此，我国实行增值税不仅必要，而且已成为当前我国完善税收制度的一项重要内容。当前，调整流转税制的结构，一个很重要的方面，就是要进一步扩大增值税的范围，并在较短时间内完成这一改革。

为适应我国社会主义市场经济发展的需要，1993年12月13日国务院重新发布了《中华人民共和国增值税暂行条例》。增值税的征税范围由原来对部分工业品的征税，扩大到对全部工业产品及其应税劳务、商品批发、商业零售以及进口商品的征税。

2004年我国已在东北地区试行增值税转型试点，增加对购进固定资产的扣除。目前财政部已在研究全国推开增值税转型方案。

增值税以在我国境内销售货物或者提供加工、修理修配劳务以及进口货物的单位和个人为纳税人。不论是国有企业、集体企业、私营企业、联营企业、股份制企业、外商投资企业和外国企业、行政单位、事业单位、军事单位、社会团体及其他单位、个体经营者及其他个人，都必须按照增值税税法的规定缴纳增值税。税法规定，从事货物生产和提供应税劳务的纳税人，以及从事货物生产或提供应税劳务为主，并兼营货物批发或零售的纳税人，年销售额在100万元以下的，和从事货物批发或零售年销售额在180万元以下的，为小规模纳税人；在上述界限以上的，为一般纳税人。

增值税以应税货物和应税劳务的增值额为征税对象。实行分档税率，即出口货物实行零税率；农业产品及部分农用产品、人民生活必需品、部分文化宣传品、金属矿采选产品和非金属矿采选产品，实行13%的低税率；除适用零税率和低税率以外其他货物的销售或提供加工、修理修配劳务，以及进口货物，一律适用17%的基本税率。我国从2009年1月1日起全面实施增值税转型，对从事货物生产和提供应税劳务的小规模纳税人，不再分类分档征收增值税，实行统一的3%征收率。

增值税以应税商品或应税劳务的销售额乘以适用税率的销项税额和允许扣除项目的进项税额乘以适用税率的进项税额为计税依据。销项税额减去进项税额的余额为应纳增值税税额。其计算公式为：

$$应纳增值税税额＝当期销项税额－当期进项税额$$

小规模纳税人销售货物或应税劳务，按照销售额和6％的征收率计算应纳增值税税额，不得抵扣进项税额。其计算公式为：

$$应纳增值税税额＝当期销售额×征收率$$

增值税纳税人销售货物或应税劳务，采用销售额和销项税额合并定价收取的，应将其含税销售额换算为不含税销售额计算应纳增值税税额。其计算公式为：

$$一般纳税人的销售额＝含税销售额÷(1＋增值税税率)$$
$$小规模纳税人的销售额＝含税销售额÷(1＋增值税征收率)$$

增值税纳税人销售货物或应税劳务的价格明显偏低并无正当理由的，或者发生销售行为而无销售额的，按照下列规定确定其销售额：① 按照纳税人当月同类货物或应税劳务的平均销售价格确定其销售额。② 按照纳税人最近时期同类货物或应税劳务的平均销售价格确定其销售额。③ 按照组成计税价格确定其销售额。组成计税价格的公式为：

$$组成计税价格＝成本×(1＋成本利润率)$$

属于应征消费税的货物，其组成计税价格还应加计消费税税额。

增值税由当地税务机关负责征收和管理。其征收管理按照我国《税收征收管理法》办理。纳税人必须按照税法规定的期限办理税务登记、报送纳税申报表、按期缴纳税款，如有隐匿不报或弄虚作假及偷税、抗税者，均按违章违法处理。

## 二、消费税

消费税，是对在我国境内从事生产、委托加工和进口应税消费品的单位和个人征收的一种税。它是参照国际通行做法，建立以新的规范化的增值税为核心的流转税制中，与增值税相配套的、于1994年1月1日开征的新税种。

我国消费税具有下列特点：① 选择少数消费品征税。② 实行产品差别比例税率和差别税额。③ 在产品制造环节和进口环节一次性缴纳消费税，批发和零售环节不征收消费税。

消费税的征税范围是根据我国社会经济发展现状，人民群众的消费结构和消费水平,按照现行的消费政策,并考虑到国家财政收入的需要确定的。我国征收消费税的消费品主要有:烟、酒及酒精、化妆品、鞭炮和焰火、成品油、游艇、汽车轮胎、小汽车等十四类。

消费税以在我国境内从事生产、委托加工和进口应税消费品的单位和个人为纳税人。单位是指企事业单位、部队、社会团体和其他单位;个人是指个体经营者和其他个人。

消费税的税率,按从价计征和从量计征分别实行差别比例税率和差别税额。从价计征的商品实行 3%～50% 的十档差别比例税率。从量计征的商品实行有差别的定额税率对卷烟产品、粮食白酒、薯类白酒实行从量定额和从价定率相结合的复式税率。

(一)消费税的计税依据

(1)实行从价计征的为含消费税而不含增值税的应税消费品的销售额。如果纳税人应税消费品的销售额中未扣除增值税税款,或者因不得开具增值税专用发票,而发生的价款和增值税税款合并收取的,在计算消费税时,应换算为不含增值税税款的销售额。其计算公式为:

$$\text{应税消费品的销售额} = \text{含增值税的销售收入} \div (1 + \text{增值税税率或增值税征收率})$$

(2)实行从量定额计征的为应税消费品的销售数量。

对于自产自用、委托加工和进口的应税消费品,有规定价格的,按照规定价格计算销售额。没有规定价格的,按照组成计税价格计算销售额。其计算公式分别为:

$$\text{自产自用消费品组成计税价格} = (\text{成本} + \text{利润}) \div (1 - \text{消费税税率})$$

$$\text{委托加工消费品组成计税价格} = (\text{材料成本} + \text{加工费}) \div (1 - \text{消费税税率})$$

$$\text{进口应税消费品组成计税价格} = (\text{关税完税价格} + \text{关税}) \div (1 - \text{消费税税率})$$

消费税应纳税额的计算公式为:

$$\text{从价定率计征的应纳消费税税额} = \text{销售额} \times \text{适用税率}$$

$$\text{从量定额计征的应纳消费税税额} = \text{销售数量} \times \text{单位税额}$$

$$\text{实行从价定率和从量定额相结合计征的应纳消费税税额} = \text{销售额} \times \text{适用税率} + \text{销售数量} \times \text{单位税额}$$

(二)消费税政策调整情况

2006 年 3 月 21 日,我国财政部、国家税务总局联合下发通知,从 2006 年 4

月1日起,对我国现行消费税的税目、税率及相关政策进行调整。此次政策调整是 1994 年税制改革以来消费税最大规模的一次调整。

此次消费税政策调整的主要内容是:新增高尔夫球及球具、高档手表、游艇、木制一次性筷子、实木地板等税目。增列成品油税目、原汽油、柴油税目作为此税目的两个子目,同时新增石脑油、溶剂油、润滑油、燃料油、航空煤油五个子目。取消"护肤护发品"税目。调整部分税目税率,现行 14 个税目中,涉及税率调整的有白酒、小汽车、摩托车、汽车轮胎几个税目。

1. 新增税目的具体情况

(1) 成品油。现行消费税对石油制品已有汽油和柴油两个税目,这次调整税目后,实际是对航空煤油、石脑油、溶剂油、润滑油、燃料油开始征收消费税,即扩大了石油制品的消费税征收范围。石脑油、溶剂油、润滑油比照汽油,税率(税额)为每升 0.20 元;航空煤油、燃料油比照柴油,税率(税额)为每升 0.10 元。

为建立完善的成品油价格形成机制和规范的交通税费制度,国务院决定自 2009 年 1 月 1 日起,实施成品油价格和税费价格改革:① 不再新立原油税;② 汽油、石脑油、溶剂油、润滑油的消费税单位税额为每升 1 元,柴油、燃料油、航空汽油每升 0.8 元,取消公路养路费等收费。

(2) 木制一次性筷子。生产和使用木制一次性筷子客观上消耗了大量木材资源,还给环境带来了污染。这次将木制一次性筷子纳入了消费税征税范围,税率为 5%。

(3) 实木地板。将其作为一个税目,按照 5% 的税率征收消费税。

(4) 游艇。按照 10% 的税率征收消费税。

(5) 高尔夫球及球具。在我国现阶段,高尔夫球仍然属于只有少部分高消费群体才能消费的活动,这次将高尔夫球及球具作为一个税目,按照 10% 的税率征收消费税。

(6) 高档手表。目前,一些手表的价格高达万元甚至上百万元,有些手表使用贵金属,并镶嵌宝石、钻石,已经超越了其原有的计时功能,属于一种高档奢侈品。此次将高档手表纳入征收范围,按照 20% 的税率征收消费税。

2. 现行税目税率调整情况

现行消费税有 2 个税目没有调整(烟、鞭炮焰火),其余税目都不同程度地有些变化,其中涉及税率变动的有小汽车、摩托车、酒及酒精、汽车轮胎几个税目。

(1) 小汽车。① 将消费税对小汽车的分类与国家新的汽车分类标准统一起来,将小汽车税目分为乘用车和中轻型商用客车两个子目;② 调整小汽车税率结构,提高大排量汽车的税率。对乘用车(包括越野车)按排量大小分别适用六档税率。对中轻型商用客车统一适用5%税率。③对混合动力汽车等具有节能、环保特点的汽车将实行一定的税收优惠。

(2) 摩托车。对摩托车消费税的税率结构进行了调整,将现行10%的税率,改为按排量划分两档税率。对排量250毫升(含250毫升)以下的摩托车,按3%的税率征收消费税;对排量超过250毫升的摩托车,仍维持10%税率不变。

(3) 汽车轮胎。将汽车轮胎10%的税率下调到3%。子午线轮胎继续实行免税政策。

(4) 白酒。取消了粮食白酒和薯类白酒的差别税率,改为20%的统一税率。另外还将研究白酒贴标等相关税收征管办法。

消费税由当地税务机关负责征收。其征收管理按照我国《税收征收管理法》办理。消费税纳税人违反税法行为,按照违章违法处理。

## 三、营业税改征增值税

营业税,长时期来是对在我国境内从事商品销售、应税劳务、转让无形资产和销售不动产征收的一种税,对于国家积累资金和调节经济发挥了重要作用。1994年起,我国实行新的营业税制,对原来属于营业税征税项目的"商业批发、商品零售,销售水、热、煤气、电业务,加工和修理业务,以及典当物品中死当物品销售"改征增值税。为更好地适应经济体制改革和对外经济发展的需要,从2016年5月1日起,我国对现行营业税进行改征增值税试点。试点范围扩大到建筑业、房地产业、金融业和生活服务业。试点完成后的营业税退出历史舞台。

按照《营业税改征增值税试点实施办法》规定:在我国境内销售服务、无形资产或者不动产的单位和个人,为增值税的纳税人,按照规定缴纳增值税,不缴纳营业税。单位是指企业、行政单位、事业单位、军事单位、社会团体及其他单位。个人是指个体工商户和其他个人。按照上述办法规定,应税行为的年应征增值税销售额(即应税销售额)超过财政部和国家税务总局规定标准的纳税人为一般纳税人,未超过规定标准的纳税人为小规模纳税人。对于年应税销售额超过规定标准但不经常发生应税行为的单位和个体工商户可选择按照小规模纳税人纳税。

《营业税改征增值税试点实施办法》规定:销售服务、无形资产或者不动产,是指有偿提供服务、有偿转让无形资产或者不动产。但属于下列非经营性活动除外:①由国务院或者财政部批准设立的政府性基金,由国务院或者省级人民政府及其财政、价格主管部的批准设立的行政事业性收费;②收取时开具省级以上(含省级)财政部门监(印)制的财政票据;③所收款项全部上缴财政;④单位或者个体工商户为聘用的员工提供服务等。但对于单位或个人工商户向其他单位或个人无偿提供服务、无偿转让无形资产或者不动产,应视同销售服务、销售无形资产或者销售不动产征收增值税。

《营业税改征增值税试点实施办法》规定税率如下:①提供交通运输、邮政、基础电信、建筑、不动产租赁服务,销售不动产,转让土地使用权,税率为11%;②提供有形动产租赁服务,税率为17%;③境内单位和个人发生的跨境应税行为,税率为零。除上述规定外,纳税人发生的应税行为均按6%税率执行。增值税的征收率为3%,财政部和国家税务总局另有规定的除外。

《营业税改征增值税试点实施办法》规定:增值税应纳税额的计算方法有两种:一般纳税人发生的应税行为适用一般计税方法计税;小规模纳税人发生的应税行为适用简易计税方法计税。

一般纳税人应纳税额＝当期销项税额－当期进项税额

销项税额,是指纳税人发生应税行为按照销售额和增值税率计算并收取的增值税额。

销项税额＝销售额×税率

进项税额,是指纳税人购进货物、加工修理修配劳务、服务、无形资产或者不动产,支付或者负担的增值税额。下列进项税额准予从销项税额中抵扣:①从销售方取得的增值税专用发票(含税控机动车销售统一发票)上说明的增值税额;②从海关取得的进口增值税专用缴款书上注明的增值税额;③购进农产品,除取得增值税专用发票或者海关进口增值税专用缴款书,按照农产品收购发票或者销售支票上注明的农产品买价和13%扣除率计算的进项税额,计算公式为:进项税额＝买价×扣除率;④从境外单位或者个人购进服务、无形资产或者不动产,自税务机关或者扣缴义务人取得的解缴税款的完税凭证上注明的增值税额。

《营业税改征增值税试点实施办法》还规定:营业税改征增值税,由国家税务总局负责征收。纳税人销售不动产和其他个人出租不动产的增值税,国家税务总局委托地方税务局代为征收。纳税人发生应税行为,应向索取增值税专用发票的购买方开具增值税专用发票,并在增值税专用发票上分别注明销售额和销项税额。

营业税改征增值税的征收管理,按照《税收征收管理法》及现行增值税征收管理有关规定执行。

### 四、关税

关税是对进出我国国境的货物和物品征收的一种税,由海关负责征收。关税分为进口关税和出口关税两种。

实行独立自主的保护关税政策,对于维护国家主权,保护民族经济,发展对外贸易和保证国家财政收入等方面都有重要意义。

关税的征税对象主要是进出口货物的商品流转额。对入境旅客的应税行李物品、个人邮递品、馈赠品等进口物品也征收关税。进出口货物的纳税人是进出口货物的收货人、发货人或他们的代理人;进口物品的纳税人是物品的所有人或收件人。关税除出口煤炭外,实行从价计征关税的完税价格的规定是:进口货物的完税价格由海关按照货物的到岸价格审定;出口货物以海关审定的货物售于国外的离岸价格,减去出口关税后作为完税价格。按照海关税则的规定,进口关税税率分为优惠税率和普通税率两种,共6个税级。除免税外,优惠税率为3‰~15‰,普通税率为11‰~13‰。对产自与我国订有关税互惠贸易协定的国家,其进口货物适用优惠税率;对产自与我国没有关税互惠贸易协定的国家,其进口货物适用普通税率。从2006年1月1日起,我国再次降低100多个税目的进口关税,至此,我国关税总水平为9.9%。出口关税税率共分5级,税率为20%~50%。进(出)口关税以海关审定的完税价格为计税价格,其应纳税额的计算公式为:

$$\frac{应纳进(出)}{口关税税额}=进(出)口货物数量×单位完税价格×适用税率$$

对入境旅客行李物品和个人邮递品的进口关税税率,从2001年开始,平均税率由55%调低为40%。

关税由国家授权海关征收,并由海关负责监督和管理。纳税人应在海关签发税款交纳证的次日起7日内向指定银行交纳税款。逾期不交的,除限期追交外,按日加征1‰滞纳金。凡违反国家对外贸易管理、进出口物品管理和关税管理,非法运输、携带、邮寄货物、金银、货币票据、有价证券以及其他物品进出国境,逃避海关监管,逃套外汇,偷漏关税的,按照违章违法处理。

## 第二节 所得税类

所得税类,即对所得额征收的税类。目前我国有企业所得税和个人所得税等。

## 一、企业所得税

企业所得税,是对在我国境内的企业和取得收入的组织,就其生产、经营所得和其他所得征收的一种税。

1978年后,我国在改革旧的财政管理体制和分配制度上进行了多方面的探索。通过当时国有企业两步"利改税"的改革,建立了国有企业所得税;通过改革工商所得税,设立了集体企业所得税;随后又开征了私营企业所得税和城乡个体工商业户所得税。随着经济体制改革的深入,特别是社会主义市场经济体制的确立,上述按不同所有制建立的内资企业所得税,已不适应经济形势发展的需要。本着"公平税负、促进竞争";理顺和规范国家与企业的分配关系;既要符合我国实际,又要遵循国际惯例;简化税制,便于征管等原则,1993年12月国务院重新发布了《中华人民共和国企业所得税暂行条例》,自1994年1月1日起施行。原国营企业所得税、集体企业所得税、私营企业所得税同时废止,城乡个体工商业户所得税并入个人所得税。对外资企业,仍然适用《中华人民共和国外商投资企业和外国企业所得税法》。

但是,随着我国改革开放的不断深入,社会主义市场经济体制的初步建立,我国社会经济发生了很大的变化。特别是加入WTO后,国内市场对外资更加开放,内资企业也逐渐融入世界经济体系之中,这就使内资企业面临着越来越大的压力。如果继续对内外资企业采取不同的税收政策,必将使我国内资企业处于不公平竞争地位,影响统一规范、公平竞争的市场环境的建立,对内外资企业分别实行两套不同税制已不适应形势发展的要求:① 现行内外资企业,两套不同税法差异较大,税负不公平。根据全国所得税税源调查资料测算,内资企业平均实际税负25%,而外资企业年均实际税负15%,内资企业比外资企业多出10个百分点。② 在税前扣除、税收优惠等税收政策上,存在着对外资企业偏松、对内资企业偏紧等问题。③ 现行企业所得税政策存在较大缺陷,使企业经营行为扭曲,造成国家税收流失。为解决我国企业所得税制存在的上述问题,统一税收政策,统一税法,公平税负,公平竞争,有必要将"两税"合并,统一我国内外资企业所得税。为此,2007年3月经第十届全国人民代表大会第五次会议通过,自2008年1月起,我国实行统一的内外资企业所得税法,即《中华人民共和国企业所得税法》(个人独资企业和合伙企业不适用该法)。1991年全国人民代表大会通过的《中华人民共和国外商投资企业和外国企业所得税法》和1993年国务院发布的《中华人民共和国企业所得税暂行条例》同时废止。

(一) 企业所得税的纳税人

企业所得税以企业和其他取得收入的组织为纳税人。企业分为居民企业和非居民企业。居民企业是指依法在中国境内成立，或者依照外国（地区）法律成立但实际管理机构在中国境内的企业。非居民企业是指依照外国（地区）法律成立且实际管理机构不在中国境内，但在中国境内设立机构、场所的，或者在中国境内未设立机构、场所，但有来源于中国境内所得的企业。居民企业应当就其来源于中国境内、境外的所得，缴纳企业所得税。非居民企业在中国境内设立机构、场所的，应当就其所设机构、场所取得的来源于中国境内的所得，以及发生在中国境外但与其所设机构、场所有实际联系的所得，缴纳企业所得税。非居民企业在中国境内未设立机构、场所的，或者虽设立机构、场所但取得的所得与其所设机构、场所没有实际联系的，应当就其来源于中国境内的所得，缴纳企业所得税。新企业所得税法，借鉴国际上多数国家实行法人税制的改革方向，取消了原内资企业所得税以"独立经济核算"为标准确定纳税人的规定，除不适用新企业所得税法的个人独资企业和合伙企业外，采用规范的"居民企业"和"非居民企业"概念。同时，结合我国实际情况，采用了"登记注册"地标准和"实际管理机构标准"相结合的办法，对居民企业和非居民企业作了明确的界定。

(二) 企业所得税的征税对象

企业所得税以应纳税所得额为征税对象。新企业所得税法规定，企业每一纳税年度的收入总额，减除不征税收入、各项扣除以及允许弥补的以前年度亏损后的余额，为应纳税所得额。企业以货币形式和非货币形式从各种来源取得收入，为收入总额。收入总额包括销售货物收入；提供劳务收入；转让财产收入；股息、红利等权益性投资收益；利息收入；租金收入；特许权使用费收入；接受捐赠收入和其他收入等。不征税收入包括财政拨款；依法收取并纳入财政管理的行政事业性收费、政府性基金和国务院规定的其他不征税收入。企业实际发生的与取得收入有关的合理的支出，包括成本、费用、税金、损失和其他支出，准予在计算应纳税所得额时扣除。企业发生的公益性捐赠支出，在年度利润总额12%以内的部分，准予在计算应纳税所得额时扣除。新企业所得税法规定，在计算应纳税所得额时，下列支出不得扣除：向投资者支付的股息、红利等权益性投资收益款项；企业所得税款；税收滞纳金；罚金、罚款和被没收财物的损失；超过年度利润总额12%的捐赠支出；赞助支出；未经核定的准备金支出以及与取得收入无关的其他支出。除上述外，新企业所得税法还统一规范了实际发生的有关固定资产、无形资产、长期待摊费用、投资资产和存货等方面的扣除规定。

（三）企业所得税的税率

新企业所得税规定，企业所得税税率为25%。25%的企业所得税税率是符合我国国情和社会经济发展要求的。它既减轻了内资企业所得税负担，并尽可能少增加外资企业的税负，又使财政减收在可以承受的范围之内。同时，25%企业所得税税率与国际上大多数国家和地区的税率是相适应的。目前，世界159个实行企业所得税的国家和地区，企业所得税平均税率为28.6%，我国周边18个国家和地区的平均税率为26.7%。因此，新企业所得税法规定25%的税率，在国际上是适中偏低的，将有利于吸引外资和提高企业的竞争力。新企业所得税法还规定，对符合条件的小型微利企业实行20%的优惠税率，对国家需要扶持的高新技术企业实行15%的优惠税率。企业所得税的计算方法如下：

$$应纳企业所得税税额＝应纳税所得额×适用税率$$

企业所得税由当地税务机关负责征收，其征收管理按照我国《税收征收管理法》办理。企业所得税纳税人违反税法行为，按照违章违法处理。

## 二、个人所得税

个人所得税，是对在中国境内有住所，或者无住所而在中国境内居住满1年的个人，从中国境内和境外取得的所得，以及在中国境内无住所又不居住或者居住不满1年的个人，从中国境内取得的所得征收的一种税。

我国原个人所得税制，分别由《中华人民共和国个人所得税法》、《中华人民共和国个人收入调节税暂行条例》和《中华人民共和国城乡个体工商业户所得税暂行条例》等三个法律法规组成。由于对个人所得同时适用三个法律法规在税制上的不规范，生活费用扣除标准偏低、税负水平需要调整，名义税率过高、应税项目不全、减税免税政策不完善等情况，为适应社会主义市场经济发展的需要，本着简化税制、公平税负、强化税收征收管理的原则，我国对原个人所得税制进行了修正，经全国人大常委会审议通过，1993年10月31日重新颁布了《中华人民共和国个人所得税法》，自1994年1月1日起施行。原《个人收入调节税暂行条例》和《个体工商业户所得税暂行条例》同时废止。

个人所得税的纳税人，包括：① 有来源于中国境内和境外所得的中国公民和个体工商业户；② 在中国境内居住满1年或者有来源于中国境内所得的港、澳、台同胞和华侨；③ 在中国境内居住满1年或者有来源于中国境内所得的外籍人员。

个人所得税以个人取得的各项所得为征税对象，包括：① 工资、薪金所得（包括从2005年7月1日起对企业股票期权所得的征税）；② 个体工商业户的生产经营所得；③ 对企事业单位的承包经营、承租经营所得；④ 劳务报酬所得；⑤ 稿费所得；⑥ 特许权使用费所得；⑦ 利息（教育储蓄利息免征个人所得税）、股息、红利所得；⑧ 财产租赁所得；⑨ 财产转让所得（包括2006年8月1日起全国统一征税的个人住房转让所得）；⑩ 偶然所得；⑪ 经国务院财政部门确定的其他所得（2008年1月1日起，年所得12万元以上个人所得税申报表中"股票转让所得"单独填报，年度内盈亏相抵后正数为申报所得数额，负数按"0"申报）。

个人所得税实行三种不同税率：① 对工资、薪金所得实行3%～45%的七级超额累进税率。② 对个体工商业户的生产经营所得、对企事业单位的承包经营和承租经营所得，实行5%～35%的五级超额累进税率。③ 对其他所得实行20%的比例税率。其中，对劳务报酬所得一次收入超过2万元至5万元的部分，按税法规定计算应纳税后再按应纳税加成五成征收，超过5万元的部分加成十成征收。对稿酬所得按应纳税额减征30%，以鼓励作者、译者繁荣社会主义创作。

个人所得税以纳税人的收入总额扣除各项费用后的余额为应纳税所得额。具体规定为：① 工资、薪金所得，以每月收入总额减除2 000元费用后的余额为应纳税所得额。其中，对在中国境内无住所而在中国境内取得工资、薪金所得的纳税人和在中国境内有住所而在中国境外取得工资、薪金所得的纳税人，在减除费用2 000元后，再附加减除费用2 800元，即在月收入总额中减除4 800元费用后的余额为应纳税所得额。② 个体工商业户的生产经营所得，以每一纳税年度的收入总额，减除成本、费用后的余额为应纳税所得额。③ 对企事业单位的承包经营和承租经营所得，以每一纳税年度的收入总额，减除必要费用后的余额为应纳税所得额。④ 劳务报酬所得、稿酬所得、特许权使用费所得和财产租赁所得，每次收入不超过4 000元的，减除800元费用；每次收入在4 000元以上的，减除该次收入20%的费用，其余额为应纳税所得额。⑤ 财产转让所得，以转让财产的收入额，减除财产原值和合理费用后的余额为应纳税所得额。⑥ 利息、股息、红利所得，偶然所得，其他所得，不减除费用，按每次收入额为应纳税所得额。个人所得税由当地税务机关负责征收，纳税人违反税法行为均按违章违法处理。个人所得税纳税项目和应纳税额计算方法如表9-1所示。

表9-1 个人所得税纳税项目和应纳税额计算方法

| | 纳税项目 | 应纳税所得额 | 应纳个人所得税税额计算方法 |
|---|---|---|---|
| 1 | 工资薪金所得 | 每月工资薪金收入－2 000元 | 应纳税额＝应纳税所得额×适用税率－速算扣除数 |
| 2 | 劳务报酬所得 | | |
| | 不超过4 000元的 | 每次收入－800元 | 应纳税额＝应纳税所得额×20% |
| | 超过4 000元至20 000元的部分 | 每次收入×(1－20%) | 应纳税额＝应纳税所得额×20% |
| | 超过20 000元50 000元的部分 | 每次收入×(1－20%) | 应纳税额＝(应纳税所得额×30%)－2 000元 |
| | 超过50 000元的部分 | 每次收入×(1－20%) | 应纳税额＝(应纳税所得额×40%)－7 000元 |
| 3 | 稿酬所得 | | |
| | 不超过4 000元的 | 每次收入－800元 | 应纳税额＝应纳税所得额×20%×(1－30%) |
| | 超过4 000元的部分 | 每次收入×(1－20%) | 应纳税额＝应纳税所得额×20%×(1－30%) |
| 4 | 特许权使用费和财产租赁所得 | | |
| | 不超过4 000元的 | 每次收入－800元 | 应纳税额＝应纳税所得额×20% |
| | 超过4 000元的部分 | 每次收入×(1－20%) | 应纳税额＝应纳税所得额×20% |
| 5 | 利息、股息、红利和偶然所得 | 每次收入额 | 应纳税额＝应纳税所得额×20% |
| 6 | 财产转让所得 | 财产转让收入－财产原值和合理费用 | 应纳税额＝应纳税所得额×20% |
| 7 | 对企事业单位承包承租所得 | 全年收入总额－每月2 000元 | 应纳税额＝应纳税所得额×适用税率－速算扣除数 |
| 8 | 个体工商业户生产经营所得 | 全年收入总额－成本费用和损失 | 应纳税额＝应纳税所得额×适用税率－速算扣除数 |
| 9 | 其他所得 | 由国务院财政部门确定应纳税项目,适用税率和计算方法 | |

## 第三节 资源税类

资源税类，即对资源征收的税类，有资源税和城镇土地使用税。

### 一、资源税

资源税，是对在我国开发自然资源的单位和个人，就其资源和开发条件的差异而形成的级差收入征收的一种税。开征资源税，对于调节开发资源企业的利润水平，促进企业加强经济核算，有效地管理和利用国家资源等方面，有重要的意义。

我国从1984年10月开始开征资源税，当时只限于对原油、天然气和原煤征税，以后扩大到对铁矿石征税。1993年12月25日，国务院重新发布《中华人民共和国资源税暂行条例》，并把盐也纳入资源税征税范围，同时取消盐税税种。资源税原则上以开采原料产品和自然资源的初级产品为征税对象，不包括对其加工产品征税。资源税的具体征税范围包括：① 原油，是指开采的天然原油，不包括人造石油。② 天然气，是指专门开采或与原油同时开采的天然气，暂不包括煤矿生产的天然气。③ 煤炭，是指原煤，不包括洗煤、选煤和其他煤炭制品。④ 其他非金属矿原矿，是指上列产品和井矿盐以外的非金属矿原矿。⑤ 固体盐和液体盐。固体盐是指海盐原盐、湖盐原盐和井矿盐；液体盐是指卤水。

资源税以在我国境内开采上述征税范围的矿产品或者生产盐（简称开采或生产应税产品）的单位和个人为纳税人。单位是指国有企业、集体企业、私营企业、股份制企业、其他企业和行政单位、事业单位、军事单位、社会团体和其他单位。个人是指个体经营者及其他个人。资源税实行有幅度的地区差别税额，从量定额征收。其应纳税额的计算公式为：

$$应纳资源税税额 = 应税产品数量 \times 单位税额$$

资源税由当地税务机关负责征收，其征收管理按照我国税收征收管理法的规定执行。

### 二、城镇土地使用税

城镇土地使用税，是对在城市、城镇和工矿区使用土地的单位和个人征收的一种税。征收城镇土地使用税，对于搞好城镇建设，促进合理节约用地，适当调节各种经济成分的收入,有一定的作用。城镇土地使用税以在城市、县城、建制镇、工矿区范围内使用土地的单位和个人为纳税人,以实际使用的土地面积为计税依据。实行定额税率,按照规定税额计算征收:大城市每平方米 1.5~30 元;中等城市每平方米 1.2~24 元;小城市每平方米 0.9~18 元;县城、建制镇、工矿区每平方米 0.6~12 元。城镇土地使用税由当地税务机关负责征收。

## 第四节 财产行为税类

财产行为税类,即对财产和行为征收的税类,我国目前有房产税、契税、车辆购置税、车船税、海关船舶吨税、屠宰税、印花税和筵席税。

### 一、房产税

房产税是以房屋为征税对象,以房屋的计税余值或租金收入为计税依据,向房屋产权所有人征收的一种税。在我国,房产税多年来实行内外有别的两套税制,即对内资企业和中国公民统一征收房产税,对外资企业和外籍个人征城市房地产税。随着我国社会主义市场经济体制的逐步完善,特别是我国加入国际贸易组织(WTO)以后,这种内外有别的税制结构与市场经济要求的公平的税收环境很不适应。为此,2008 年 12 月 31 日,国务院决定:废止 1951 年 8 月由政务院公布的《城市房地产税暂行条例》,自 2009 年 1 月 1 日起,外商投资企业、外国企业和组织及外籍个人,依照《中华人民共和国房产税暂行条例》缴纳房产税。取消城市房地产税,有利于深化税制改革,完善社会主义市场经济;有利于公平税负,创造公平的税负环境;有利于税务管理,强化依法治税。房产税在城市、县城、建制镇和工矿区征收。房产税以产权所有人为纳税人。产权出典的,由承典人为纳税人。产权所有人、承典人不在房产所在地的,或者产权未确定及租典纠纷未解决的,由房产代管人或者使用人为纳税人。房产税实行从价计征和从租计征两种形式,从价计征按房屋原值一次减除 10%~30% 的余值计征,税率为 1.2%;从租计征按房屋出租的租金收入计征,税率为 12%。税法规定,国家机关、人民团体、军队自用房产,由国家财政部门拨付事业经费的单位自用房产,宗教寺庙、公园、名胜古迹的自用房产,个人所有非营业用的自用房产(不含出租),一律免征房产税。房产税由房产所在地税务机关征收。

## 二、契税

契税,是在土地、房屋权属发生转移时,按照当事人双方所签订的契约(合同),以及所确定的价格,向转移土地、房屋权属的承受人征收的一种税,属于行为税的范围。契税是我国古老的税种,几经变革,沿用至今。1997 年我国重新颁布了《契税暂行条例》,其征税范围包括国有土地使用权出让、土地使用权转让(包括土地使用权出售、赠与和交换)、房屋买卖、房屋赠与、房屋交换等。凡承受以上土地使用权和房屋所有权的单位和个人,都要按照税法的规定缴纳契税。契税实行 3%~5%的幅度比例税,具体执行税率由各省、自治区、直辖市人民政府在规定的幅度根据本地区的实际情况确定。契税由当地财政机关负责征收管理。

## 三、车辆购置税

车辆购置税,是我国 2001 年 1 月 1 日开征的、对在我国境内购置应税车辆征收的一种税。车辆购置税以购置应税车辆的单位和个人为纳税人,单位包括企事业单位、社会团体、国家机关、部队及其他单位;个人包括个体工商户及其他个人。车辆购置税的购置,包括购买、进口、受赠、获奖或者以其他方式取得并自用的应税车辆;车辆包括汽车、摩托车、电车、挂车、农用运输车等。车辆购置税执行 10%的固定比例税率,实行从价定率办法计征。纳税人购买自用的应税车辆的计税价格,为纳税人支付给销售者的全部价款和价外费,但不包括增值税税款。纳税人进口自用应税车辆,计税价格由关税完税价格、进口关税和进口消费税组成。纳税人自产、受赠、获奖或者以其他方式取得并自用的应税车辆的计税价格,由主管税务机关按照税法规定的最低计税价格核定。车辆购置税由国家税务局征收,纳税人在申报纳税时一次缴清。对于外国驻华使领馆、国际组织驻华机构及其外交人员自用的车辆、中国人民解放军和中国人民武装警察部队列入武器装备订货计划的车辆,以及设有固定装置的非运输车辆等,免征车辆购置税。

## 四、车船税

车船税是对在我国境内车辆和船舶征收的一种税。其前身是车船使用牌照税和车船使用税。从 1986 年开始,车船使用牌照税对我国境内外资企业和外籍人员征收,车船使用税对内资企业和个人征收。为适应社会主义市场经济发展的需要,统一税法,公平税负,强化征收管理,2006年12月国务院决定将"两税"合并统称为车船税,并发布了《中华人民共和国车船税暂行条例》,自2007年1月1日起施行。原《车船使用牌照税暂行条例》和《车船使用税暂行条例》同时废止。

车船税以依法在车船管理部门登记的车船为征税对象,以车船的所有人或者管理人为纳税人。车船所有人或管理人未缴纳车船税的,使用人应代为缴纳。税法还规定,从事机动车交通事故责任强制保险业务的保险机构为机动车车船税的扣缴义务人,应当依法代收代缴车船税。车船税实行定额税率,载客汽车、电车每辆60~660元;载货汽车按自重每吨16~120元;三轮汽车和低速货车按自重每吨24~120元;摩托车每辆36~180元;船舶按净吨位每吨3~6元,拖船和非机动驳船按船舶税额的50%计算。专项作业车、轮式专用机械车的计税单位和每年税额由国务院财政部门、税务主管部门参照上述税额确定。

车船税对非机动车船(不含非机动驳船)、拖拉机、捕捞和养殖渔船、军队和武警专用车船、警用车船、按规定已经缴纳船舶吨税的船舶以及依照我国法律规定应予免税的外国驻华使馆、领事馆和国际组织驻华机构及有关人员的车船免征车船税。车船税由地方税务机关负责征收。

## 五、海关船舶吨税

海关船舶吨税,是对进出我国港口行驶的国际船舶征收的一种税,在国外又称"灯塔税"。这是由于国际航行船舶在我国港口行驶,使用了我国港口和助航设备而征收的,是一种对使用行为的征税。新中国成立后,经当时的政务院财政经济委员会批准,海关总署于1952年9月26日发布了《中华人民共和国海关船舶吨税暂行办法》,自公布之日起在全国施行。船舶吨税由海关负责征收。经批准驶往未设立海关地区的船舶,由当地税务机关代征。按照现行税法规定,已征收海关船舶吨税的船舶,不再征收车船使用税和车船使用牌照税。

## 六、屠宰税

屠宰税,是对税法规定的猪、羊、菜牛三种牲畜在发生屠宰行为时,向屠宰单位和个人征收的一种税。屠宰税以屠宰应税牲畜的机关、团体、学校、企业、事业等伙食单位以及这些单位所属的农(牧)场、饲养场和城市居民、农户、外侨等为纳税人,以屠宰的应税牲畜为征税对象。对牛、马、驴、骡、骆驼等五种牲畜,因老弱病残失去耕作或运输能力,经有关部门批准宰杀的,是否缴纳屠宰税,由省、自治区、直辖市人民政府确定。屠宰税一般实行定额税率,按头定额由当地税务机关负责征收。1994年1月23日国务院发出通知,将屠宰税下放给地方管理,由各省、自治区、直辖市人民政府根据本地区经济发展的实际情况,自行决定继续或停止征收屠宰税。继续征收的地区,各省、自治区、直辖市人民政府可以根据《屠宰税暂行条例》的规定,制定具体征收办法,报国务院备案。

## 七、印花税

印花税,是对因商事、产权等行为所书立使用的凭证征收的一种税。1950年政务院颁布了《印花税暂行条例》,并开征了印花税。后来,工商税制改革,印花税合并到工商统一税,印花税随即废止。1978年后,随着改革开放和社会主义市场经济的发展,在经济交往中书立各种凭证已成为普遍现象。因此,恢复征收印花税,不仅具备了客观条件,而且对于加强法制建设,积累建设资金,以及维护国家经济权益等方面都有重要意义。鉴于以上情况,国务院于1988年10月重新颁布了印花税条例,恢复征收印花税。

印花税以在我国境内书立、领受税法列举凭证的单位和个人为纳税人。以应纳税凭证为征税对象,具体包括:① 购销、加工承揽、建筑工程承包、财产租赁、货物运输、仓储保管、借款、技术合同或者具有合同性质的凭证;② 产权转移书据;③ 营业账簿;④ 权利、许可证照;⑤ 经财政部确定征税的其他凭证。印花税按应税凭证的性质分别适用 1‰、2‰、0.5‰、3‰、5‰ 的比例税率和每件5元的定额税率。印花税实行由纳税人按规定自行计算纳税,购买并一次贴足印花税票(简称贴花)的交纳办法。印花税条例规定,印花税票由国家税务总局监制,票面金额以人民币为单位。伪造印花税票的,由税务机关提请司法机关追究刑事责任。印花税由当地税务机关负责征收管理。发放或者办理应纳税凭证的单位,负有监督纳税人依法纳税的义务。

## 八、筵席税

筵席税,是对在我国境内在规定饮食营业场所举办筵席的单位和个人,就其支付金额征收的一种税。开征筵席税,对于引导合理消费,提倡勤俭节约的社会风尚,有一定的作用。

筵席税以在我国境内设立的饭店、酒店、宾馆、招待所以及其他饮食营业场所举办筵席的单位和个人为纳税人。筵席税按次从价计征,税率为15%~20%。筵席税的起征点为一次筵席支付金额人民币200~500元,达到起征点的,按支付金额计算征收筵席税。各省、自治区、直辖市人民政府可以结合本地区实际情况,在上述规定的幅度内确定适用税率和起征点。筵席税以承办筵席的饭店、酒店、宾馆、招待所以及其他经营饮食业的单位和个人为代征代交义务人。纳税人阻挠、刁难或者抗拒代征人征收税款的,由税务机关依法处理。

## 第五节 特定目的税类

特定目的税类,即对特定目的征收的税类,有城市维护建设税、固定资产投资方向调节税、耕地占用税、土地增值税和环境保护税。

### 一、城市维护建设税

城市维护建设税,是对从事工商经营活动的单位和个人,就其实际交纳的增值税、消费税、营业税税额征收的一种税。城市维护建设税是我国目前唯一的不按来源而按用途征收的税。开征城市维护建设税,对于扩大和稳定城市维护建设资金的来源,加强城市的维护和建设,促进工农业生产发展,改善人民生活,有重要的意义。

城市维护建设税以缴纳消费税、增值税、营业税的单位和个人为纳税人,以实际交纳的消费税、增值税、营业税税额为征税对象。实行地区差别比例税率,纳税人所在地在市区的,税率7%;纳税人所在地在县城和县属镇的,税率5%;纳税人所在地不在市区、县城和县属镇的,税率1%。城市维护建设税属于附加性质的税种,其征收管理事项均按消费税、增值税、营业税税法的有关规定办理。

### 二、固定资产投资方向调节税

固定资产投资方向调节税,是对在我国境内进行固定资产投资的单位和个人,就其实际完成的投资额征收的一种税。固定资产投资方向调节税的前身是建筑税。据1991年4月16日国务院第82号令,自1991年度起实行固定资产投资方向调节税,原《建筑税暂行条例》同时废止。

固定资产投资方向调节税以进行固定资产投资的单位和个人为纳税人。包括各级政府、机关、团体、国有企事业单位、城乡集体企事业单位、私营企业、个体工商业户及其他单位和个人。固定资产投资方向调节税的计税依据为固定资产投资项目实际完成的投资额，其中更新改造投资项目为建筑工程实际完成的投资额。固定资产投资方向调节税根据国家产业政策和项目经济规模，实行5%～30%的差别比例税率，同时对国家急需发展的项目投资实行零税率制。

固定资产投资方向调节税实行计划统一管理和投资许可证相结合的源泉控管征收办法，由当地税务机关负责征收。为适应我国经济发展的需要，促进固定资产投资，财政部决定，从2000年开始，固定资产投资方向调节税保留税种，暂停征收。

### 三、耕地占用税

耕地占用税，是国家对占用耕地建房或者从事非农业建设的单位和个人征收的一种税。为了合理利用土地资源，加强对土地的管理，保护耕地，国务院根据全国人大常委会授权于1987年4月开征了耕地占用税。2007年12月，国务院重新颁布了《耕地占用税暂行条例》，从2008年1月1日起实施。耕地占用税以占用耕地建房或者从事非农业建设的单位和个人为纳税人，以实际占用耕地面积为计税依据，分别实行每平方米10～50元、6～30元、5～25元的有幅度的定额税率。耕地占用税按规定一次征收，由当地财政机关负责征收和管理。纳税人在经批准占用耕地之日起30日内缴纳耕地占用税，逾期不申报纳税的，均按违章违法处理。

### 四、土地增值税

土地增值税，是对有偿转让国有土地使用权及其地面上的建筑物和附着物的单位和个人，就其增值部分征收的一种税。这是我国从1994年开始征收的一个新税种。开征土地增值税的意义在于：① 有利于抑制房地产投机、炒卖活动，防止国有土地收益的流失；② 有利于增加国家财政收入；③ 适应社会主义市场经济发展的需要，符合税制改革的总体构想，同时也是实行分税制财政管理体制的要求。

土地增值税以转让国有土地使用权、地上建筑物及其附着物的单位和个人为纳税人；以取得的土地增值收益为征税对象；实行30%～60%的四级超率累进税率。土地增值税应纳税额的计算公式为：

$$应纳土地增值税税额 = 增值额 \times 适用税率 - 扣除项目金额 \times 速算扣除率$$

土地增值税由当地税务机关负责征收，纳税人违反税法行为，按违章违法处理。

为严格土地增值税的征收，国家税务总局发出通知，要求从2007年2月1日起正式向房地产开发企业征收30%～60%不等的土地增值税。要求全国各地区对房地产企业的土地增值税项目进行全面清算，包括房地产开发项目全部竣工并完成销售、整体转让未竣工决算房地产开发项目、直接转让土地使用权等房地产项目。另据有关法律法规的规定，对个人因工作调动或改善居住条件转让非普通住房的，也要征收土地增值税。

### 五、环境保护税

环境保护税，是对在我国领域和我国管辖的其他海域，直接向环境排放应税污染物的企事业单位和其他生产经营者征收的一种税。《中华人民共和国环境保护税法》，经全国人民代表大会常务委员会第二十五次会议通过，自2018年1月1日起施行。依法征收环境保护税后，不再征收排污费。征收环境保护税的目的，是为了保护和改善环境，减少污染物排放，推进生态文明建设。

环境保护税，以应税污染物为征税对象。应税污染物，是指税法所附《环境保护税税目税额表》《应税污染物和当量值表》规定的大气污染物、水污染物、固体废物和噪声（工业噪声）。但有下列情形之一的，不属于直接向环境排放污染物，不缴纳相应污染物排放的环境保护税：①企事业单位和其他生产经营者向依法设立的污水集中处理、生活垃圾集中处理场所排放应税污染物的；②企事业单位和其他生产经营者在符合国家和地方环境保护标准的设施、场所贮存或者处置固体废物的。环境保护税，以在我国领域和我国管辖的其他海域，直接向环境排放应税污染物的企事业单位和其他生产经营者为纳税人。环境保护税以应税污染物为计税依据，具体规定为：①应税大气污染物按照污染物排放量折合的污染当量数确定；②应税水污染物按照污染物排放量折合的污染当量确定；③应税固体废物按照固体废物排放量确定。环境保护税，由税务机关负责征收管理。

# 第十章

# 税 收 法 制

**内容提示** 本章主要阐述税法的概念,税法的构成要素,税收法律关系,税收法律责任,税务行政复议和税务行政诉讼。重点掌握税法的构成要素,税收法律关系中主体的权利和义务,违反税法行为及其应负的法律责任。

## 第一节 税法概述

### 一、税法的概念及社会主义的税收法制

税法,是指由国家最高权力机关或其授权的行政机关制定的有关调整国家税收关系的法律规范的总称。包括税收法律、法令、条例、实施细则等。我国税法是国家经济法的一个重要方面,是国家组织财政收入、管理经济的重要工具。税法在国际经济交往中,是体现国家主权、保护民族经济和打击非法经济活动的重要手段。税法同国家其他法律一样,一经立法机关批准颁发,就由国家政治权力保证实施。纳税单位和纳税个人必须按照税法的规定及时足额缴纳税款,以保证国家财政收入和维护国家税法的严肃性。任何单位和个人违反税法,都要受到法律的制裁。

社会主义税收法制是通过国家最高权力机关制定或认可建立起来的税收法律制度和执法原则。从立法方面来说,社会主义税收法制,是通过国家确认建立起来的为维护广大人民群众利益的税收法律制度。从执法方面来说,社会主义税收法制,是指平等的严格依法办事的原则,即任何国家机关、政党、团体、国家工作人员和公民都必须依法办事,任何单位和个人都没有超越税收法律的特权。所以,税收法制既包括税收法律制度的内容,也包括严格依法办事的内容,是税收立法、执法、守法和监督税收法律执行的四个方面的统一。加强税收法制建

设,对于强化税收征收管理,做好各项税收工作,有着重要的意义。

按照我国现行法律规定,税收法律由全国人民代表大会或全国人大常委会制定。有关税收行政法规由国务院制定。有关税收的部门规章由财政部、国家税务总局、国务院关税税则委员会等部门制定。此外,根据我国法律规定,省级人民代表大会及其常委会,民族自治地方人民代表大会和省级人民政府,在不与国家税收法律、法规相抵触的前提下,可以制定某些地方性的税收法规和规章。

## 二、税法的构成要素

不同国家不同性质的税法具有共同的基本要素。主要有征税对象、纳税人、税率、纳税环节、纳税期限、减税免税、违章、违法处理等要素构成。

### (一) 征税对象

征税对象,又称课税对象或课税客体,即对什么征税。征税对象是征税的主要依据,是一种税区别于另一种税的主要标志。例如,产品税的征税对象是产品的销售收入;国有企业所得税的征税对象是国有企业的生产经营所得和其他所得。所以,征税对象是税法中最基本的要素。征税对象与税目、税源有密切关系。税目是征税对象的具体化,即把征税对象进一步划分为具体的征税项目,代表征税的广度。税源又称经济税源,是纳税人所获得的总收入或其中一部分收入,是各项税收的来源。

征税对象按其性质划分大致可以分为下列几种类型:① 流转税类,即根据商品或劳务买卖的流转额征税;② 资源税类,即对应税资源的级差收入征税;③ 所得和收益税类,即根据纳税人的所得额或收益额征税;④ 财产行为税类,即根据纳税人的财产和某些特定行为征税;⑤ 特定目的税类,即根据税法的规定,对某些特定目的进行征税。

### (二) 纳税人

纳税人,是纳税义务人的简称,又称课税主体。它是税法上规定直接负有纳税义务的单位和个人。例如,我国工商税收中的纳税人,就是从事工业生产、农副产品采购、商品销售、进口贸易和各种服务业的单位和个人。

纳税人与负税人是两个不同的概念。纳税人是负有纳税义务并直接向国家交纳税款的单位和个人;而负税人是指税收的实际负担者。一般情况下,直接税的纳税人与负税人是一致的,间接税的纳税人与负税人相分离。

### (三) 税率

税率,是税额与征税对象之间的数量关系(数额或比例),是计算应纳税额的尺度。税率体现党和国家在一定时期的方针政策。因此,税率是税法中的中心环节。我国现行税法中执行的税率分为三种类型。

1. 比例税率

比例税率,即对同一征税对象不论数额大小,均按同一比例征税的税率,统称为比例税率。在具体运用上,比例税率又分为产品比例税率、行业比例税率、地区差别比例税率和幅度比例税率等四种。比例税率一般适用于对流转额的征税。

2. 累进税率

累进税率,即按照征税对象数额的大小,规定不同等级的税率,称为累进税率。在具体运用上,累进税率又分为全额累进税率和超额累进税率两种。全额累进税率是把征税对象的全部数额都按照与之相适应的等级的税率征税。超额累进税率是把征税对象按照数额大小划分为若干等级部分,对每个等级部分分别规定相应的税率,分别计算税额。

全额累进税率与超额累进税率相比较,其不同特点是:① 在名义税率相同的情况下,全额累进税率的累进程度高,税负重;超额累进程度低,税负轻。② 在所得额级距的临界点附近,全额累进税率会出现税负增加超过所得额增加的不合理现象;超额累进税率则不存在这个问题。鉴于以上两种情况,在我国现行税法中,一般都采用超额累进税率,而不采用全额累进税率。③ 在计算上,全额累进税率计算简便,超额累进税率计算复杂。但这只是技术上的问题,可以采取"速算扣除数"的办法予以解决。所谓"速算扣除数",就是按照全额累进税率计算的税额减去按超额累进税率计算的税额之间的差额。用计算公式表示为:

$$速算扣除数 = \frac{全额累进税率}{计算的税额} - \frac{超额累进税率}{计算的税额}$$

为了验证速算扣除数是否正确,还可以参考下面计算公式进行验算:

$$本级速算扣除数 = 上一级最高所得额 \times (本级税率 - 上一级税率) + 上一级速算扣除数$$

累进税率一般适用于对所得额的征税。

3. 定额税率

定额税率又称固定税额,即按单位征税对象直接规定一个固定的税额,而不采用百分比的形式。这是税率中的一种特殊形式,一般适用于对从量定额征税对象的征税。

### （四）纳税环节

纳税环节，一般是指在商品流转过程中应当交纳税款的环节，也就是对商品流转额的征税中征几道税的问题。一般商品从生产到消费往往要经过许多环节，在税收上只选择其中一定的环节，规定为应缴纳税款的环节。按照我国税法的规定，生产产品一般应在出厂环节或销售环节纳税。进口工业品，则在报关进口时纳税。对于白酒、棉纱、人造皮革等工业品，还要在移送使用环节缴纳中间产品税；对于商业企业、物资企业、基建单位等委托加工工业品，在加工产品收回时，还要在委托方所在地缴纳委托加工产品的流转税。以上工业品进入流通领域后，按照我国现行税法的规定，再在批发环节和商品零售环节交纳商品流转税。一种产品具体确定在哪个或哪几个环节纳税，不仅关系到税制结构和税负平衡问题，而且对于保证国家财政收入，便利纳税人交纳税款，促进企业加强经济核算等方面，都有重要的意义。

### （五）纳税期限

纳税期限，是指纳税单位和个人缴纳税款的期限。在我国现行税法中，都明确规定有税款缴纳的期限，这是由税收的固定性特征所决定的。纳税期限，一般按照生产经营的不同特点和不同的征税对象，以及纳税人缴纳税款的多少来确定。以我国增值税税法的规定为例，分别核定为 1 天、3 天、5 天、10 天、15 天、1 个月为一期的纳税期限。

### （六）减税免税

减税免税，是对某些纳税人或征税对象给予鼓励和照顾的一种特殊规定。它是把税收的严肃性和灵活性结合起来制定的措施。通过税法规定的减税免税，能够使税收制度按照因地制宜的原则，更好地贯彻党和国家的方针政策，促进国民经济的发展。减税免税的内容包括：① 减税和免税。减税是对应征税额减征一部分税款；免税是对应征税额全部予以免征，如按规定办理的教育储蓄利息免征个人所得税。一般地说，除税法规定的免征项目外，减税免税都属于定期减免性质，到期后应恢复全额征税。② 起征点。起征点是指征税对象达到征税数额开始征税的界限。征税对象的数额未达到起征点的不征税；达到或超过起征点的，按征税对象的全部数额征税，而不是仅就超过起征点的部分征税。③ 免征额。免征额是指征税对象中免予征税的数额。凡免征额的部分都不征税，仅就超过免征额的部分征税。

### （七）违章、违法处理

违章、违法处理，是指针对纳税人违反税法行为采取的惩罚性措施。如纳税人偷税、漏税、欠税、抗税以及不遵守税务管理的规定等,视情节轻重分别规定不同的处罚措施。如限期补税、加收滞纳金、加成加倍征税、罚款,直至送交司法机关依法处理。违章、违法处理,是国家税法强制性和严肃性的具体表现,它对于正确执行党和国家的税收方针政策,严肃税收法纪,强化征收管理都有重要的意义。

### 三、税收法律关系

(一) 税收法律关系的概念

税收法律关系的概念,是指用税收法律调整人们行为的过程中形成的一种特殊的社会关系。换言之,就是指国家与纳税人之间发生的符合税收法律规范的具有权利和义务的社会关系。它是国家参与社会产品或国民收入分配的经济关系在税收法律上的表现,是税收法律调整税收关系的结果。税收法律关系与其他法律关系一样,是一种国家意志关系,同属于上层建筑和意识形态的范畴,是国家意志的表现。对什么东西征税,对谁征税,征多少税,税法对这些内容都作出明确的规定,不是个人意志,而是国家意志的反映。同时,税收法律关系又是一种财产所有权或占有权的单向转移关系。国家依法征税后,征收的这部分社会产品或国民收入就单向转为国家所有,这正是税收无偿性的体现。此外,税收法律关系又是国家税法所调整的社会关系。国家参与社会产品或国民收入分配所形成的社会关系很多,有价格分配关系、利润分配关系、信贷分配关系、税收分配关系等。只有通过税法调整的那部分关系才是税收法律关系。

(二) 税收法律关系的构成要素

税收法律关系由税收法律关系的主体、内容和客体三个要素构成。

1. 税收法律关系的主体

税收法律关系的主体,是指参与税收法律关系的当事人。他们的主体资格是由国家税收法律直接规定的。税收法律关系的主体包括征税主体和纳税主体。征税主体是指国家最高权力机关、国务院和财政部、国家税务总局、海关以及地方政权机关、地方政府和地方财政、税务机关。纳税主体是由税法规定的纳税义务人,包括国有企业、集体企业、私营企业、联营企业、股份制企业、外商投资企业和外国企业、个体工商业户、农业生产联合组织和专业户、行政机关和事业单位、中国公民和外籍人员等。

2. 税收法律关系的内容

税收法律关系的内容,是指征税主体、纳税主体双方依法享有的权利和应履行的义务。其中征税机关的权力表现为税收管理体制上的权限。在整个征纳过程中,征税主体享有单方面的征税权利,纳税主体负有单方面的纳税义务。而且,权利主体的权利不得放弃,义务主体的义务不得转让,否则征纳主体都要承担相应的法律责任。但是,在特殊场合,即出现了税法规定的新的法律事实,如因自然灾害使纳税主体不能按时足额缴纳税款时,征纳双方的权利和义务就不再是单方面的。即纳税主体依法享有减免税的请求权,征税主体同时负有按规定给予纳税主体减免税的义务。这里还要指出的是,征税主体所享有的权利,即征税主体行使的职权,对国家来说,又是必须履行的义务。纳税主体的权利主要有:依法享受税法规定的减免税权;申请收回多缴纳税款的权利;在生产经营发生重大困难时申请分期、延期缴纳税款的权利;对税务机关不正确的决定有申请行政复议和行政诉讼的权利(在税务行政复议和税务行政诉讼的同时,纳税主体必须先缴纳税款);有对税务机关及其工作人员不法行为向其上级主管部门、国家监察、检察机关揭发的权利。纳税主体的义务主要有:按照税法规定办理税务登记;按照税法规定办理纳税申报并按期足额缴纳税款;按照税法规定向税务机关报送会计报表和纳税资料;接受税务机关的纳税检查等。

3. 税收法律关系的客体

税收法律关系的客体,是指征纳主体之间的权利、义务或职责所共同指向的对象和目标。它与征税客体不同。征税客体是指对什么经济活动、什么财产收益、什么行为征税。而税收法律关系的客体是征纳双方之间、国家征税机关之间共同实现的目标和指向的对象,具体包括货币、实物、税收指标和行为等。

(三) 税收法律关系保护

税收法律关系保护,是指对侵犯税收法律关系主体的合法权益和不履行法定义务者,依法追究其税收法律责任。在我国,追究税收法律责任,是根据违法犯罪的不同情况,通过税务监督、税务行政复议和税务行政诉讼、税务监察、税务检察和经济司法等方式,追究其经济责任、行政责任、刑事责任的。通过以上方式,对合法行为进行保护,对违法行为及时制止,对犯罪行为坚决打击,以保护正常的税收法律关系。

## 第二节 税收法律责任

税收法律责任,是指税收法律关系中违法主体因其违法行为应承担的法律后果。法律关系中违法主体承担法律责任的基本形式大致分为三类,即刑事法律责任、行政法律责任和民事法律责任。但在税收法律关系中,违法主体应承担的法律责任主要是行政法律责任和刑事法律责任。行政法律责任,由国家税务机关对税收违法主体追究其法律责任。刑事法律责任,由国家司法机关对税收违法主体追究其法律责任。

## 一、税收法律责任的违法主体

税收法律责任的违法主体,从税收法律关系方面来说,无论是征税主体或纳税主体,凡有违反税法行为的,均为税收法律责任的违法主体,都要承担税收法律责任。税收法律责任的违法主体,即征税主体和纳税主体,一般来说应包括单位和个人,主要有:① 法人经济组织,包括国有企业、集体企业、联营企业、股份制企业、外商投资企业、外国企业,以及机关、团体、部队、事业单位等有经营收入的组织。② 法人经济组织中的直接责任人员,包括上述法人经济组织中的董事长、总经理(经理)、厂长,主管财务工作的行政领导,财务主管人员、财务人员、办税人员和其他人员,以及承包经营者和租赁经营者等。③ 私营企业、个体经营者、农村专业户的业主和户主,个人合伙经营的负责人,以及负有纳税义务的其他个人(包括居民和非居民)等。④ 国家税务机关及其直接责任人员。

## 二、违反税法行为及其应负法律责任

按照2001年5月施行的《中华人民共和国税收征收管理法》和我国《刑法》有关法律规定,违反税法行为及其应负法律责任的有以下几方面。

(一)纳税人、扣缴义务人违反税法行为及其应负法律责任

(1)纳税人未按照规定的期限申报办理税务登记、变更或者注销登记的,以及不按规定使用税务登记证件的;纳税人未按照规定设置、保管账簿或者保管记账凭证和有关资料的;纳税人未按照规定将财务、会计制度或者财务、会计处理办法报送税务机关备查的。由税务机关责令限期改正,逾期不改正的,可以处以2 000元以下的罚款;情节严重的,处以2 000元以上1万元以下的罚款。

(2)扣缴义务人未按照规定设置、保管代扣代缴、代收代缴税款账簿或者保管代扣代缴、代收代缴税款记账凭证及有关资料的,由税务机关责令限期改正,逾期不改正的,可以处以2 000元以下的罚款;情节严重的,可以处以2 000元以上5 000元以下的罚款。

(3) 纳税人未按照规定的期限办理纳税申报的,或者扣缴义务人未按照规定的期限向税务机关报送代扣代缴、代收代缴税款报告表的,由税务机关责令限期改正,并可以处以 2 000 元以下的罚款;逾期不改正的,可以处以 2 000 元以上 1 万元以下的罚款。

(4) 纳税人伪造、变造、隐匿、擅自销毁账簿、记账凭证,或者在账簿上多列支出或者不列、少列收入,或者经税务机关通知申报而拒不申报或者进行虚假的纳税申报,不缴或少缴应纳税款的,是偷税。对纳税人偷税的,由税务机关追缴其不缴或者少缴的税款、滞纳金,并处不缴或者少缴的税款 50% 以上 5 倍以下的罚款;构成犯罪的,依法追究刑事责任。

扣缴义务人采取前款手段,不缴或者少缴已扣、已收税款的,由税务机关按前款规定处罚;构成犯罪的,依法追究刑事责任。

(5) 纳税人、扣缴义务人编造虚假计税依据的,由税务机关责令限期改正,并处 5 万元以下的罚款。纳税人不进行纳税申报,不缴或者少缴应纳税款的,由税务机关追缴其不缴或少缴的税款、滞纳金,并处不缴或者少缴税款 50% 以上 5 倍以下的罚款。

(6) 纳税人欠缴应纳税款,采取转移或者隐匿财产的手段,妨碍税务机关追缴其不缴或者少缴税款的,由税务机关追缴欠缴的税款、滞纳金,并处欠缴税款 50% 以上 5 倍以下的罚款;构成犯罪的,依法追究刑事责任。

(7) 以假报出口或者其他欺骗手段,骗取国家出口退税款,由税务机关追缴其骗取的退税款,并处骗取税款 1 倍以上 5 倍以下的罚款;构成犯罪的,依法追究刑事责任。

(8) 以暴力、威胁方法拒不缴纳税款的,是抗税,除由税务机关追缴其拒缴的税款、滞纳金外,依法追究刑事责任。情节轻微,未构成犯罪的,由税务机关追缴其拒缴的税款、滞纳金,并处拒缴税款 1 倍以上 5 倍以下的罚款。

(9) 纳税人、扣缴义务人在规定期限内不缴或者少缴应纳或应解缴的税款,经税务机关责令限期缴纳,仍逾期未缴纳的,除按规定采取强制执行措施追缴其不缴或者少缴的税款外,可以处不缴或少缴税款的 50% 以上 5 倍以下的罚款。

(10) 扣缴义务人应扣未扣、应收未收税款的,由税务机关向纳税人追缴税款,对扣缴义务人处应扣未扣、应收未收税款 50% 以上 3 倍以下的罚款。

(11) 纳税人、扣缴义务人逃避、拒绝或者以其他方式阻挠税务机关检查的,由税务机关责令限期改正,可以处 1 万元以下的罚款;情节严重的,处 1 万元以上5万元以下的罚款。

(12) 从事生产、经营的纳税人、扣缴义务人有违反我国《税收征收管理法》规定的税收违法行为,拒不接受税务机关处理的,税务机关可以收缴其发票或者停止向其发售发票。

(13) 纳税人、扣缴义务人的开户银行或者其他金融机构拒绝接受税务机关依法检查纳税人、扣缴义务人存款账户,或者拒绝执行税务机关作出的冻结存款或者扣缴税款的决定,或者接到税务机关的书面通知后帮助纳税人、扣缴义务人转移存款,造成税款流失的,由税务机关处以10万元以上50万元以下的罚款,对直接负责的主管人员和其他直接责任人员处1 000元以上1万元以下的罚款。

(14) 依照新实施的我国《税收征收管理法》规定,由税务机关行政处罚的罚款额在2 000元以下的,可由税务所决定。

(15) 纳税人采取伪造、变造、隐匿、擅自销毁账簿、记账凭证,在账簿上多列支出或者不列、少列收入,经税务机关通知申报而拒不申报或者进行虚假的纳税申报的手段,不缴或者少缴应纳税款,偷税数额占应纳税额的10%以上不满30%并且偷税数额在1万元以上不满10万元的,或者因偷税被税务机关给予二次行政处罚又偷税的,按触犯刑律处以3年以下有期徒刑或者拘役,并处偷税数额1倍以上5倍以下罚金;偷税数额占应纳税额的30%以上并且偷税数额在10万元以上的,处以3年以上7年以下有期徒刑,并处偷税数额1倍以上5倍以下罚金。

扣缴义务人采取上述所列手段,不缴或者少缴已扣、已收税款,数额占应缴税额的10%以上并且数额在1万元以上的,依照上述规定处罚。

(16) 以暴力、威胁方法拒不缴纳税款的,按触犯刑律处以3年以下有期徒刑或者拘役,并处拒缴税款1倍以上5倍以下罚金;情节严重的,处以3年以上7年以下有期徒刑,并处拒缴税款1倍以上5倍以下罚金。

(17) 纳税人欠缴应纳税款,采取转移或者隐匿财产的手段,致使税务机关无法追缴欠缴的税款,数额在1万元以上不满10万元的,按触犯刑律处3年以下有期徒刑或者拘役,并处或者单处欠缴税款1倍以上5倍以下罚金;数额在10万元以上的,处以3年以上7年以下有期徒刑,并处欠缴税款1倍以上5倍以下罚金。

(18) 以假报出口或者其他欺骗手段,骗取国家出口退税款,数额较大的,按触犯刑律处以5年以下有期徒刑或者拘役,并处骗取税款1倍以上5倍以下罚金;数额巨大或者有其他严重情节的,处以5年以上10年以下有期徒刑,并处骗取税款1倍以上5倍以下罚金;数额特别巨大或者有其他特别严重情节的,处以10年以上有期徒刑或者无期徒刑,并处骗取税款1倍以上5倍以下罚金或者没收财产。

(19) 虚开增值税专用发票或者虚开用于骗取出口退税、抵扣税款的其他发票的,按触犯刑律处以3年以下有期徒刑或者拘役,并处2万元以上20万元以下罚金;虚开的税款数额较大或者有其他严重情节的,处以3年以上10年以下有期徒刑,并处5万元以上50万元以下罚金;虚开的税款数额巨大或者有其他特别严重情节的,处以10年以上有期徒刑或者无期徒刑,并处5万元以上50万元以下罚金或者没收财产。

有前述行为骗取国家税款,数额特别巨大,情节特别严重,给国家利益造成特别重大损失的,处以无期徒刑或者死刑,并处没收财产。

企事业单位犯有前述罪行的,对单位判处罚金,并对其直接负责的主管人员和其他直接责任人员,处以3年以下有期徒刑或者拘役;虚开的税款数额较大或者有其他严重情节的,处以3年以上10年以下有期徒刑;虚开的税款数额巨大或者有其他特别严重情节的,处以10年以上有期徒刑或者无期徒刑。

(20) 伪造或者出售伪造的增值税专用发票的,按触犯刑律处以3年以下有期徒刑、拘役或者管制,并处2万元以上20万元以下罚金;数量较大或者有其他严重情节的,处以3年以上10年以下有期徒刑,并处5万元以上50万元以下罚金;数量巨大或者有其他特别严重情节的,处以10年以上有期徒刑或者无期徒刑,并处5万元以上50万元以下罚金或者没收财产。

伪造并出售伪造的增值税专用发票,数量特别巨大,情节特别严重,严重破坏经济秩序的,处无期徒刑或者死刑,并处没收财产。

企事业单位犯有前述罪行的,对单位判处罚金,并对其直接负责的主管人员和其他直接责任人员,处以3年以下有期徒刑、拘役或者管制;数量较大或有其他严重情节的,处以3年以上10年以下有期徒刑;数量巨大或者有其他特别严重情节的,处以10年以上有期徒刑或者无期徒刑。

(21) 非法出售增值税专用发票的,按触犯刑律处以3年以下有期徒刑、拘役或者管制,并处2万元以上20万元以下罚金;数量较大的,处以3年以上10年以下有期徒刑,并处5万元以上50万元以下罚金;数量巨大的,处以10年以上有期徒刑或者无期徒刑,并处5万元以上50万元以下罚金或者没收财产。

(22)非法购买增值税专用发票或者购买伪造的增值税专用发票的,按触犯刑律处以5年以下有期徒刑或者拘役,并处或者单处2万元以上20万元以下罚金。

(23)伪造、擅自制造或者出售伪造、擅自制造的可以用于骗取出口退税、抵扣税款的其他发票的,按触犯刑律处以3年以下有期徒刑、拘役或者管制,并处2万元以上20万元以下罚金;数量巨大的,处以3年以上7年以下有期徒刑,并处5万元以上50万元以下罚金;数量特别巨大的,处以7年以上有期徒刑,并处5万元以上50万元以下罚金或者没收财产。

伪造、擅自制造或者出售伪造、擅自制造上项规定以外的其他发票的,处以2年以下有期徒刑、拘役或者管制,并处或者单处1万元以上5万元以下罚金;情节严重的,处以2年以上7年以下有期徒刑,并处5万元以上50万元以下罚金。

(24)盗窃增值税专用发票或者可以用于骗取出口退税、抵扣税款的其他发票的,以及使用欺骗手段骗取增值税专用发票或者可以用于骗取出口退税、抵扣税款的其他发票的,依照《刑法》有关规定处罚。

(二)税务机关、税务人员违反税法行为及其应负法律责任

(1)税务人员与纳税人、扣缴义务人勾结,唆使或者协助纳税人、扣缴义务人偷税、骗税等违法犯罪的,按照《刑法》关于共同犯罪的规定处罚;未构成犯罪的,给予行政处分。

(2)税务人员利用职务上的便利,收受或者索取纳税人、扣缴义务人财物,构成犯罪的,按照受贿罪追究刑事责任;未构成犯罪的,给予行政处分。

(3)税务人员玩忽职守,不征或者少征应征税款,致使国家税收遭受重大损失的,依照《刑法》有关规定追究刑事责任,处以5年以下有期徒刑或者拘役。未构成犯罪的,给予行政处分。税务人员滥用职权,故意刁难纳税人、扣缴义务人的,给予行政处分。

(4)税务机关违反法律、行政法规的规定,擅自决定税收的开征、停征或者减税、免税、退税、补税的,除依照《税收征收管理法》的规定撤销其擅自作出的决定外,补征应征未征税款,退还不应征收而征收的税款,并由上级机关追究直接责任人员的行政责任。

## 第三节 税务行政复议和行政诉讼

### 一、税务行政复议

税务行政复议,是指作为税务管理相对人的公民、法人和其他组织不服税务机关及其工作人员在税收征收管理活动中作出的具体行政行为(主要为征税和违章处理的决定),依法向上级税务机关提出请求变更或撤销原具体行政行为的申诉;上级税务机关基于这种申诉,对下级主管税务机关的原具体行政行为进行复审和复议,并依法作出维持、变更或撤销原具体行政行为的一种行政司法行为,亦称准司法行为。依法提起复议申请,是税收法律关系中税务管理相对人依法享有的一种权利。税务行政复议制度,既是税务机关内部的一种自我监督,同时又是一种解决税务争议的法律制度。其目的在于维持和监督税务机关正确行使税收征收管理职权,纠正税务机关违法和不正当的具体行政行为,以保护税务管理相对人的合法权益,促进税务机关依法行政,提高行政工作效率,最大限度地减少和抑制税务行政诉讼的发生,减少不必要的诉讼。因此,税务行政复议是维护正常税收法律关系的一种重要方式。

税务行政复议虽然属于税务机关内部的活动,但它与一般的税收征收管理活动不同,税务行政复议属于行政司法的范畴。这就是:税务行政复议是税务管理相对人不服税务机关及其工作人员在税收征收管理活动中所作出的具体行政行为引起的;被诉诸复议的税务争议,一方当事人必定是国家税务机关或依照法律、法规授权代行征税的组织;另一方当事人即复议申请人必定是受到被诉诸复议的具体行政行为"侵害"的公民、法人和其他组织;税务行政复议的标的,是税务机关在行使税收征收管理职权时所作出的具体的行政行为,而不是抽象的行政行为;税务行政复议的审理机关必须是县和县以上税务机关;税务行政复议以复议申请人提出申请进行,税务行政复议机关不能主动复议;税务行政复议的审理依据,不仅是依据税收的法律和法规,还包括税收的规章;税务行政复议依照行政程序进行,实行回避制度,实行全面审查原则和合议表决制;税务行政复议不以调解的方式结案,其主要方式是裁决,即根据不同情况可以作出维持原具体行政行为、变更原具体行政行为、撤销原具体行政行为并作出新的具体行政行为的裁决,实行一级复议终结制;税务行政复议实行"复议不中止执行"原则,即税务管理相对人对主管税务机关作出的具体行政行为不服,向上一级税务机关申请复议时,主管税务机关原来作出的具体行政行为照常执行,不因复议申请的提起而中止执行。

1991年原国家税务局颁发了《税务行政复议规则》,实施两年多后经过修订,1993年11月6日国家税务总局重新颁发了《税务行政复议规则》。新颁发的《税务行政复议规则》,包括总则、受理复议范围、复议管辖、复议机构、复议参加人、申请与管理、审理与决定、期间与送达、法律责任和附则等十章,自颁发之日起执行。

税务行政复议裁决后,税务管理相对人对复议裁决不服的,可以在法定期限内向管辖的人民法院起诉。如果没有在法定期限内向人民法院起诉,税务行政复议裁决则发生法律效力,并根据我国行政诉讼法和其他法律、法规、规章的规定,对税务行政复议裁决强制执行。强制执行的措施有两种:一是原处理税务机关依照行政程序执行,包括正式书面通知税务管理相对人的开户银行扣缴入库;吊销税务管理相对人的税务登记证,收回由税务机关发给的票证;提请工商行政管理机关吊销税务管理相对人的营业执照。二是原处理税务机关申请人民法院强制执行。

## 二、税务行政诉讼

税务行政诉讼,是指税务管理相对人的公民、法人和其他组织认为税务机关及其工作人员的具体行政行为侵犯其合法权益,依法向人民法院提起的诉讼。税务行政诉讼是一种司法救济,即由人民法院通过判决或其他方式进行的补救,以保护税务管理相对人的公民、法人和其他组织的合法权益。因此,税务行政诉讼也是税收法律关系保护的一种重要方式。

税务行政诉讼以税务行政复议为前置程序,即税务争议案件,未经税务行政复议,税务管理相对人不能向人民法院起诉,即便起诉,人民法院也不予受理。只有经过税务行政复议,对复议裁决不服的,才能在法定期限内向人民法院起诉。

税务行政诉讼由人民法院受理,其受理范围原则上是税务管理相对人认为税务机关及其工作人员所作出的具体行政行为侵犯其合法权益的案件。税务行政诉讼适用行政诉讼法确定的司法程序,被告者是作出具体行政行为的税务机关,原告者是税务管理相对人的公民、法人和其他组织。

税务行政诉讼的基本原则是:以事实为依据,以法律为准绳;人民法院对税务行政案件独立行使审判权;依法实行合议、回避、公开审判和两审终审;当事人在税务行政诉讼中的法律地位平等、有权进行辩论等。此外,税务行政诉讼还执行"诉讼不中止执行"的原则,即在税务行政诉讼期间,不停止税务行政行为的执行。人民法院受理税务行政案件后,经过审理,作出判决维持、判决撤销或部分撤销、判决被告重新作出具体行政行为、判决被告在一定期限内执行、判决变更等判决。

按照我国行政诉讼法的规定,参与税务行政诉讼的当事人必须履行人民法院发生法律效力的判决或裁定。税务管理相对人的公民、法人和其他组织拒绝履行人民法院判决或裁定的,税务机关可以向一审法院申请强制执行,或者依法强制执行。税务机关拒绝履行人民法院判决或裁定的,一审法院可以采取下列措施执行:① 划拨,即人民法院可以通知银行将应归还的税款、滞纳金、罚款或应付给的赔偿金,由税务机关的账户直接划拨给受害人,也可以从税务机关账户内取出交给受害人。② 罚款,即人民法院对在规定期限内不履行判决或裁定的税务机关,从期满之日起,对该税务机关按日处以50元至100元的罚款,以保证人民法院判决或裁定的执行。③ 提出司法建议,即税务机关拒绝履行人民法院判决或裁定的,人民法院可以向该税务机关的上一级税务机关或监察、人事机关提出司法建议,促使该税务机关执行人民法院的判决或裁定。④ 追究构成犯罪人员的刑事责任,对税务机关工作人员拒不履行人民法院判决或裁定,情节严重,构成犯罪的,依法追究税务机关主管人员和直接责任人员的刑事责任,可以判处3年以下有期徒刑、拘役、罚金或者剥夺政治权利。此外,税务行政诉讼的目的之一,是要保护税务管理相对人的公民、法人和其他组织的合法权益,要使被税务机关及其工作人员侵犯的合法权益得到补偿。为此,我国行政诉讼法还规定,公民、法人和其他组织的合法权益受到税务机关及其工作人员作出的具体行政行为侵犯造成损害的,有请求赔偿的权利,赔偿费用在国家拨给税务机关的财政经费中列支。

# 第十一章

# 金融概论

**内容提示** 本章是本书金融部分的导论,主要阐述金融的概念,金融学研究的对象,金融的产生和发展,金融在国民经济中的地位和作用,为以后各章学习打下基础。

## 第一节 金融和金融学的研究对象

### 一、金融的概念

金融,通常的理解是货币资金的融通,也就是与货币、信用、银行直接相关的经济活动的总称。例如:货币的发行与回笼,存款的存入与取出,贷款的发放与收回,国内外资金的汇兑与结算,金银、外汇、有价证券的买卖,贴现市场、同业拆借市场的活动,保险、信托、租赁等等,都是金融活动。货币资金的融通,如果通过银行等金融机构作为媒介来进行的,称为间接金融;如果不通过媒介体,而由双方当事人直接建立债权债务关系的,称为直接金融。对此,我国和国际上许多有关金融的学术著作和教材中,往往用货币银行学或货币信用学来命名。但近年来,无论在国内或国外,使用金融这个词的频率越来越高。

其实,金融不只是指货币资金的融通,也不只是指货币银行的活动。金融是一个广义的概念,是一个纵横交叉、内外穿插、多维性、多层次的立体系统,是由多种要素组合而又相互制约、相互作用的大系统。

什么是大系统的金融?简言之,就是货币资金的筹集、分配、融通、运用及其管理。具体地说,包括货币的流通及其管理;货币资金的筹集(含银行和非银行金融机构及企业、个人的有偿筹集,财政的无偿筹集);财政、银行的资金分配和企业内部的资金分配;资金的间接融通和直接融通,纵向融通和横向融通,国内融通和国际融通;资金的配置和调度,信贷资金结构的调整和管理,资金周转速度及资金运用效率的管理等等。总之,凡是有关货币资金的筹集、分配、融通、运用及其管理的各种活动,都是金融活动,它存在于整个社会的经济活动之中。作为大系统的金融学,与其他学科有交叉,如国家有关货币资金的筹集、分配、融通、运用及其管理的活动,是国家金融(国际上称为公共金融或政府金融)与财政学有交叉;工商企业有关货币资金的筹集、分配、融通、运用及其管理,是企业金融与企业财务学有交叉;居民有关货币资金的筹集、融通和管理,与个人理财学有交叉;至于专业的金融机构(主要是银行,还有许多非银行金融机构)的资金活动及管理,则是专业金融,其中还包含涉外金融,也即货币银行学的范围。所以,金融的内涵是很广泛的,既包括专业金融的活动,也包括国家的、企业的、个人的金融活动。它们相互联系、相互制约、相互交叉、相互渗透,融合而成整个社会的资金运动。而专业金融机构则是整个社会资金运动的总枢纽,国民经济的重要调节器,商品生产和商品交换的催化剂,经济发展的推进器。

当然,金融学作为一门独立的学科,主要研究货币、信用、银行的活动及其规律性,这是顺理成章的。因此,把广义的金融作为一个出发点,作为一个"广角镜"来观察货币银行与其他各种金融活动的紧密联系和相互影响,而不只是就货币银行论货币银行,是很有必要的。

## 二、金融学的研究对象

长期以来,对货币与信用的研究没有形成一门独立学科。20世纪初期西方国家逐渐形成了货币银行学,以银行为中心研究货币、信用活动。20世纪下半叶以来,世界货币信用发展很快,金融工具层出不穷,金融创新日新月异,全球性巨大的金融市场体系已经形成并迅速发展,因此,以金融市场为中心研究货币信用及其与社会经济的关系的理论和实践,已经超越了以银行为中心的货币银行学。

因此,金融学的研究对象就是社会的金融现象,也即有关货币、信用、金融机构、金融市场的活动及其所反映的经济关系。经济关系,即生产关系,按马克思在《〈政治经济学批判〉导言》中的论述,它包括人们在物质资料生产过程中的生产、分配、交换和消费关系。金融现象主要反映分配和交换关系,但是与生产和消费关系也是紧密相连的。因此,对于金融现象必须从生产力与生产关系的统一上来进行研究。事实上,有关货币流通和信贷资金运动的一些数量关系及其定量分析和计量方法,在一定程度上反映了人与物的关系,具有技术科学的性质。至于货币、信用、金融机构等的性质、职能、作用等问题,则是研究人们相互的分配、交换关系,侧重于定性分析,这是社会科学研究的本质。

科学的任务,不仅在于观察、研究事物的现象,更重要的还在于透过现象,找出其本质的、必然的联系,即规律性。金融学同样如此,要从金融现象到金融本质,找出货币流通的规律、信贷资金运动的规律、金融机构发展的规律、金融与经济发展相互作用的规律等等。马克思主义对货币、信用、银行的研究,曾贡献了许多基本原理和具有规律性的认识,这是我们研究金融的指导思想和基础,但是,马克思主义并没有穷尽真理,人们对真理的认识总是随着客观世界的发展变化而不断深入的。金融现象是商品经济发展的产物,是伴随着商品经济的存在和发展的,通过对金融现象及其本质的认识,对于存在商品经济的社会来说,有国际通用的性质。因此,研究金融学,就有必要研究国际上一些金融研究的成果,其中有值得借鉴或引进的东西,可为我所用,以深化我国金融学的研究,促进金融市场发展,为发展社会主义市场经济服务。

## 第二节 金融的产生和发展

### 一、金融产生和发展的简略回顾

金融是商品货币关系发展的必然产物。伴随着商品生产、商品交换和信用的发展,金融活动的范围也随之扩大,货币兑换、保管和汇兑业务也相继发生,金融机构也逐渐发展起来。作为银行前身的货币经营业,为了适应国际贸易的开展,也有很大发展。因为各国有不同的铸币,本国商人要到国外去购买货物,就必须把本国铸币换成购货目的地的当地铸币,或者换成作为世界货币的金块或银块。这样,就产生了货币兑换业,专门经营货币的兑换业务。后来,商品生产和交换进一步发展,经常来往各地的商人为了避免自己保存铸币和长途携带铸币的风险,就把铸币交给货币兑换商代为保管,并代办收付和汇兑。如我国唐代出现的"飞钱"(即使用一券分为两半的汇兑凭证,一半交给汇款人自带,另一半寄给外地特约的代理机构,届时汇款人到汇款目的地,两个半张合起来,核对相符,就可领取汇款)就是一种早期的票汇业务。当货币经营商办理现金保管、代办收付、结算和汇兑业务的时候,他们不仅不支付利息,而且要收取现金保管费以及代办业务的手续费。随着业务的发展,他们开始把保管的钱贷放出去,收取利息,同时用支付存款利息的办法,吸收大量存款,经营起信贷业务,货币经营商就发展成为经营存、贷、汇业务的银行。最初,货币兑换商工作条件很简陋,在意大利是把各种货币摆放在桌子上经营业务的,意大利语的 Banco 演变成了"银行"的代名词,英语中的 Bank,法语中的 Banque,俄语中的 Банк,都是从意大利语的 Banco 这个词演变而来的。在我国,由于长期运用白银作为货币材料,所以翻译时就译为银行。在这以前,历史上对金融机构的名称,有过钱坊、柜坊、钱铺、银号、钱庄、票号等等。

新兴的资产阶级为了使金融机构能够适应资本主义生产方式发展的需要,根据资本主义的经营方式,以股份制企业的形式,组建了股份制银行,其资本雄厚,规模大,经营新,发展快,后来成为资本主义银行的主要形式。1694 年,在英国伦敦建立起来的英格兰银行是第一家股份制银行。资本主义银行是特殊的资本主义企业,它充当资本家之间的信用中介和支付中介。马克思曾在分析英格兰银行时指出:现代"银行制度,就其形式的组织和集中来说……是资本主义生产方式的最精巧和最发达的产物"。[①]

中国自己创立的第一家股份制银行,是 1897 年成立的中国通商银行。1904 年,清政府设立了户部银行(后又改名大清银行),1907 年邮传部设立了交通银行,此后至辛亥革命前,先后又成立了 10 来家地方银行。1914—1921 年间,全国新设民族资本的银行 90 余家。至新中国成立前,我国约有银行、钱庄等数百家。

我国在中国共产党和毛泽东同志领导的中国革命过程中,运用马列主义关于货币、信用、银行理论,在革命根据地建立不少人民政权自己的银行,并发行货币。特别是 1931 年在江西瑞金建立了中华苏维埃共和国国家银行,并发行了货币。这是我们党所领导的红色苏维埃银行,是我国社会主义银行的雏形。从抗日战争起,到解放战争胜利,在革命根据地先后共建立了 30 多家银行,这些银行对于促进革命根据地、解放区的经济发展,巩固农村革命根据地,支援革命战争,发挥了重要的作用。

## 二、当前世界金融业发展的概况

生产和科学技术的飞速发展,加速了世界经济的发展。近几十年来,特别是 20 世纪 80 年代以来,国际金融业发生了巨大而深刻的变化,有人称之为金融创

---

① 《资本论》第 3 卷,人民出版社 1975 年版,第 685 页。

新,也有人称之为金融改革或金融革命。这里,我们根据现有的资料归纳,主要有以下一些变化。

(一) 金融全球化

综观世界金融业近几十年的发展历史,金融全球化是最重要、最显著的特征。金融全球化是经济全球化的核心组成部分,是指资金在全球范围内筹集、分配、运用和流动、金融业跨国境发展的全球化趋势、全球金融活动日益密切联系的一个过程。其主要表现是:① 资本流动全球化,而且呈现不断扩大和加速的趋势;② 金融机构全球化,不单是各国的金融机构在国外广设分支机构,进行国际化经营,而且不少金融机构跨国并购和重组,组成超大型的跨国金融集团;③ 金融市场全球化,即金融市场超越时空的限制,随着电脑及光纤通讯的发展,几乎全球连成一片,一天 24 小时可以进行外汇、证券、黄金交易。再加上出现离岸金融市场(Off Shore Financial Market),这是一种道地的国际金融市场,非居民可以在这里进行境外货币的存贷和买卖,而这种市场往往不受或很少受到所在国政府的金融管制。因此,有人认为金融市场全球化是金融全球化最突出的表现。

金融全球化对世界经济和金融的发展起了有力的推动作用,但是也有负面的影响。对世界各国来讲,既有利也有弊,既有机遇也有风险,特别是局部甚至全球性的金融危机也有可能出现。

(二) 金融交易数量倍增,资金流速加快

飞速发展的信息科学技术造就了金融交易和资金流动空前的高速度。加上层出不穷的金融衍生工具使得国际金融交易数量成十倍、成百倍地放大(2010年,全球外汇市场的月交易额突破万亿美元,而有关实物贸易量不过 10 万亿美元),巨额资金可以在瞬间作远距离转移,造成大量热钱四处闯荡。掌握得好,可以有利于经济发展,否则,会带来金融和经济危机。

(三) 融资证券化

过去间接融资在金融交易中占主导地位,现在,直接融资的比重逐步增大,以致有出现"脱媒"(Disinterme Diation)现象的说法,即融资活动脱离银行这个媒介机构。过去,长期资金主要靠发行有价证券,短期资金主要靠银行贷款,现在有些国家短期资金融通也主要靠买卖有价证券进行。以美国为代表的发达国家直接融资比重已超过间接融资,而直接融资更趋向于证券化,这是当前国际金融中最深刻的变化。

### (四) 金融商品多样化

过去传统的金融业务是存、贷、汇,业务品种比较单一。近几十年来,新品种层出不穷。按大类划分,就有单位存款、储蓄存款、信用贷款、抵押贷款、信托、投资、保险、租赁、债券、股票、国内及国际汇兑等等。各大类下面的具体品种更加丰富多彩,其中风行世界而在我国也已举办的,如 CD(Certificate of Deposit 大面额可转让存款单)、存贷结合的信用卡、旅行支票等,另外,还有证券交易中的股票指数期货和期权交易,国际金融市场的利率互换和货币互换(SWAP)等等。

### (五) 金融服务扩大化

以上各种业务当然是金融服务,但现在的金融服务范围逐步扩大,不仅代发工资,代收房租、税金、水电费等,还包括代为保管财物,代为家庭预算及收支,代办旅游,提供信息和咨询,以及家庭银行服务等许多项目。

### (六) 金融体系多元化

不仅有中央银行和专业银行、商业银行、投资银行,而且有更多的综合性银行;不仅有各种银行,而且有众多的非银行金融机构;不仅有银行持股公司,而且有跨国银行;不仅有大的集团银行,而且有形形色色的中小型银行或其他信用机构。

### (七) 金融机构多功能化

过去金融机构分工明确,现在逐步渗透,业务交叉。当代西方国家短期信贷银行与长期投资银行的界线逐步消失,银行办保险业务,保险公司办银行业务,金融机构逐渐向综合型、多功能的方向发展。

### (八) 金融信息化

金融机构的信息化,主要表现在三个层面:① 机构内部经营管理和业务处理信息化,表现为会计处理电脑化,经营管理信息电脑化、系统化。② 机构之间信息化,表现为同业之间的资金转账,信息传递电脑化、网络化,如世界银行同业金融电讯协会(SWIFT)的资金清算体系。③ 机构与客户之间的信息化,如银行的自动柜员机(ATM),零售店终端机(POS),证券业务部的自助交易指令及查询机,自动打印交割信息机等。近年来,随着国际互联网络(Internet)和企业内部网络(Intranet)的发展,许多银行推出了"网上银行",把金融信息化推进到更高的层次。

### (九) 金融自由化

过去,为了金融业的稳健运行,避免盲目竞争,许多国家都制订了各种法规,对存贷款利率、外汇、金融机构的业务经营范围都有限制或管制。随着经济的发展,不少国家放松了限制,有的取消了限制,这就是金融自由化。

(十) 金融作用深化

主要表现在金融对国民经济各个部门起促进或阻滞作用的力度日益加强,渗透到各行各业以及居民和非居民的范围日益扩大。许多国家不仅金融业工作人员掌握金融意识,而且各行各业的管理者甚至多数居民都具备一定的金融意识,日益熟练和频繁地参与金融活动。人们越来越看到金融对一个国家乃至整个世界经济以及人民的生活状况,起着至关重要的作用。

## 三、我国社会主义金融体系的产生和发展

在我国长期的革命斗争和建设的实践中,我们党运用马列主义关于货币银行的理论,开创了一条先在各革命根据地建立银行,然后在全国建立统一的银行,进而建设具有中国特色社会主义金融体系的道路。

全国解放时,我们党是率领大批银行干部带了人民银行和人民币进城的。建国以后,主要采取了以下一些措施:① 没收官僚资本银行,并把四大家族在"官商合办"银行中的股份予以没收。② 取消外国在华银行的特权。③ 对民族资本金融业,采取赎买政策,进行社会主义改造。④ 在广大农村建立和发展农村信用合作社。

通过采取上述措施,改造了半殖民地、半封建社会的金融制度,初步建立起新型的社会主义金融体系,较好地发挥了金融体系调节经济的作用。

在进入有计划的社会主义建设时期,在经济制度上,形成了高度集中统一的、以指令性计划为主的计划管理体制,在金融方面,同样也形成了高度集中统一、以行政办法管理为主的金融体制。这种体制,在当时的历史条件下,在集聚资金、支援社会主义建设方面发挥了重要作用。但这种体制,使银行长期处于会计、出纳的地位,不利于充分发挥金融对经济的调节和促进作用。随着商品生产和商品交换的发展,这种体制的弊端越来越明显。

1978年以后,我国政治、经济领域开始了历史性的转折,金融体制相应地进行了一系列的改革。这些年来,金融改革开放取得了很大成就,有力地促进了经济发展和货币稳定以及市场经济体制的建立。主要表现在:第一,改变了计划经济条件下形成的"大一统"的银行体制,确立了中央银行制度,建立了较为完整的金融组织体系;第二,开拓金融市场,建立了货币市场和资本市场,外汇市场也已

初具规模;第三,建立了以中央银行为核心的、直接调控与间接调控相结合的宏观金融调控体系,并发挥了积极的作用;第四,金融对外开放迈出了较大的步子。可以说,我国的金融改革是市场取向的改革,它与国民经济体制改革和对外开放是同步配套进行的。

1997年7月1日,中国恢复对香港行使主权之后,根据"一国两制"的原则,香港特别行政区政府将执行高度独立的货币金融政策,香港的国际金融中心地位不会改变。我国存在两种货币和两种货币制度;两地金融当局保持相对独立关系;中国人民银行将对香港的货币稳定提供支持;两地债权债务等有关金融事务将被视为对外债权债务,并参照国际惯例处理。上海正依据国家战略,为建成国际金融中心之一而努力,上海与香港两个国际金融中心之间进行合作和互补。

## 第三节 金融在国民经济中的作用

早在1848年,马克思和恩格斯在《共产党宣言》中就已经提出,无产阶级夺取政权后,必须"通过拥有国家资本和独享垄断权的国家银行,把信贷集中于国家手里"。[1] 列宁在分析资本主义的银行时曾指出:银行已成为"现代经济生活的中心,是全部资本主义国民经济体系的神经中枢"。[2] 从理论上指明了社会主义的国家银行在社会主义建设事业中具有重要的作用。20世纪90年代初,邓小平指出:"金融很重要,是现代经济的核心。金融搞好了,一着棋活,全盘皆活。"[3] 对金融的地位和作用,作了高度、深刻的概括。

从我国金融改革和发展的实践来看,对金融在国民经济中具有举足轻重的地位,已是许多人的共识。那就是:金融是社会资金运动的总枢纽,是国民经济重要的调节器,是控制货币供应的总闸门,是促进社会经济稳定协调发展的重要经济杠杆。金融在经济生活中无论对宏观经济的调控,还是对微观经济的搞活,都具有重要的作用。具体说来有以下五大作用。

### 一、筹集融通资金的作用

社会主义国家建设资金的来源,主要是两大方面:一是财政的无偿筹集;二

---

[1] 《马克思恩格斯选集》第1卷,人民出版社1972年版,第272页。
[2] 《列宁选集》第3卷,人民出版社1972年版,第136页。
[3] 《邓小平文选》第3卷,人民出版社1993年版,第366页。

是金融的有偿筹集和融通。据统计,我国在扩大再生产的资金(包括固定资金和流动资金)中,除去企业的自筹资金之外,以财政拨款和银行贷款为100单位,1978年,财政拨款占76.6%,银行贷款占23.4%;1986年,财政拨款占31.6%,银行贷款占68.4%,①说明随着经济的发展,金融业已成为筹集分配资金的主要渠道。截至2012年年末,通过金融系统吸收的各项本外币存款折合人民币已达94.29万亿元,由金融系统发放的各种本币和外币贷款折合人民币已达67.29万亿元。②这些数字表明,金融系统在筹资融通资金方面发挥了重要的作用。

## 二、引导资金流向的作用

国民经济的综合平衡,社会再生产的顺利实现,既要求实物的实现,也要求价值的实现。这就要求资金不仅在总量上满足社会再生产的需要,而且要求在资金配置、资金结构上的合理化,与客观要求相适应。金融系统通过信用方式以及多种金融工具为调节杠杆来引导资金的合理流向。在资金紧张的情况下,更需要金融系统引导资金流到符合经济发展要求的方向去,引导到产品适销对路、质量好、规格全、经济效益好的方向去;金融系统还能吸引广大居民的闲置货币、手持现金,使之转化成为生产基金。

## 三、提高资金使用效率的作用

提高资金使用效率首先是提高工商企业的资金使用效率。当前,一方面生产和建设资金十分短缺;另一方面资金损失、浪费的现象比较严重。全国国有企业固定资产及流动资金数以万亿元计,其中有相当一部分资金占用不合理,企业经济效益比较低,这就说明资金利用效率不高,资金潜力很大。因此,通过金融机构加强信贷管理,来影响、促使企业改进对流通资金的管理,诸如清仓理库,清理积欠,挖掘资金潜力,加速资金周转,从而提高资金使用效率。

至于金融机构本身,也有一个提高信贷资金使用效率的问题。各家金融机构的贷款总额中,逾期贷款、风险贷款占有不小的比重。因此,加强金融机构的管理,搞活这部分资金,对提高信贷资金使用效率,更好地满足企业的资金需要,

---

① 刘鸿儒:《中国金融体制改革研究》,中国金融出版社1987年版,第56页。
② 中国人民银行2012年金融数据报告。

也是十分必要的。

## 四、调控社会总需求的作用

在我国新旧经济体制转换变革的过程中,由产品经济转向市场经济,由实物管理转向价值管理,由直接控制转向间接控制,由行政命令转向经济调控,迫切需要建立一个强有力的社会主义经济调控体系,综合运用价格、税收、信贷、利率、汇率等经济杠杆,调控社会总需求与社会总供给,调控积累与消费等重大比例关系,调控财力、物力、人力的流向,调控产业结构和产品结构,调控市场需求,调控对外经济往来。实践证明,金融调控日益成为国民经济调控体系中极为重要的组成部分。

金融调控在宏观调控方面,主要是保证社会总供给与总需求相适应,稳定货币,平衡国际收支,保持国民经济的持续、稳定、协调地发展。宏观调控与微观调节紧密结合,使宏观经济效益与微观经济效益有机结合,促进企业提高资金使用效率;提高经济效益。

## 五、加强国际经济联系与交流的作用

随着我国对外开放政策的贯彻实施,我国对外经济贸易往来不断发展,引进外资和先进科技成果也逐渐增加,同国际市场的联系日益密切,这就要求金融系统扩大国际金融业务,充分发挥金融在国际贸易中的桥梁和纽带的作用。改革开放,我国金融机构在引进外资,引进先进技术,加强与国际金融业的往来,支持我国工商企业在发展外向型经济以及扩大出口创汇能力等方面,发挥了重要的作用。特别是金融对外开放方面迈出了较大的步子。至2010年年底,我国境内共有外资银行营业性机构313家,总资产折合人民币1.74万亿元,41家境外金融机构入股32家中资银行,引进外资金额为384.2亿美元。9家中资银行在海外上市,引进外资金额为630.8亿美元。实践证明,金融对外开放,是经济对外开放的重要组成部分,对加强国际经济合作,促进我国经济发展有重要的作用。

# 第十二章

# 货币与货币制度

**内容提示** 本章主要阐述货币产生和发展过程,货币的本质和职能,金属货币制度和现代不兑现的信用货币制度以及货币发展的形式。

## 第一节 货币的本质和职能

### 一、货币的本质

研究货币的基本理论,必须从商品经济入手。因为货币是商品交换过程的产物,是商品内在矛盾不断发展的必然结果。在原始社会末期,最初的交换是采用物与物直接交换的形态。随着社会生产力的发展,进入交换过程的物品数量和种类日益增多,物物交换过程中的矛盾和缺陷日益显露出来。例如,皮靴的所有者需要斧子,可斧子的所有者不需要皮靴而需要谷物,因而这两个商品所有者不能成交。商品的买卖双方必须正好同时需要对方的商品,如若不是如此,交换就不可能成功。当物物交换无法解决交换中产生的这一困难时,在自发交换过程中产生了一种充当商品交换媒介的一般等价物的商品,即货币。

货币的出现使商品的买和卖分成两个过程,同时使交换的成功率提高。从历史上看,起到一般等价物作用的货币材料,有风采各异的存在形式,最初是一些牲畜和矿物,如牛、羊、贝壳、铜、铁等等,后来一般等价物形式逐渐固定在贵金属(黄金和白银)身上。这是因为,金银等贵金属比其他一般等价物具有质地均匀、体积小、价值大、便于分割的优点。因此,货币必然以金银作为代表,成为理想的货币材料,在货币世界中独占鳌头。正如马克思曾经说过,"金银天然不是货币,但货币天然是金银"。[①] 这句话十分科学地揭示了货币的起源和本质。迄

---

[①] 《马克思恩格斯全集》第13卷,人民出版社1962年版,第145页。

今为止,商品经济已有几千年的历史,货币也相应存在了几千年。

从货币产生的根源及其历史发展过程,可以充分证明,货币的本质就是它是固定地充当一般等价物的特殊商品。事实上,正是由于货币的这种本质特征,才使得货币得以区别于其他一切商品。

从现象上看,货币和其他一切商品一样,都是用于交换的劳动产品,都是价值和使用价值的统一体。但货币与一般商品又有着本质上的区别,货币的特殊性主要表现在以下两个方面:首先,货币是表现其他一切商品价值的材料,而其他一切商品则没有这种特性。在商品世界中,普通商品直接以使用价值形式出现为社会所接受,而货币则是以其他商品价值的一般等价物形式出现,是表现其他一切商品价值和交换价值的特殊材料。其次,货币具有与任何商品直接交换的能力。货币和其他普通商品一样具有特定的使用价值,如金、银可以用来做饰品,但更重要的是货币具有一般的使用价值,即作为交换手段,货币可以用来购买任何商品,具有与任何商品直接交换的能力。

从生产关系的角度看,货币作为交换的媒介和一般等价物出现,反映了商品交换背后的商品生产者之间互相交换劳动的经济关系,因此,货币还体现一种特定的社会生产关系。

## 二、货币的职能

货币的本质决定了货币的职能,货币职能是货币本质的具体体现。一般地说,货币具有价值尺度、流通手段、贮藏手段、支付手段和世界货币五个职能。其中,价值尺度和流通手段这两个职能通称为货币的基本职能;贮藏手段、支付手段和世界货币是由基本职能派生出来的,被称为派生职能。

(一)价值尺度

货币的第一个基本职能是充当价值尺度。所谓价值尺度,即货币具有表现商品价值并衡量商品价值量大小的职能。货币之所以能充当价值尺度,是因为作为贵金属货币本身也是商品,也具有价值,就像衡量长度的尺子本身也具有长度一样。

货币在执行价值尺度的职能时,并不需要现实的货币,而是采取观念上的货币,即商品的价格。商品的价格是商品价值的货币表现,是为各种商品之间的交换提供便利的基础。在足值的金属货币流通的条件下,价格的变化往往要依赖于商品价值和货币价值这两个基本因素的变化。一般地说,商品的价格与商品的价值成正比例变化,商品的价格与货币的价值成反比例变化。但在不足值的金属货币流通纸币的条件下,情况就不相同,由于价格受劳动生产率和市场因素等多方面的影响,商品价格的变化并不与商品价值的变化完全一致,有时甚至呈现背离的情况。

为了能够衡量和计量各种商品的价值量,为了交换的方便,有必要确定货币本身的计量单位,即在技术上把某一标准固定下来作为货币单位,并把这一单位再划分为若干等分,这种货币本身的计量单位及其等分,称作价格标准。例如以黄金作为货币,就要把黄金划分为两、钱、分等计量单位。历史上,最初的价格标准和货币计量单位是一致的,如英国的货币单位英镑,原来是重一磅的银的货币名称,我国秦朝时曾铸造的"半两"铜钱,其铸币面值与货币的含铜量是一致的。但是,在历史发展过程中,价格标准和货币本身的重量标准逐渐脱钩,最后又过渡到仅仅作为价值符号的纸币形态。

价值尺度和价格标准有联系,也有区别。从两者的联系上看,价格标准是货币执行价值尺度职能时的技术性规定,有了价格标准,货币才能更好地执行价值尺度的职能。从两者的区别上看,价值尺度是在商品交换过程中自发形成的,由经济规律所决定的;而价格标准作为一种技术性规定,是由国家法律确定的。

(二)流通手段

货币的第二个基本职能是充当商品交换过程中的媒介。商品交换的总和即商品流通,公式为:"W—G—W"。在物物交换("W—W")的条件下,商品的买和卖在时间上和空间上是统一的。如果 A 者需要 B 者的产品,B 者不需要 A 者的产品,而是需要 C 者的产品,就会使交换无法顺利进行。货币产生之后,转变为以货币为媒介的商品流通,打破了直接物物交换时的局限性,有力地促进了商品交换的发展。但买和卖在时间、空间上的分离已使流通中孕育着经济危机的可能性。

充当流通手段的货币不能是观念形态的货币,而必须是现实的货币。最初,充当交换手段的货币,是以金属条块形式出现的,每次交易时都要验成色、称分量,很不便利。随着商品交换的发展,出现了铸币的萌芽,即有些商人在金属条块上烙有个人印记,以信誉来保证金属条块的质地。后来,逐步由国家出面铸造铸币,铸币是具有一定形状、重量、成色的金属货币。在其流通过程中,出现了因不断磨损而不足值的铸币与铸币的名义重量相背离的状况,但不足值的铸币仍然可以充当流通手段,这是因为,流通手段的作用是转瞬即逝的,人们并不关心币值的大小,而是关心是否能换回等价使用价值的商品。以后国家就开始有目的地铸造不足值铸币,开始发行无任何内在价值的纸币。纸币是一种由国家发行的并强制实行流通的价值符号,但它也能执行流通手段的职能。

### (三) 贮藏手段

货币的贮藏手段职能,是指货币作为社会财富的一般代表,在退出流通领域之后可以被人们贮藏起来,具有保存价值的职能。贮藏手段的职能,是在价值尺度和流通手段职能基础上衍生的。

在金属货币流通的条件下,充当贮藏手段的货币,必须是具有内在价值的金币或银币。当时除了金、银币直接的"贮藏"之外,人们还将金、银的艺术制品进行贮存。而这些行为的产生,正是与当时的商品经济不发达有关。在金属货币和纸币同时流通的条件下,人们除了贮藏金属货币外,还把不具有内在价值的货币符号即纸币积蓄起来作为一种对未来流通手段或支付手段需要的"准备金"。当信用制度在商品经济中发展起来后,货币贮藏便集中到银行。在经济发达的社会中,储蓄已成为家庭、企业和政府的一种普遍贮藏形式。但纸币的贮藏手段职能要能正常发挥其作用,必须具备一定的前提条件,即货币的币值较为稳定,贮藏货币可以带来稳定的收益。如果发生了通货膨胀、纸币贬值,就会使货币的贮藏职能有所削弱。

### (四) 支付手段

货币的支付手段职能,是指货币作为偿还债务或付款的手段。货币执行支付手段的职能,最初是由商品的赊销买卖引起的,当货币被用来偿还赊销一定期限的货款时,商品的让渡和货币的支付实际上已经在时间上分离开来,货币发生了价值单方面的转移,因此这时的货币已不是充当商品交换的媒介,而是作为偿还债务、延期付款的手段。随着商品经济的发展,又形成了货币借贷关系,货币本身成了商品,货币商品的借和贷之间成了两个独立的行为,货币的借入者在借款到期后必须偿还本息,货币的偿还债务手段更为明显。

由于货币的贮藏手段和支付手段两个职能的存在和发展,使银行业得以形成和发展。在一定的信用制度下,货币作为支付手段的职能得到了进一步强化,又派生出信用货币,即取代了金属货币而充当支付手段的信用凭证和票据。由于信用货币的推广,债权债务相互之间的支付,能够集中于某一特定地点进行相互抵消,债务余额减少,从而充当支付手段的货币流通量也就日益减少。

支付手段的发展,特别是产生了信用货币之后的结果是:一方面,减少了流通中必要的货币流通量;另一方面,也隐藏着债务危机的可能性与必然性。如果债务链上的某一环节脱节,即某一债务人不能到期偿付债务,就有可能引起整个债务链发生紊乱现象,引起整个社会经济生活的波动。

(五) 世界货币

随着国际上各贸易国之间的经济往来,货币在国际市场上起到一般等价物的作用,即执行世界货币的职能。马克思曾指出:"货币一越出国内流通领域,便失去了这一领域内获得的价格标准,铸币、辅币和价值符号等地方形式,又恢复原来的贵金属块的形式。"[1]在国际货币流通领域内,一直以贵金属特别是黄金作为世界货币代表,黄金作为平衡国际收支差额的最后支付手段、普遍的购买手段和社会财富的转移手段(即由一国转移到另一国,如战争赔款、资本输出等等)。

在当代,执行世界货币职能的并不只是黄金,而是国际间广泛使用的货币,如世界上各国大多采用美元作为计价、结算和转移财富的世界货币代表。此外,马克、英镑、日元、法郎等等也在一定范围内起着世界货币的作用。原因就是这些国家的经济实力比较强,外汇储备多,兑现程度也较高,币值相对稳定,加之金融组织机构遍布世界各地服务于各国,因此这些国家的货币易于被他国所接受和使用。与此同时,黄金没有退出历史舞台,仍然发挥着世界货币的作用。

## 第二节 货币制度

迄今为止,世界各国的货币制度基本上都经历了一个从金属货币制度到不兑现信用货币制度的历史演变过程。在当今复杂多变的世界格局中,研究货币发展史和货币制度,对于确立和制定本国的货币制度和货币政策,协调国与国之间的贸易往来和金融活动,具有十分重要的现实意义。

### 一、金属货币制度

(一) 前资本主义的铸币流通

人类使用金属货币已有三千多年的历史。在古代,由于一定范围内商品交换的需要,金属货币是以其自然形态即条状或块状参与流通的。随着社会生产

---

[1] 《马克思恩格斯全集》第23卷,人民出版社1972年版,第163页。

力的进一步发展,冶炼业随之发展,冶炼技术上也达到了一定水平,人们开始把某些金属如铜、铁等铸成具有印记和一定形状的金属货币。以后,为了适应交换扩大和维护交易秩序的需要,由国家出面干预,统一铸造了具有一定形状、重量和成色的金属货币。在我国历史上,如春秋战国时期的布币、刀币、环钱;西汉的"货泉";东汉的"五铢";宋代的"元宝";明代的"永乐通宝"等等都是铸币。我国古代曾长期使用铜铸币,因为铜是一种单位价值量较金、银为低的金属,也称"贱金属"。在欧洲中世纪大部分时期及近代早期,白银是主要的货币材料,同时也用铜作为货币材料。

铸币形式的出现,一方面,标志着社会生产力的发展,有力地促进了商品交换规模的扩大;另一方面,在交换过程中也逐渐显露出铸币本身的缺陷。前资本主义社会中,自然经济占统治地位,政治上实行封建割据,致使铸币权极为分散,铸币的成色和重量单位不统一,而且在流通过程中,铸币不断变质,重量逐渐减轻和成色不断下降。上述缺陷造成了铸币流通中的紊乱状况,既不利于建立广泛而又稳定的信用关系,也阻碍了商品经济的进一步发展,因此,统一币制的时机和条件已逐步形成。

(二)资本主义金属货币制度的形成

货币制度是伴随着资本主义经济制度的建立而形成的。资本主义商品经济的发展,要求建立起一个与之相适应的、统一的、稳定的货币制度,以克服货币流通中存在的分散、紊乱和不稳定状况。资产阶级取得国家政权之后,颁布和实施了许多币制改革的法令,并最终建立了统一的货币制度。

所谓货币制度,是由货币材料、货币单位、货币偿付能力的确定、货币发行和流通程序、管理货币的系统等内容所构成的一项制度。是国家以法律形式确定的货币流通的结构和组织形式。金属货币制度一般由以下四个要素构成。

1. 确定货币材料

确定货币材料,是确立两个国家货币制度的基础。确定什么样的货币材料作为本国货币,首先要受到该国客观经济条件的制约。例如,在资本主义发展的初期,黄金、白银被广泛用于各国规定的货币材料,当黄金大量生产出来以后,就逐渐取代了白银而成为基本的货币材料。历史上各个国家确定了不同的货币材料,就此形成了不同的金属货币制度,如金本位制、银本位制和金银复本位制。

2. 规定货币单位

货币材料确定之后,就要规定货币单位,包括规定货币单位的名称和货币单位所含的货币金属量。例如,英国的货币单位定名为"镑",按1870年的铸币条例,其重量规定为一英镑含纯金123.27447格令(合7.97克)。我国1914年的货币条例规定,货币单位名称为"圆",每圆含纯银6钱4分8厘(合23.977克)。

3. 规定货币的铸造、发行和流通程序

(1) 规定本位货币的自由铸造和无限法偿能力。一国货币制度中的基本通货称为本位货币,也称"本位币"或"主币"。在金属货币制度下,本位币就是按国家规定把一定量的贵金属铸成的货币。它的名义价值和实际价值相符,是足值货币。本位币的自由铸造,即在铸币自由流通条件下,任何公民都有权请政府代铸货币,而政府只收较少的费用。无限法偿能力,即按法律规定,在用本位币作为支付手段时,不受数额大小的限制,任何交易对方不得拒绝接受。

(2) 规定辅币的垄断铸造和有限法偿能力。辅币是指本位币以下的小额货币,专供日常零星交易支付之用。辅币通常用铜、镍等贱金属铸造。辅币是一种不足值的货币,其名义价值往往高于实际价值。法律规定,辅币一律由国家垄断铸造。此外,辅币具有有限法偿,即使用辅币规定一定的限额,超过规定限额时对方有权拒绝接受,如美国10分以上的银辅币每次支付限额为10元,铜镍铸分币每次支付限额为25分。

除此之外,各国都规定了金属货币的发行和流通程序。随着商品生产和商品交换的发展,金属货币流通的数量已不能满足现实的需要,在资本主义信用制度发展的基础上产生了各种信用货币,如银行券和纸币。在金属货币和信用货币同时流通的情况下,各个国家通过法律形式规定了各自货币的发行和流通程序。

4. 金准备制度

金准备又称为黄金储备,它是一国货币稳定的基础,也是货币制度的主要内容之一。一般说来,世界上大多数国家的黄金储备由各国中央银行或国家财政部门掌握。在金属货币流通的情况下,黄金储备的用途大致有三方面:一是作为国际支付的准备金;二是作为国内金属货币流通的准备金;三是作为支付存款和兑换银行券的准备金。1929—1933年的世界经济危机之后,后两个用途已经消失,金准备只是作为国际支付的准备金而存在。

(三) 金属货币制度的类型

从金属货币制度的历史发展过程来看,各国曾先后采取过银本位制、金银复本位制和金本位制三种类型的货币制度。如图 12-1 所示。

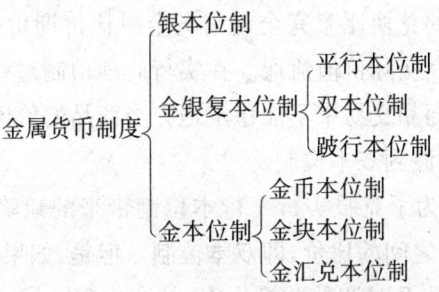

**图 12-1　金属货币制度的类型**

1. 银本位制

银本位制是实行最早的货币制度之一。它是以白银作为本位币的一种货币制度,也称作银单本位制。银本位制的基本内容包括:以白银作为本位货币,银币具有无限法偿能力;银币可以自由铸造、自由熔化;银行券可以自由兑换白银;白银可以自由输出与输入。

银本位制从 16 世纪后在欧洲开始盛行。我国是在 1910 年清末宣统二年颁布"币制则例",宣布实行银本位制。到 1935 年废止了此项币制。而世界上其他国家早在 19 世纪末期就基本上放弃了银本位制。

各国之所以最终放弃了银本位制,究其主要原因是:当时,世界上黄金和白银的产量都增长很快,其中生产白银的劳动生产率比生产黄金的劳动生产率提高得更快,而市场上对黄金的需求量大增,供求不平衡的结果导致了金银之间的比价大幅波动,而且比价之间的差幅日益增大。以当时伦敦的金银市场价为例,1860 年金银比价为 1:15,到 1900 年比价为 1:33。由于金银比价是不同国家之间汇率的基础,金贵银贱等于实行银本位制的国家货币对外贬值,因此不少国家首先放弃了银本位制,于是,黄金作为一种体现价值量更大、更加稳定、便于交易的贵金属,取代了白银的统治地位。另外,在实际商品交易活动中,白银相对于黄金来说,由于其价值较低,给大宗交易带来了不便。

2. 金银复本位制

金银复本位制就是金币和银币同时作为本位货币的金属货币制度。这两种铸币可以自由铸造,自由输出和输入,具有无限法偿能力,同时流通。金银复本位制又可分为以下三种不同类型。

(1) 平行本位制。它的基本内容是:金银铸币都可以自由铸造、熔化,具有无限法偿能力,可以自由输出和输入。其特点是:国家不规定金币与银币之间的法定比价,两种货币的兑换比率完全由市场金属比价即生金和生银的比价自由决定,金币和银币按其实际价值流通。在实行此项币制过程中,由于市场金银比价变动过于频繁,在商品交易中不能稳定地充当商品的价值尺度,造成交易过程中的紊乱,因此,又过渡到双本位制。

(2) 双本位制。为了克服实行平行本位制带来的缺陷,由国家出面以法律形式规定了两种货币之间的比价,即双本位制。但是,如果市场上金银比价发生较大波动,国家又不能及时调整兑换比率,就会出现金银市场比价和金、银铸币法定兑换比率之间的背离现象。

(3) 跛行本位制。跛行本位制即金银币都规定为本位币,有固定的兑换比率。但国家只允许金币自由铸造,银币只能限制铸造。因此,在这种币制下,银币的币值实际上取决于银币和金币的兑换比率,仅起到辅币的作用。对跛行本位制可以看作是一种由复本位制向金单本位制过渡的货币制度。

上述金银复本位制的优点是金币、银币可以同时流通,可以分别用于大宗交易和小额交易活动,有利于商品流通,相对于银本位制是一个历史的进步。但是复本位制带来的最大缺陷是:第一,金银之间的法定比率必须与其作为金属的价值比率经常保持一致,否则便会发生交易中商品价格紊乱的现象,使复本位制无法施行下去。第二,用法律形式规定金银比价,与价值规律的自发作用往往会产生矛盾,表现出"劣币驱逐良币"的现象,这种现象也叫"格雷欣法则"。劣币即名义价值高于其实际价值的货币,当劣币的名义价值被高估的时候,由于两种铸币均可以自由铸造和熔化,人们就会不断地从流通中取走良币,而由劣币充斥市场。不同国家在金银铸币比率上的差别,也会表现出上述现象。例如,美国1791～1861 年的法定币制为复本位制,金银之间的比价为 1:15,但其他实行复本位制的国家都采用 1:15.5 的金银比价,由于比价上的差别,作为劣币的白银便将黄金逐出流通。由此可以看出,复本位制使货币流通出现了不稳定状况,实际流通中只有一种货币在起作用。

3. 金本位制

金本位制是以黄金为本位币的货币制度,又称金单本位制。金本位制有以下三种形式:

(1) 金币本位制。金币本位制是以黄金作为币制的基础,并实行金币流通的货币制度。它的基本内容是:货币单位规定法定的含金量,为无限法偿货币;

金币可以自由铸造和自由熔化(熔成金块、金条状);辅币和银行券可以按其面值自由兑换成金币;黄金和金币可以自由输出和输入;货币储备全部是黄金,以黄金进行国际结算。

金币本位制是一种相对稳定的货币制度,它克服了金银复本位制下价值尺度两重化造成的混乱现象,较好地建立起一种货币供应量与需要量保持大体一致的货币调节机制,从而促进了资本主义信用制度和商品经济的发展。但在实行金币本位制过程中,各国经济的发展与黄金存量的有限性发生了矛盾,结果是政府的货币用黄金不足,出现负增长。金币本位制到第一次世界大战时已无法维持,同时战时欧洲各国大多发生了严重的通货膨胀,使大量黄金流向美国。第一次世界大战后欧洲一些国家企图恢复此项币制,但已无可能和条件,只能实行没有金币流通的金块本位制和金汇兑本位制。

(2) 金块本位制。金块本位制又称为生金本位制。在这种货币制度下,国家规定货币的含金量,不铸造和不流通金币,只流通银行券;居民只能按规定的条件用银行券兑换金块。例如,英国曾规定,每次兑换金块的起点额度为纯金400盎司(约合1 700英镑)。

(3) 金汇兑本位制。金汇兑本位制又称为虚金本位制。在这种货币制度下,规定货币有一定含金量,但国内无金币流通,也无金块可供兑换;中央银行将黄金和外汇存在国外,并用法律规定国与国之间货币的兑换比率;居民可以先按比率用本国银行券兑换该国货币,再向该国兑换黄金。

上述(2)、(3)两种货币制度都属于不稳定的金本位制。首先,由于两种币制都不存在金币流通,价值规律作用下自发调节货币流通的机制已不再存在。其次,银行券虽可以兑现,但兑换能力与过去相比已大为降低。1929~1933年,世界性经济危机之后,许多国家相继放弃了金本位制。

(四) 国际货币制度的历史演变

到目前为止,就世界范围来说,先后存在过两种典型的国际货币制度,即国际金本位制度和第二次世界大战后初期建立并于20世纪70年代初崩溃的布雷顿森林体系。

1. 国际金本位制的形成和演变

金本位制,是随着资本主义生产方式的发展而确立起来的。英国政府在1816年通过了《金本位制法案》,1821年开始实施此项币制,大体上经历了100年之久,美国从1900年开始实行到结束,总共只有30多年的历史,欧洲的其他国家也只有几十年的历史。

　　国际金本位制真正形成于 19 世纪 70 年代,以西方各主要资本主义国家普遍采用金本位制作为标志。

　　第一次世界大战以前的金币本位制是典型的国际金本位制。实行这种金币本位制的优点在于:第一,金币自由铸造,使金币价值与其法定含金量保持一致;第二,金币自由兑换,使辅币和银行券等价值符号能稳定地代表本位币价值流通,从而使币值稳定;第三,黄金在国际间自由输出和输入,外汇汇率以铸币平价为基础,汇率的变动只允许在黄金输送点界限之内,因此外汇汇率相当稳定。在当时的国际金本位制下,黄金充分发挥了世界货币的职能,促进了国际经济的稳定和发展。

　　第一次世界大战爆发后,各国相继停止银行券兑现黄金和黄金的自由输入、输出,不少国家实行了浮动汇率制,国际货币体系的稳定性发生动摇。第一次世界大战结束后,除美国实行金本位制外,英法两国实行金块本位制,其他国家大多实行金汇兑本位制。1925 年,以英镑、美元、法郎等储备货币占主要地位的国际金汇兑本位制开始形成。在金汇兑本位制下,黄金仍是最后的支付手段,但实行金本位制的基础已不稳固。

　　1929—1933 年的世界经济大危机,动摇了金块本位制和金汇兑本位制,统一的国际金本位制随之瓦解。其直接原因在于世界性经济危机动摇了金本位货币制度的基础,即金币的自由铸造和自由流通,价值符号的自由兑现,黄金的自由输出和输入受到了削弱或丧失,使这项制度难以维持。从更深层的原因分析,首先,当时世界黄金的生产量已无法满足商品生产和商品流通迅速扩展的需要。另外,运用黄金来干预外汇市场以保持固定汇率,又使黄金显得相对不足,尤其是当汇率发生大幅波动时矛盾更加突出,导致国际金汇兑本位制瓦解。其次。到 20 世纪初,黄金存量集中到少数主要资本主义国家中,1913 年,英、美、法、德、俄五个国家的黄金存量达到了世界黄金存量的 2/3,因此,流通中的黄金量大量减少,黄金的自由铸造、自由流通受到破坏,使其他国家的金本位制无法维持下去。再次,在实践中难以解决各国对外汇率稳定与本国国内物价上涨的矛盾,无法对本国经济进行管理和调节。这一切都使得国际金本位制无法继续维持下去,最终走向瓦解。

2. 布雷顿森林体系的建立和崩溃

　　国际金汇兑本位制崩溃后,在西方各国普遍实行纸币流通制度的情况下,货币信用危机加深,无法建立起统一的国际货币制度,转而纷纷建立起各国货币集团,如英镑集团、美元集团、法郎集团等。到第二次世界大战期间,战争给美国的生产、对外贸易、黄金储备带来了巨大的增长,战后美国的黄金储备约占世界各国储备总额的 3/4,这就为确立以美元为中心的国际货币制度打下了基础。

(1) 以美元为中心的固定汇率制度的建立。第二次世界大战后,各主要资本主义国家的经济实力发生了重大变化。在第二次世界大战即将结束前,从 1943 年 9 月至 1944 年 4 月,为了保持战后货币制度的稳定,以利于经济的发展,英国被迫放弃自己的主张,接受了美国提出的方案,于 1944 年 7 月在美国新罕布什尔州布雷顿森林召开了由 44 国参加的联合国联盟国家国际货币金融会议,在这个会议上通过了《国际货币基金协定》,即《布雷顿森林协定》。

这个协定的中心内容就是用美元、黄金双挂钩(即各国货币与美元挂钩、美元与黄金挂钩)的办法来保证实行固定汇率的制度,它仍可看作是以黄金作为基础的货币制度,同时也标志着第二次世界大战后国际货币制度的确立。

这种双挂钩的国际货币制度表明,各国货币不能直接兑换黄金,只能通过能兑换黄金的美元,间接地同黄金挂钩,美元在国际货币制度中处于中心地位,起世界货币的作用。这种国际货币制度实际上是以美元为中心的金汇兑本位制。

(2) 美元危机与布雷顿森林体系的崩溃。从 1960 年 10 月发生的第一次美元危机到 1973 年 3 月,先后共爆发了 10 次美元危机,西方各主要金融市场出现了抛售美元、抢购黄金的风潮,金价一涨再涨。在美元危机的冲击下,美国黄金储备大量减少,美元不断贬值,尽管采取了一系列补救措施,但美元危机并未得到缓解。1971 年 8 月,美国宣布实行"新经济政策",对内冻结工资物价,对外停止履行外国政府和中央银行可以用美元向美国兑换黄金的义务。

1973 年 3 月,经过磋商和斗争,西欧共同体成员国宣布美元和西方其他国家的货币实行联合浮动,其中联邦德国、法国等国家实行联合浮动(对内部固定汇率,对外浮动汇率),英国等实行单独浮动。于是,布雷顿森林体系完全崩溃,国际货币制度进入了多元国际储备和浮动汇率制的时代。

## 二、现代不兑现的信用货币制度

(一) 信用货币制度的产生

在货币流通史上,较早出现过以足值的金属货币形式流通的时期,以后又出现了不足值的金属货币与价值符号(银行券和纸币)共同流通的时期。到 19 世纪中叶,各种纸币形式的信用货币,在实际流通中已排斥了贵金属货币,并占据统治地位。

信用货币的产生有其必然性。在当时金属铸币流通的条件下,已无法满足流通中对流通手段和支付手段日益增长的需要,于是出现了银行券形式,即可兑现的信用货币。最早的银行券出现于17世纪,用它可以代替商业票据进行流通。在1929~1933年世界经济危机之前,这种银行券随时可以向发券银行兑换金属铸币。20世纪30年代金本位制崩溃后,流通中的银行券丧失了直接或间接兑换黄金的条件,从而演变为不兑现的信用货币。在国家的强制力量下,银行券纸币化,世界各国普遍实行了不兑现的信用货币制度,一直延续到现在。

### (二) 不兑现信用货币制度的特点

现代信用货币与实物货币、贵金属货币相比,具有以下明显的不同之处:第一,信用货币是价值符号,它本身没有内在价值,它是商品价值的货币代表;第二,信用货币是一种债务货币,它是银行对持有者和存款者的负债凭证,并以银行信用作为保证;第三,信用货币具有强制性,由国家法律规定为法定货币,并实行强制流通。

不兑现信用货币制度的出现,是现代商品经济和信用制度的发展的客观要求。不兑现的信用货币制度,是指以纸作为币材,不能兑换黄金的货币制度,也称纸币本位制。我国早在宋朝公元995年间,就出现了最早的纸币——"交子"。欧洲纸币出现大约400年前,但形成制度,是在20世纪30年代以后。

不兑现的纸币本位制,是当今世界各国普遍实行的一种货币制度,与金属货币制度相比,它的主要特点如下。

(1) 经济活动中多数国家的主币是纸币。纸币由国家法律规定强制流通,具有无限法偿能力和最后支付手段能力。

(2) 现代信用货币已割断了与黄金的联系。纸币不能自由兑换黄金和金币,货币供应量也不受贵金属量的制约。尽管黄金已退出了流通领域,但黄金作为货币的作用没有完全消失,如贮藏手段和世界货币的职能仍存在。

(3) 现实经济生活中的货币由不兑现银行券和银行存款构成,两者都体现着银行的负债,反映信用关系,所以它们都是信用货币。在经济发展和金融发展中,银行存款在整个货币量中的比重有提高的趋向。银行存款中最重要的是活期存款,在信用制度高度发达条件下,除了采用支票形式,也可采用信用卡形式,以此来减少现金的流通量。

(4) 现代信用货币是通过银行信贷渠道投放到流通中去的。银行通过各种信用业务把货币投放到流通中,并通过自身信用业务组织非现金流通。但纸币发行量如果超过了流通中对货币的实际需求量,纸币就可能发生贬值。

(5) 现代信用货币制度必须依靠国家及中央银行的管理和调节。因为纸币仅是一种价值符号,不像金属货币那样具有自我调节机制。因此,纸币的发行一般要根据国民经济发展水平来确定;纸币的发行数量由国家法律规定其最高发行限额,并设立黄金储备、外汇储备包括政府证券作为发行准备;中央银行要根据流通中货币量的供求情况进行调节。只有加强国家宏观管理和调节,才能保持货币的稳定。

我国的货币制度也是不兑现的信用货币制度。它的基本内容是:以人民币为法定主币,由中国人民银行垄断发行;人民币没有法定含金量,也不能自由兑换黄金;国内的一切货币收付、结算和外汇牌价均以人民币为统一计算单位;建立稳定币值的机制。

(三) 货币形式的发展

货币发展史表明,货币形式的存在和发展是由客观经济发展水平决定的。人类社会历史上经历了实物货币、贵金属货币、信用货币阶段,现在已进入电子货币阶段。电子货币也是信用货币的一种存在形式。"电子货币"分两种:一种以 IC 卡为基础的称为 E-Wallet("电子钱包"),即将个人的现金信息,储存在 IC 卡的芯片中,借助电话、个人电脑或 ATM 机等设备,将个人银行账户上的钱,以电子信息划入 IC 卡上,持卡人消费时,只要在终端机上刷卡就可以购买商品或作其他现金支付。另一种为借助互联网络(Internet)发行的网络货币,称为 E-Cash("电子现金")。电子货币以电脑贮存、传达,把信用货币的票据形式变为电子流,它具有无纸化、迅速、安全和节约费用等特点。电子货币的应用在发达和发展中国家已有多年,范围不断在扩大。我国在改革开放的进程中也开始广泛的使用电子货币。

此外,1999 年 1 月 1 日在欧盟范围内发行的欧元,是具有独立性和法定货币地位的超国家性质的货币,这是金融货币史上从未有过的区域性统一货币。同年 1 月 4 日欧元已在外汇市场登场。2002 年 1 月 1 日起欧元现钞正式流通,2002 年 3 月 1 日起欧元区 12 国各自的货币停止流通,欧元正式成为 2.9 亿欧洲人的单一货币。展望 21 世纪,区域性货币势必对全球金融货币,以致国际经济、政治产生巨大和深刻的影响。

# 第十三章

# 信用和利息率

**内容提示** 本章主要阐述信用的产生、发展和信用的形式;信用工具的特点和种类;利息的本质、利息率的概念,以及利率的重要作用。

## 第一节 信用的产生和发展

### 一、信用的产生

信用,是从属于商品货币关系的一个经济范畴。其概念不同于道德伦理学上使用的信用概念,而是泛指人们在社会经济活动中所发生的一种借贷行为。所谓借贷行为,是指商品或货币的所有者,把商品或货币的使用权暂时让渡出去,规定商品或货币的使用者在一定期限后偿还本息。在这种商品的赊销买卖或货币的借贷活动中,借与贷双方体现的是一种债务人与债权人之间的关系,即信用关系。信用和信用关系所引起的价值运动和商品交换过程的价值运动有着明显的不同。一般商品交换是以等价交换为原则,在交换中实现商品所有权让渡的,而信用则是商品或货币使用权暂时的让渡,是一种以偿还和付息为条件的价值运动形式。

信用的产生离不开商品货币经济条件。在商品流通过程中,由于各种原因,经常使商品买卖和货币支付在时间上发生分离现象。于是出现了商品赊销、延期付款的形式,即卖方允诺买方先提货后付款,买方向卖方承诺延期还本付息。此时,一般的商品买卖关系就转化为债权债务关系,即信用关系。在这种情况下,货币已不再是执行流通手段的职能,而是执行支付手段的职能。因此,信用关系的产生是同货币作为支付手段职能紧密联系的。随着商品货币关系的进一步发展,信用和信用关系超越了商品流通范围,形成了货币流通中的借贷关系。

# 第十三章 信用和利息率

由于私有制的存在和社会生产力的发展,社会财富在社会各阶层中日益分配不均,一部分人手中积累大量的货币,又没有适当的用途,成为闲置货币;而另一部分人则缺少货币,急需补充资金,开展正常的生产经营活动和其他活动,产生货币需求。因此,双方构成了货币借贷关系。

商品经济是信用存在的客观经济基础,同时,信用与所有制、经济利益之间也有着密切的联系。在不同所有制下,商品或货币属于不同的所有者,各有其自身的经济利益,所有制决定了商品、货币属于个人或家庭所有,人们要想获得别人的产品或货币,除了等价交换形式之外,就只有采取借贷形式。一定的经济利益是信用存在的前提条件,即到期要求对方支付一定的利息,作为暂时让渡商品或货币的报酬。

信用是一个古老的历史范畴和经济范畴。在相当长的历史时期,信用采取了实物形式,以后又逐步过渡到货币信用形式。信用关系的达成由口头承诺逐步发展到书面承诺,具有一定的法律效力。

## 二、信用的发展

信用是商品生产和货币流通发展到一定阶段上的必然产物,信用关系是在商品生产经营者之间相互联系的基础上产生的。历史上,信用形式经历了三个不同阶段,采取了三种不同形态:即高利贷信用、资本主义信用和社会主义信用。

高利贷信用是历史上最古老的信用形式。高利贷作为生息资本的最初形式,是同当时的小生产、自耕农和小手工业占优势的自然经济形态分不开的,也是同私有制的出现分不开的。私有制造成了人们在社会财富占有上的不均等,出现了贫富差别,少数人积累了大量的货币财富,而大多小生产者或其他劳动者由于自给自足的自然经济基础极不稳定或遭受灾害等原因,经常无法维持生活。因此,这些人不得不向积累了大量货币财富的高利贷者借贷货币或实物,同时借贷期满后要付出极高的利息。于是,高利贷信用便应运而生。

高利贷信用是高利贷所有者通过贷放实物或货币从中谋取高额利息回报的借贷行为。它具有两个明显的特点:一是利息率极高,一般情况下年利率为30%~40%,高的可达200%~300%。高利贷的利息来源于奴隶或小生产者的剩余劳动,甚至必要劳动。二是高利贷的利息成为奴隶主、封建主满足奢侈生活需要的来源,不是形成生产资本投入再生产过程。

在前资本主义社会,高利贷的作用具有两重性质:一方面,它促进了资本的形成和准备了雇佣劳动的人身条件;另一方面,它又严重阻碍了社会生产力的发展。因此,最终它还是被资本主义信用关系所取代。

资本主义信用是在社会化大生产基础上建立起来的与高利贷信用有本质区别的信用形态。它具体表现为借贷资本的运动,与高利贷资本相比,借贷资本是生息资本的现代形式。

借贷资本的形成与资本主义再生产过程产业资本的循环和周转有着密切的联系。在社会资本的循环和周转过程中,由于各种原因,必然会出现游离出来的一部分暂时闲置的货币资本,作为一种闲置资本,不能参与剩余价值的生产和实现,这显然是与资本的本性即资本能带来更多的利润这一点相矛盾。因此,有闲置货币的资本家,必然要想方设法将这部分闲置货币运用起来,贷放给其他需要货币资本的职能资本家。产业资本在其周转运动中,一方面形成了部分货币资本的闲置;另一方面又不断产生对货币资本的需求,如购买生产所需原材料、生产设备、发放工资等。正是由于上述两方面对货币资本的供求关系,形成了借与贷的信用关系和形式。于是,从职能资本运动中游离出来的独立形态的货币资本成了借贷资本。借贷资本家凭借对借贷资本的所有权可以定期从职能资本家那里得到利息收入。借贷资本构成了现代信用的主要形式。

在社会主义制度下,商品货币关系的存在仍是社会主义信用产生的经济基础。由于不同所有者和各自的经济利益所决定,社会主义信用也必须通过借贷资金的运动加以实现。社会主义信用与资本主义信用相比,有其自身的特殊性,它是国家动员和筹集社会各种闲散资金用于国家经济建设的重要工具,体现的是银行等金融机构和社会各方面的信用关系,即整体与局部的关系。利息仍然来源于劳动者的剩余劳动,但它反映的是不同所有者之间的经济利益关系,而不反映任何剥削关系。

## 第二节 信用的形式

随着商品货币经济的发展,信用的具体形式日趋多样化和复杂化。信用形式根据不同的标准有多种分类方法。一般情况下,以产生信用的主体为标准,可将信用划分为商业信用、银行信用、国家信用、合作信用、消费信用、企业信用、国际信用、租赁信用等诸多形式。

## 一、商业信用

商业信用,是指工商企业之间以商品赊销或预付货款形式提供的信用。例如,某工厂向某经销商赊销一批货物,双方在合同中约定自赊销之日起 3 个月内付清货款,这实际上就是工厂向经销商提供了商业信用。在现代经济生活中,除了赊销商品或预付货款形式外,还包括委托代销、分期付款、预付定金等形式。

商业信用是商品流通条件下必然存在的一种信用形式,它与商品交易活动相联系的。在简单商品生产的条件下,已出现了赊销商品、延期付款的现象,但只有到了资本主义社会,才得到广泛发展,商业信用成为资本主义信用的基础,即商业信用是企业普遍采用的信用形式。

在社会资本再生产过程中,不同的企业由于原材料供应、能源状况、市场需求、价格、生产经营好坏以及资金的收付等各种原因,资金短缺和盈余状况在不断变化,有时货币资金不足,需要立即补充,否则社会再生产过程的连续性就会中断。采用商业信用形式,可以解决资金上的矛盾。提供商业信用的企业,可以顺利地完成从商品到货币的销售过程。接受商业信用的企业,可以解决商品买卖中流通手段不足的矛盾,及时购到维持再生产所需的物资,保证了企业再生产的顺利进行。因此,采用商业信用形式是十分便利、有效的手段。

商业信用也有一定的局限性。第一,商业信用的规模和数量要受到企业现有资金总额的限制。以商品或预付货款形式所提供的信用,仅仅是企业总资金的一部分,因此受到资金量的限制。第二,商业信用的信用能力有限。商业信用是直接信用,仅限于发生商品交易关系的企业之间,也只有在互相了解对方偿还能力和信用的基础上,才有可能建立彼此之间的信用关系。第三,商业信用的期限有限,一般限于短期融资。

我国社会主义条件下的商业信用经历了一个较为曲折的历史过程。新中国建立初期,由于存在多种经济成分,商业信用形式十分活跃。1955 年 3 月之后,国家下令取消了企业间的商业信用,长期以来,我国只有银行信用一种形式。这种单一形式的存在,造成了企业之间的资金融通没有任何灵活的余地,不利于商品流通的发展。1978 年以后,随着我国商品经济的发展并逐步建立起社会主义市场经济体制,必然要求发展多种信用形式,包括推出商业信用,大力推广使用票据。推出商业信用形式的意义在于:① 通过商品赊销形式,有利于推销新产品或处理呆滞的积压产品,扩大销售,使货畅其流;② 通过预付货款形式,可以明确交易双方的权利义务关系,有利于防止购货方轻易取消订货,销售方随意中止发货等破坏合同的现象;③ 通过补偿贸易,可以充分挖掘企业资金、原材料、生产设备的潜力,调剂余缺,扩大生产能力。

商业信用虽是银行信用的补充,也要看到它存在的某些弊端。譬如,由于商业信用是企业间提供的信用,具有自发性和分散性的特点,因此不利于国家宏观调控和管理。同时,商业信用还可能掩盖企业经营管理中存在的问题,导致企业之间拖欠货款,逃避银行监督等,不利于企业加强经营管理。1996年1月1日起实施的《票据法》,标志着我国的票据活动纳入法制化管理的轨道。目前,在商业信用中大力推行商业汇票,同时抑制和减少企业货款拖欠,促进企业增强信用观念,已是当务之急。

## 二、银行信用

银行信用是指银行及其他金融机构以货币形式向社会和个人接受或提供的信用。主要包括存款和贷款业务。银行信用是在商业信用基础上产生的一种信用形式,它的产生对资本主义经济起到了巨大的推动作用。银行信用和商业信用一样,是资本主义信用的基本形式。银行信用克服了商业信用的局限性,其特点如下。

### (一) 银行信用具有较大的灵活性

银行信用以货币形式提供,打破了商业信用实物形态的局限性,可以运用到再生产过程的各个领域和各个方面。由于银行贷款出去的是产业资本循环中相对独立的货币资本,包括食利者阶层的资本和社会各阶层的货币收入和储蓄,从规模上、数量上大大超过了商业信用所能提供的范围。

### (二) 银行信用提供的对象具有广泛性

在银行信用中,一方是专门从事货币经营业的银行资本家;另一方是从事生产或商品流通等经营活动的职能资本家,因此,银行可以把货币资本提供给任何一方需求货币资本的企业,从而克服了商业信用仅仅在职能资本家之间进行的局限性。

### (三) 银行信用具有普遍的可接受性

由于银行与其他金融机构一般都具有较好的社会信誉,因此它的债务凭证得到了普遍的接受和认可。

总之,银行信用在借贷数量、范围和期限上,都优于商业信用形式,因此银行信用成为现代各国信用制度的主体形式。但是,银行信用并不能取代商业信用,商业信用仍然是银行信用的补充形式。

社会主义银行信用是我国信用体系的基本形式,在我国社会主义市场经济中具有重要作用。第一,银行信用是国家有计划分配和安排货币资金的一种形式,以此来保证社会生产和商品流通的顺利进行;第二,国家通过银行信用可以把闲散的资金集中起来,通过重新分配将有限的资金用于国民经济的重点产业部门和重点企业,支持产业结构和产品结构的调整;第三,银行信用对社会总需求和总供给的平衡与否有重大影响。通过紧缩或扩张信用,抑制或刺激需求,可以促进供求总量大体保持平衡,实现货币流通正常化。总的来说,银行信用较之其他信用形式更有利于国家对整个国民经济活动进行调控、管理和监督。

我国经济体制改革以来,银行信用的范围有所扩大,业务种类也不断扩充,开辟了新的存贷款种类,发展了信托咨询、信用评估等中间业务,银行信用已日益渗透到社会再生产的各个环节中。

### 三、国家信用

国家信用是国家作为债务人,借助于债券(公债、国库券)形式向社会筹集资金的一种信用形式。国家信用的实质是国家举债,因此也叫国债。广义讲,还包括财政部向中央银行的借款或透支。公债、国库券一般能在国债市场上买卖。由于其信誉高,风险小,流动性强,收益稳定,受到社会公众的欢迎。

### 四、合作信用

合作信用是由集体合作金融组织所提供的信用,它是银行信用的补充,主要包括农村合作信用和城市合作信用。农村合作信用是指农村信用合作社通过吸收乡镇企业和农民等的存款,对社会发放贷款,以起到调剂农村信贷资金的作用。城市合作信用是指通过城市信用合作社进行存贷款业务,主要为城市中集体企业、个体工商户和私营企业融通资金提供服务。1978年以来,党的经济政策使一部分诚实劳动、合法经营者先富起来,形成了大量的资金积累。因此,信用社的存在,正好弥补了金融网点的不足,起到了广泛筹集社会闲散资金,支持集体、个体、私营经济发展的积极作用。目前,部分城市的城市信用合作社已改制为城市合作银行,属于股份制的商业银行,不再属于合作信用。

## 五、消费信用

消费信用是工商企业、银行或其他金融机构以商品、货币和劳务的形式向消费者提供的信用。它的主要形式有：企业用赊销方式销售商品，分期付款，主要用于消费者对大宗生活消费品的购买，如住房、小汽车等；银行等金融机构向消费者发放住房及耐用消费品等方面的贷款，包括信用贷款和抵押贷款两种；信用卡，具有购物、消费、汇兑、取现等多种用途。

资本主义国家为了缓和"生产过剩"的矛盾，广泛发展消费信用。但是，消费信用犹如一把"双刃剑"，对资本主义经济所起到的作用是双重的：一方面，消费信用的存在和发展，有效地扩大了消费品需求，加速了商品价值的实现，从而导致生产规模的进一步扩大，由此对资本主义经济的高速发展起到了积极作用。另一方面，消费信用的发展，又使大量消费者陷入了沉重的债务负担。消费信用的过度膨胀，导致了"寅吃卯粮"而到期个人信用不兑现行为增多，给整个经济带来了不稳定因素和影响，它所产生的副作用和后果也是严重的。

目前，我国的消费信用推广和运用虽仍然属于起步阶段，但发展势头迅猛，还有待于进一步规范化。

## 六、企业信用

企业信用是指公司企业通过发行股票或债券向社会直接筹资的信用。企业债券是由企业或公司发行的一种对外借债的债务凭证，是发行企业对持票人在约定期限内按票面金额还本付息的书面承诺。主要有抵押企业债券、保证企业债券和信用企业债券（或无担保企业债券）等形式。一般来说，由于易受汇价、利率波动的影响，企业债券的信用程度和稳定性不如国家债券。因此，企业债券的利率要比国家债券高。为了尽可能提高企业债券的信用地位，许多国家规定企业发行债券总额不能超过企业自身的实有资产。此外，企业发行抵押债券时，一般要委托信托公司作为持券人权益的代表。

股票是股份公司筹集资本、由股份公司发行、股东持有的所有权证书。由于向社会公开发行股票是一种信用活动，因此成立股份公司必须按照有关法律、法规，经过严格的申报、审批手续。另外，投资者购买股票时，除了要对整个经济现状、前景有正确的估价和分析外，还要了解有关上市公司的经营管理和盈利状况。

### 七、国际信用

国际信用是指国际间的借贷关系,主要有国际商业信用、国际银行信用、政府间信用、国际金融机构信用、国际租赁、项目贷款等多种形式(参阅第十五章商业银行的有关内容及第十六章第四节利用外资)。

### 八、租赁信用

租赁信用有金融租赁、经营租赁、维修租赁等形式。金融租赁是一种融资与融物相结合的信用形式,也是现代租赁信用的主要形式。

## 第三节 信 用 工 具

信用工具也称作金融工具,是进行资金融通时所签发的一种证明债权和债务关系的合法凭证。由于它可以背书转让或贴现,又构成了金融市场上重要的交易对象。随着社会经济的发展,信用工具的种类增多,在使用传统的信用工具基础上,又产生了现代信用工具。

### 一、信用工具的特点。

信用工具一般具有以下四个显著的特点。

（一）偿还性

信用工具在使用上都有一定的期限规定,债权人可按信用凭证上所记载的时间,在到期时收回本息或债权金额。在商业票据或债券等信用工具上,均注有偿还期。

对信用工具的持有人来说,在某种情况下,偿还期为实际偿还期。比如,1991年发行 1996 年到期的 5 年期国库券,偿还期规定为 5 年,如果某人是在 1994 年才买入这种国库券的,那么,对某人来说,他持有的有价证券实际偿还期仅为两年。

（二）收益性

信用工具会给持有者带来一定的收益,一般是指利息、股息收入或资本利得等。收益要通过收益率来加以衡量和反映。所谓收益率,就是指净收益对本金的比率,有名义收益率、当期收益率和实际收益率三种类型。

名义收益率即信用工具的票面或存单上的收益与本金的比率。比如某一企业债券的面额为 1 000 元,3 年还本,每年的利息为 110 元,则该债券每年的名义收益率为 110/1 000＝11%。当期收益率也称即期收益率,即信用工具的票面收益与市场价格的比率。如上述企业债券在二级市场上买卖转让时,假定其市场价格为 950 元,那么该债券的当期收益率为 110/950≈11.58%。当期收益是投资者通过在市场上买卖转让信用工具时所获得的收益,因此,它比名义收益更具有实际意义。实际收益率即信用工具的实际收益(本金损益和利息收入之和)与市场价格的比率。仍以上述企业债券为例,投资者在第 1 年年末以 950 元的市场价格购入企业债券,在剩余的两年内,购买者不仅每年获得 110 元的利息收入,还获得本金盈余为(1 000－950)/2＝25 元,这样,他每年的实际收益是 135元,其实际收益率为 135/950＝14.2%。如购买者以高出票面的价格购入债券,则有可能导致本金亏损,实际收益率降低。

不同的信用工具有不同的收益率,因此有利于投资者进行科学、合理的选择。

### (三) 流动性

信用工具在市场上具有迅速变成现金而不至于亏损的能力。在市场上,现金和活期存款是完全流动的,可以立即作为商品的购买手段或作为偿还债务的支付手段。如果信用工具在短期内不易变现,或变现时受市场因素影响遭受亏损,或在交易中要耗费较大的交易成本,就会使其流动性减弱。一般来说,信用工具的流动性与期限成反比关系,偿还期限越短,流动性就越大,反之则相反;流动性与债务人的信用、信誉成正比关系,债务人信用好、信誉高,流动性就大,反之则相反。因此,大多数投资者都很重视和关心信用工具的流动性。流动性大的信用工具为人们所普遍接受,但流动性大的信用工具,收益率却较低。不同的投资者对信用工具的流动性有不同的需要,往往在流动性和收益率之间做出比较和选择。

### (四) 风险性

信用工具的使用会产生一定的风险,即债权人或持有人的利益受到损失。任何信用工具都可能产生不同程度的风险,具体表现为违约风险、市场风险、购买力风险及流动性风险等。违约风险是指发行公司或债务人不按合同履约,即到期不能偿还本息,或是公司破产等原因使债权人蒙受损失的风险。违约风险的大小,主要取决于债务人的信誉和经营能力。一般来说,政府债券的风险性小于企业债券。市场风险是指由于利率上升,有价证券价格下跌导致本金损失的风险。购买力风险是由于严重的通货膨胀使到期债券的本金收益的实际购买力低于预期购买力。流动性风险是由于债券不能迅速变现、流动性小所要承受利益损失的风险。

## 二、信用工具的分类

信用工具有以下两种不同的分类方法:按发行者的性质划分,可分为直接信用工具和间接信用工具。直接信用工具是指工商企业、政府等非金融机构发行的商业票据、股票、企业债券、国库券、公债等。间接信用工具是指金融机构所发行的银行券、存单、银行票据、人寿保险单等。

按信用工具偿还期限的长短来划分,可分为短期信用工具和长期信用工具。短期信用工具主要指国库券、票据、可转让存单、同业拆借、信用证、信用卡等。长期信用工具是指有价证券,主要包括股票、债券等。通常把1年以上期限的称为长期,把1年或1年以下的称为短期。下面介绍第二种分类方法。

(一) 短期信用工具

短期信用工具又称货币市场信用工具,包括票据、信用证、信用卡等,其中票据是货币市场上主要的信用工具。

1. 票据

票据是指载明金额和期限,到期时由付款人向持票人或指定人(受转让人、贴现人)支付款项的书面债务凭证。企业之间商品交易活动引起的债权、债务关系并由企业签发的票据为商业票据,由银行签发和承担付款义务的票据为银行票据。票据主要有汇票、本票和支票三种。

(1) 汇票,即商业汇票和银行汇票。汇票是由出票人签发的,并委托付款人到期将票据载明金额无条件支付给收款人或持票人的一种信用凭证。汇票一般有三个当事人,即出票人、收款人、付款人。

汇票必须经承兑人承兑后方能生效。商业汇票按承兑者身份的不同,可分为商业承兑汇票和银行承兑汇票。如果承兑人是企业即为商业承兑汇票,如果承兑人是银行或其他金融机构即为银行承兑汇票。商业汇票一律记名,可以背书转让,经背书后,商业汇票的持有人或收款人到期可以向支付人请求付款。商业汇票也可以贴现,即持票人因变现需要,在票据尚未到期时向银行兑取现款,银行在扣除贴现利息后付给现款。

银行汇票也称票汇。是付款人将款项交存当地银行,由银行签发给汇款人,持往异地办理转账结算或支取现金的票据。银行汇票的特点是使用范围广泛、灵活便利、可以背书转让、兑现性较强等。

(2) 本票,即由出票人签发的,根据票据上所载日期、金额,出票人必须无条件支付款项给收款人或持票人的一种信用凭证。由于出票人就是付款人,因此本票的当事人只有两个,即出票人和收款人。按出票人的身份不同,本票可分为商业本票和银行本票。

商业本票是由购货企业签发给销货企业即收款人的债务凭证。银行本票是申请人将款项交存银行,由银行签发给申请人用以办理转账或支取现金的票据。银行本票分为即期本票和定期本票两种,即期本票为付款人必须见票立即付款,定期本票为按规定日期付款。

本票有记名和不记名本票。可以流通转让,有交付转让和背书转让两种形式。

(3) 支票,即由出票人签发的,委托银行或其他金融机构在见票时无条件支付款项给收款人或持票人的票据。支票一般有三个当事人,即出票人、收款人和付款人。支票是一种委托式的信用工具。

支票是银行票据,仅限于银行发行。支票的种类较多,可按支付方式划分为现金支票、转账支票和定额支票三种。现金支票可以用来支取现金,也可以转账。而转账支票只能用于转账,不能提取现款。定额支票是用于特定用途的支票,主要用于收购单位向农户收购农副产品的支付款项。另外,旅行支票也是定额支票。支票的特点是手续灵活、简便,因此被广泛使用。

在现实经济生活中,支票大多不是用于提取现金,而是用于转移活期存款账户上的款项,这样,就减少了现金流通。

2. 信用证

信用证是银行根据进口商的要求,向出口商所签发的在有效期限内,凭规定的货运单据,支付一定金额的、有条件的付款承诺书。信用证上注明有支付货款的条件,如货物规格、数量等。信用证开出后,由银行履行付款责任。由于这种结算方式对出口商取得货款起保证作用,因此,它是国际贸易中主要使用的一种信用工具。

3. 信用卡

信用卡是银行或公司签发的证明持有人信誉良好,可以在指定场所进行记账消费的一种信用凭证。它是商品经济高度发展,买方市场的形成以及现代科学技术普及的产物。信用卡上有发卡银行代号、持卡人姓名、有效期限等内容。信用卡的背面有磁性带,录有持卡人的有关资料和密码,供识别真伪时使用。信用卡具有转账结算、储蓄、汇兑、消费信贷等多项功能,目前我国的持卡人比较普遍的是用信用卡作为支付货款和服务费用的工具。信用卡的推广和使用,可以起到减少现金货币的使用,节约流通费用,便利支付手续等积极作用。

(二) 长期信用工具

长期信用工具又称为资本市场信用工具,主要包括股票和债券。

1. 股票

股票是股份公司发给股东以证明其入股份额并能按期取得股息的书面凭证。股票是一种所有权凭证,代表了股东对企业所享有的权益;股票作为一种有价证券,一经持有便不能退股,但可以自由转让或抵押。股票可以从不同角度进行分类。

(1) 按股票票面记名与否,可分为记名股票和不记名股票。记名股票是指在股票上以及发行企业的股东名册上记载股东姓名的股票;不记名股票是指不记载股东姓名,凭股票领取一定的股息,可以自由转让的股票。

(2) 按股东享有的权益不同,股票可分为普通股和优先股。普通股是股票的最基本、最普遍的形式。普通股的股息不固定,随股份公司利润的变动而变动。股东享有优先认股权,即企业增发普通股票时,股东可优先购买新发行的股票,以保持其在企业的持股比例。优先股的股息固定,股份公司在利润分配时,首先要扣除优先股的固定股息,然后再将其余利润分配给普通股。在企业清算时,优先股还可享有优先分配剩余财产的权利。但优先股股东一般不享有普通股股东所有的其他权利,如没有投票权和优先认股权,不参与公司的经营管理活动,不能分享企业经营业绩好时所获得的高额利润。

通过发行股票的办法迅速筹集社会闲散资金,对经济的发展是十分有利的。股票作为一种融通长期资金的信用工具,股份公司作为一种企业组织形式,对于深化我国国有企业改革,明确产权关系,转换企业经营机制,将会起到重要的作用。

2. 债券

债券是债务人向债权人发行的,并且承诺在一定债券期限内到期还本付息或定期付息的债务凭证。属于一种有价证券,主要包括政府债券和公司债券。

（1）政府债券，是政府即国家以债务人身份为筹集资金而发行的债务凭证，包括公债和国库券。发行的主要目的是为了弥补国家财政赤字和用于重大项目投资等。

（2）公司债券，是公司或企业在经营过程中，为筹集资金而向外借债的债务凭证。公司债券和股票两者有区别，股票表示的是对公司的所有权，而债券仅表示一种债权。公司债券的持有人不能参与企业生产经营管理活动，也不能参与企业利润分配。但利息率是固定的，到期可以获取本息。公司债券的种类有不动产抵押债券、无担保的企业信用债券、可转换公司债券等。

### 三、金融衍生工具

进入20世纪80年代以来，国际金融市场上的金融衍生工具增长速度极快。据统计，到1995年3月底止，全球未清偿交易合约达573 000万亿美元。

所谓金融衍生工具，是一种由金融工具所派生出来的金融合约，即通过预测股票指数、利率、汇率等金融工具未来的市场行情走势，以支付少量保证金（一般在5％～10％左右，有的在5％以下）形式签订远期或互换不同金融工具的派生交易合约。主要有期货、期权、利率互换、货币互换等品种。

开展此项交易业务，起始目的是为了分散和转移大规模投资者的风险，对于降低投资成本、提高投资效率、促进融资活动全球化起到了积极作用。同时，也为银行证券业等中间商提供了获取丰厚收益的途径。由于金融衍生工具用少量资金就可进行巨额交易，因此，也会给市场带来巨额投机行为，极易造成金融市场的动荡，1995年巴林银行的倒闭就是一例。为了加强对金融衍生产品和交易的风险管理，1994年，巴塞尔银行监督管理委员会和国际证券协会组织就曾联合公布了关于加强对金融衍生产品监督管理的指导准则，强调了其重要性。美国华尔街六大经纪公司，是美国衍生金融产品市场的主要交易商，1995年3月也提出了自律性管理措施。

在我国，金融衍生工具开始于20世纪80年代，大部分业务集中于中国银行，基本上以外汇的套期保值为主要目的，1994年，国家外汇管理局就其风险性做了防范规定。由于我国的金融市场化程度还很低，因此金融衍生工具的使用还处于起步阶段，它的保值、规避风险及融资的积极作用还没有被广泛认识。随着我国金融体制改革和金融工具的不断创新，我国金融衍生工具也会有较大的发展。

## 第四节 利息和利息率

### 一、利息的本质

利息是伴随信用活动中信用关系产生的一个经济范畴。关于利息的定义，有不同的表述方法。一般认为，利息是债权人让渡一定时期的货币使用权而向债务人收取的报酬。因为，借贷的有偿性正是信用的一般特征和表现。也有人认为，利息是借贷货币的"价格"。

马克思指出，在资本主义社会，利息是职能资本家因取得借贷资本家或银行的货币资本而分给借贷资本家或银行的一部分利润，即平均利润的一部分。马克思说：借贷资本家"预付的价值额要作为资本流回，就必须在运动中不仅保存自己，而且增殖自己，增大自己的价值量，也就是必须带着一个剩余价值，作为 $G+\Delta G$ 流回。"[①] $G$ 是本金，$\Delta G$ 就是利息，利息的本质就是归借贷资本家所有的那一部分平均利润。

在社会主义社会，利息作为一个经济范畴仍然存在，但利息的本质发生了变化。利息的来源是物质生产领域劳动者创造的剩余劳动的一部分，社会主义利息反映了国家银行及其他金融机构和企业、个人之间或企业之间的经济往来关系。银行及其他金融机构对企业或个人的存款支付利息，对企业贷款收取利息，反映了纯收入在社会主义再生产过程中的再分配。由于社会主义社会也存在商品货币经济，因此也有利息存在的客观经济基础。

### 二、利息率及其决定因素

（一）利息率

利息率通常称为"利率"，是指一定期限内利息额与本金之间的比率。利息率有年利率、月利率和日利率等种类。年利率按本金的百分之几表示，通常称作年息几厘，比如本金 1 000 元，年息为 7 厘，每年的利息额为 70 元。月利率按本金的千分之几表示。日利率按本金的万分之几表示。

利息的计算一般使用两种方法：单利法和复利法。单利法的计算方法是在

---

① 《资本论》第 3 卷，人民出版社 1975 年版，第 392 页。

计算利息额时,不论期限的长短,仅以本金计算利息,对所生利息不再加入本金重复计算利息。其计算公式为:

$$I = P \cdot R \cdot n$$
$$S = P + I = P(1+Rn)$$

其中:$I$代表利息;$P$代表本金;$R$代表利率;$n$代表时间;$S$代表本利和。

复利法的计算方法是在计算利息额时,将所生利息加入本金,逐期滚算利息。其计算公式为:

$$S = P(1+R)^n$$
$$I = S - P = P[(1+R)^n - 1]$$

其中:$n$表示期数;其余与上式相同。

单利法的计算方法较为简单、便利,而复利法的计算方法更能准确计算货币所有者的收益,更能正确反映货币资金的使用效益。一般说来,单利法多用于短期信用,复利法多用于长期信用。

利率可以按照不同的标准进行划分:以借贷时限的长短划分,可分为长期利率、中期利率和短期利率;以通货膨胀物价上涨因素作为主要因素划分,可分为实际利率和名义利率;以是否由政府管理为依据划分,可分为市场利率和管理利率;以是否随资金的供求关系变化而变化为依据划分,可分为固定利率和浮动利率;以不同的贷款种类和贷款对象进行划分,可分为差别利率和优惠利率;按存款、贷款进行划分,可分为存款利率和贷款利率。通过对上述利率的不同分类方法的了解,有助于在经济生活中更好地运用利率杠杆和利率工具。

### (二)决定和影响利率水平的因素

在市场经济条件下,利率的作用主要是通过利率变动来实现的。根据马克思的研究分析,市场利率的变动要受到以下几个因素的制约和影响:

首先,利息率要受到平均利润率的制约。利息是利润的一部分,利率的上限一般不能超过平均利润率,只能在零和平均利润率之间波动。因此,平均利润率是决定利息率高低的主要因素。一般来说,平均利润率越高,投入生产领域的资金量就会增大,对借贷资本的需求也会随之增大,从而引起利率上升;反之,利率则下降。其次,利息率受借贷资本供求关系的影响。在金融市场上,借贷资本的供给与需求状况决定了某一具体时间利息率的高低。当借贷资本供大于求时,利息率就会下降;反之,则相反。另外,利息率的变动要受到国家宏观经济政策和货币政策的影响,以及历史上形成的习惯和法律传统的影响。

在我国社会主义制度下,利息率是国家通过中国人民银行制定的。马克思对资本主义市场经济条件下利息率决定和影响因素的分析,对于我们确定利息率水平仍具有指导意义。我国在具体制定利率时,也要考虑到以下几方面因素。

1. 资金利润率

资金利润率是确定利率水平高低的主要依据。社会主义利息同样是企业利润的一部分,因而确定利率也应以利润水平为最高限。但是必须看到,我国还尚不具备资金自由转移、实现利润平均化的条件,因此也不存在社会平均利润率。国家在确定利率水平时,只能考虑各部门、各行业之间的利润是否合理,同时兼顾国家财政、银行、企业和个人各方面的经济利益来确定不同的利率。比如,对企业的贷款利率过高,企业留利就会相应减少,就会影响到企业的生产积极性和后劲。因此,在企业利润和利息之间要确定一个合理的比例。

2. 资金的供求状况

信贷资金的供求关系变化对利率变动会产生影响。当资金的供求矛盾突出时,利率应有所调整或提高。这样一方面,可以增加资金供给,筹集到更多的社会资金;另一方面,可以减少资金需求,抑制贷款,促使企业提高资金的使用效率。利率的调整和提高可以在一定程度上缓解资金紧张的矛盾。在确定利率时,必须考虑到金融市场上货币资金的供求状况。

3. 物价水平的变动

在现代社会纸币流通的条件下,通货膨胀是经常发生的经济现象。通货膨胀表现为物价上涨。如名义利率不变就意味着实际利率的下降,就会给银行存款者带来一定的损失。因此,在确定利率时,必须要考虑通货膨胀的影响,适当地调整或提高利率,作为弥补纸币贬值的一种手段和措施。

4. 国家经济政策的要求

利率是国家对宏观经济活动进行调节的重要经济杠杆。国家通过中央银行制定的利率影响市场利率、调节货币资金的供求、调整经济结构和发展速度。比如,通过利率杠杆对产业结构、产品结构起调节作用。对国家急需发展的重点部门、行业、产品给予优惠利率,促使其发展。对国民经济结构调整中需要限制的部门、行业、产品实行高利率,以限制其发展。

5. 国际利率水平的影响

目前我国的外汇贷款主要来自国际金融市场,利率是国际市场利率,一般要高于国内市场贷款利率。因此,银行在发放外汇贷款时,必须考虑到国际利率水平,适当调整外汇贷款利率,但也要考虑到企业的承受能力。

### 三、利息率的作用

在资本主义国家中,利率是政府干预经济的主要工具。在我国,利率也是国家货币政策中的重要工具,是调节经济的重要杠杆。利率具有以下方面的作用。

1. 有利于筹集社会资金,促进生产发展

利息是银行吸收存款、聚集社会闲散资金的重要手段。国家、银行及其他金融机构通过利率杠杆,促使企业、单位和个人把暂时闲置的各种货币资金集中起来,转化为巨额的借贷资金,从而满足生产发展的资金需要。

2. 有利于调节货币供求、调节投资规模和经济结构

当流通中的货币量超过商品流通所需要的货币量时,就会引起通货膨胀。国家通过调整利率,扩大吸收存款,控制贷款总量和信贷规模,减少货币供应量,促进总量平衡,以抑制通货膨胀和稳定物价。利率的高低对货币的供求、银根的松紧有直接的影响作用,通过利息率的作用会使货币总需求与总供给达到大体上的平衡。

调整利率对银行信贷规模有重要的调节作用。提高贷款利率,会增加企业筹资成本,有利于国家紧缩信用和缩小投资规模。反过来降低利率,会刺激企业投资欲望,扩大市场信贷供应和投资规模。另外,通过实行差别利率和优惠利率,对产业结构、产品结构也起到重要的调节作用,即鼓励短线产品的生产,压缩长线产品的生产。

3. 有利于促使企业加强管理,提高资金使用效益

利息支出是企业成本的组成部分,利息率的高低直接影响到企业成本,进而影响到企业盈利水平和职工物质利益。因此,企业要提高盈利水平,必须开源节流,降低成本费用,而要降低成本费用,必须加强企业经营管理,加速资金周转,减少资金占用,努力提高资金使用效益。

总之,在社会主义市场经济条件下,利率的作用会更加突出。我国在利率市场化方面作了不少努力,至 2005 年,除了存款利率上限和贷款利率下限外,基本上已经取消了利率管制。

# 第十四章

# 金融机构

**内容提示** 本章主要阐述金融机构的种类及设置原则,以及我国中央银行、商业银行、政策性银行、非银行金融机构、外资金融机构和金融监管机构的概况。

## 第一节 金融机构概述

金融活动,是通过银行和非银行金融机构的各种业务活动实现的。金融机构既是货币信用业务的经营者,也是货币信用活动的组织者。在国民经济中充当资金融通的媒介,是资金分配和调节的中心。

社会资金融通的方式有两种:一是直接融资方式,即由筹资者通过证券市场,以发行债券或股票的方式,向资金提供者直接融资;二是间接融资方式,即以金融机构作为媒介,由其发行存款单等间接融资工具,吸收资金,再以贷款和投资方式,向资金需求单位融通资金。所以,金融机构是发行各种间接融资工具的信用组织。

### 一、金融机构的种类

金融机构的种类繁多,按资金来源的方式划分:有存款式金融机构和非存款式金融机构。前者我们一般称之为银行,如商业银行、合作银行等;后者我们称之为非银行金融机构,如保险公司、信托投资公司、租赁公司等等。

如果按照信用创造能力划分,则有中央银行、商业银行和其他金融机构。中央银行是一种特殊的金融机构,它拥有一个国家的货币发行权,并通过它的日常活动决定其他银行的职能和信用规模。所以,中央银行在金融体系中占主导地位。商业银行是一种综合性银行,它具有创造信用的能力,这种能力与它的可使用支票的活期存款业务紧密相关。商业银行可以通过转账的方式将其发放的贷款转化为新的存款,使整个社会的存款量和信用量都发生增长。其他金融机构,如保险公司、租赁公司、证券公司等,则不具有信用创造的能力。

在我国,中国人民银行是我国的中央银行。我国金融机构是以中央银行为领导,国有商业银行为主体,多种金融机构并存和分工协作的金融机构体系。

随着我国改革开放的不断深入,我国金融机构的设置与建设逐步趋向合理。同时,积极稳妥地引进外资金融机构。此外,还有大型企业办的银行,如中信实业银行、光大银行;企业集团办的财务公司;区域性的股份制银行,如深圳发展银行、浦东发展银行等。这就使我国的金融机构体系更加完善,更进一步适应市场经济的发展。

### 二、金融机构设置的基本原则

金融机构设置的原则,是指国家金融管理部门对金融机构的设置、规模的大小、业务的开展应遵循的基本原则。

(一) 符合客观经济规律的原则

设立金融机构必须以经济发展的客观需要为依据,符合经济规律。经济的发展要求金融机构最大限度地聚集社会资金,并提供有效的资金运用。所以,当现有金融机构的规模和经营能力不能满足经济生活的实际需要时,就应增加金融机构的设立,才能有利于生产和流通,有利于银行机构的稳定和健康发展。

(二) 合理规模和布局的原则

金融机构的合理规模,是指一个金融机构的规模在正常情况下,它的经营成本和管理费用最低,服务效率和收益最高。超过或低于这样一个规模,经营成本和管理费用就会上升,而服务的质量和收益则会下降。因此,合理规模是保证和促进金融机构优化经营的重要基础。

金融机构的合理布局,就是要考虑金融机构设置的地理位置,要处理好城市与乡村、发达与不发达地区金融机构之间相互业务等关系,使金融机构在业务范围及网点设置上更有利于吸收存款、融通资金的需要。

(三) 适度竞争的原则

市场经济不可能没有竞争。竞争是提高金融服务效率的有效手段之一。没有竞争就不会创造出金融服务的高效率。通过竞争可以改进金融机构的服务质量,提高经营效率,降低成本,加快资金周转和防止个别金融机构牟取暴利,进而为整个社会带来益处。金融机构的竞争不仅适用于同类金融机构的竞争,也适用于不同类金融机构的竞争。但是,过度的金融业竞争会带来金融动荡,会产生金融垄断,不利于经济的稳定。因此,金融管理部门对金融机构的设置应遵循适度竞争的原则,保护和促进大银行与小银行之间、全国性银行与地方性银行之间以及银行与非银行机构之间的有效竞争。

(四)安全原则

金融机构在国民经济中的地位决定了它的设立和业务活动必须建立在安全保障的制度上。金融机构的业务活动与工商企业及个人有着广泛的联系,一个金融机构的倒闭往往会引起连锁的反应,甚至引发金融危机。因此,金融机构的设置和业务活动必须考虑安全原则,并从制度上为金融机构的安全提供切实的保障,防止不健全的金融机构进入金融市场进行投机活动,扰乱正常的金融秩序。如规定金融机构的最低资本金,规定各种金融机构的业务分工,限制从事某些信用活动(如证券投资等),规定清偿能力等。

另外,根据我国的国情,我国金融机构的设置还有其特殊性,如按照我国规定,个人不得开设任何金融机构等。

## 第二节 中央银行

中央银行,是一种特殊的银行组织,是货币信用制度与国家职能相结合的产物。中央银行起源于个别商业银行对一个国家的货币发行权的独占。当独占货币发行的银行将其货币发行业务与信用业务分离,将经营对象转向政府和其他金融机构时,这种银行逐渐演变成具有特殊职能和地位的银行,即中央银行。

### 一、中央银行的性质和职能

世界上最早的中央银行是建于1694年的英国英格兰银行。现代中央银行组织的模式则是19世纪中叶才形成的。现代中央银行的性质取决于它在国民经济中的地位,它是一个国家信用活动的组织者和调节者,在信用制度中处于总枢纽的地位,是国家管理金融的机关和金融体系的中心环节。

中央银行的性质可以从它的职能中表现出来。中央银行的职能主要表现在以下三个方面。

(一)中央银行是发行的银行

中央银行依法独占一个国家的货币发行权,是国家的货币发行机关,也是中央银行发挥其职能的基础。首先,货币发行权的高度集中是实现国内货币流通统一,稳定货币金融的基础;第二,中央银行制订和执行国家金融政策。中央银行要根据国民经济发展的实际需要发行货币,以满足商品生产和流通对货币的需要。

(二)中央银行是政府的银行

中央银行是政府管理金融业的职能部门,是国家信用的提供者,充当国库出纳。政府通过中央银行的货币信用业务,运用利率、汇率和信贷等手段将其经济政策贯彻到金融机构的业务和金融市场的活动中去,同时通过中央银行对它们进行管理和监督。中央银行作为政府的银行,还代理执行政府国库收支,代理政府公债的发行及还本付息,管理国家黄金外汇储备等。

(三)中央银行是银行的银行

中央银行依法集中保管国内银行业的存款准备金,以保持银行的清偿力,并通过调整准备金比率来控制社会的信用规模;为银行以及其他金融机构主持相互之间的资金划拨和清算;以票据再贴现、再抵押和再贷款的方式向银行业融通资金,成为全国银行业的最后贷款人。作为银行的银行,中央银行只与金融机构发生业务往来,不经营一般工商信贷业务。

中央银行除上述职能外,还负有开发金融、金融研究、拟订金融法规草案和领导、管理、监督、稽核金融机构的职责。

## 二、中央银行的组织形式

(一)资本的组织形式

中央银行按其资本所有权不同,有三种组织形式。

(1)国家所有形式。中央银行的全部资本归国家所有。中央银行的国有化,有利于政府利用金融工具强化对国民经济的干预,有助于中央银行为国家的宏观经济目标服务。所以,第二次世界大战以来,中央银行的国有化已成为现代中央银行组织的发展趋势。如英国、法国、德国、加拿大、澳大利亚、荷兰、印度及我国等,中央银行均采取国家所有的形式。

(2)国家、私人资本共有形式。中央银行资本的一部分归国家所拥有,另一部分属私人所有,但私人股东无权参与管理。现在世界上类似这种形式的中央银行只有日本、奥地利、土耳其、墨西哥和比利时等国。

(3)由会员银行资金组成的中央银行,如美国的联邦储备银行。

## (二) 中央银行最高权力机构的组织形式

中央银行不论其资本所有权的归属如何,都是由国家直接管理控制和监督的。从组织隶属关系看,中央银行大都隶属于政府或国家的最高权力机构,因而其主要领导也都是由国家任免的。

中央银行的权力机构组织形式与一个国家的具体国情相适应,一般有三种类型。

（1）理事会是中央银行内部唯一的最高权力机构,由决策机构和执行机构两个部分构成。理事会的组成人员由政府任命。

（2）最高权力机构分为决策机构和执行机构两个机构,分别行使它们的权力。

（3）最高权力机构由决策机构、执行机构和监督机构组成。

虽然,各个国家中央银行在最高权力机构的组织形式上存在着差别,但在权力的形式和权力的行使上基本上是相同的。中央银行的权力机构拥有独立的决策权,保证了政策制定的客观性和稳定性。对中央银行最高权力机构的组成人员,一般都有法定的原则,目的在于保证组成人员具有广泛的代表性和专业性,以利于决策的民主性和科学性。

## 三、我国的中央银行

中国人民银行是我国的中央银行,是由国务院领导并管理全国金融业的国家机关。在我国金融体制中,它是全国信用制度的枢纽,是整个信用体系和一切信用活动的中心环节。中国人民银行始建于1948年12月,建行以后,一直发挥着中央银行和商业银行的双重职能作用。为了适应市场经济的发展,加强国民经济的宏观管理和调节,加强金融机构的组织和管理,1983年9月17日,国务院决定中国人民银行专门行使中央银行职能,代表国务院领导和管理全国的金融机构。

我国分别于1980年恢复了在国际货币基金组织和世界银行的席位,1985年正式加入"非行集团"（非洲开发银行和非洲开发基金）,1985年11月正式加入亚洲开发银行,1996年9月正式加入国际清算银行,1997年5月正式加入加勒比开发银行。

## （一）我国中央银行的职责

2003年12月27日第十届全国人民代表大会常务委员会修改后的《中华人

民共和国中国人民银行法》,指出中国人民银行是中华人民共和国的中央银行,在国务院领导下,制定和实施货币政策,防范和化解金融风险,维护金融稳定。其职责是:发布与履行其职责有关的命令和规章;依法制定和执行货币政策;发行人民币,管理人民币流通;监督管理银行间同业拆借市场和银行间债券市场;实施外汇管理,监督管理银行间外汇市场;监督管理黄金市场;持有、管理、经营国家外汇储备、黄金储备;经理国库;维护支付、清算系统的正常运行;指导、部署金融业反洗钱工作,负责反洗钱的资金监测;负责金融业的统计、调查、分析和预测;作为国家的中央银行,从事有关的国际金融活动;国务院规定的其他职责。

(二)我国中央银行的组织机构

中国人民银行设行长1人,副行长若干人。行长人选根据国务院总理的提名,由全国人民代表大会决定;全国人大闭会期间,由全国人大常委会决定,由中华人民共和国主席任免。

中国人民银行设立货币政策委员会,是中国人民银行制定货币政策的咨询议事机构,应当在国家宏观调控、货币政策制定和调整中,发挥重要作用。1997年4月15日,国务院发布《货币政策委员会条例》。

中国人民银行根据履行职责的需要设立分支机构,作为中国人民银行的派出机构。中国人民银行对分支机构实行集中统一领导和管理。1998年11月,中共中央和国务院作出重大决策,撤销中国人民银行省级分行,设立跨省、自治区、直辖市分行。这一举措有利于增强中央银行执行货币政策的权威性和对金融机构监管的独立性,提高中国人民银行全面履行中央银行职责的管理水平。

## 第三节 商 业 银 行

国际上,早期的商业银行是以经营工商业存贷款业务为主的银行。而近期的趋势是向综合性与多样化发展,业务范围不断扩大。在《中华人民共和国商业银行法》中,规定:商业银行是"指依照本法和《中华人民共和国公司法》设立的吸收公众存款、发放贷款、办理结算业务的企业法人。"同时对商业银行的经营原则、经营业务作了规定:"商业银行以安全性、流动性、效益性为经营原则,实行自主经营,自担风险,自负盈亏,自我约束。""商业银行与客户的业务往来,应当遵循平等的、自愿公平和诚实信用的原则。""商业银行依法开展业务,不受任何单位和个人的干涉,商业银行以其全部法人财产独立承担民事责任。"商业银行可以经营下列部分或者全部业务：吸收公众存款；发放短期、中期和长期贷款；办理国内外结算；办理票据贴现；发行金融债券；代理发行、代理兑付、承销政府债券；买卖政府债券；从事同业拆借；买卖、代理买卖外汇；经批准可以经营结汇、售汇业务；提供信用证服务及担保；代理收付款项及代理保险业务；从事银行卡业务；提供保管箱业务以及经批准的其他业务。商业银行开展业务应当遵守公平竞争的原则，依法接受中国银监会的监管。

我国商业银行按权属分为国有独资商业银行和其他商业银行两部分。国有独资商业银行包括中国工商银行、中国农业银行、中国银行和中国建设银行。其他商业银行包括全国性商业银行、区域性银行和城市合作银行及农村合作银行。

## 一、国有独资商业银行

（一）中国工商银行

中国工商银行成立于1984年1月，是从中国人民银行独立出来的国家专业银行，以经营城市工商信贷和城镇居民储蓄业务为主，兼营其他信用业务，现在已成为国有商业银行。其经营业绩居世界500家大银行前列，并获《欧洲货币》、《金融亚洲》等杂志评选出的"中国最佳银行"称号。

中国工商银行的主要任务是按照国家的政策法令、金融方针政策、法规，通过在国内外开展融资业务，筹集社会资金，支持开展工业生产和商品流通，促进第三产业的发展，推动企业技术改造和科技进步，为经济建设服务。

（二）中国农业银行

中国农业银行于1955年成立以后，曾三次并入中国人民银行，1979年第四次恢复，曾是管理农村金融的国家专业银行，现在已成为国有商业银行。

中国农业银行的主要任务是根据国家的方针、政策和法规，组织编制和执行农村信贷计划，筹集农村资金，统一调度和管理农村信贷资金，对农村的机关、团体、企业、事业等单位实行现金管理和工资基金管理，以及做好农村货币流通的调查工作。

（三）中国银行

中国银行具有悠久的历史，它成立于1912年2月，是官商合办的商业银行。1949年中央人民政府接管并改组了中国银行，成为中国人民银行的国外业务管理局。1979年4月，该行从中国人民银行分设出来。中国银行曾是我国经营外汇业务的国家专业银行，现在已成为国有商业银行。根据英国《欧洲货币》公布的世界500家大银行业绩,1989年,中国银行列世界第14位。

中国银行的主要任务是:有计划地组织外汇资金的集中和引进;加强外汇的管理,节约使用外汇,增加外汇资金的积累;集中经营全国外汇业务,开展海外金融业务活动;受政府和中国人民银行的委托,从事国际金融协定或协议的签订。

(四)中国建设银行

中国建设银行原名中国人民建设银行,曾是专门办理财政基本建设投资拨款和施工企业贷款的国家专业银行。于1954年10月组建。长期以来,建设银行主要执行财政职能,并没有纳入银行体系。1979年,财政的基建投资"拨改贷",并由建设银行承担贷款的发放和管理任务。1985年11月,建设银行的信贷收支全部纳入国家信贷计划,并按规定向中国人民银行交纳存款准备金,使其成为受中国人民银行领导的管理国家固定资产投资和贷款的专业银行。2005年已改组为国家控股的股份制商业银行,并在香港证券交易所上市。

中国建设银行的主要职责是:管理国家财政基本建设支出,制定基本建设财政管理制度;办理基本建设拨款和贷款;办理技术改造的贷款;审查基本建设财务的预算和决算;办理基本建设单位、建筑安装企业和地质勘探单位的财务收支和结算;掌握运用投资信息,对贷款项目组织评估论证;做好开户单位的现金管理和企业流动资金管理;从事经批准的外汇业务;办理房屋开发贷款业务以及其他商业银行的业务。

## 二、其他商业银行

(一)全国性商业银行及区域性商业银行

全国性商业银行,这里主要介绍交通银行。该行创建于1908年3月,由清政府设立并赋予国家银行的特权。新中国诞生后,人民政府接管了交通银行,并将其改组为国家专业银行。1958年以后,其分支机构业务并入当地人民银行和建设银行。1986年7月,国务院批准重新组建交通银行。新组建的交通银行以发行股票的方式筹集它所需要的经营资本,是我国第一家以公股(占50%)为主体,地方政府、部门、企业事业单位及个人参股的股份制商业银行。

交通银行的建立是我国金融体制改革的产物,具有特殊的经营方式:在信贷资金管理上自求平衡、自我控制;对存贷款利率的决定拥有较大的自主权;独立经营外汇业务和海外业务;从事投资活动,办理金融市场业务。

交通银行总管理处设在上海,实行总经理负责制。

其他商业银行还有中信实业银行、中国光大银行、中国华夏银行、中国民生银行等,其总部设在北京,在各地有分支机构,从事国内、国际金融业务。

区域性商业银行是在一定地区一定范围内设置机构,经营金融业务的银行。现有招商银行(总部设在蛇口);广东开发银行(总部设在广州市);深圳发展银行;浦东发展银行(总部在上海);兴业银行(总部设在福州市)等,实行董事会领导下总经理负责制。

### (二) 城市合作银行

城市合作银行,是根据《国务院关于金融体制改革的决定》和中国人民银行颁布的《城市合作银行示范章程》,从1995年开始,在原城市合作信用社基础上组建成的股份制商业银行。

城市合作银行的基本任务是:认真执行国家法律、法规、金融方针、政策,积极筹措融通资金,为城市中小企业和地区经济发展提供金融服务。接受中国人民银行的管理、监督、稽核和协调,遵守国家有关财经、金融法规。

农村信用社也将根据《国务院关于金融体制改革的决定》筹建农村合作银行。

## 第四节 政策性银行

1994年,我国建立了国家开发银行、中国进出口银行、中国农业发展银行等3家政策性银行,标志着金融体制改革所要求的政策性金融业务与商业性金融业务分离已初步完成。

政策性银行与商业银行相比有三个特点:① 任务特殊。政策性银行着重于贯彻政策意图,支持国家宏观调控。② 经营目标特殊。政策银行不以盈利为目标。③ 融资原则特殊。政策性银行不吸收居民储蓄,资金主要来源是财政拨款及其他财政性资金,向金融机构发行债券,向社会发行由财政提供担保的建设债券和经批准在国外发行的债券。

### 一、国家开发银行

国家开发银行是一家以国家重点建设为主要融资对象的政策性投资开发银行,经国务院批准于1994年3月成立,注册资本为500亿元人民币,由财政部核拨。其设立宗旨是为更有效地集中资金保证国家重点建设,缓解经济建设的"瓶颈"制约，增强国家对固定资产投资的调控能力，进一步深化投、融资体制的改革。

国家开发银行的主要任务是：按照国家的法律、法规和方针、政策，筹集和引导境内外资金，支持国家基础设施、基础产业和支柱产业中的大中型基本建设和技术改造等政策性项目及配套工程建设，从资金来源上对固定资产投资总量进行控制和调节，优化投资结构，提高经济效益，促进国民经济持续、快速、健康地发展。

### 二、中国农业发展银行

中国农业发展银行是一家以承担国家粮油储备、农副产品收购、农业开发等方面政策性贷款为主要业务的政策性银行。注册资本为200亿元人民币，由中国农业银行资本金中拨出一部分，其余由财政部核拨。其设立宗旨是为了完善农村金融服务体系，更好地贯彻落实国家的产业政策和区域发展政策，促进农业和农村经济的健康发展。

中国农业发展银行的主要任务是：按照国家的法律、法规和方针、政策，以国家信用为基础，筹集农业政策性信贷资金，承担国家规定的农业政策性金融业务，代理财政性支农资金的拨付，为农业和农村经济发展服务。

### 三、中国进出口银行

中国进出口银行注册资本33.8亿元人民币，由财政部拨付。业务上接受财政、外贸银行等国家主管部门的指导和监督。其主要任务是执行国家产业政策和外贸政策，为机电产品和成套设备等资本性货物进出口提供政策性金融支持。

## 第五节 非银行金融机构

### 一、保险公司

保险公司实质上是一种不同于银行业的特殊的金融企业。保险，是指投保人根据合同约定，向保险人（即保险公司）支付保险费，保险人对于合同约定的可能发生的事故因其发生所造成的财产损失承担赔偿保险金责任，或者当被保险人死亡、伤残、疾病或者达到合同约定的年龄、期限时承担给付保险金责任的商业保险行为。保险公司是经营保险业务的金融企业。我国现有中国人保控股公司下属中国人民财产保险股份有限公司(已在香港上市)、中国人寿保险(集团)公司下属中国人寿保险股份有限公司(已在纽约、香港两地同步上市)、中国再保险(集团)公司下属中国财产再保险股份有限公司及中国人寿再保险股份有限公司等中外资保险公司数十家。

## 二、信托投资公司

信托投资公司是以营利为目的,并以受托人的身份经营、收受、经理或运用信托资金、信托财产的金融组织。

1. 我国现有的信托投资机构的分类

(1) 银行系统的信托投资机构,如中国工商银行、中国银行、中国农业银行等都设有独立核算的信托投资机构。根据金融分业经营和管理的原则,国务院要求国有商业银行在人、财、物等方面与信托业脱钩,真正实行分业经营。

(2) 其他方面主办的信托投资公司:① 全国性的信托投资公司,如:中信信托投资公司等。② 地方开办的信托投资公司。是地方政府为促进本地区与国外的经济技术合作而在国内大、中城市设立的信托投资机构,在业务上受人民银行的领导、管理、监督、协调和稽核,是整个金融体系的组成部分。

2. 信托投资公司的业务范围

(1) 经营人民币业务的信托投资机构的业务范围是:吸收信托、委托存款;经营委托贷款与投资;信托贷款与投资;办理融资性租赁业务;办理担保与代理业务;经营中国人民银行批准的证券的发行和买卖业务;经济咨询业务等。

(2) 经营外汇业务的信托投资机构的业务范围主要包括:境内外人民币、外币信托存款;筹措境外外币借款;在境外发行和代理发行外币有价证券;经营外汇信托投资业务;办理国际性、融资性租赁业务;办理涉外经济的担保及见证业务;办理对外贸易的征信调查和咨询业务等。

## 三、证券公司

国际上,日本的证券公司,美国的投资银行,英国的商人银行,都是以证券承销和经纪业务为主,并且着重在企业的收购、兼并等方面提供服务。目前我国证券公司的业务是代理发行各类债券、有价证券、自营证券的买卖和代客户买卖证券,少数大型公司已在开展投资银行业务。

除上述非银行金融机构外,在我国城乡还建立有其他金融机构。如合作金融机构(农村信用社、城市信用社)、邮政储汇机构、专业租赁公司和财务公司等等。这些金融机构的货币信用活动为沟通不同区域、不同地区、不同层次的资金运动发挥了积极作用。

## 第六节 外资金融机构

改革开放以来,外资金融机构陆续进入我国,其数量在近几年增长较快。一部分是外资金融机构设立的代表处,只担负调研联络、咨询的任务,不经营金融业务。另一部分是营业性外资金融机构,大部分是外资银行开设的分行,经中国人民银行批准可以经营外汇业务。包括承办进出口贸易方面的信用证,办理押汇、托收、保险,提供外汇贷款、汇款服务、票据贴现,办理国际结算、外汇担保、保管等业务。这些机构的设立,对活跃我国的金融市场,促进国内银行改善服务,提高质量和效率都起着积极的作用。

1996年,国务院同意在上海浦东进行外资金融机构经营人民币业务的试点,已批准美国花旗银行、英国汇丰银行、日本东京三菱银行、日本兴业银行、上海巴黎国际银行、日本第一劝业银行、渣打银行、三和银行等8家银行,除经营原有的外汇业务外,还可经营存款(指外商投资企业、外国人的存款及该外资金融机构对非外商投资企业人民币贷款的转存款)、贷款、结算、担保、国债和金融债券投资等人民币业务。现在已有85家外资金融机构获准经营人民币业务。

截至2003年年底,营业性外资金融机构已近200家。总资产近500亿美元。许多国际上著名的大银行如美国的美洲银行、花旗银行,日本的第一劝业银行、东京三菱银行,英国的汇丰银行、渣打银行,法国的法国兴业银行、里昂信贷银行,德国的德累斯敦银行、德国商业银行等均已在我国设有分行。

## 第七节 金融机构的监管

对金融机构的监督和管理是随着中央银行的产生而出现的,并随着金融业对国民经济的影响日益增大和中央银行制度的日趋完善而不断加强。

根据分业经营和分业管理的原则,国务院设立直属单位:中国银行业监督管理委员会(2003年4月成立)、中国证券监督管理委员会(1992年10月成立)和中国保险监督管理委员会(1998年11月成立),银行、证券和保险机构由这三个委员会分别进行监督和管理。但是,中国人民银行根据执行货币政策和维护金融稳定的需要,可以建议中国银监会对银行业金融机构进行检查监督。当银行业金融机构出现支付困难,可能引发金融风险时,为了维护金融稳定,中国人民银行经国务院批准,有权对银行业金融机构进行检查监督。

关于证券市场的监督管理,参见本书有关章节,这里,主要介绍银行业金融机构的监督管理。

### 一、监督管理的目标和原则

银行业监督管理的目标,是促进银行业的合法、稳健运行,维护公众对银行业的信心。银行业监督管理应当保护银行业公平竞争,提高银行业竞争能力。

中国银监会对银行业实施监督管理,应当遵循依法、公开、公平和效率的原则。

### 二、监督管理的职责

中国银监会依法制定并发布对银行业金融机构及其业务活动监督管理的规章、规则;依法审查批准银行业金融机构的设立、变更、终止及业务范围;银行业金融机构业务范围内的业务品种应当经中国银监会审查批准或者备案;中国银监会对银行业金融机构的董事和高级管理人员实行任职资格管理;银行业金融机构的审慎经营原则,由法律、法规规定,也可以由银监会依法制定,审慎经营原则包括风险管理、内部控制、资本充足率、资产质量、损失准备金、风险集中、关联交易、资产活动性等内容;银监会对银行业金融机构的业务活动及其风险状况进行非现场监管及现场监管,建立监管信息系统,分析、评价银行业金融机构的风险状况;银监会应当建立银行业突发事件的发现、报告岗位责任制度,建立银行业突发事件处置制度,制定处置预案,及时有效地处置突发事件;银监会对银行业自律组织的活动进行指导和监督。

### 三、监督管理的措施

银监会有权要求银行业金融机构按照规定报送资产负债表、利润表和其他财会、统计报表、经营管理资料以及注册会计师出具的审计报告。银监会可以采取下列措施进行现场检查:① 进入银行业金融机构内部进行检查;② 询问工作人员,要求其对有关检查事项作出说明;③ 查阅、复制与检查事项有关的文件、资料,对可能被转移、隐匿或毁损的文件、资料予以封存;④ 检查运用电子计算机管理业务数据的系统。银监会可以与银行业金融机构的董事、高级管理人员进行监管谈话,要求其就业务活动和风险管理的重大事项作出说明;银监会应责令银行业金融机构按照规定,如实向社会公众披露财务会计报告、风险管理状况、董事和高级管理人员变更以及其他重大事项等信息;银行业金融机构违反审慎经营规则的,银监会应责令限期改正,逾期未改正的,可以采取多种限制措施;银行业金融机构已经或者可能发生信用危机,银监会可依法对其实行接管或者促成机构重组,情节严重,将严重危害金融秩序、损害公众利益的,银监会有权予以撤销;在接管、机构重组或者撤销清算期间,银监会可以对直接负责人员采取多种限制措施。

### 四、进一步完善和加强我国的金融监管

进一步完善和加强金融监管是维护经济发展和社会稳定,保障金融业稳步、健康发展的大事。结合目前我国的具体情况,应当在以下方面加强和完善金融监管:

(1) 进一步健全金融法律法规体系,做到有法可依,有章可循,进一步树立金融监管的权威。

(2) 强化对金融机构合规性经营和风险性经营的监管。对金融业实行全方位的审慎监督,科学界定各类金融机构的经营范围。严格实行分业经营,分业管理。

(3) 建立和执行金融机构的内部控制制度,提高金融机构自身对各种风险的防范和监控能力。1997 年 5 月,中国人民银行发出了《加强金融机构内部控制的指导原则》通知,指出:内部控制是金融机构的自律行为,也是金融监管工作的重要组成部分,是规范金融机构经营行为、防范金融风险的关键。要发挥银行、保险、信托、证券、财务公司等同业公会的作用,加强行业自律管理。

(4) 强化监管的基础性工作。改善金融监管体制,建立金融监管责任制;建立金融监管电子信息系统,尽快建立省、市监管数据库;建立金融机构经营预警制度和非现场稽核检查制度。同时充分发挥社会力量的作用,配合税务、工商、审计等综合管理部门,从不同方面对金融机构进行监管,并建立健全金融监管举报制度。

# 第十五章

# 商业银行

**内容提示** 本章结合我国实际,主要阐述商业银行的经营原则和资产负债管理,阐述商业银行的负债业务、资产业务、中间业务和表外业务。

## 第一节 商业银行的经营原则和资产负债管理

金融机构的种类很多,银行是最基本的一种金融机构;银行的种类也很多,商业银行是最基本的一种。世界上商业银行以其数量众多,业务渗透面广,资产总额巨大,始终居于其他各种金融机构首位。下面介绍我国商业银行的经营管理和各种业务。

### 一、经营原则

我国 2003 年 12 月公布经过修改的《中华人民共和国商业银行法》第 4 条规定,"商业银行以安全性、流动性、效益性为经营原则,实行自主经营,自担风险,自负盈亏,自我约束。"这里,将安全性摆在第一位。关于效益性,即讲求经济效益,而这个经济效益又是与社会效益相联系的。商业银行的效益主要来自存贷利差,由于我国现行的存贷利率主要是由中央银行规定的(有的可以有一定范围的浮动幅度),即使是利率自由化的国家也受市场的制约,利率也不可能随心所欲,所以效益水平的高低,主要在于存贷规模的大小。此外,其他资产的收益、手续费、服务费等也是商业银行效益的组成部分。

安全性,这主要是指贷款本息的如期收回。因为银行的自有资本比重较小,主要依赖负债经营,所以资金的安全性显得特别重要。就是说,对资金运用的风险要严加防范和控制,必须努力提高信贷资产的质量。

流动性，是指商业银行必须随时满足客户提取存款和正常贷款的需要。这就要掌握好资产和负债的结构，在数量和期限方面要大体对称。如果吸收的存款大量是活期或短期的存款，而贷出的贷款大量是定期、长期的贷款，则这些资产的变现能力较差，就不能应付客户取款的要求，严重时会导致周转失灵。所以，商业银行必须根据流动性原则对各种资产作有序的安排，这样才能既争取到较大的效益，又保持较好的流动性。

以上"三性"是相互联系、相互制约的，不能片面考虑效益而忽视安全性、流动性，也不能片面强调安全性、流动性而忽视效益性。

此外，《中华人民共和国商业银行法》还规定了：与客户的业务往来，应当遵循平等、自愿、公平和诚实信用的原则；开展业务，应当遵守法律、行政法规的有关规定，不得损害国家利益、社会公共利益；开展业务，应当遵守公平竞争的原则，不得采用不正当竞争手段。

## 二、资产负债管理指标

过去，商业银行或侧重于负债管理，或侧重于资产管理，现在看来，资产负债管理是比较好的一种管理，特别是资产负债比例管理，这是当前世界各国比较认同的一种模式。《中华人民共和国商业银行法》第 39 条作出规定：商业银行贷款，应遵守资产负债比例管理的规定。1994 年，中国人民银行发布了《关于商业银行实施资产负债比例管理的通知》，其中规定了如下一些指标。

（1）资本充足率。这个比例集中反映了银行经营的安全性，是资产负债比例管理的核心。1988 年，国际清算银行成员国的中央银行行长在瑞士的巴塞尔达成了《关于统一国际银行资本衡量和资本标准的协议》，它把商业银行的资本分为两类：一是核心资本；二是附属资本。我国结合实际，把核心资本界定为实收资本、资本公积、盈余公积和未分配利润；把附属资本界定为呆账准备金。对于资产项目，依照国际惯例规定了五级风险权数：0，10%，20%，50%，100%，并规定资本总额与加权风险资产总额的比例不得低于 8%，其中核心资本不得低于 4%。

（2）存贷款比例。各项贷款与各项存贷之比不得超过 75%，这是一个自我约束、防范风险的重要指标。由于我国国有商业银行长期执行国家指令性计划，承担了大量政策性贷款，所以规定暂按存贷增量考核，其他商业银行则按存贷余额考核。

(3) 中长期贷款比例。余期1年以上的贷款与余期1年以上的存款之比不得超过100%。

(4) 资产流动性。流动性资产余额与流动性负债余额的比例不得低于25%。

(5) 备付金比例。商业银行在中央银行的备付金存款、库存现金、购买国债及政策性债券之和与各项存款之比,不得低于5%～7%,以保证银行的支付能力。

(6) 单个贷款比例。

对同一借款客户的贷款余额与银行资本总额的比例,不得超过15%,对最大10家客户发放贷款总额不得超过银行资本总额的50%。

(7) 拆借资金比例。拆入资金余额与各项存款余额之比,不得超过4%;拆出资金余额与各项存款余额(扣除准备金、备付金、联行占款)之比,不得超过8%。

(8) 股东贷款比例。对本银行股东的贷款余额,不得超过该股东缴纳股金的100%。

(9) 贷款质量指标。不良贷款(逾期、呆滞、呆账)占各项贷款余额之比不得超过15%。

2002年1月1日起,中国银行业全面推行贷款风险分类管理(又称贷款五级分类管理,指银行主要依据借款的还款能力,确定贷款遭受的风险程度,将贷款质量分为正常、关注、次级、可疑和损失五类的一种管理方法)。长期以来,我国银行一直"一逾两呆"分类方法,是一种事后监督的方法。我国重新加入世贸组织后,全面推行国际通行的贷款五级分类管理,是扩大对外开放与国际惯例接轨的需要,有利于提高信贷资产的质量。

## 第二节 商业银行的负债业务

### 一、资本金

商业银行的资本金是对所有者的负债,是商业银行经营的资本,也是开展存贷业务的基础。它既表明商业银行的实力,又表明商业银行的清偿力和抵御风险的能力。各国政府对商业银行一般都有注册资本最低限额,我国规定最低限额为10亿元人民币,并规定中国人民银行可以根据经济发展情况调整注册资本的最低限额。

我国国有商业银行的资本来源:一是财政拨给;二是银行利润除上交税利后的留存部分。其他商业银行都是自筹资金。股份制商业银行,在必要时可采用增资扩股的形式来增加资本金。巴塞尔协议规定资本充足率不低于8%,这就意味着当资本总额占加权风险资产总额低于8%时,不是增加资本总额,便是压缩加权风险资产总额,两者必居其一。

## 二、存款

存款是商业银行最重要的资金来源,也是开展贷款和其他业务的重要基础,它在整个商业银行负债中所占的比重最大。努力吸收各项存款,是商业银行负债业务中最重要的一环。

存款一般分活期、定期两大类。活期存款不约定存款期限,随时可以支取;定期存款则是约定期限,到期才能支取。根据我国商业银行的情况,存款可分为以下几类:

(1) 企事业单位活期存款。这是指企事业单位的活期存款,企事业单位活期存款开设的账户,存入票据用进账单,存入现款用解款单,支取时使用支票。

(2) 企事业单位定期存款。这是指企事业单位存入的定期存款,一般用定期存单,凭单支取。也有用约定存款的形式办理,即在活期存款账户上约定一定金额和期限,到期才能动用,利率可以按约定存款利率(高于活期利率)计算。另有一种大面额可转让定期存单,国外称为 CD(Certificate of Deposit),并有 CD 市场,转让比较方便。

(3) 居民活期储蓄存款。这是指居民存入的活期存款,一般用存折收付。在一些城市,存户可以凭贴有磁条的存折,在银行电脑联网的任何一家储蓄所存取。另外,定活两便储蓄存款采用定额存单形式,根据实际存期按各档定期存款储蓄利率打折扣计算利息。

(4) 居民定期储蓄存款。这是指居民存入的定期存款,使用存单或存折,可在存入时预留印鉴或密码,到期凭单凭印鉴或密码支取,为存户增加安全保障。具体又分整存整取、零存整取、整存零取、存本付息等几种。

(5) 财政性存款。这是指机关、团体、部队、学校等将财政拨给的经费存入银行所形成的存款,不计利息。

(6) 外币存款。经国家外汇管理局批准经营外汇业务的商业银行可以吸收外币存款。

外币存款基本分三种:

一是甲种外币存款。主要是各国驻华机构、在中国境外及港、台、澳地区有独立法人资格的中外企业团体、在中国保税区内的中外企业单位、中国境内的外商投资企业、中国境内按规定可以保留外汇的机关团体、企事业单位、经批准可以经营外汇业务的金融机构,均可以开立甲种外币存款账户。甲种外币存款分定期存款、协定存款、通知存款、活期存款四种。定期存款用整存整取记名式存单;协定存款由银行与客户就存款期限、金额、利率签订协定;通知存款存期不少于7天,支取必须在7天前通知银行;活期存款分存折户和往来户两种,往来户可以使用支票,未经银行批准不得透支。以上各种存款的存款货币为美元、英镑、欧元、日元、港元、加拿大元、荷兰盾、瑞士法郎、比利时法郎和澳大利亚元十一种,其他可自由兑换的外币,可由存款人自由选择上述货币之一种,按存入日的外汇牌价折算入账。

二是乙种外币存款。凡是居住在中国境内外、港台澳地区的外国人、外籍华人、华侨、港台澳同胞,均可以本人名义开立乙种外币存款户。乙种外币存款分定期、活期两种。定期为记名式存单,活期为存折户。存款货币种类同甲种外币存款。

三是丙种外币存款。凡居住在中国境内持有外汇、外币现钞的居民均可开立丙种外币存款户。丙种外币存款分定期、活期两种,存款货币同甲种外币存款。前六种货币分现汇户和现钞户。由境外汇入的外汇可存入现汇户;外币票据经银行办理托收,收妥后也可存入现汇户。由境外携入或个人持有的外币现钞均可存入现钞户。现汇户的存款可自由汇出,也可视银行库存情况,支取部分或全部外币现钞;现钞户的存款可以自由支取外币现钞,凡符合国家外汇管理局或银行规定的,也可汇往境外。

(7) 信用卡存款。信用卡是商业银行向个人和单位发行的,凭以向特约单位购物、消费和向银行存取现金,具有消费信用的特制卡片,其正面印有发卡银行名称、有效期、号码、持卡人姓名等内容,背面有磁条、签名条等内容。持卡人应在账户中保持足够余额以备使用,也可在银行规定额度内透支,在一定期限内可以免息,超过期限要计算透支利息。经银行催告,超过规定还款期仍未还款,可能被视为恶意透支,引起法律诉讼。

## 三、借入款

借入款是指商业银行通过借入资金的方式以形成资金来源的一种业务,大体上包括以下几种。

### (一) 向中央银行的借款

中央银行是"银行的银行"、是"最后贷款人"。当商业银行需要借入资金时,可以向中央银行申请再贴现或再贷款。

根据《中国人民银行对金融机构贷款管理暂行办法》的规定,凡持有《经营金融业务许可证》并在中国人民银行单独开立基本账户的金融机构,在信贷资金营运基本正常,贷款用途符合国家产业政策和货币政策的要求,按规定向中国人民银行缴存存款准备金,归还中国人民银行贷款有信誉,及时向中国人民银行报送有关报表及资料,还款资金来源有保障等条件下,均可向中国人民银行申请办理贷款。贷款分信用贷款(即再贷款)和再贴现两种,利息按中国人民银行规定的利率计算。

### (二) 同业借款

同业借款是指金融业同业之间相互进行临时性的资金融通,主要有以下三种形式:

(1) 同业拆借。国际上可以由各金融机构之间自行联系拆借,也可以通过拆借市场进行拆借。我国从 1996 年初起,有全国统一的银行间拆借市场,拆借资金由当地的融资中心办理。

(2) 转贴现。这是银行以自己持有未到期的贴现票据向其他银行转让的一种借款形式。

(3) 转抵押。这是银行用自己办理抵押贷款所取得的抵押物向其他银行转抵押的一种借款形式。

### (三) 证券回购协议

商业银行向协议对方出售一定数量的证券(通常是政府债券)以取得资金,协议中规定一定期限之后,按协议规定的价格购回该项证券,差价就是利息。这实质上是以证券为抵押的借贷活动。

### (四) 向国际货币市场借款

国际货币市场规模最大、影响最广的是欧洲货币市场(最初称欧洲美元市场),它是在美元(或欧元、英镑、瑞士法郎等)发行国之外进行该种货币的储存和贷放的市场,它最大的中心在伦敦,并向英国、其他西欧国家、加拿大和美国扩展。此外还有亚洲货币市场,这是指新加坡、香港、东京等地用境外美元和其他境外货币进行存贷活动的市场。各国商业银行向上述国际货币市场借款以调剂头寸,占市场的比重很大。我国商业银行需要在上述市场借款,必须遵照中国人民银行和国家外汇管理局的规定。

(五) 发行国内或国际债券

商业银行等金融机构发行的债券称为金融债券,可发国内债券或国际债券。

## 第三节 商业银行的资产业务

商业银行的资产业务也就是运用资金以获取收益的业务,主要的是两个方面:一是贷款(也称放款);二是投资。

### 一、贷款业务

(一) 贷款的原则

经营贷款的三原则:效益性、安全性、流动性,前已述及,这里不重复。对我国的商业银行来说,还必须考虑国家产业政策和货币政策的要求。

(二) 贷款的种类

贷款有多种分类方法。

1. 按贷款期限长短分类

按贷款期限长短来划分,可分为短期贷款(1年以内),中期贷款(1年以上,5年以下),长期贷款(5年以上)。

2. 按贷款性质分类

按贷款性质来划分,可以分为商业性贷款和政策性贷款两种。前者是商业银行以盈利为目的而贷放的贷款,后者是政策性银行或政策性银行委托商业银行代理的、不以盈利为目的、按国家的政策而贷放的贷款。

3. 按贷款担保种类分类

按贷款担保种类的不同,可分为信用贷款和抵押贷款。信用贷款是凭借款人和担保人(提供信用担保书)的良好资信而发放的贷款。抵押贷款是必须由借款人提供财产作抵押才能发放的贷款。抵押贷款又分抵押和质押两种。抵押是指借款人或第三人将其所占有的财产作为债权的担保,与银行签订抵押合同。质押是指借款人或第三人将其动产移交给债权人占有,将该动产作为债权的担保(称为动产质押),或将其占有的各项权利出质,并将权利凭证交付给债权人作为债权的担保(称为权利质押),与银行签订质押合同。

另外,还有一种票据贴现业务,即银行接受持有未到期票据(一般是商业承兑汇票或银行承兑汇票)客户的申请,按票面金额扣除贴现利息(贴现日与票据到期日之间的天数乘以贴现率)而付给差额,银行则持有该票据,待票据到期,由银行去收款(按票面金额收回)。这种业务实质上是以票据作为担保,以出票人及承兑人的资信为依据而发放的贷款。

4. 按贷款在再生产过程中的作用分类

按贷款在再生产过程中的作用不同,可以划分为流动资金贷款和固定资金贷款。

5. 按贷款的货币不同分类

按贷款货币的不同,可以划分为人民币贷款和外汇贷款。外汇贷款以中国银行为例,又可分以下几种:

(1) 浮动利率贷款。再细分有月浮动、季浮动、半年浮动、一年浮动四种。浮动利率是参照伦敦银行同业拆借利率(LIBOR)计算的。

(2) 优惠利率贷款。这是一种低于伦敦银行同业拆借利率,按优惠办法计息而发放的贷款。凡符合短期外汇浮动利率贷款要求,又属于国家重点发展、扶植的技改项目、出口劳务、买方信贷项目中使用现汇部分,均可享受优惠利率。贷款使用的货币仅限于美元。

(3) 贴息贷款。这是中国银行为支持沿海开放城市和大中城市引进技术、发展出口而发放的一种贷款,由中国银行贴息。

(4) 进口买方信贷。这是我国企业通过中国银行接受供货国进出口银行或商业银行为解决买方的资金需要而提供的贷款。这种贷款通常只能贷给交易额的85%,其余15%需由买方自行支付。贷款利率比市场利率略低。

(5) 混合贷款。这是政府贷款和买方信贷按一定比例混合使用的贷款,政府贷款一般利率很低,期限也长。这要由总协议来确定。

此外,还有与外汇贷款相关的人民币贷款,如配套人民币贷款,是从属于外汇贷款的配套性的人民币贷款;外汇抵押人民币贷款,即企业以自有外汇作抵押由银行贷给相应金额的人民币贷款等。

6. 按贷款的对象和用途分类

按贷款对象和用途的不同可以划分为工商信贷和消费信贷。工商信贷贷给企业,用于生产经营;消费信贷贷给个人,用于消费。目前,我国消费信贷主要有:住房贷款,汽车贷款,大件耐用消费品贷款,小额存单抵押贷款,信用卡透支等。

## 二、同业拆放

商业银行资金的运用,主要是贷款。但是,还可能有一定数量的资金可做短期营运,所以对金融同业进行短期拆放,也是商业银行经常采用的一种方法。

## 三、投资

商业银行可以运用资金进行投资,包括证券投资、外汇买卖、金融衍生工具交易和股权性投资。

（一）证券投资

证券投资主要是债券投资,如政府长期公债券、短期国库券,以及信用等级高的上市企业债券也可以作为投资对象。债券投资安全性好,流动性也好,经营得当,效益也不错,但也有一定风险,比如,当急需资金必须出售债券时,恰逢债券价格很低,也有可能亏损。此外,对商业银行放松限制的国家,商业银行也可以投资上市股票,在低买高卖中获取收益,但比债券投资风险要大得多。我国商业银行在分业经营,分业监管的情况下,不能经营股票买卖。

（二）外汇买卖

外汇买卖即商业银行不是代理客户买卖外汇,而是自营外汇买卖。由于国际汇率风云变幻频繁,有可能获得较高利益,但风险也相当大。

（三）金融衍生工具交易

金融衍生工具是防范和转嫁风险的工具,也是投资的对象,其产品形态主要包括远期、期货、期权、互换四大类。但风险很大。我国金融期货交易所还在初创阶段,有些产品只能通过我国商业银行在境外的分支机构或委托国外金融机构代理进行交易。

（四）股权性投资

股权性投资即商业银行直接投资到其他企业,享有股权,按期可以收到股权收益。我国商业银行法已明确规定,商业银行在中华人民共和国境内不得向非银行金融机构和企业投资。也就是说,只可以对其他股份制银行参股投资。

## 第四节 商业银行的中间业务和表外业务

中间业务是指商业银行并不运用自己的资金,而是为客户提供各种服务,从中收取手续费的各种业务。表外业务是国外新兴的各种业务,它在银行的资产负债表上无法反映,只在资产负债表外进行登记反映的业务。表外业务也是中间业务,但中间业务不一定是表外业务,两者有些交叉,因为有许多中间业务是反映在资产负债表内的业务。

### 一、中间业务

(一)结算业务

结算业务是指单位之间、单位与个人之间、个人之间因商品交易、劳务供应、资金融通等所产生的债权债务,通过其银行账户转账而清算、了结的业务。结算业务对于节省现金的使用,加速债权债务的清结有重要作用。

1. 银行结算的原则

(1)恪守信用,履约付款。指付款单位必须按票据约定的日期,如期付款,银行必须严格执行结算制度和结算纪律。

(2)谁的钱进谁的账,由谁支配。银行在办理结算中,除法律另有规定外,有权拒绝任何单位或个人的查询、冻结、扣划。

(3)银行不垫款。银行作为结算中介,只能把付款单位的钱划转到收款单位的账上,银行不负垫款的责任。

2. 银行结算的种类

(1)汇兑业务,包括银行汇票(又称票汇)、信汇、电汇、电子汇兑、特约传真汇兑(主要用于证券清算资金的汇划)等。

(2)资金清算业务,包括运用支票、本票、信用卡、托收承付、委托收款等金融产品,结算资金的各种业务,在外汇业务方面,包括光票托收、出口跟单托收、进口代收等。

(3)信用证业务,包括进口信用证、出口信用证。

(4)承兑汇票业务,包括商业承兑汇票,银行承兑汇票。

(二)代理业务

(1)针对特定目标客户群设计销售理财产品,为客户代理资金投资,投资收益和风险由客户承担或客户与银行按约定方式承担。

（2）代理商业保险业务。

（3）代理投资基金的托管以及申购和赎回业务。

（4）代理发行、承销、兑付政府债券。

（5）代理记账式国债的买卖业务。

（6）代收代付业务，包括代发工资和养老金、代理社会保险基金的发放、代理各项公用事业收费。

（7）委托贷款业务。

（8）代理政策性银行、外国政府和国际金融机构的贷款业务。

（9）代理其他银行银行卡的收单业务，包括代理外国银行卡。

（10）各类代理销售业务，包括代售旅行支票业务。

（11）保管箱业务。

（三）咨询、服务业务

（1）信息咨询业务，包括资信调查、企业信用等级评估、资产评估业务、金融信息咨询。

（2）企业、个人财务顾问业务。

（3）企业投融资顾问业务，包括融资顾问、国际银团贷款安排。

（4）各类见证业务，包括存款证明业务。

（5）保管箱业务。

（6）保理业务（Factoring）又称保付代理业务，这是一项集商业资信调查、应收账款管理、信用风险担保和贸易融资于一体的新兴综合性金融服务。主要由专业保理商根据进口商的资信状况，对出口商做出付款担保，并对贷款的收回实施管理服务，而银行只是提供中介服务。

（四）信托业务

信托有信任和委托两重含义，是指财产所有者（自然人或法人）为了一定目的，将其指定的财产（资金、动产、不动产、有价证券等）委托信托机构全权代为管理或处理的行为。一般有贸易信托与金融信托之分，这里主要介绍金融信托。

信托的关系人有三个：一是委托人；二是受托人（即信托机构）；三是受益人，受益人也可以是委托人自己。

国际上办理信托业务的有：商业银行的信托部、信托公司、信托银行。在我国，主要是信托投资公司、商业银行的信托部或其全资附属的信托投资公司。实行分业经营、分业管理后,我国商业银行不得从事信托投资和股票业务,为此,我国商业银行附属的信托投资公司已与商业银行脱钩,商业银行不再设立信托部。

信托业务主要有:信托存款、信托贷款、信托投资、委托存款和委托贷款、委托投资、证券业务、租赁业务、代理业务、信息咨询业务和其他业务。

其中,租赁业务分贸易租赁和金融租赁,这里主要介绍金融租赁。金融租赁是出租人以收取租金的方式,在一定期限内,将某项财产交给承租人使用的经济行为。其特点是:① 融物与融资相结合,即出租人按承租人的要求出资购买其所需要的财产(如机器设备等),然后把实物出租给承租人;② 所有权与使用权相分离,所有权归出租人,使用权归承租人。所谓租金,实际上包括了该机器设备的折旧费、利息、保险费、手续费等等在内。租赁期满后,以极低价格把机器设备的所有权也转让给承租人。这项业务,严格讲不是中间业务,而是直接融资融物给客户的一种特种业务。除商业银行的信托部或信托投资公司经营外,也有专门的金融租赁公司经营这种业务。

## 二、表外业务

表外业务是国际金融业进行金融创新、扩大业务领域和减少业务限制的产物,是当今国际金融的一大特点。在发达国家中,这种业务发展很快,也是创新活动最活跃的领域。由于各国的金融监管状况、会计制度的差异,目前尚无统一的划分归属方法,大体而言,有以下几类:

(1) 银行提供的担保或类似的或有负债。商业银行应客户的要求,提供银行保证书(又称保函),承担相应的风险责任;承担第二性的付款责任,如国际业务中的借款保函、投标保函、履约保函、还款保函等各种保函,其作用是使受益人在保函申请人不能履约或履约不当时,可凭保函向银行取得补偿。国际上,有些国家不允许银行作为担保人开出保函,因而又出现了备用信用证,其作用是保证委托人对债务的清偿,当债务到期时,如果委托人无力清偿,受益人可以凭该备用信用证要求开证行代为偿付,这种备用信用证属于或有负债,也是表外业务的一种。

(2) 贷款承诺,包括信贷额度、备用信贷额、票据发行便利等。

(3) 金融衍生工具交易,包括期货、期权、利率互换、货币互换等。

# 第十六章

# 涉外金融

**内容提示** 本章结合我国实际,主要阐述外汇、汇率、外汇管理和国际收支的基本知识,以及利用外资的意义、方式和应注意的问题。

## 第一节 外汇与汇率

### 一、外汇

外汇,是指以外币表示的用于国际结算的支付手段和资产。国际货币基金组织对外汇有如下的定义:"外汇是货币行政当局(中央银行、货币管理机构、外汇平准基金及财政部)以银行存款、财政部库券、长短期政府债券等形式所保有的在国际收支逆差时可以使用的债权,其中包括由中央银行间及政府间协议而发行的在市场上不流通的债券,而不问它是以债务国货币还是债权国货币表示。"

《中华人民共和国外汇管理条例》第3条规定:"本条例所称外汇,是指下列以外币表示的可以用作国际清偿的支付手段和资产:① 外国货币,包括纸币、铸币;② 外币支付凭证,包括票据、银行存款凭证、邮政储蓄凭证等;③ 外币有价证券,包括政府债券、公司债券、股票等;④ 特别提款权、欧洲货币单位;⑤ 其他外汇资产。"

### 二、汇率及其标价法

汇率是指一国货币兑换成另一国货币的比率。对一国而言,汇率即本币和外币之间的兑换比率。在外汇市场上,汇率又常常被称为汇价、外汇行情或外汇行市。汇率有两种标价方法:直接标价法和间接标价法。

### (一) 直接标价法

直接标价法是以外币为标准的标价方法,即把一定单位的外国货币表示为等于若干单位的本国货币。

在直接标价法下,外币数额固定不变,汇率的涨跌都以相应的本国货币数额的变化来表示。一定单位的外币折算本国货币增多,则说明外币汇率上涨和本币汇率下跌;反之亦然。世界上大多数国家包括我国在内都采用直接标价法。

例如:人民币汇价(200×年×月×日)

| 外币名称 | 中间价 |
|---|---|
| 百美元 | 827.86 元 |
| 百港元 | 106.73 元 |
| 百日元 | 6.8511 元 |

### (二) 间接标价法

间接标价法是以本国货币为标准的标价方法,即把一定单位的本国货币表示为若干单位的外国货币。在间接标价法下,本币的数额固定不变,汇率的涨跌都以相对应的外国货币数额的变化来表示。如果一定单位的本币折算的外币增多,则说明外币汇率下跌,本币汇率上涨。目前世界上采用间接标价法的只有英国和美国。

例如:纽约外汇市场(1999年5月28日)

| | 收盘价 |
|---|---|
| 1 美元/瑞士法郎 | 1.5270 瑞士法郎 |
| 1 美元/加拿大元 | 1.4710 加元 |
| 1 美元/日元 | 120.80 日元 |

以上表述的汇率的两种标价方法所说明的内容是一样的,但标价方法正好相反,反映在外汇汇率涨跌上正好具有两种相反的意义。

此外,目前国际银行间对外汇的报价,一般都采用以美元为标准,报出美元对各国货币的汇价,被称为美元标价法。

## 三、汇率的分类

从不同的角度,按照不同的原则,可以对汇率作各种各样的分类。

下面介绍几种经常使用的汇率分类。

### (一) 基本汇率和套算汇率

汇率按是否通过第三国货币套算,可以分为基本汇率和套算汇率。

基本汇率,指选择某种国际上通用的货币(通常是美元)作为基准货币,公布本币对这种基准货币之间的汇率。它是套算本币对其他外币汇率的基础。

套算汇率,又称交叉汇率,指根据两种货币的基本汇率来套算这两种货币之间的汇率。条件是这两种货币的基本汇率都选用同一种基准货币。

例如:港元对美元的基本汇率:

$$USD 1 = HKD 7.7860$$

新加坡元对美元的基本汇率:

$$USD 1 = SGD 1.8405$$

套算汇率:

$$SGD 1 = HKD 4.2304$$

(二)电汇汇率、信汇汇率和票汇汇率

汇率按汇兑方式不同,可分为电汇汇率、信汇汇率和票汇汇率三种。

电汇汇率,是指银行以电报或电传的方式通知国外付款时使用的汇率。由于电汇交付时间最短,银行难以利用汇款资金,加上国际间电讯的费用,故电汇汇率高于其他汇率。由于目前国际间支付多使用电汇,故外汇市场通常以电汇汇率为基础制定其他汇率。

信汇汇率,是指银行在经营外汇时以航邮方式通知国外付款时所使用的汇率。

票汇汇率,是指银行开立由国外分支机构或代理行付款的汇票在国外取款所使用的汇率。票汇汇率可分为即期汇票汇率和远期汇票汇率。

(三)即期汇率和远期汇率

汇率按是否在成交时及时交割可以划分为即期汇率和远期汇率。

即期汇率是买卖双方成交后在两个营业日内进行资金交割时使用的汇率。

远期汇率是指买卖双方约定在将来的某日进行交割,事先签订有关合同并已达成协议的汇率。

远期汇率是在即期汇率的基础上加减而制定的。升水表示远期汇率比即期汇率高;贴水表示远期汇率比即期汇率低;平价则两者相等。直接标价法下的远期汇率等于即期汇率加上升水(或减去贴水),间接标价法下的远期汇率等于即期汇率减去升水(或加上贴水)。

按照汇率形成的不同方式,汇率可分为官方汇率和市场汇率。按照一国汇率是否统一,汇率还可分为单一汇率和复式汇率等等。

## 四、汇率的决定及其变动

**(一) 决定汇率的根本因素**

汇率是货币之间兑换的比率,决定这一比率的根本因素是两种货币所代表的价值。在不同的货币制度下,汇率决定因素的作用形式是不尽相同的,但是汇率的波动总是围绕货币的价值波动的。

在金本位制度下,铸币本身有价值,货币的价值就表现为它的"法定含金量"。两个实行金本位制国家铸币的法定含金量之比,称为"铸币平价"。铸币平价就是金本位制度下汇率的基础。

在金本位制度下,由于铸币可以自由铸造和熔化,金币的币值和金币所含的黄金价值可以保持一致。同时黄金可以自由输出、输入国境,黄金输出点(铸币平价加上输金费用)构成汇率上涨的上限;黄金输入点(铸币平价减去输金费用)构成汇率下跌的下限。在此基础上,汇率在黄金输出点和黄金输入点的区间范围内,根据外汇的供求,围绕铸币平价上下波动。

在纸币流通条件下,曾经存在过两种汇率制度,即固定汇率制度和浮动汇率制。

纸币流通条件下的固定汇率制存在于第二次世界大战后至 1973 年之间。这一货币体系的主要环节是:美元与黄金挂钩,而各国货币则与美元挂钩。各国货币含金量与美元含金量之比,即为该货币与美元的固定汇率。上下可以波动,但不得超过 1%。这是在纸币流通条件下,固定汇率的基础和决定性因素。

当外汇市场进入浮动汇率时代以后,汇率总是围绕着"货币购买力平价"(即两国货币在其本国所具有的购买力之比)波动。尽管外汇市场中的汇率很少能与购买力平价完全一致,但始终受购买力平价的制约,购买力平价成为决定汇率长期走势的基本因素。一般认为,一国通货膨胀率的高低与货币的购买力水平成反比。一国通货膨胀率上升时,货币在国内购买力下降,本币贬值,外汇汇率上涨;反之,外汇汇率下跌。

**(二) 国际收支状况是影响汇率变动的直接因素**

如果一国的国际收支出现顺差,则说明该国的外汇供应或者储备增加;如出现逆差,则说明该国的外汇需求增加或者储备减少。因此,国际收支差额的变化直接影响汇率的变动。国际收支状况成为分析市场汇率走势的出发点。

**(三) 利率是影响汇率的短期因素**

国际间的游资经常在各国外汇市场游动,追逐更高利率。移动的方向是由短期利率较低的国家或地区移向短期利率相对较高的国家或地区。导致资金流入国外汇供应充裕，而资金流出国外汇需求增加，从而影响汇率。例如：美国债券利率调高，可能引起有游资的日本人购买美元，汇往美国投资债券，使得日本外汇市场对美元需求短期内大幅度增加，导致美元升值，日元贬值。

（四）影响汇率变动的其他因素

1. 政治局势及政府干预

各国政府的法案、经济政策、贸易条款，对通货膨胀所持的态度以及政治局势的变动都能对汇率产生影响。

2. 大众的心理预期

外汇投资者对汇率的预期不仅是决定外汇短期供求的重要因素，也是决定短期汇率变动的重要因素。

3. 世界经济环境

世界经济状况对汇率的升跌具有重大的影响力。一般说来，世界经济状况良好，汇率较稳定；反之，则汇率波动明显。

## 五、汇率制度

汇率制度是指各国普遍采用的确定本国货币同其他货币汇率的体系。迄今为止，世界范围内存在过两种汇率制度，即固定汇率制度和浮动汇率制度。

（一）固定汇率制度

固定汇率制度是一国货币同他国货币兑换比率基本固定的汇率制度。从19世纪中叶国际金本位制度确立以后，直到1973年布雷顿森林制度崩溃，绝大多数国家都采用固定汇率制度。

1. 国际金本位制度下的固定汇率制度

金本位制度下，固定汇率确定的基础是铸币平价，外汇汇率围绕铸币平价上下波动。

2. 布雷顿森林制度下的固定汇率制度

第二次世界大战结束后，世界重建国际货币制度，即建立了以美元为中心，以固定汇率为主要内容之一的"布雷顿森林体系"。《国际货币基金协定》规定：各会员国货币的平价应以黄金作为共同单位，以金平价 1 美元＝0.888671 克纯金来表示，确立了美元与黄金挂钩，其他国家货币与美元挂钩的"双挂钩"机制。在布雷顿森林制度下，外汇汇率可以有所波动，但《国际货币基金协定》规定了波动范围,即在金平价汇率的上下 1‰ 限度内,超过这一界限,有关货币当局有义务出来干涉维持。只有当一国国际收支根本性失衡才允许该国货币升值或贬值。

3. 固定汇率制度的作用与缺陷

固定汇率制度最突出的特点是汇率的相对稳定,这种稳定的汇率有利于国际贸易的发展,有利于国际资本流动和保证国际投资稳定地获取利润,稳定的汇率对国际经济交往的发展有重大意义。固定汇率制度的缺陷是:典型的金本位制度下的固定汇率制只是一种理想的制度。而布雷顿森林制度下的固定汇率制,如果其中有的国家出现"基本失衡",金融当局无法继续维持既定汇率,突然宣布本国货币贬值或升值时,有引起重大的动荡和损失的可能。另外,在固定汇率制度下,会导致成员国不能推行独立的货币制度。

(二) 浮动汇率制度

所谓浮动汇率制是指一个国家的货币与外国货币的兑换比率,由外汇市场的供求情况自发决定,不受上下幅度限制的汇率制度。

1. 浮动汇率制度的类型

(1) 自由浮动和管理浮动。按照政府是否干预外汇市场分类,浮动汇率制度可以分为自由浮动和管理浮动汇率制度。自由浮动汇率制度是指政府货币当局完全听任外汇市场供求的决定,而不进行任何干预的汇率制度。一般来讲,很少有国家实行自由浮动。管理浮动汇率制度指政府货币当局对市场汇率进行一定程度的干预,通过影响外汇市场上外汇的供求关系来控制本国货币汇率的变动。管理浮动是现实的浮动汇率制度。

(2) 单独浮动和联合浮动。单独浮动是指一国货币不与其他国货币采取联合政策,其汇率随外汇市场的供求关系变动而单独调整。例如美元、日元和英镑等货币都采用单独浮动。联合浮动是指在成员国之间实行固定汇率制,而同时对非成员国货币实行共升共降的浮动汇率制。参加欧洲货币体系的国家目前就实行联合浮动。

(3) 钉住浮动。它是指一国货币与某种货币保持固定比价关系,随该外币的浮动而浮动。钉住浮动可以分为钉住某一种货币浮动和钉住"一篮子"货币(包括特别提款权)浮动。

任何国家都不会听任汇率浮动损害本国利益,总是或明或暗地进行干预,使汇率保持在符合本国利益的水平上。

### 2. 浮动汇率制度的作用和缺陷

在浮动汇率制度下,汇率随外汇市场上的供求关系而自动涨落,可以降低货币受国际游资冲击的可能性;可以防止外汇储备的大量流失;可以提高国内货币政策的自主性,减轻他国经济形势对本国的影响。在浮动汇率制度下,汇率波动变得频繁和剧烈,不利于国际贸易的发展;限制了国际资本流动;加剧了国际金融市场动荡,使许多国家具有内在的通货膨胀倾向。总之,浮动汇率制度并非一种理想的汇率制度。许多国家正积极寻找一种固定但又可灵活调整的汇率制度。

我国1994年4月成立了全国统一的银行间外汇市场,实行以市场供求为基础,单一的有管理的浮动汇率制。

## 第二节 外汇管理

外汇管理,又称外汇管制,是指一个国家指定或授权某一政府机关(如财政部、中央银行或专设的外汇管理机构)制订并通过法律、法规、制度、办法,对境内的本国及外国的机关、企业、团体、个人的外汇收付、买卖、借贷、转移,对本国货币的汇价以及外汇市场的活动实行管理。

### 一、外汇管理的目的和作用

(一)稳定汇率

实行外汇管制,外汇买卖由国家控制,可以维持汇率基本稳定。

(二)改善国际收支状况

国家可以通过外汇管制来调节汇率从而调节国际收支。

(三)保护和增强本国经济的发展

外汇管制可以结合贸易政策,保护本国经济的协调发展,避免国际市场对国内市场的冲击,维持国内经济的稳定。

### 二、外汇管理的类型

根据世界各国对外汇管理的严格程度,外汇管理大体上可分为三种类型。

(一)实行严格的外汇管理

这类国家对贸易、非贸易收支和资本项目收支都加以严格的限制。多数发展中国家采用这一类型。

(二)实行部分的外汇管理

这类国家对非居民办理经常项目的收付,原则上不加限制,而对资本项目的收支则仍加以管理,如日本、澳大利亚、丹麦等国均采用此类。

(三)基本不限制的外汇管理

外汇管理较少或基本没有限制的国家和地区,如美国、英国、瑞士和我国香港地区等。

## 三、我国的外汇管理制度

(一)我国外汇管理制度的主要内容

1. 我国的外汇管理机构

我国外汇管理的主管机构是国家外汇管理局,各省、自治区、直辖市、计划单列市设分局。外汇管理局的主要职能是:根据国家的政策和经济建设的需要,制订外汇管理法规;根据银行间外汇市场形成的价格,公布人民币对主要外币的汇率;调度国家外汇储备和外汇资金;管理金融机构的外汇业务;管理侨资、外资、中外合资企业的外汇业务;检查和处理违反外汇管理的案件;统一管理对外借款和在国外发行债券,依法监督管理全国的外汇市场。

2. 关于外汇买卖的管理

《中华人民共和国外汇管理条例》中规定:"在中华人民共和国境内,禁止外币流通,并不得以外币计价结算。"禁止外币在国内市场流通使用,是国际上实行外汇管制的一个普遍原则。我国禁止外币自由流通是因为如果允许外币流通,将破坏统一的人民币体制,影响人民币汇价,影响非贸易外汇收入,损害国家经济利益。

《中华人民共和国外汇管理条例》规定,禁止私自买卖外汇,禁止以任何形式进行逃汇和非法套汇。

根据《中华人民共和国外汇管理条例》第38条规定,以下行为属于逃汇行为:违反国家规定,擅自将外汇存放在境外的;不按照国家规定将外汇卖给外汇指定银行的;违反国家规定将外汇汇出或者携带出境的;未经外汇管理机关批准,擅自将外币存款凭证、外币有价证券携带或者邮寄出境的;其他逃汇行为。

根据《中华人民共和国外汇管理条例》第39条规定,有以下行为属于非法套汇行为:违反国家规定以人民币支付或者以实物偿付应当以外汇支付的进口货款或者其他类似支出;以人民币为他人支付在境内的费用,由对方付给外汇的;未经外汇管理机关批准,境外投资者以人民币或者境内所购物资投资的;以虚假或者无效的凭证、合同、单据向外汇指定银行骗购外汇的及非法套汇的其他行为。

3. 对境内机构外汇收支的管理

我国外汇管理条例规定:境内机构的经常项目外汇收入必须调回境内,不得擅自存放在境外,应当按照国务院关于结汇、售汇及付汇管理的规定,卖给外汇指定银行或开立外汇账户;经常项目用外汇应当按照规定,持有效凭证和商业单据向外汇指定银行购汇支付;境内机构出口收汇和进口付汇应当按国家规定办理核销手续。境内机构资本项目的外汇收入,除国务院另有规定外,应当调回国内,并按照国家有关规定,在外汇指定银行开立外汇账户;卖给外汇指定银行的,须经外汇管理机关批准;境内机构向境外投资,应由外汇管理机关审查,其外汇资金来源,经批准后,按照国务院关于境外投资外汇管理的规定办理有关资金汇出手续;借用国外贷款,由国务院确定的政府部门、国务院外汇管理部门批准的金融机构和企业按照国家有关规定办理。

4. 对人民币汇率、外汇业务和外汇市场的管理

根据《中华人民共和国外汇管理条例》规定,人民币汇率实行以市场供求为基础的、单一的、有管理的浮动汇率制度;外汇市场交易遵循公开、公平、公正和诚实信用的原则,中国人民银行根据银行间外汇市场形成的价格,公布人民币对主要外币的汇率;外汇市场交易的币种和形式由国务院外汇管理部门规定和调整。中国人民银行根据货币政策的要求和外汇市场的变化,依法对外汇市场进行调控。金融机构经营外汇业务须经外汇管理机关批准,领取经营外汇业务许可证,不得超出批准的范围,并接受外汇管理机关的检查、监督。

5. 对外债发行的管理

国家对外债实行登记制度,境内机构应当按照国务院关于外债统计监测的规定办理外债登记。以下行为属于违反外债管理行为:擅自办理对外债款的;违反国家有关规定,擅自在境外发行外币债券的;违反国家有关规定,擅自提供对外担保的等。

6. 对个人外汇的管理

居民所有的外汇可以自行持有,也可以存入银行或卖给外汇指定银行,实行存款自愿、取款自由、存款有息、为储户保密的原则。个人因私用汇,在规定限额

以内购汇;超过规定限额的,可以向外汇管理机关提出申请。个人携带外汇出入境,应当向海关办理申报手续;携带外汇出境,超过规定限额的,还应当向海关出具有效凭证。

（二）外汇体制改革的新发展

根据《中共中央关于建立社会主义市场经济体制的决定》提出的"改革外汇管理体制,建立以市场供求为基础的、有管理的浮动汇率制度和统一规范的外汇市场,逐步使人民币成为可兑换货币"的要求,1994年和1996年我国对外汇管理体制进行了两次重大改革。

1994年改革的中心内容是汇率并轨,实行以市场供求为基础的、单一的、有管理的浮动汇率制;初步建立银行间外汇市场,取消外汇留成、上交和额度管理制,实行银行结售汇制度;内资企业基本上实现了经常项目下人民币的可兑换。外商投资企业和在我国境内的外国企业,仍在外汇调剂市场买卖外汇,对购汇有不少限制。

1996年3月,我国外汇体制又进行了大步改革。在上海、深圳、大连和江苏三市一省进行外商投资企业纳入结售汇体系的试点;1996年7月1日开始将外商投资企业纳入银行结售汇管理,取消对其经常项目用汇的限制;提高境内居民因私用汇的供汇标准,扩大供汇范围,并对超过限额和范围的用汇要求,经外汇管理部门审核后予以供汇。

我国是国际货币基金组织成员国。根据该组织对经常项目可兑换的要求,我国已在贸易收支、劳务收支和单方面转移方面取消了外汇支付和转移的汇兑限制,实行结售汇制,即外汇收入必须卖给外汇指定银行,而在这些方面需用外汇,则可凭有效凭证到外汇指定银行购买,只要能提供足以证明是经常项目用汇的凭证,外汇指定银行必须供汇。对境内机构支付境外的股息,外商投资企业利润、红利的汇出,外资企业外籍员工合法收入、驻华机构及来华人员的合法人民币收入等方面的外汇支出,只要有凭证能证明该笔款项的性质确属经常项目用汇,便可到指定银行购汇汇出。外商投资企业在人民币经常项目下已实现了国民待遇,允许外资投资企业开立用于经常项目下外汇收支的外汇基本账户,对该账户核定一个最高限额,外资企业的外汇收入也可以不卖给指定银行,允许保留在外汇基本账户。

由于直接投资、贷款和证券投资等资本输出输入需要发生的资本项目外汇收支,我国目前实行审批制度。取得属于资本项目的外汇收支,应将其存入在银行开立的专用外汇账户,专款专用,并在外汇管理部门备案,如果将其卖给外汇指定银行,须经外汇管理机关批准。

我国外汇体制改革的方向和人民币汇率政策是在配合国内财政、货币政策的前提下,保持人民币外汇市场的健康发展以及人民币币值的稳定,逐步使人民币成为可兑换货币。我国外汇体制改革以来,对外贸易发展迅速,利用外资的数量和质量稳步提升,国家外汇储备大幅增长,1994年底,外汇储备316亿美元,2004年底,已达到6 099亿美元。我国外汇管理体制已逐步与国际惯例接轨,人民币正稳步向成为可兑换货币的目标前进。

这两次成功的外汇体制改革,不仅有力地推动了我国的社会主义市场经济和改革开放的进程,促进了我国经济与国际经济的交流与合作,而且为各类出口企业提供了平等竞争的良好环境。

## 第三节 国际收支

### 一、国际收支的概念

国际收支,是一个国家在一定时期(通常为1年)内对外货币收支的综合反映。

国际货币基金组织对国际收支的定义是:国际收支是特定时期内的一种统计报表,它反映:① 一国与他国之间的商品、劳务和收益的交易行为;② 该国所持有的货币黄金,特别提款权的变化,以及与他国债权债务关系的变化;③ 凡不需偿还的单方面转移项目和相对应的科目,由于会计上必须用来平衡的尚未抵销的交易,以及不易互相抵销的交易[①]。

随着国际经济交往的发展,国际收支状况成为观察一国对外支付能力,衡量一国经济发展状况的重要指标。

### 二、国际收支平衡表

按照国际货币基金组织的规定,国际收支平衡表是系统地记录一国在一定时期或一定日期所有国际经济贸易的货币收支项目及其金额的统计表。

---

① 《中国金融百科全书》上册,经济管理出版社1990年版,第512页。

### (一) 国际收支平衡表编制原则

国际收支平衡表以各种经济交易所有权变更日期为准,按照复式簿记的原理编制记录。根据这个原则,表中记录以下几种经济交易:① 在编表时期内已全部结清的交易;② 在这一时期内已经到期必须结清的交易;③ 在这一时期已经发生所有权变更但需跨期结清的交易。

### (二) 国际收支平衡表的内容

大多数国家把国际收支平衡表的内容分为 3 大类:经常项目、资本项目和平衡项目。

#### 1. 经常项目

这是一个最基本、最重要的项目,它反映一国国际经济贸易的主要状况,包括三个部分。

(1) 贸易收支。又称有形贸易收支,即一国商品输出、输入的全部统计。按照国际货币基金组织的规定,商品的进口、出口均以海关统计为准,按离岸价(FOB)计算。

(2) 劳务收支。又称无形贸易收支,包括运输、通讯、港口收支;银行、保险业务收支;旅游收支;投资收益和其他劳动收支。

(3) 转移收支。指单方面的、无对等的经济交易,其中包括政府之间的经济、军事援助,战争赔款和捐款等;也包括侨民汇款、民间赠与等。

#### 2. 资本项目

该项目主要指资本的流入和流出。资本项目的收支状况对国际收支的影响随着国际资本移动的规模增大,显得至关重要。资本项目包括长期资本和短期资本两大类。

(1) 长期资本,指期限在 1 年以上的资本流动,可分为政府长期资本和私人长期资本。政府长期资本包括政府间贷款、政府投资、向国际金融机构借款等。私人长期资本主要包括直接投资、证券投资和中长期出口信贷。

(2) 短期资本,指期限在 1 年之内的资本流动,可分为政府部门的短期资本流动和私人部门的短期资本流动。短期资本的主要内容包括各国银行间的调拨、拆放;国际贸易的短期资金融通及结算;逃避外汇管制和货币贬值风险而引起的资本流出和流入;套汇、套利所引起的资本流动和黄金市场的投机活动。

#### 3. 平衡项目

平衡项目主要如下:

(1) 错误与遗漏。设立这一项目是为了解决由统计数字本身难免的错误,以及统计资料的来源不一、口径不同等带来的收支平衡表中的借贷总额不平衡问题,使国际收支平衡表达到平衡。

(2) 官方储备。这是一国的金融当局为平衡国际收支持有的储备资产及其对外债权,包括黄金、外汇、特别提款权和普通提款权等。

### 三、国际收支不平衡的原因及调节

(一) 国际收支不平衡的原因

1. 经济周期的影响

经济周期的变化,使一国的国际收支在经济高潮期出现顺差,在危机和萧条期出现逆差。

2. 国民收入变动的影响

当国民收入增加时,其居民的劳务支出增加,商品输入增加,往往造成国际收支出现逆差;反之,会使逆差减少,或出现顺差。

3. 货币币值变化的影响

如果币值的变化引起物价水平上升,在汇率不变的情况下,不利于出口,有利进口,可能会导致国际收支逆差;反之,则出口增加、进口减少,可能会导致国际收支顺差。

4. 国际经济结构变化的影响

世界各国由于地理、自然资源、技术水平、劳动力素质等经济条件的不同,各自形成了自己的商品劳务进出口格局。这种格局在国际市场上互相联结在一起,构成了一定的国际经济结构。在当今科学技术日新月异的时代,科学技术的某种突破会极大地改变这种国际经济结构,从而引起许多国家国际收支状况的变化。

(二) 国际收支的调节

当一国国际收支发生持续性的不平衡时,一般应该加以调节,调节的办法有三种,即经济手段、政策手段和国际合作。

通常,调节国际收支的措施有以下几种。

1. 金融方面措施

(1) 调整利率。通过调整利率影响资本流向,资本总是从利率低的地方流向利率高的地方,当国际收支发生逆差时,可调高贴现率,国际收支发生顺差时,调低贴现率;通过调整利率影响国内需求,利率上升,需求下降,进口减少,则国际收支的逆差减少;反之,则会增加国际支出。

(2) 调整汇率。汇率的变动对经常项目中的各项内容都有很大影响。

2. 财政方面措施

调整财政收支,用以改变国民收入和国内需求,起到调节国际收支的作用。如果政府削减财政支出和增加税收,可使国民收入减少,国内需求下降,从而抑制进口,减少国际支出。

3. 综合性措施

如通过关税壁垒、贸易保护政策、外贸管制、外汇管制等手段对国际收支进行调节。

4. 国际合作措施

通过国际合作协调世界各国的国际收支平衡。

## 四、我国的国际收支

我国从20世纪80年代开始编制国际收支平衡表(在此之前只编制外汇收支平衡表),是按照国际货币基金组织的要求,结合我国实际而设计的,主要内容与前面所述基本一致。表16-1为2012年第一季度我国的国际收支平衡表。表中项目,服务包括运输、旅游、通讯、建筑、保险、国际金融服务、计算机和信息服务,专有权力使用费和特许费,各种商业服务,个人文化娱乐服务以及政府服务;收益包括职工报酬和投资收益;资本项目包括移民转移、债务减免等资本性转移;直接投资指外国和我国港澳台地区在我国境内和我国在境外以独资、合资、合作以及合作勘探开发方式的投资;证券投资指外国和我国港澳台地区购买(我国买回)我国(包括地方政府和企业)境内发行的股票、债券等有价证券和我国(包括政府、企业、个人)买卖境外发行的股票、债券等有价证券;其他投资包括外国提供给我国和我国提供给外国的贸易信贷、贷款、货币和存款以及其他资产。

表 16-1

**中国国际收支平衡表(摘录)**

2012年第一季度　　　　　　　　　　　　　　单位:亿美元

| 项　　目 | 行次 | 差　额 | 贷　方 | 借　方 |
|---|---|---|---|---|
| 一、经济项目 | 1 | 235 | 5 473 | 5 238 |
| 　A. 货物和服务 | 2 | 38 | 4 749 | 4 711 |

(续表)

| 项　　目 | 行次 | 差　额 | 贷　方 | 借　方 |
|---|---|---|---|---|
| 　　a. 货物 | 3 | 219 | 4 313 | 4 094 |
| 　　b. 服务 | 4 | －181 | 437 | 617 |
| 　B. 收益 | 18 | 173 | 596 | 423 |
| 　C. 经常转移 | 21 | 25 | 128 | 103 |
| 二、资本和金融项目 | 24 | 561 | 3 387 | 2 825 |
| 　A. 资本项目 | 25 | 15 | 16 | 1 |
| 　B. 金融项目 | 26 | 546 | 3 371 | 2 825 |
| 　　1. 直接投资 | 27 | 489 | 732 | 244 |
| 　　2. 证券投资 | 30 | 93 | 133 | 40 |
| 　　3. 其他投资 | 41 | －35 | 2 506 | 2 541 |
| 三、储备资产 | 64 | －746 | 4 | 750 |
| 　3.1 货币黄金 | 65 | 0 | 0 | 0 |
| 　3.2 特别提款权 | 66 | －2 | 0 | 2 |
| 　3.3 在基金组织的储备头寸 | 67 | 4 | 4 | 0 |
| 　3.4 外汇 | 68 | －748 | 0 | 748 |
| 　3.5 其他债权 | 69 | 0 | 0 | 0 |
| 四、净误差与遗漏 | 70 | －50 | 0 | 50 |

注：1. 本表计数采用四舍五入原则。2. 本表数据按单季编制。3. "－"号表示储备资产增加。

　　我国外汇收支自 1990 年开始（除个别年份为逆差外），连年大量顺差，2012 年年末外汇储备余额为 3.31 万亿美元。对于外汇储备大量增多，有不同看法，一种认为这也是一种国际收支不平衡，过多的储备会占用大量本国货币，增加通胀压力，再则外汇的保值增值不易，有较大风险。另一种看法认为我国是发展中的大国，保持较大数量外汇储备是必要的，目前的数量不能算过多，至于通胀压力和外汇风险可以采取措施加以防范。我国货币当局基本上持后一种看法。

## 第四节　利用外资

　　利用外资加速本国国民经济的发展，目前已成为世界普遍现象。在发达国家如日本、加拿大，在发展中国家如新加坡、韩国等，都曾有效地利用外资，达到了经济腾飞的目的。即使如发达国家的代表美国,也长期利用外资,迄今为止,美国引进外资的金额仍排名世界前列。

利用外资,以有狭义和广义之分。狭义的利用外资是指借入外国资本,吸收外国投资和接受外国援助等;广义的利用外资还包括外国的专有技术、专利、商标、版权、机器设备及材料物资等。

### 一、我国利用外资的意义

我国改革开放的实践证明,利用外资对振兴我国经济,实现社会主义现代化具有十分重要的意义。

利用外资,可以弥补我国建设资金的不足,加快国民经济重要项目建设,改善交通、邮电、通讯、能源等基础设施和基础工业。

利用外资,可以推动老企业技术改造,促使行业发展和产品的升级换代。

利用外资,有利于提高产品的质量和等级,进一步拓宽国际市场,增强产品的出口竞争力。

利用外资,并采用一系列措施引导外商投资高、新科技行业,有利于促进经济结构的调整。

利用外资,可以引进先进的管理方法,加速人才的培养。同时,还可以扩大就业,缓解就业矛盾。

1979—2003 年,我国实际利用外资 6 796 亿美元,项目规模由小变大,利用外资质量也有所提高。

### 二、利用外资方式

我国利用外资的方式主要有三大类:借用外国资金、吸收外国投资和商业信贷等。

(一) 借用外国资金

这种利用外资的方式,其主要特点是形成债务,并要支付利息。具体渠道及方式如下。

1. 政府间信贷

这种贷款是一国政府,以其财政支出中的对外援助基金向其他国家提供的优惠贷款。国际惯例一般要求含有 25% 以上的赠与成分,利率低(年利率一般为 1%～3%),期限较长(一般为 10～30 年),并附有宽限期。政府间信贷在贷款条件上比在货币市场上筹集的商业贷款优惠,但大多数限定贷款用途,并以两国之间政治外交关系良好为前提。

2. 国际金融组织贷款

这是由国际金融机构向其成员国政府提供的贷款。这类金融组织有全球性和区域性。全球性的主要有国际货币基金组织、世界银行集团和农业发展基金会。区域性的有泛美开发银行、亚洲开发银行及欧洲投资银行等。

3. 出口信贷

这是出口国的政府金融机构或商业银行以优惠利率向本国出口商、外国进口商或银行提供的贷款,目的是促进其本国商品的出口。

4. 外国商业银行信贷

这是外国商业银行对他国银行或企业的贷款。其特点是贷款数额大,用途灵活,手续简便,借取方便,但利率较高,期限不长。

5. 发行国际债券

这是指一国政府、金融机构或企业在国际债券市场上以本国货币或通用货币为面值发行债券。用发行国际债券方式筹资,资金来源广,用途不限,并且利率固定,便于核算。但是,发行手续繁琐,发行成本较高。

(二) 吸收外国投资

这种投资方式的特点是,外国投资者以股息或红利形式来分享投资利润。具体方式如下。

1. 外商独资企业

外商独资企业,指外国投资者经本国政府批准,在本国境内建立的企业。这类企业由外国投资者出资,在经营中遵循本国的法律,独立经营,依法纳税、享受全部利润,承担全部风险。

2. 合资企业

合资企业,是由外国公司、企业和其他经济组织或个人在本国境内同本国的公司、企业或其他经济组织共同投资,共同经营,按出资比例分享利润和承担风险的企业。这种利用外资的方式受到世界各国的普遍重视,并且发展很快。

3. 合作经营企业

合作经营企业,一般是由外国投资者提供资金、设备、技术等,由合作者提供场地、厂房、公司设施和劳务等,在本国境内共同合作的企业。这种企业,一般为契约式的合营企业,双方的权利和义务以事先订立的合同为依据,利润的分配和风险的承担按契约的规定。

4. 合作开发

合作开发,指资源国与外国投资开发公司对资源国的石油等资源进行的合作开发。双方按照商定的方式分担投资和分享利润。合作开发主要有两种方式:① 由外国公司提供全部资金,承担全部风险,这是合作开发的主要方式。② 资源国自行承担全部风险,外国公司以工程承包、技术服务方式参与合作,不承担风险。

(三) 商品信贷

这种利用外资的方式主要特点是商品和信贷相结合,形成债权、债务关系,需要支付利息。具体渠道及方式如下。

1. "三来一补"

"三来一补",即来料加工、来样定制、来件装配和补偿贸易。"三来一补"方式具有不用现汇即可得到急需使用的技术、设备,贷款偿还可以得到保证等优点。但是,此方式适用范围狭窄,设备也不一定先进。

2. 国际租赁

它是融物与融资相结合的一种利用外资的方式。承租方可向外国租赁公司租用所需的生产设备等固定资产,承租方按期交纳租金,租赁期满后由承租方作价购买。国际租赁具体可分为金融租赁、服务租赁和平衡租赁。

### 三、利用外资应注意的问题

(一) 引导外资投向

要根据我国国民经济发展战略和产业政策,引导外资投向资金、技术密集型产业;引导外资投向基础设施、基础产业和企业的技术改造;适当引导外资投向金融、商业、旅游等领域。

(二) 注意掌握利用长期资本与短期资本的比例

不能让短期资本占过大的比重,否则很可能为国际投机势力炒作的题材。

(三) 完善投资环境

投资环境的完善对于外商投资经营是十分重要的问题。要进一步完善基础设施和配套服务,为外商经营提供更方便的条件,并且提供更完善、更充分的法律保障,使外国投资者有法可依。

(四) 国内资金的配套能力

足够的配套资金,如配套的基础设施、原材料供应、人才、资金是引进外资、提高项目投资效益的关键问题。

（五）考虑外债偿还能力

利用外资应适当控制规模，注意掌握衡量偿债能力的三个指标：负债率、债务率、偿债率，不能超过国际公认的警戒线，否则容易引发债务危机，使国民经济陷入困境。

（六）注意贷款利率和贷款货币的选择

通过技术处理的方法，尽量避免利率和汇率风险。

# 第十七章

# 金融市场

**内容提示** 本章主要阐述金融市场的含义、作用、分类、结构及形成条件，阐述外汇市场、货币市场、资本市场的基本知识和我国金融市场的概况。

## 第一节 金融市场概述

### 一、金融市场的含义

金融市场，广义是指资金融通的，包括资金借贷、结算，以及证券、黄金和外汇买卖活动在内所形成的市场。金融市场上交易的标的即为金融商品，如货币、有价证券、黄金等。除了交易标的外，还须有交易主体、交易方式，以及与之相适应的法规。金融市场的交易过程，其实质是货币资金的运动过程。交易双方通过买卖金融商品，达到资金的转移、资产保值等目的。

金融市场涉及的资金面很广。从资金的所属部门看，有财政资金、信用资金、社会团体资金和个人资金；以资金用途分，有生产资金、流通资金、投资资金和投机资金（投资与投机有时很难截然分开）；以地域分，有境内资金和境外资金；以币种分，有人民币资金和外汇资金。在市场法则作用下，各类资金的分布不断得以调整，以适应经济活动的需要。

金融市场的参与者也相当广泛。政府为了解决先支后收的暂时补缺，或为了弥补财政赤字，或为了筹集一笔专用款项，采用发行债券的方式筹措所需资金。中央银行通过公开市场的操作和调整贴现政策，以达到控制货币供应量的目的。商业银行则以票据换取同业拆放款。企业以发行股票或债券，筹集自有资金或借入资金。投资者选择合适的金融商品，在改善其资产流动性的同时，使自己成为资金供应者；投机者则以其敏捷的动作，冒着风险去盈利，但也常常为人们展示超前的行市。

金融市场的借贷活动与银行部门以存、贷对应为条件的借贷活动有明显的区别,而又不限于以还本为前提、付息为条件的货币借贷活动,因而,金融市场为社会性融资提供了广泛前景。近年来金融创新不断涌现,曾一度显现出银行向多功能、综合化方向发展的全球性趋势。从金融市场的机构而言,它包括经营货币业务的一切金融机构及市场管理机构。

研究金融市场的任务,就是要在认识资金运动内在规律的基础上,弄清楚机构设置及控制的原则,了解和掌握金融市场的一般知识和操作原理。

## 二、金融市场的作用

随着市场经济的发展,市场竞争愈趋激烈,投资规模也日趋扩大,为此,经营的风险逐渐向社会扩散。显然,传统的银行业已不能满足经济发展的需要,金融市场便应运而生。第二次世界大战结束后,新国际货币体系的确立和国际金融机构的建立,为金融市场的发展创造了必要条件。20世纪60~70年代国际金融市场发展迅速;80年代以来是金融创新时期,各国金融结构也纷纷倚重金融市场,并且成为现代金融的基本特征。金融市场的出现,克服了私人信用和间接信用的局限,为筹资者和投资者提供了融资的广阔天地,从而使信用制度更符合经济发展的需要。其作用具体表述如下。

1. 金融市场扩大了交易者的选择范围

资金供求双方自由参与金融市场交易,以利益为导向买卖信用工具,达到融资目的,充分体现了资金供求的灵活性和弹性,扩大了交易者选择的范围。

2. 金融市场有利于优化资金分配

银行利率体现了资金的平均价格,这种价格并不都能发挥资金流动的导向作用。金融市场由于存在着市场风险和履约风险(前者指汇率、利率变动而带来的风险,后者指部分履约、全部毁约和延期履约所致的风险),以及金融市场上各种交易工具的流动性与银行存款的流动性不同,且随行就市,因此,金融市场的收益率(或成本)要高于银行利率水平,尤其在银根吃紧时期,竞价集资,成本陡升。金融市场这种市场导向机制使资金的流动(分配)趋向优化。

3. 金融市场是改善宏观调控手段的必要条件

资金的宏观调控,主要是总量的平衡和结构的改善。总量平衡是结构改善的结果,改善结构是总量平衡的要求。两者相比较,合理的资金结构就更显重要。货币管理当局可以通过对金融市场的管理和在金融市场的操作，利用资金流动市场导向机制，达到其宏观调控的目的。这种调控过程，称为宏观调控传导机制。它的调控效果一般要优于行政手段调控的效果。它受益于金融市场，反过来又促进金融市场进一步完善。

4. 金融市场在国际经济中的作用不断扩大

随着金融市场国际化程度日益提高，它在国际经济中的作用也不断扩大。主要表现在：① 促进了国际间资本在全球范围的合理流动，客观上促进了世界经济的发展，尤其对发展中国家的经济产生了巨大的影响；② 有助于国际贸易的发展，增进了国际间经济交往；③ 有助于解决一些国家的国际收支问题；④ 有助于国际经济大循环的形成，使世界经济朝着更有利的方向发展。

5. 金融市场为公司（企业）的资产经营提供了外部条件

现代经济社会里，一个公司（企业）资产的重组都离不开社会资本的运动，不管是采用如公募、私募等何种方式，其目的是吐故纳新、优化结构、追求规模，使自身立于不败之地。金融市场为公司（企业）的资产经营提供的不仅是工具，更重要的是时空条件。

金融市场也有消极作用。当金融市场落后于经济发展需要时，会阻碍经济的发展；当金融市场的发展超前于社会经济的其他领域，尤其是企业体制尚不匹配时，会产生许多副作用，甚至会派生出许多道德和法律问题，影响社会政治经济的健康发展。而经济的虚拟化，在衰退期又会造成信用的剧烈收缩，从而加深危机。

### 三、金融市场的分类和结构

许多人认为，金融市场的分类与结构没有多大区别，其实不然。金融市场有各种类型，如国内金融市场和国际金融市场等。而各类金融市场又由各个具体的市场构成，如外汇市场和黄金市场等。显然，这是一个包含和被包含的问题，对全面理解金融市场的分类和结构是很重要的。

（一）金融市场的类别

1. 国内金融市场

国内金融市场的交易一般只限于居民之间的交易，很少有非居民加入，其交易的金融商品有很大的国籍局限性。就我国国内金融市场的现状看，市场还不很充分，处于起步的阶段。随着我国市场经济的完善，金融市场将趋于成熟。随着经济国际化向前推进,国内金融市场将或多或少掺进国际化的因素。

2. 国际金融市场

国际金融市场不仅有市场所在地居民加入,更大量的是非居民的加入。原则上说它不受所在国的金融政策、法令的控制。实际上,直到20世纪50年代前半期,世界各地的金融市场都不是一个纯粹的国际市场。例如,纽约、伦敦、苏黎世、新加坡、香港、东京、法兰克福、巴黎等金融市场,虽然都有非居民加入,货币可以自由兑换并用作国际支付手段,在不同程度上带有国际性,但也要受当地金融管理当局不同程度的控制。

欧洲美元市场的产生,标志着金融市场国际化进入一个崭新的阶段。此后,出现了许多以境外金融业务为主的纯粹的国际金融市场。

3. 离岸金融市场

随着境外货币市场的出现,使得原来并不重要的地区,如巴哈马、开曼群岛、卢森堡等地,成了重要的境外美元市场或其他货币的市场。20世纪60年代,是由美元荒步入美元泛滥的年代,有关国家纷纷采取措施限制资金流动。为了逃避管制,在管制较松、税收较低、联络容易的地方逐渐形成了境外市场。这些市场基本不受所在地政府的影响。为了充分利用这种新型市场,许多国家和地区陆续开辟离岸金融市场,或增设离岸金融业务。离岸金融市场的作用如下:① 作为国际资金的中转地;② 在中转的同时,输出本国或本地区的多余资金;③ 在中转的同时,引进外资。在一个特定的离岸金融市场,或只有一个作用,或同时兼有几个作用。除此以外,还有全球性和区域性金融市场。

(二) 金融市场的结构

一个健全的金融市场,必然包括各种具体的市场,各种具体的市场构成了金融市场的内容。标准不同,具体市场的划分也不相同。

按资金融通期限长短划分,有短期资金市场和长期资金市场,也称为货币市场和资本市场;按交易标的划分,有证券市场(短期证券市场和长期证券市场)、黄金市场和外汇市场;按交易发生时间与交割时间的关系划分,有现货市场和期货市场;从融资的专门性划分,有同业拆放市场、贴现市场、股票市场等。为能较全面地了解金融市场,又不致重复,我们把金融市场划分为外汇市场、资金市场和黄金市场。一个健全的、完善的金融市场的业务活动不外乎这三个部分的业务范围。下面我们重点介绍外汇市场和资金市场,至于黄金市场只作一般介绍。

## 四、金融市场的形成条件及对金融市场的控制

### (一) 金融市场形成的条件

金融市场是市场经济发展到一定阶段的产物,它的发展速度和完善程度又受到一个国家(或地区)的社会制度、传统意识等的制约。一般来说,金融市场的设立需具备以下几个基本条件:① 有一个完善的信用制度。即必须形成短期资金形成制度和长期资金形成制度,并分别对应于生产流通领域和投资领域。同时有相适应的各类金融机构及金融法规。② 必须实现短期资金票据化和证券化,长期资金证券化,丰富金融商品,给市场提供足够的筹码。③ 有一个充分竞争机制。即企业具有风险经营的能力,国家具有承受企业倒闭的能力。④ 中央银行须有强有力的宏观控制能力,即有效的宏观控制手段和采取行动的主动权。⑤ 政局的稳定和币值的稳定。

以上只是形成国内金融市场的条件。如是国际金融市场,它的形成还须具备以下几个必备条件:① 所在国的政治和经济较为稳定,并有广泛的国际经济交往(中转型的离岸金融市场例外)。② 有一个宽松的外汇和金融管理制度,并实施税收的国际互惠制度。③ 有较为集中的外国金融机构,国内的金融机构也须具有良好的外向型素质。④ 拥有充分发达的通讯设施和现代化的交通工具设施。⑤ 该市场必定既是国内市场也是国际市场,或有一个发达的国内市场与之相配合。

### (二) 政府对金融市场的控制

由于金融市场涉及面广,它不仅仅是个融资问题,还涉及货币流通、投资规模及其结构、国际收支、产权转移等重大问题,所以政府必须对之实行控制。

1. 金融机构的业务划分

随着市场经济的发展,金融机构的分工划细,对金融机构的控制,政府有着不可推卸的责任。金融机构主要是以负债与资产相对应的方式活动的,负债和资产的性质必须统一。在一个协调的经济社会里,假如以短期资金用于长期放款,企业的经营资金将短缺,于是银行信用可能膨胀;反之,以长期资金用作短期放款,投资和储蓄这架天平就会发生倾斜。

2. 中央银行要加强信用规模的控制

大多数的国家或地区的中央银行,都设立市场管理机构,这些管理机构都要制订一些与金融市场有关的法规,明确规定诸如市场操作的程序、品种、数量和

限制条件等。这样做的目的就是要控制信用规模。此外,中央银行还要充分运用经济手段:① 中央银行在公开市场的活动;② 再贴现政策的实施,再贷款利率的调整;③ 提高或降低存款准备金比率,达到调控的目的。

在国际资本流动方面,可以通过调节外汇管制程度来影响资本流动。而更重要的是,在具有外汇市场、资金市场和黄金市场的条件下,可以通过利率的调整,影响汇率的变动;可以通过汇率的调整影响利率的变动。而通过汇率、利率和黄金市场的调整可以影响整个金融市场的格局。

## 第二节 外汇市场

### 一、外汇市场的意义

(一)外汇市场的概念

外汇市场,就是买卖不同国家货币的交易场所。实际上,这个交易场所往往是无形的,也有少数的具有固定场所(如法国的外汇市场),即使如此,大量的交易还是在场外进行的。无形市场则是通过电话、电传来实现交易,且又是买卖不同国家的货币,所以外汇市场的国际化比其他市场容易得多。事实上世界各重要的外汇市场已相互联结,形成了一个全球性的网络。伦敦、纽约、法兰克福和东京的外汇市场是世界性外汇市场的地理组成部分,由于处于不同的时区,外汇交易可以 24 小时不停地进行。

由于国际贸易交往中,用美元结清占大多数,所以从事外汇结清的进口商或出口商,为了图方便和节约交易成本,都希望能就近做外汇交易。又因为外汇市场的交易以一系列货币都与美元配对进行的,所以几个主要国家的金融市场,它们的外汇交易都有所侧重。譬如,法兰克福外汇市场是欧元-美元交易的第一大中心,其次是纽约外汇市场(这说明欧元也是美国进、出口商的理想货币)。同样,东京外汇市场和伦敦外汇市场,分别是日元-美元和英镑-美元的主要中心;而纽约却是所有外国货币交易的第二中心;巴黎则是除美元-欧元以外所有货币的第三交易中心;还有苏黎世是美元-欧元、英镑-欧元交易的第三大中心。于是出现了套汇汇率和做两地外汇交易的现象。例如,法兰克福有日元-美元的行市、欧元-美元的行市,但没有欧元-日元的行市,假如某日上述行市为 1 美元＝117.755 日元,1 美元＝0.918 欧元,那么套汇汇率为:

$$\frac{117.755 \text{日元}}{0.918 \text{欧元}} = 128.273 \text{日元/欧元}$$

即：1欧元=128.273日元。又如，德国一进口商进口日本产汽车部件，进口商据法兰克福银行报出的日元-欧元的套汇价，欲以欧元换取日元以便付款给日本出口商，法兰克福银行的日元头寸不足应付，于是该行须先将欧元换成美元，然后在东京市场以经纪人的身份将该笔美元换成日元交付进口商。

外汇市场的交易分两部分，即外汇银行与客户之间的交易，外汇银行与中央银行之间及它们相互之间的交易。前者称为零售交易，后者称为批发交易。外汇市场的参与者，除以上以外还有交易商（有时由银行充当）和经纪人（有时也由银行充当），以及经纪人的经纪人。经纪人的经纪人是指为一个或几个会员公司处理订单的经纪人，一般不直接面对交易者中的任何一方。

对交易者来讲，经纪人是最可信赖的人，因为经纪人的收入是出价与要价之间的差额，两者的利益关系是统一的。行情的变动趋势有时明朗，有时使人难以捉摸，为了避免风险，出现了现货交易与期货交易并进的情况。

（二）外汇市场、资金市场和黄金市场的关系

资金市场的实质是资金的借贷，外汇市场是不同货币之间的买卖，而黄金市场是黄金的买卖。资金市场的货币种类在每一笔交易中是统一的，交易者为了避免汇率变动的风险或抓住汇率变动的好处，往往同外汇交易配套进行。

外汇交易是随着国际贸易的发展逐渐形成市场的。当前，各国国际收支中经常性项目和资本项目的发生额都日趋扩大，而浮动汇率制度却加大了汇率风险，为防避风险，就必须充分利用外汇市场。一般说，有外汇市场的存在，短期资金视利而动，外汇市场汇价愈不稳定，国际短期资金流动也就愈频繁。汇率的变动还将影响国际间长期资金的移动。由于不同货币汇率的变动不尽相同，于是汇率的变动引起投资收入的变化，从而影响国际间资本的流向。

国际上主要货币的汇率局势直接影响黄金市场的变化节奏。从表面上看，金价和汇价大相径庭，实质上在扑朔迷离的汇率大战面前，人们只有到黄金市场去寻找出路，于是金价也随之上下波动。时至今日，汇率与金价还是如此的形影不离，主要货币的汇率一有波动，金价便闻风而动。

## 二、外汇市场的交易种类

外汇市场的交易种类较多，其中现货交易和期货交易是市场上的两种基本

的操作。除此之外,还有如套期、套利、抵外、期货合同及期权、投机等交易。下文列举的交易都是在现货交易和期货交易基础上发展起来的几种交易。

(一)现货交易和期货交易

外汇市场上有人需要即期外汇,有人却需要远期外汇。即期外汇的价格叫做即期汇率,远期外汇的价格叫做远期汇率。

1. 现货交易和期货交易的含义

现货交易也称即期外汇买卖,是指交易合同生效后的两个营业日内交割的外汇交易。期货交易也叫远期外汇买卖,是指交易合同生效的当天算起,在未来特定日期交割。期货交易一般有30天、60天和90天到期的,也有3个月、6个月和12个月的期货外汇合同。结合贸易结算期限的标准化,这些合同都有标准的到期日和交易数额。银行也可提供不规定期限的期货合同,以适应商界的支付需要。

2. 两种期货合约的区别

国际上存在两种外汇期货合约,即银行间提供的外汇期货合约和芝加哥国际货币市场、伦敦金融市场提供的外汇期货合约。两者间存在如下区别。

(1)前者在电话和电传中成交,属无形市场交易;后者在专门的市场中成交,属有形市场交易。

(2)从出价上看,前者开出买入价和卖出价;后者则在规定的时间内,买方开出买入价,卖方开出卖出价。

(3)从参加者来看,前者主要限于银行间进行;后者可以有银行、公司、金融组织、个别投资者和投机者。所以后者的交易,参与者都要付保证金。

(4)从交割情况看,前者的结算日期由银行和它的客户商定;后者的结算,多数按轧差法每日结清,随时补足保证金,且实际交投数很少,通常不到1%~2%。

(5)前者的交投日期和合同金额非标准化,一般由双方商定;后者在这方面实行标准化。

其他,如在佣金和费用的计算上也有区别。

(二)套汇

套汇的原意是指地点套汇,即交易商利用两地同种货币汇率在某个时点的差异达到一定程度时,在低汇率地点买进,在高汇率地点卖出,获得套汇收益。做套汇的成本称作套汇成本,而上述这种汇率的差异必须大于套汇成本且对交易商具有吸引力,否则套汇交易不会发生。

套汇又可分为直接套汇和间接套汇。直接套汇是根据两地汇率差异进行的套汇交易,也叫做两角或双边套汇。间接套汇是根据三地汇率的差异程度进行的套汇交易,也叫做多边或三角套汇。

例如,某日某一时点上:

纽约市场　　　　1美元＝0.918欧元
法兰克福市场　　1英镑＝1.4036欧元
伦敦市场　　　　1英镑＝1.5728美元

从上述行市,套汇者即刻发现法兰克福市场的英镑对欧元价较低,于是该套汇者操作如下:首先,在纽约市场买进价值100 000美元的欧元;同时,在法兰克福市场买进价值91 800欧元的英镑;同时又在伦敦市场买进价值65 403.248英镑(91 800÷1.4036)的美元,即102 866.22美元。结果是以100 000美元的投入,经过套汇,收回102 866.22美元,毛利2 866.22美元(净利需扣除套汇成本)。

由于现代各国汇率标价齐全,对各主要货币的标价尽量列出,无须套算汇率。同时,世界各地的金融市场行情,受益于现代通讯技术,汇率的地区差异微乎其微,所以这种原来意义上的套汇已不再可能。下面介绍另外两种套汇方式。

1. 时间套汇

时间套汇也叫做掉期交易。出口商预测以进口国货币表示的远期汇价有贴水(直接标价法),卖出应收货款的期汇,收进货款时,汇价下降的损失将被限制在即期汇率和远期汇率差价以内(即贴水),从而避免了汇率风险。

例如,一美国出口商1个月后将收进一笔10万欧元的货款。假定纽约市场的即期汇率是1美元＝0.918欧元,1月期远期汇率是1美元＝0.919欧元。出口商卖出一笔10万欧元1月期期汇可得108 813.92美元(10万欧元÷0.919)。若按即期价,出口商可收入108 932.46美元(10万欧元÷0.918)。经过上述交易,风险被限制在118.54美元,不管欧元下跌到何种程度,出口商不会受其影响。一般来说,即使是有限的损失118.54美元,也会被列入进、出口商谈判的议题。

2. 利息套汇

利息套汇也叫做抵补套利。套利系利用甲、乙两国或两地短期资金利率的差异,把资金转向利率较高的市场,以期获利。假设甲国的短期利率高于乙国的短期利率,乙国资金转向甲国,投资者须将乙国货币换成甲国货币,待投资期满再换回乙国货币,于是出现了汇率风险。为避免投资期汇率变动的风险,投资者在套利的同时,须做掉期交易,以便把汇率风险限制在最小的幅度内。当套利收入大于掉期成本时,投资者可能感兴趣,差额越大,兴趣越浓。

例如,某一时点上伦敦市场美元现汇行市为:1英镑=1.5728欧元,远期行市:1年期1英镑=1.5451欧元。伦敦市场短期利率为3.5%,纽约市场短期利率为1%。一美商想以他的美元资产做成这笔买卖,于是他就在伦敦买进现汇10万英镑,投放伦敦短期市场,同时卖出1年期期汇10万英镑,做掉期以期避免汇率风险。这笔利息套汇计算结果如下。

（1）掉期成本的计算：

买入现汇 100 000 英镑,@1.5728　付出 157 280 欧元
卖出期汇 100 000 英镑,@1.5451　收入 154 510 欧元
掉期成本：2 770 欧元

（2）利息收入的计算：

利息收入：$100\ 000\ 英镑 \times 3.5\% \times \frac{360}{360} \times 1.5451 = 5\ 407.85$ 欧元

利息成本：$157\ 280\ 欧元 \times 10\% = 1\ 572.80$ 欧元

套利毛收入 3 835.05 欧元(5 407.85－1 572.80),净收入为 1 065.05 欧元(3 835.05－2 770)。

3. 利息平价原理

从上例可以知道,利息套汇的利润实质上是两地利率差额(即套利毛利)与即期和远期汇率差额(即掉期成本)的差额。随着交易的进行,高利率货币市场上的资金不断增加,从而使当地短期利率趋于下降,造成两地的短期利率差距缩小甚至趋于零；另外,掉期成本会扩大,以致套利毛利与掉期成本接近或相等,于是套利交易就无利可图。这里,我们称套利交易进行到不亏不盈,即两地利差等于远期和即期差价时的这种现象为利息平价原理。

4. 投机交易

按国际惯例,对投机是有区分的,即非法投机与合法投机。所谓非法投机是指制造谣言、进行诈骗或勾结黑社会势力在金融市场上兴风作浪、制造混乱者,这是必须依法取缔的。至于合法投机,指交易是合法进行的,只是投机者甘冒风险,投价格之机以期在较短时间获取较多利润,如果失败将蒙受较大损失,这在金融市场上是允许的。投机者通过对汇率变化趋势的预测,决定买进还是卖出远期外汇,期望得益,实际上这是一种外汇行市的赌博。在外汇市场上买进或

卖出，每笔结清，被称为现汇投机，它资金占用量多，交易量直接受到现汇数量的限制。如果每笔交易，不笔笔结清，而是到期轧差，被称为远期买卖，它只需交少量保证金（即相当于预测失败时的行市变动差数），就可以做连续的大笔交易。因此，外汇市场的投机交易多半是远期买卖。

投机者预期某种货币汇率上升，就会买进期货，建立多头地位，到期即期汇率如果上升，投机者就又卖出现货交割期货，了结多头地位，获得投机利润。投机者预期某种货币汇率下降，就会卖出期货，建立空头地位，到期即期汇率如果下跌，他就又买进现货交割期货，了结空头地位，获得投机利润。前者先买后卖，后者先卖后买，而且都以期货形式建立投机地位，所以又称为买空卖空。当汇率的预测与实际相反时，投机者就会遭受损失。

5. 抵补保值

抵补保值，又称套期保值，是指买进或卖出与一笔外国负债或资产等值的外汇，使这笔外国负债或资产免受汇率波动的影响。抵补保值实际上是以建立投机地位，以抵消一笔外国资产或负债因汇率变动而可能发生的损失，而投机地位对汇率趋势的要求与上述资产和负债对汇率趋势的要求确成对立。因此，抵补保值是一种安全系数很高的保值交易。采用这个交易方式去轧平不同币种的货币资产头寸是极为有效的。抵补保值交易的实质是自我保护性和资产平衡性。

6. 期权交易

随着外汇市场交易的日趋完善，出现了一些新的交易方式。目前较为流行的一种交易方式叫做期货合约的期权交易。期权交易是指在规定日期内，交易者有权根据合约买进或卖出一笔外汇。保险金（又称期权费）就是这份期权的价格。既然有价格，那么期权本身也就可以买卖，但是必须在到期日前买进或卖出，一过期限，这份期权便一文不值。做期权的成本就是保险金。因此，期货合约的期权交易一方面帮助投资人利用了期货交易的杠杆作用；另一方面又享有期权交易的有限风险。期权交易共分两种，即看涨期权和看跌期权。

## 第三节 货币市场

### 一、货币市场的意义

（一）基本概念

货币市场是资金市场的一个组成部分，又称短期资金市场。广义的货币市场,一般指1年或1年以下为融资而形成的信用关系,由经营1年期或1年以下金融业务的金融机构所组成。狭义的货币市场,一般指由同业拆放市场、贴现市场和短期证券市场所构成的市场。

(二)货币市场的功能

从结构市场的角度来看,货币市场的功能主要如下。

1. 货币市场具有短期盈余和短期赤字的中和功能

不管是政府还是企业,短期的盈余和短期的赤字都有可能经常发生。当发生短期赤字时,政府可以用发行短期库券的方式来加以解决,当预期收入实现时,便可用来收回已发行的短期库券。对于企业来说,当有短期闲置资金时,总希望买入价格适宜而收益率较高的短期证券,以提高资金的使用效益。短期资金价格的波动,使融资工具具有内在价值。显然,这个内在价值寄身于证券的升势,内在价值的大小,决定这个升势的幅度。内在价值使市场充满了活力和吸引力。

货币市场的中和功能须基于这样一个事实:商业银行(或中央银行——对财政来说)不可能迅速、廉价和全部地满足政府和企业随时可能提出的短期资金需要,从而企业、政府也看到这种短期市场对自身利益的重要性。

2. 货币市场促使银行短期信贷资金一体化

银行系统短期资金余缺客观存在。整个银行体系所体现的是这样一个事实:即通过资金运用来达到自身最好的收益,同时也带来一定的社会效益。这是社会再生产过程中资金运动的客观要求,也是银行自身利益的要求。事实上,从个别地区、个别银行的角度看,短期资金盈余,说明社会产品的闲置,社会生产能力的冻结;短期资金的短缺,说明社会生产能力的闲置。通过货币市场,银行信贷资金趋于一体化,使资金在全社会范围内得到充分运用。银行信贷资金一体化,一般是通过同业拆放、转贴现(即贴现市场)来实现的。

## 二、货币市场的工具及基本情况

(一)货币市场的主要工具

1. 短期库券

短期库券是政府为解决财政的先支后收或筹措短期资金发行的国库券。期限一般有1年、9个月、6个月、3个月、2个月和1个月的,其中2个月、3个月和

6个月的较受欢迎。

2. 银行汇票

银行汇票是银行同业拆放的主要手段(详见第十五章第三节信用工具)。

3. 商业票据

商业票据有贸易性票据和融资性票据之分。贸易性票据,是企业在商品交换过程中相互提供的一种信用;融资性票据,一般由信誉牢靠的大企业,为融通资金而委托发行公司办理发行的本票或汇票,到期付款。

4. 可转让定期存单

这种存款单由银行签发,分不同币种和期限(一般是3个月至1年期),到期支付,可自由转让。如有英镑存单、美元存单、欧洲美元存单等。可转让定期存单除可以自由转手以外,还可以向银行要求抵押贷款。

(二) 货币市场的基本情况

从各国情况看,目前货币市场的共同部分,主要包括短期证券市场、贴现市场和同业拆放市场。

1. 短期证券市场

市场上主要的交易物是财政部门发行的短期库券。美国的短期库券很具特色,由财政部委托联邦储备委员会,按贴现价即按票面打折扣发行,折扣是在公开市场拍卖时决定的。折扣视同利息,到期在收回的面额中实现,要付联邦税,但可以免缴州和地方税。美国短期库券是无券发行(即不发实物库券),只入账,如遇中途转让,也只作账面划转。由于短期库券是政府的债务,投资的风险极小,且收益适中,很容易脱手。所以,养老金组织、公司、外国中央银行和个人,都愿意以此为投资对象。同时,由于它在收益率上与其他的短期工具利率关系密切,但在出价和要价间差距少,是良好的套期保值工具。

2. 贴现市场

贴现可分三个环节,即初贴现、转贴现和重贴现。初贴现是指企业公司或个人将手中未到期的票据(主要是商业票据)向商业银行或贴现机构办理贴现。转贴现是指商业银行之间或贴现机构与商业银行之间转移未到期票据。重贴现是指商业银行或贴现机构持未到期票据,向中央银行要求贴现。对资金需求方来说,视贴现息为预付利息;对资金供应者来说,贴现放款的风险相对信用放款要小,一般情况下重贴现率较低,初贴现率较高。当重贴现率与初贴现率接近时,说明中央银行正采取紧缩的措施。

### 3. 同业拆放市场

同业拆放市场是货币市场的一个主要组成部分,是为解决1天至1个月的短期头寸,银行间相互提供的信用。同业拆放,有的通过市场经纪人进行,有的则面谈成交,有的采用基金形式进行等等。伦敦同业拆放市场的利率和美国的联邦基金利率,是国际上具有代表性的两个短期利率。

## 第四节 资本市场

### 一、资本市场的意义

(一) 资本市场的概念

资本市场是资金市场的一个组成部分,也称长期资金市场。广义的资本市场一般指1年以上资金融通而形成的信用关系的总和,由经营1年期以上借贷业务的金融机构所组成。狭义的资本市场一般由几个专业市场构成,其中有债券市场、股票市场和不动产抵押贷款市场等。

(二) 资本市场的功能

资本市场的功能就是促成资本形成制度。所谓资本形成制度,就是在达到合理的资本形成率的同时,一方面使资本的供给者有较高的收益率、安全性和流动性;另一方面使资本的需求者有较理想的成本、期限和供应。

资本的形成与短期资金的融通有着本质的区别。资本的形成分不变资本的形成和可变资本的形成,前者决定后者,但又同为社会生产能力的扩大。

资本的形成,尤其是固定资本的形成,对发达国家至关重要,对有一定程度自我发展能力的国家,则尤为重要。这是因为,面对人口增长和日新月异的消费结构及其消费水平,如果社会缺乏资本形成机制,那么资本的增长显然跟不上消费的增长,从而整个经济将分崩离析,退回到自给自足的传统经济中去。

值得注意的是:① 资本市场有助于适量资本的形成;② 虽然有适量的资本形成,但如外资所占比重过多,会产生对外依赖性;③ 银行的长期信用放款过多,整个信用的导向能力下降,这对形成一个经济社会的领头行业极为有害,从而影响经济起飞的速度;④ 财政投资所占比重过大,财政收支又不能平衡,极可能出现通货膨胀。

资本市场的功能要得以实现,资本形成制度需具备如下条件。

1. 要有一个发达的储蓄机构系统

当储蓄倾向(储蓄占收入的比例)为一定时,储蓄机构便是吸储的重要因素。为适合公民储蓄在数量、目的期限要求和存取习惯等方面的差异,需成立各类储蓄机构,以满足不同需要,避免资金流向歧途。各国常见的储蓄机构有储蓄银行、投资公司、保险公司、信托公司及各种基金会。这是资金供应的重要一环。

2. 要有健全的证券承销机构(或投资银行)

它的存在主要是为资金需求者提供各种服务。这些服务包括:① 帮助企业拟订证券集资的财务计划,以确定证券的种类;② 代理企业拟订集资条款(或称集资章程);③ 代理企业向金融管理当局有关部门办理发证手续;④ 承销和推销证券。当然,承销机构必须有各类专家,对发行证券的各个环节认真研究,以便作出合理的安排。这是资金需求的一个重要环节。

3. 要有一个健全的证券市场

各储蓄机构和承销机构在这里会合,开展交易。从资金供给方来说,证券市场是它的理想出路;对资金需求方来说,证券市场是它的理想来源。健全的证券市场,不仅要有一级市场(指新证券发行市场),还应有二级市场(指证券买卖市场)。一级证券市场往往是一个无形市场;二级市场则除了具有集中交易场所的证券交易所外,许多国家还有店头交易市场。不管是哪种市场,多数国家还要有证券经销商和自营商。

4. 要有相应的管理机构

政府必须建立相应的管理机构,对储蓄业务、证券发行和证券交易实行有效的监督管理。当然,最基础的还是资金需求和供给的存在,以及采用何种融资的方式。

## 二、资本市场的工具及基本情况

(一)资本市场的工具

广义的资本市场包括长期投资及贷款两个部分。随着经济发展,越来越多的长期资金需求量,使得做长期放款的银行穷于应付,企业以致政府为筹措长期资金,变间接信用为直接信用,以发行证券筹资为主,资本市场逐步走上证券化的道路。原由银行承受的长期贷款风险,也逐渐社会化,即风险落到了每个证券交易者身上。现有的长期证券是公司债券、政府债券和股票。

股票和企业债券,是典型的有价证券,属虚拟资本。有价证券的价格可由下式表示：

$$\text{有价证券价格} = \frac{\text{有价证券收益}}{\text{市场利率}(\%)}$$

从上式可以看出，真实资本数量（即有价证券面额）与有价证券价格不相符，这个事实一方面表示了经济的虚拟化，另一方面表示了收入的资本化。

有价证券的价格实际上要复杂得多。就债券而言，有发行价、旧券价、贴现价、拍卖价。旧债券的价格可表达如下：

$$\text{债券价格} = \text{面额} \times \frac{\text{债息率}(\%)}{\text{利息率}(\%)}$$

债券如按贴现价发行，它的价格可表达如下：

(1) 债券价格 $= \text{面额} \times \dfrac{1}{(1+i)^n}$ （复利）

(2) 债券价格 $= \text{面额} \times \dfrac{1}{1+ni}$ （单利）

上式中，$i$ 为一个计息期债息率，$n$ 为该债券应计计息期数。股票价格的基本公式为：

$$\text{股票价格} = \frac{\text{股票收益}}{\text{市场利率}}$$

一般情况下，股票收益率总是要高于市场利率，故新发行股票的价格往往高于该股票的面额。

股票价格的决定因素与债券的因素不同，除利率因素外，一般还要考虑股票的质量：包括市盈率、净资产倍率等，多空力量对比，新股上市情况及增配股情况，经济增长状况和政治形势等因素。另外，证券交易制度完善与否以及投机交易的状况也是有重大影响的因素。

（二）资本市场的基本情况

证券市场是资本市场的主要组成部分，分为发行市场和流通市场。证券贵在能自由流通和转让，否则人们就不需要它。所以发行市场的发展有赖于流通市场的发达；流通市场的发展，有赖于发行市场的健全。两者相得益彰。在债券市场上，发行市场的发行量大于流通市场的交易量，而股票市场则相反。

1. 证券发行市场

证券发行市场不集中在一个固定场所，它由银行和证券公司承办发行业务，由发行人、承购人、推销人、投资人所组成。发行的受托人和财务代理人，一般由有关金融机构担任。其中还有律师、会(审)计师和工程师等加入。发行人须公布必要的财务和经营情况,以便投资者和发行代理人对此有充分的认识。

发行人与其代理人,至少要对以下几点作充分的协商。

(1) 发行方式。发行方式有两种,即向社会公众公开发售的、公开发行和向内定对象发售的私募。股票的发行,多半是两种方式兼用。

(2) 发行金额和期限。主要通过财务状况分析而定。

(3) 还款方式。(对发行债券)到期是一次还是分次偿还;是统一货币还款还是可调换货币还款(即指 Swap)(譬如,发行日元债券还本时付美元,原因是日元看涨美元看跌);到期可转换成股票的债券。

(4) 券种配比。股票中有普通股和优先股的比例,债权中有公募和私募的比例等。

(5) 计息方法和期间。对债券来讲有固定利率、浮动利率和累进计息债券。计息(包括红利)期间,债券多为半年,股票多为 1 年。

(6) 发行价格。一般有三种价,即按面额价(平价)、高出面额价和低于面额价(溢价和折价)。此外,还有贴现价(主要用于债券),即按现值法计价;还有竞价,即在公开市场公开拍卖竞价。

(7) 主要文件。主要文件包括发行计划书、承购协议、信托契约或财务代理协议、各种广告、电函等文件。

(8) 各项费用。包括管理费、承销费、佣金等,待发行终结时结清。

随着国际间资本流动量日益增大,证券国际化日益明朗,尤其是债券种类增加更为明显,主要有以下三种:

一是本国债券,指某国在本国金融中心以本币发行的债券,如纽约的美元债券市场、伦敦的英镑债券市场、东京的日元债券市场和法兰克福的马克债券市场,是国内债券的四大市场。

二是外国债券,国际债券之一,指外国集资者发行的、以发行地货币计值的债券,如纽约的扬基债券、法兰克福的马克债券和东京的公募债券(武士债券)市场为最大的外国债券市场。

三是欧洲货币债券,国际债券的一种,指外国集资人发行以第三国货币计值的债券。其中以境外美元为主,最大的市场在伦敦和新加坡等。

2. 证券流通市场

证券流通市场以二级市场为主,同新兴的三级、四级市场合称为流通市场。

以美国为例,二级市场包括有组织的证券交易所和无集中交易场所的店头交易市场;有些证券既可在交易所交易也可在店头市场交易,这个交叉市场称为三级市场;四级市场是指利用私人计算机网络,守着终端机即可做成交易的市场。

3. 证券交易方式

证券流通市场的交易方式发展很快,不但有传统的现货和期货及投机交易,还有较新的期货合约和指数期货交易,现在已发展到期权交易、期货合约与期权合一交易方式。交易方式的发展所带来的好处主要表现为:交易者以较少的资金可做较大的交易;同时为交易者提供了更多的盈利机会和较好的躲避风险的手段,活跃了证券市场,从而为长期资金证券化的进展创造了良好的条件。

交易方式的另一方面,是 1986 年 10 月 27 日伦敦证券交易所实行的重大变革,废除了严格的交易所经纪人制度。有人把这个变革称为大震动。这次变革的主要内容为:① 实行全电脑化股票交易;② 废除英国一些陈旧及落后的金融条例。变革带来的影响极大,首先,是把伦敦和纽约的股市用电脑相联系,从而使全球股市 24 小时都可进行交易;其次,伦敦市场业务量大增,初步达到了维护伦敦世界金融中心地位的目的;再次,影响了原来有特殊地位的经纪人的就业,而为其他专业人员创造了就业机会,伦敦城的办公楼房价格也由此大涨。

下面简单介绍一下黄金市场。

黄金交易的方式,随外汇市场和资金市场交易方式的发展也同步发展,从现货交易、期货交易,直至期权交易一应齐全。纽约黄金期货市场所提供的期货合约可长达 23 个月,以 100 盎司为基本成交单位。期货交易量很大,但大多在到期前就抛售,因此实际到期交割的比率不高。

从黄金市场的发展趋势看,纽约、芝加哥、香港是主要的期货市场,伦敦和苏黎世是主要的现货市场。伦敦经营着全世界黄金交易量的 80% 左右,是世界上唯一可以成吨买卖黄金的市场。瑞士与南非有协议,南非黄金产量 80% 通过苏黎世黄金市场销售,因此苏黎世成为世界上重要的黄金市场之一。早些年,由于南非黄金产量下跌,苏黎世的现货交易量下降幅度较大。

1981 年 1 月以来,东京的黄金市场发展很快。20 世纪 80 年代以后,新加坡的黄金市场也迅速发展。1985 年 2 月 28 日,阿姆斯特丹也开设了黄金期货市场。从以上可以看出,80 年代初以来,各国黄金市场发展很快,其中黄金期货市场发展尤为显著。

## 第五节 我国的金融市场

我国金融市场的起步当追溯到改革开放初期。1983年中央银行制度的确立,为我国传统经济体制向社会主义市场经济演进拉开了序幕。经过20多年的变革,我国已形成以资本市场、货币市场和外汇市场为主体的金融市场框架,但它具有明显的不充分性。在金融市场小环境上体现为:① 有限的市场覆盖率;② 有限的市场流量和存量;③ 不健全的市场规则。在整个经济的大环境上体现为:① 企业管理体制改革滞后;② 经常性项目下的流量占国民生产总值的比例仍很低;③ 没有离岸金融市场相配合。

综上所述,我国的金融市场处于起步阶段,距国际化还有一段距离,作为国内市场还需不断地完善。

### 一、我国金融市场的结构

当前我国的金融市场已形成由资本市场、货币市场、外汇市场、黄金市场、保险市场和期货市场所组成金融市场体系。

关于我国的资本市场,详见本书有关证券市场章节。

我国的货币市场主要包括同业拆借市场、银行间债券市场、银行间外汇市场和票据市场。同业拆放自1996年1月起,已建立全国银行间拆借市场,拆放数量逐步增大至2002年6月底累计成交3.4万亿元,2003年一年成交达2.4万亿元。银行间债券市场于1997年6月建立,由商业银行等金融机构进行国债和政策性金融债的回购和现券交易。截至2002年6月底,债券回购累计交易量达10.7万亿元,2003年一年成交达11.7万亿元。目前我国还没有统一的商业票据市场,1999年起大连、上海、广州等地区已建立区域性票据市场,并辐射到周边地区。截至2002年年末,商业票据签发、贴现量累计发生额分别达到1.6万亿元和2.3万亿元。2003年一年前者达2.5万亿元,后者达4.1万亿元。

外汇市场自1994年4月起,建立中国外汇交易中心,通过电脑网络实行同步即时交易,形成全国统一的市场汇率。1994年4月至2003年年底,累计成交折合美元6 899亿元。1996年我国已实现人民币经常项目的可兑换,现在已经在资本项目下实现了部分可兑换。至于人民币在资本项目下完全可兑换,则还须一个长期的渐进过程。

关于黄金市场。新中国成立以来,我国长期对黄金流通实行严格的计划管理体制,由中国人民银行统一收购和配售黄金,统一定价,严禁民间黄金流通。1982年9月,在国内恢复出售黄金饰品,迈出我国开放黄金市场的第一步;2001年6月,中国人民银行启动黄金价格周报价制度;8月,足金饰品、金精矿、金块矿和金银产品价格放开;11月28日,上海黄金交易所筹备基本就绪,开始模拟运行,经过一段时间,逐步建立起现代化的黄金现货交易市场,最终目标是黄金市场的完全放开,与国际黄金市场接轨。

关于我国的金融期货市场。目前,我国还没有金融期货市场。1992~1993年曾进行过外汇期货交易试点(上海)、国债期货交易试点(上海)、股指期货交易试点(海南),但由于条件不成熟等原因,都先后停办。至于商品期货交易(如粮食、金属、天然橡胶等)经过规范整顿,有所发展,2003年交易额达到10.8亿元。上海期货交易所将对金融期货、期权交易方面加紧研究、开发,并对股指期货已做出初步规划。随着我国经济、金融的不断发展,金融期货市场终将在我国出现。

关于我国的保险市场。保险市场是一个无形市场,我国已初步形成多元化开放型的保险市场。共有中外保险公司60余家,2004年全国保费收入达4 318亿元。

## 二、我国的金融市场稳步发展

金融市场的建设,当放到国民经济乃至国际大环境中加以筹划。要稳扎稳打地发展我国金融市场,应做好以下几件工作。

(一)做好我国资金形成制度的设计工作

理顺银行信用与市场信用的关系;理顺银行业务;严格长、短期资金各自的供求对应关系。设立和调整相应的金融机构。在此基础上,央行要设计出合适的、富有弹性的宏观调控模式,尤其要注意宏观调控的市场传导机制的设计。

(二)整顿和进一步完善现有市场

目前,有些规定和做法,缺乏规划性和规范性。一切应以资金形成制度设计为依据,分阶段逐步地加以整顿和进一步完善。如股票市场方面,首先要整顿和完善发行市场,提高发行质量和股票本身的质量,在此基础上分阶段推进流通市场。既不保守,也不冒进。

(三)抓好金融法规的建设工作

金融法规建设,既要考虑到各个市场的特性,又要考虑到整个市场乃至整个金融领域的共性和统一性；既要考虑到国际关系，又要立足本国；既要考虑到眼前需要，又要考虑到长远需要。

（四）创造一个良好的外部环境

诚然，金融市场的建立和发展有赖于国民经济的发展；反过来，一定规模的金融市场能促进某一特定阶段国民经济的发展。为此，国家在设计改革思路时，要让国民经济的方方面面都能配套。这些方面主要包括国际收支、国际金融、价格、企业财务、财政税收、所有制状况、经营方式、法律，再加上金融领域的各方面。只有这样，才能保证我国经济沿着社会主义方向发展。

香港回归祖国后，实行"一国两制"政策，这是继续保持香港繁荣和其国际金融中心地位的根本保证。正由于这一点，香港与内地的金融就不是一种相互取代的关系，而是互补、促进的关系。因此，我们应当抓住这一大好时机，不断地深化改革，稳步发展，使我国的金融市场朝着健康的方向发展。

# 第十八章

# 货币供求和货币政策

**内容提示** 本章主要阐述货币流通规律、货币层次、货币需求、货币供给和货币均衡的基本理论知识。通过上述内容学习,正确理解通货膨胀与通货紧缩的成因及治理对策,明确我国货币政策。

## 第一节 货币流通

### 一、货币流通的概念及货币流通规律

(一) 货币流通的概念

货币作为流通手段时不断地从买者手里转移到卖者手里;作为支付手段时不断地从债务人手里转移到债权人手里,从而形成了川流不息的货币运动。因此,货币流通,就是指在商品流通过程中,货币作为流通手段和支付手段在买者和卖者之间不断转手的运动。

货币流通由商品流通引起,因此,商品流通的规模、速度、方向,影响着货币流通的规模、速度、方向。然而,货币流通也不完全是消极被动的,货币流通正常与否,反过来也会影响商品流通的通畅与否。另一方面,在现代经济中,货币流通的范围超出了商品流通的范围,货币的第一次运动并不一定都伴随着商品流通。例如,企业支付职工工资、缴纳税金时,货币作为支付手段运动着,并没有与商品形成对流,但是货币的这种运动也是与商品流通有关的。因此,商品流通是货币流通的基础,货币流通是商品流通的表现,货币流通影响商品流通,进而影响经济运行。

(二) 货币流通规律

在商品流通过程中,货币作为媒介体,随着商品交换数量的扩大而扩大,当

然,两者不是绝对恒等。那么,流通领域到底需要多少货币量? 也就是我们要研究的货币流通规律,即在一定时期和一定范围内流通领域中对货币的客观需要量的规律。

根据马克思揭示的货币流通规律,货币作为流通手段时,一定时期内的货币必要量由商品价格的高低、商品总量的多少和货币流通速度的快慢三个因素决定。用公式表示为:

$$\text{一定时期流通中的货币必要量} = \frac{\text{待实现商品价格总额}}{\text{同名货币的平均流通次数}}$$

从公式可以看出,流通中需要的货币量与商品价格的高低、商品总量的多少成正比例关系,与货币流通速度(次数)成反比例关系。

当货币从执行流通手段职能扩展到执行支付手段职能时,增加了影响货币需要量的一些因素,如赊销因素、到期支付因素、相互抵消支付因素等。货币需要量的公式表示为:

$$\text{一定时期流通中的货币需要量} = \frac{\text{待实现的商品价格总额} - \text{赊销商品的价格总额} + \text{到期支付总额} - \text{相互抵消的支付总额}}{\text{同名货币的平均流通次数}}$$

总的说来,货币的支付手段出现后,使流通中需要的货币量减少,节约了现实货币的流通量。从以上公式中可以看出,流通中的货币需要量取决于商品价格总额是货币流通规律的基本内容。

(三) 纸币流通规律

纸币是货币符号,它是代替黄金来执行流通手段和支付手段职能的,所以纸币流通必然受到货币流通规律的制约。就是说,纸币的发行量(流通量)必须和商品流通对货币的需要量相一致。

在金属货币流通条件下,金属货币具有储藏手段职能,能自发调节市场上的货币流通量,使之与商品流通相适应。而在纸币流通条件下,货币流通量失去了自动适应货币需要量的功能。多余的纸币不会自动退出流通领域,流通中的货币量与货币需要量经常存在差异,这必然引起商品价格的变化,也就是纸币通过自身的贬值,强制地使它的流通量和货币需要量相一致。所以,纸币流通既服从货币流通规律,也有其自身运动的特殊规律性。

纸币流通的特殊规律是:纸币发行量超过了它所代表的流通中需要的金属货币量,单位纸币就要贬值,物价就要上涨。这种关系可以用公式表示为:

$$\frac{\text{单位纸币所代表}}{\text{的金属货币量}} = \frac{\text{流通中需要的金属货币量}}{\text{流通中的纸币总量}}$$

## 二、货币流通的范围

凡是货币作为流通和支付手段活动的领域，都属于货币流通的范围。随着商品货币经济的发展，货币的具体形态也不断变化，货币流通的范围也不断扩展。

在简单商品经济时期，作为商品交换媒介的货币必须是有价值和使用价值、为交换双方共同接受的商品。因此，出现了贝壳、石斧等货币形式，最后货币固定在金、银等金属货币形式上。

随着商品经济的发展，出现了可随时兑换金、银的银行券，银行券执行着流通手段和支付手段，于是银行券成为货币。这是货币史上一个重要的转折点。

当商品经济进一步发展，又出现了纸币。纸币是货币的符号，本身没有价值，且与金、银完全割断了联系。然而，纸币却执行着货币的部分职能，纸币虽然不具备世界货币的职能以及不完全具备储藏手段的职能（纸币具备储藏手段职能的程度，取决于纸币币值的稳定程度）。但是，人们还是接受了纸币这一新的货币形式。至此，金属货币、银行券、纸币这三种货币虽然形式不同，还是有其共性，这就是有实体的，可触摸的实实在在物体。进入20世纪，存款货币的出现，人们对货币的认识有了一次飞跃。

20世纪初，银行机构的普遍设立以及银行存款业务的广泛开展，使得人们可以凭借开在银行的活期存款账户中的存款开出支票，用以购买商品、支付劳务费用或偿还债务。活期存款发挥了货币的支付手段职能，从而进入了货币的领域。活期存款与金属货币、纸币相比，最大的区别在于活期存款不是一个可触摸的实体，它只是存于银行账户中的一个数据记载，但是，人们已普遍把现金与活期存款看作货币。

随着金融市场的发展，金融商品的形式越来越多，在金融市场上的交易也越来越活跃、频繁，使得定期存款及其他类型的存款，甚至那些流动性较强的信用工具，在花费了一定的时间和成本后，它们都能容易地转化为现金和活期存款。因此，理论界认为在给货币下定义时，以及在考核货币供应量时，不能只包括现金和活期存款，还应包括那些很容易转化为现金和活期存款的金融资产。因此，又出现了对货币进行不同层次划分的理论和流派。

### 三、货币层次的划分

随着经济的发展,各种信用工具的不断涌现,货币的范围越来越广泛。但是货币范围内的各种货币的流动性有强有弱,各种货币与经济之间的关系也各不相同。因此,如何调节货币流通,如何掌握货币与经济之间的关系,就成为货币金融当局必须认真考虑的问题。

美国联邦储备银行为实施货币政策,在 20 世纪 60 年代率先对货币量进行了划分,公布了不同层次的货币供给量。随后其他国家的中央银行纷纷效仿。现在,各国中央银行已普遍采用了将货币供给量划分为若干层次的做法,并选择某一层次(或几个层次)作为控制的重点,为实现货币政策目标服务。

如何划分货币层次,有一个标准问题。一般而论,大多数国家的中央银行都以金融性资产的流动性作为标准。所谓流动性就是指金融资产转化为现金而不受损失或少受损失的能力,也就是变为现实的流通手段和支付手段的能力。由于各国经济环境和金融状况的不同,可充当货币的金融证券的种类也不同,因此,各国对货币层次的划分也不尽相同。

国际货币基金组织把货币供应量划分为:

$M_0$=银行体系以外的现钞和铸币

$M_1$=$M_0$+商业银行的活期存款+其他活期存款

$M_2$=$M_1$+准货币(指定期存款和政府债券)

我国对货币层次的研究起步较晚,人民银行专门执行中央银行职能后,出于调控经济、稳定币值的目的,逐步开始考虑货币层次的划分问题。1994 年 12 月,中国人民银行正式推出货币供应量统计监测指标并按季公布。其货币层次划分如下:

$M_0$=流通中现金

$M_1$=流通中现金+企业活期存款

$M_2$=$M_1$+准货币(定期存款+储蓄存款+其他存款)

$M_1$ 被称为狭义货币,$M_2$ 被称为广义货币。自 2001 年 7 月起,中国人民银行将证券公司客户保证金计入广义货币($M_2$)。

各国划分货币层次的指标虽各不相同,但有一点各国都有共识,即只有 $M_1$(通货和活期存款)是为人们所普遍接受的交易媒介,能算作真正的货币,$M_1$ 以外的短期金融资产只能称作准货币。但是,这些广义货币是潜在的购买力,在一定条件下可以转换为现实的货币,对现金货币的流通以及整个经济都有影响,有必要作为单独的货币层次加以考虑。

把货币划分为若干不同的层次,是为中央银行调控货币流通选择重点。各个货币层次对经济的影响程度是不同的,因此,中央银行对货币流通进行调控时,对不同货币层次不能一视同仁,应该根据调控的需要,有所侧重。

选择哪一个货币层次作为中央银行控制的重点,一般有两个标准:一是与经济活动联系的密切程度;二是易于中央银行直接控制。

第一,从与经济活动联系的密切程度来选择货币量控制的重点。从各国的普遍情况来看,流动性最强的 $M_1$(现金和活期存款)往往是调控货币量的首选重点。

第二,从易于中央银行直接控制来选择货币量控制的重点。在现代市场经济中,中央银行一般不具备直接干预货币总量的能力,而只能运用以经济手段为主的调节工具,可以直接调节的只能是现金和商业银行的存款准备金。这两项之和,称为基础货币,它能够按照货币乘数成倍增长,影响货币供应总量。因此,这是中央银行的理想控制重点。

在我国,多数人主张应把对货币供给量控制的重点放在 $M_0$ 和 $M_1$ 上。

## 第二节 货 币 供 求

货币同商品一样,也有供给和需求,也有供给和需求的均衡问题,货币的供给和需求的均衡问题对一国的物价水平、经济的稳定增长以及国民收入等都有影响。因此,中央银行制定和执行货币政策,就要保持货币供求的均衡,实现宏观经济总供求的均衡。所以,对货币供求进行研究,具有重要的意义。

### 一、货币需求

(一) 货币需求的概念

所谓"需求"是指一种有支付能力的需求,它必须同时包括两个基本要素,缺一不可:一是人们希望得到或持有的意愿;二是人们有能力得到或持有的能力。所谓"货币需求"也必须同时包括两个基本要素:一是人们希望得到或持有货币的意愿;二是人们有得到或持有货币的能力。

货币需求大致可分为两个部分:一是对作为流通手段和支付手段的货币需

求;二是对作为储藏手段的货币的需求。第一种货币需求是对交易媒介的需求,第二种货币需求则是对资产形式的需求。当然,在现实生活中,我们很难将货币需求作如此泾渭分明的划分。因为这两种货币需求实际上是相辅相成、相互交融的。人们为了应付交易需求而持有的那部分货币,在用于支付之前,事实上也是被作为一种资产而持有的。因此,我们所谓的货币需求,简单说就是人们把货币作为一种资产而持有的行为。

人们持有的资产有多种多样的形式,有实物资产,也有金融资产。金融资产又可分为货币、股票、债券等。各种形式的资产都有其优缺点,人们究竟以何种形式的资产来持有其财富,主要取决于人们对各种资产的优缺点进行比较,并加以取舍。

衡量各种资产优缺点的标准主要是盈利性、流动性和安全性。从盈利性来看,货币是一种盈利性最低的资产,而股票债券等有价证券是盈利性较高的资产。但从流动性和安全性来看,货币无疑是流动性最高、最完安的金融资产,而股票、债券等有价证券则是流动性较低、风险较大的金融资产。因此,在选择资产持有的形式时,人们一般根据自己的具体情况和偏好,通过对各种资产的盈利性、流动性和安全性的全面衡量和比较,使自己的资产组合保持在最佳状态。所谓货币需求,实际上就是在这种最佳状态下人们所愿意持有的货币量。

(二) 货币需求理论

人们对货币需求的研究已有数百年的历史,货币需求理论是整个货币经济理论的重心,同时,又是货币当局进行宏观控制的决策依据,历来受到许多国家政府和经济学家的重视。西方的货币需求理论主要有:传统的货币数量论,凯恩斯货币需求理论,现代货币数量论。

1. 传统的货币数量论

这是货币数量的变化决定物价水平变化的理论。20世纪初,美国经济学家欧文·费雪提出了现金交易说,费雪把社会公众对货币需求的原因进行了分析,并以交易方程式说明货币数量变动是物价变动的原因,其方程式为:

$$P=(MV+M'V')\div T$$

或

$$PT=MV+M'V'$$

式中: $P$ 为物价水平; $M$ 为货币数量; $V$ 为货币的流转速度; $M'$ 为存款货币; $V'$ 为存款货币的流转速度; $T$ 为交易总量,即实际财富与劳务的交易总额。

费雪的交易方程式说明了影响货币需求量的因素,以及货币需求量的多少决定于物价水平、交易总量以及货币流通速度。

英国经济学家马歇尔及庇古提出了现金余额说,虽然在研究方法上与现金交易说不同,但结果相同,即两者都将货币数量作为物价变动的原因。现金交易说和现金余额说初步建立了货币需求理论的基本模型。

2. 凯恩斯的货币需求理论——流动性偏好的理论

凯恩斯认为,货币具有完全的流动性,而人们具有宁愿以货币形式保持其财富的心理倾向,即人们总是偏好将一定量的货币保持在手中,以应付日常的、临时的和投机的需求。人们的货币需求是由三个动机所决定的:① 交易动机,即由于收入与支出的时间不一致,人们必须持有一部分货币在手中,以满足日常交易活动的需要;② 预防动机,即人们为应付意外的、临时的或紧急需要的支出而持有的货币;③ 投机动机,即由于未来利率的不确定性,人们根据对利率变动的预期,为了在有利的时机购买证券进行投机而持有的货币。其中,交易动机和预防动机的货币需求主要取决于收入,是收入的增函数,与利率没有直接的关系。投机动机的货币需求主要取决于利率,是利率的减函数。

3. 凯恩斯货币需求理论的发展

20 世纪 50 年代以后,一些基本上属于凯恩斯主义的经济学家,进一步丰富和发展了凯恩斯的货币需求理论,并成为当代西方货币理论的重要组成部分。

(1) 货币交易需求理论的发展。凯恩斯认为,交易性货币需求取决于收入,而同利率无关。美国经济学家汉森·鲍莫尔经过研究,提出货币的交易需求同利率也是密切相关的。鲍莫尔认为,理性的经济主体(企业或个人)为了获得最大收益,必然会将暂时不用的货币转化为生息资本,以获得利息收益,然后在需用货币时再将生息资产变现为货币。当然这需要一定的手续费,只要利息超过手续费,还是有利可图的。这样就会降低货币持有额,因此,即使是基于交易动机的货币需求,也同样是利率的减函数。

(2) 货币预防需求理论的发展。凯恩斯认为,预防动机的货币需求也不受利率变动的影响。美国经济学家惠伦论证了预防动机的货币需求也同样与利率是负相关的。惠伦指出,在决定最适度预防性货币余额的过程中,利率起了重要作用。利率的变动会导致预防性货币余额向相反方向变化。当利率上升时,持有预防性货币余额的机会成本(即持有这些货币而放弃的利息收入)就会提高。于是,货币持有者就会减少他所持有的货币,以购买能给他带来利息收益的金融资产。利率下降时,情况刚好相反。可见,预防动机的货币需求也同样是利率的减函数。

货币的交易需求和预防需求理论的发展表明,货币需求是由收入和利率两个因素共同决定的。

(3) 货币投机需求理论的发展。凯恩斯认为,人们将根据预期利率是上升还是下降来决定是持有货币或者还是持有债券。事实上,人们往往是同时持有货币和债券,凯恩斯的理论却无法解释这种现象。

为弥补这些缺陷,美国经济学家托宾用投资者避免风险的行为动机重新解释流动性偏好理论,并开创了资产选择理论在货币理论中的应用。资产选择理论又称风险—收益分析法,托宾指出投资者在进行资产选择时,必然要同时考虑风险和收益两个方面,并且尽可能回避风险。当利率上升时,风险性资产的收益率提高,但其风险并未相应增大,因而投资者将增加风险性资产的持有量而减少货币的持有量。相反,当利率下降时,风险性资产的收益率降低,而其风险却并未相应地减小,因而投资者将增加货币的持有量而减少风险资产的持有量。可见,鉴于对风险和收益的同时考虑,人们将对自己持有的资产进行选择,可以同时持有货币和债券,只是作合理的组合。

4. 现代货币数量论

20 世纪 50 年代中期,出现了以美国芝加哥大学教授弗里德曼为代表的货币主义学派,其理论称为现代货币数量论。尽管其理论中揉进了不少凯恩斯的观点,但对凯恩斯主义进行了猛烈的抨击。该学派认为人们对货币的需求受以下三类因素的影响:

(1) 收入或财富的变化,货币需求与之成正相关的关系。

(2) 持有货币的机会成本,指持有货币与持有其他资产预期报酬之差以及在通货膨胀条件下的货币贬值的损失,货币需求与之成负相关的关系。

(3) 持有货币给人们带来的效用,持有货币可以满足交易需求、预防需求、投机需求,这种流动性效用以及制约这种效用的其他因素(如偏好、兴趣等),也是影响货币需求的因素之一。

(三) 我国对货币需求的研究及应用

我国在计划经济体制时期,将马克思的货币需求理论及其货币需要量公式作为指导实践的理论基础(本章第一节中对货币流通规律已作介绍),运用这个公式预测的货币需要量基本是正确的。随着经济体制改革的深入,货币量概念的更新和范围扩大,运用这个公式时,也作了相应的变动,这里介绍两种近年总体货币需要量(包括现金及存款货币)的测算方法。

1. 比较法

所谓比较法,一般根据历史数据,选定一个经济变量(如国内生产总值)与不同层次的货币量(如 $M_0,M_1,M_2$)之间的比例系数,并根据发展情况加以修正,然后,据此来测算总体货币需要量,其公式为:

$$总体货币需要量 = 国内生产总值 \times 货币占国内生产总值的比例系数$$

2. 公式法

所谓公式法,实际是对货币流通规律基本公式的进一步推导,以求得货币需要量的变动率,其公式为:

$$货币需要量变动率 = 经济增长率 + 物价变动率 \pm 货币流通速度变动率$$

从以上介绍的几种货币需求理论来看,影响货币需求的因素较多且复杂,所以对货币需求量难以准确把握。即使那些对货币需求理论研究较早的国家,并且已形成了各种货币需求理论的流派,也仍然难以准确把握货币需求量。在我国现行的市场经济体制下,经济运行过程中尚有许多不规范性,对货币需求量的准确测定更是一件难度很大的事。因此,对货币需求理论的研究及对货币需求量的准确测定,是经济学家和各国中央银行不断探索的一个重要课题。

## 二、货币的供给

关于货币供应量的定义存在着狭义与广义之分,但多数学者以狭义的货币供应量,即 $M_1$ 作为最基本的货币供应量定义。这就是说,货币供应量是由通货和活期存款组成。其中通货是由中央银行发行的,是中央银行的负债,活期存款则是商业银行和其他存款性金融机构的负债,因此,银行供给货币的活动由两个部门——商业银行和中央银行进行。作为专门从事货币经营业务的商业银行与专门从事金融管理活动的中央银行,在货币活动过程中扮演着不同的角色。

现代银行制度都实行部分准备金制度,作为盈利性企业的商业银行,只需对其新增存款保留一定比率的法定准备金,就可将其存款余额的大部分向公众贷款,从而使货币供应量扩张。而扩张的倍数正好是存款准备率的倒数,称之为货币乘数,其公式为:

$$货币乘数 = \frac{1}{存款准备率}$$

$$货币供应量 = 基础货币 \times 货币乘数$$

因此,决定货币供应量问题的实质就在于基础货币和货币乘数是如何决定的。

基础货币是由流通中的现金和商业银行的准备金构成的,是中央银行可以直接控制的变量。由于基础货币的变化可以迅速导致货币供应量的改变,进而影响经济调节的最终目标,因此,基础货币具备了理想的相关性和可控性,成为中央银行调节货币供应量的一个重要目标。

货币乘数是货币供应的扩张倍数,正是由于货币乘数的作用,才使货币供应量发生数倍于基础货币的变化,因此,货币乘数是货币供应理论的焦点。

货币供应理论的基础模型为:

$$M_1 = \left( \frac{1+K}{r_d + r_t \cdot t + e + K} \right) \cdot B$$

其中,$M_1$ 为货币供应量,括号内是货币乘数,$B$ 为基础货币。下面作简要分析。

(一)通货比率 $K$

通货比率 $K$,即流通中现金占活期存款的比率。流通中现金存入银行,可以成倍派生存款,扩大货币供应量。但现金被存款户从银行中取出,则会成倍减少存款货币量。因此,在基础货币确定的情况下,通货比率的变化反向作用于货币供应量的变动。决定通货比率的主要因素有:① 公众可支配收入水平的高低;② 商品或劳务价格的变化;③ 公众对未来通货膨胀的预期等。

(二)定期存款占活期存款的比率 $t$

影响 $t$ 值的因素主要有三个:① 定期存款利率;② 其他金融资产的收益率;③ 收入或财富的变动等。

(三)商业银行持有的超额准备金(即准备金总额减去法定存款准备金)占活期存款的比率 $e$

$e$ 的变动较强地反向作用于货币供应量的变动。这一比率的变动主要决定于商业银行的经营决策行为。影响 $e$ 值的主要因素有:① 市场利率;② 借入资金的难易程度及资金成本;③ 社会大众的资产偏好及对资产的调整。

(四)活期存款准备金比率 $r_d$ 和定期存款准备金比率 $r_t$

法定存款准备金比率的变动会引起货币乘数的反方向变动。此外,政府部门的财政收支以及公债政策也会影响货币的供给量。

### 三、货币均衡

**(一) 货币均衡的含义**

货币均衡是指货币供给量与国民经济对货币需求量基本一致。货币供求关系有三种情况,即货币供给与货币需求基本一致、货币供给大于货币需求和货币供给小于货币需求。

当货币供给与货币需求基本一致时,表现为经济持续增长,物价稳定;当货币供给大于货币需求时,表现为经济增长速度减缓,物价上涨速度超出人们在经济上和心理上可以承受的程度;当货币供给小于货币需求时,表现为经济增长停滞甚至负增长,商品严重滞销,失业率上升。因此,货币均衡具体表现为物价相对稳定和经济稳定增长的长期趋势。

货币均衡的经济意义是要保持物价的相对稳定,经济的稳定增长。因此,货币均衡不仅仅是指货币供给与货币需求总量上的大致一致,而且还应包括货币供求结构上的均衡。货币供给或市场需求既表现为一个总的货币量,又表现为对各种花色品种商品需求的分量。同样,货币需求或市场供给既表现为一个抽象的价值总量,又表现为以各种不同使用价值为基础的分量。或者说无论是货币供给,还是货币需求,自身都有一个总量和表现结构的分量。而且总量的均衡是受结构的均衡制约和影响的,光有总量的均衡而无结构均衡的是一种表面的、虚假的均衡。

**(二) 实现货币均衡的条件**

商品流通与货币流通是作用力与反作用力的紧密关系,因此,货币供求均衡不能离开商品劳务供求的均衡。研究货币均衡实质要结合三方面的均衡,即商品劳务供求的均衡,货币供求的均衡,以及货币与物资的供求均衡,只有实现了这三方面的均衡才最终实现了社会总供给与社会总需求的均衡。

在货币经济中,商品劳务总供给与总需求的平衡不能通过其自身的运动来实现,必须借助于货币流通来实现。而货币供求的均衡不只是货币流通本身而言,它还包括了商品劳务供求的均衡,它是商品劳务总供给与总需求的综合反映。在商品经济条件下,商品劳务的总供给受制于商品劳务的总需求,当然商品劳务的总需求不能是无限度的,它还要受到现有经济资源和现有生产能力的制约。对商品劳务总需求的测量与调控,是由货币供应量所组成的各种有支付能力的购买力来体现的。因此,货币供给量的测量与控制的正确与否,最终影响着商品劳务总供求的平衡,同时通过商品劳务供求的均衡来体现货币供求的均衡。

从以上分析可以看出,实现商品劳务供求的均衡、货币供求的均衡以及货币与物资供求均衡的关键,在于控制货币供给量。控制货币供给量可从货币政策与财政政策两个方面来进行。

第一,运用货币政策调节总需求,实现总均衡。在总需求不足时,采取扩张的货币政策,如扩大货币供应量,或降低利率,以增加社会总需求,减少储蓄。在总需求过高时,采取紧缩的货币政策,减少货币供给,提高利率,以抑制总需求,增加储蓄。后一种情况发生时,一般存在两种选择,第一种是严厉紧缩,短期内迅速减少货币供给或大幅度提高利率,使总需求的膨胀趋势很快被抑制,但与之伴随的往往是总供给增长减速或停滞。第二种选择是温和的紧缩,货币供给紧缩速度较慢,其目的在于紧缩总需求的同时保证总供给的正常增长,从而实现总供求均衡。

第二,采取正确的财政收支政策保证实现总均衡。财政政策对总供给与总需求的调节往往比货币政策的效果更好。如当需求不足时,可通过降低税收,增加财政支出等办法来刺激总需求;当总需求过多时,可通过提高税率,减少财政支出等紧缩政策来减少财政赤字,或消灭财政赤字来抑制社会总需求,实现社会总供求的均衡。但是必须强调财政政策的实施必须注意对货币供给的影响。如果财政赤字导致货币增加的量超过实际货币需求,就会造成货币失衡与总供求失衡。

## 第三节 通货膨胀与通货紧缩

### 一、通货膨胀的概念

(一) 通货膨胀的定义

通货膨胀的一般定义是,在纸币流通情况下,货币供应量超过了流通中所必需的货币量,每单位纸币所代表的价值减少,引起货币贬值和物价持续上涨的经济现象。理解通货膨胀的定义,要掌握如下几个要点:

第一,通货膨胀是纸币流通条件下独有的经济现象。在金属货币制度下,一般不会出现通货膨胀。在纸币流通的条件下,往往容易出现通货膨胀。

第二,货币供应量超过了流通中所需要的货币量是导致通货膨胀的直接原因。在现代信用高度发达社会,货币供应量不仅包括现金,还包括存款货币。所以,货币供应量的增加,不仅仅是通过投放纸币的途径,更多的是通过信用扩张的途径来实现。因此,只要货币供应量大大超过流通中对货币的需求量,就会导致通货膨胀。

第三,通货膨胀必然表现为物价普遍地、持续地上涨。季节性、暂时性或偶然性的价格上涨,不能视为通货膨胀,对通货膨胀的测度一般以消费价格指数或零售价格指数来衡量。

(二)通货膨胀的种类

现代经济社会中,各国的经济情况复杂多变,通货膨胀也形形色色,根据不同的标准对通货膨胀进行分类,有助于我们进一步掌握通货膨胀的定义。

1. 通货膨胀的程度种类

根据通货膨胀的程度不同,通货膨胀可划分为以下几种。

(1)爬行式通货膨胀,一般是指物价上涨年率在2%左右的通货膨胀。

(2)温和的通货膨胀,一般是指物价上涨年率在4%~6%之间的通货膨胀。

(3)快步的通货膨胀,一般是指物价上涨年率在6%以上,并可能在短期内达到两位数的通货膨胀。

(4)奔腾型的通货膨胀,一般是指物价水平急剧上升,物价上涨年率保持在两位数,甚至接近或达到三位数的通货膨胀。

(5)恶性通货膨胀,一般是指物价连续暴涨,平均每月物价上涨率超过50%,年物价上涨率超过600%,甚至达到天文数字的通货膨胀。例如,1923年,德国纸币的发行量达到 $496 \times 10^{18}$ 马克的天文数字,马克价值的贬值也是空前的。旧中国1937年7月到1949年5月,纸币发行增加14 000多亿倍,物价上涨了85 000多亿倍。这种情况多数发生在战争等非常时期,这是任何一个国家人民所不能接受的。

2. 通货膨胀的原因种类

通货膨胀是一个极为复杂的经济现象,根据通货膨胀的形成原因,可将通货膨胀划分为以下几种类型。

(1)需求拉上型通货膨胀,是指商品和劳务的总需求量超过商品和劳务的总供给量所造成的过剩需求拉动了物价的普遍上升。这是一种最常见的通货膨胀。

（2）成本推进型通货膨胀，指在总需求不变的情况下，由于生产要素价格（包括工资、租金、利润以及利息）上涨，致使生产成本上升，从而导致物价总水平持续上涨的现象。

（3）供求混合推进型通货膨胀，指由需求拉动和成本推进共同作用而导致的通货膨胀。一些经济学家认为，任何实际的通货膨胀过程极少只是由需求拉动的，或者只是由成本推进的，而大多数是包含了需求和成本两个方面因素的共同作用。

（4）结构型通货膨胀，是指在总需求和总供给大体处于平衡状态时，由于经济结构不适应变化了的需求结构而引起的物价持续上涨。

## 二、通货膨胀的成因

（一）财政赤字

一般来说，弥补财政赤字的方式无非以下三种：① 增收节支；② 向中央银行透支或借款；③ 发行公债。第二种弥补方式往往会直接引起货币供应量增加，导致通货膨胀。

（二）信用的过度扩张

导致通货膨胀的原因主要有以下几个方面：

第一，决策机构判断失误，使货币供应量的增长速度太快，超过经济的增长速度。

第二，中央银行控制不力，也会导致信用的过度扩张。例如，我国从1985～1993年，中国人民银行的总资产增长了3.9倍，其中外汇占款增加8.4倍，财政借款增加6.8倍，中央银行对金融机构贷款增加3.4倍。

第三，政府制定的货币政策，通过降低利率来促进投资，人为地扩张信用。例如，在西方政府推行凯恩斯主义时，通过降低利率来促进投资，而过度的投资需求必然导致大量物资被抽出流通领域，处于投资阶段的项目在一段时间内不能向市场提供商品，这样就减少了市场上的商品可供量。所以企业的过度投资必然使大量的货币没有物资与之相适应，其结果必然引起货币贬值，物价上涨。再如，我国虽然没有推行凯恩斯主义，但我国一个时期的信贷政策过松，1992～1993年，我国固定资产投资高速增长一倍多，绝对额共增加6 241亿元，而这两年国民收入的积累额只增加近4 000亿元，投资需求大大超过国家物力、财力的增长。而固定资产投资的资金来源主要依靠银行信贷资金。

第四,商业信用、消费信用的膨胀导致银行信用膨胀。工商企业在激烈的竞争中,靠商业信用推销过剩商品。商业票据是商业信用的工具,经过背书可以在市场上流通转手,这就代替货币充当了交换媒介,相当于增加了市场货币供应量,相对减少了市场对货币量的需要。

商业信用和消费信用是由企业提供的,但企业之所以能提供商业信用和消费信用,是因为得到了银行提供的信用,因此,商业信用和消费信用的膨胀,归根到底都是银行信用的膨胀。商业银行向工商企业提供的贷款必然要通过转为存款而数倍扩张,这就直接扩大了货币的供应量。

(三) 国际收支顺差过大

当一国国际收支大量顺差,国际储备大量上升,必然增加占用本国货币,同样会导致货币供应量过多,形成通货膨胀的压力。

### 三、通货膨胀的经济效应

当代经济学界在通货膨胀对经济增长有怎样影响或经济效应这一问题上,一直存在着争论,大致有促进论、促退论两大种完全相反的意见。

(一) 促进论

促进论认为通货膨胀能促进经济增长。其理由是:

第一,在通货膨胀发生情况下,工人工资增长的速度一般低于物价增长的速度,这样,工人的实际工资便降低,产品成本降低,厂商的利润会增加,这样就会刺激厂商扩大投资,进而促进经济增长。

第二,通货膨胀的社会后果主要表现为对社会财富及收入进行再分配,而这种收入再分配一般有利于高收入阶层(即利润收入阶层,其名义收入与财富的增长幅度大于物价上涨的幅度)而不利于低收入阶层(即工资收入阶层,其名义收入与财富的增长幅度小于物价上涨的幅度),因此,通货膨胀会促进社会储蓄率的提高,这就有利于经济增长。

第三,通货膨胀实际上是货币发行者从货币持有者手中获得收入的过程。通货膨胀使货币贬值,物价上升,其实质是将货币持有者手中的一部分购买力无形中转移到货币发行者手中,从而增加政府的收入。如果政府将这部分收入用于投资,将会推动经济增长。基于以上原因,这派学者认为适度的通货膨胀对经济增长是有促进作用的。

(二) 促退论

促退论认为,通货膨胀不仅不利于促进经济增长,反而会损害经济增长,这

是绝大多数学者的看法,其理由是:

第一,通货膨胀妨碍了货币职能的正常发挥,扰乱金融秩序。在通货膨胀中,由于纸币贬值,货币购买力下降,债权人会因此发生损失,人们不愿储蓄或持有现金,而将货币收入用于消费,这就影响了货币储蓄手段职能的发挥。通货膨胀引起币值的不稳,使得货币不能真实地表现和衡量商品的价值,影响货币价值尺度职能的发挥,其结果会引起市场价格信号紊乱,并导致整个市场机制功能失调。严重的通货膨胀还会影响支付手段和流通手段职能的发挥,有时甚至使商品交换倒退到物物交换的原始形态。此外,通货膨胀还会破坏正常的信用关系,影响银行业务的正常进行。通货膨胀时,利率的上升通常滞后于物价的上涨。债权人为了避免损失,不愿意提供商业信用,不愿意储蓄或提供贷款,于是引起商业信用规模骤减,银行信用也因信贷资金来源减少相应缩减。同时,银行为了追逐利润,还往往将大量资金用于黄金、外汇的买卖和有价证券的投机。这样就缩减了信贷业务,影响了银行业务的正常进行。

第二,在持续性的通货膨胀过程中,市场价格机制遭到严重破坏,影响生产和流通的正常进行。由于市场价格机制失去了应有的调节功能,这就会促使消费者和生产者作出错误的决策,从而导致经济资源的不合理配置和严重浪费,使经济效益大大下降。

通货膨胀对生产的影响,主要表现在两方面:一方面,持续的通货膨胀会导致生产资本减少,因为在通货膨胀时,商业信用缩减,银行贷款下降,所以投入生产领域的借入资金来源减少。同时,一部分工业资本还会从生产领域转向流通领域,从事商业投机和有价证券投机,以获得巨额利润。相比之下,运转周期较长的生产性投资就相形见绌。生产不如囤积,成为通货膨胀中的普遍现象,从而使生产萎缩。另一方面,改变了生产格局,导致不合理的产业结构,使国民经济畸形发展。在通货膨胀期间,由于各种商品价格的上涨幅度不一致,因而造成各部门、各行业之间的利润分配不平衡。价格上涨快、涨幅大、盈利高的部门和行业,会因资金大量流入而使投资急剧扩大,以致引起投资过多。相反,其他部门或行业则因资金大量流出而导致投资不足。资金配置的不合理,造成了资源的浪费和产业结构的不协调,从而导致国民经济的畸形发展。

通货膨胀对商业的影响,主要表现在两方面:一方面,通货膨胀打乱了正常的商品流通渠道。在通货膨胀中,由于物价上涨的幅度在不同地区是不同的,因而商品流通就不是按正常渠道——由产地向销地流通,而是根据商品价格上涨的幅度来流通,商业投机现象严重。另一方面,通货膨胀造成变态的商品需求。通货膨胀时人们为了免遭货币贬值的损失,都不愿持有货币,而是扩大消费或购买金银、宝石、字画和有价证券以期保值。企业纷纷囤积原材料和商品,期货市场投机活动猖獗。变态的商品需求,加剧了供求矛盾,助长了投机活动,导致市场价格信号的紊乱。

第三,通货膨胀意味着货币购买力的下降,从而降低了工薪阶层的实际收入水平和储蓄价值,因此,公众都不愿以货币的形式进行储蓄,以免遭受经济损失。在预期物价会进一步上涨的心理支配下,公众势必为避免将来物价上涨所造成的经济损失,减少储蓄增加消费,这就会使社会储蓄率下降,从而使投资率和经济增长率下降。

第四,如果本国的通货膨胀长期高于外国,则会导致国际收支恶化。因为本国长期、持续的通货膨胀,使本国产品价格高于外国同类产品价格,则不利于出口反而刺激进口,引起外汇储备减少;如果利率的增幅低于物价上涨幅度,还会引起资本大量外流,从而导致国际收支逆差。

除此之外,通货膨胀还会造成社会财富盲目的、不公平的分配和再分配。因为通货膨胀对社会各阶级、各阶层会产生不同影响。一般来说,名义收入和财富的增长幅度小于物价上涨幅度的阶级和阶层,会在通货膨胀中蒙受损失,主要是工薪阶层;反之,名义收入与财富的增长幅度大于物价上涨幅度的阶级或阶层,会在通货膨胀中获利,如利润收入阶层。

总之,通货膨胀影响社会稳定,阻碍经济增长。当通货膨胀超过一定限度,造成物价和成本螺旋式地上涨,就有可能演变成累积性的恶性通货膨胀,这种恶性的通货膨胀有可能导致经济和社会的崩溃。

### 四、通货膨胀的治理

通货膨胀有各种不同类型和多种多样的原因,对社会和经济增长都带来严重的危害。因此,通货膨胀的治理对策就成为各国政府和经济学家研究的一个重要课题。治理通货膨胀的主要政策措施有以下几种。

(一) 紧缩需求政策

紧缩政策是从压缩需求入手,促使社会总需求与总供给平衡,以稳定物价。紧缩政策通常从两方面进行:一是实行紧缩的货币政策;二是实行紧缩的财政政策。

紧缩性的货币政策主要通过两条途径来实现：一是降低货币供应量的增长率，以抑制总需求，如通过中央银行提高存款准备金比率，在公开市场抛售证券等；二是提高利率，以抑制投资需求，刺激储蓄增加，从而保证总需求与总供给的均衡。

紧缩性的财政政策主要有两个方面：一方面压缩财政支出，如削减政府开支，压缩公共工程支出，减少社会福利开支等，以平衡预算、消除财政赤字，从而消除通货膨胀的隐患；另一方面增加税收，使企业和个人的收入减少，从而使其投资和消费支出减少，以抑制需求。

"双紧"政策的目的均为压缩总需求，这种方法虽能有效制止通货膨胀，但常常造成经济萎缩和生产要素的浪费，带来消极性。

（二）扩大供应政策

扩大供应政策是西方国家以拉弗为代表的"供应学派"的观点。"供应学派"认为，过去的反通货膨胀政策过分注重需求而忽略供给，即忽略了运用刺激生产力的方法来同时解决通货膨胀和失业问题。在供应方面抑制通货膨胀的主要措施如下。

1. 减税

通过减税使企业和个人的税后净收入增加，以刺激企业和个人投资的积极性，从而使生产力提高和供给增加，这样就可以抑制消除供给不足所造成的通货膨胀。

2. 削减社会福利支出

削减社会福利支出，一方面可以削减政府财政赤字，消除通货膨胀的压力；另一方面又可以杜绝人们对社会的依赖心理，促使人们更好地工作，从而减少失业。

（三）物价和收入政策

由政府对物价和工资实行管制性政策，如冻结物价和工资等，其中又以管制工资为主要内容的收入政策为主。

对物价、工资的管制有强制性和自愿性两种做法。强制性做法是，由政府通过立法程序，规定物价和工资上升率的限度，或将物价工资冻结在一个既定水平上，如果违犯规定将受到法律制裁。自愿性做法是，政府用劝导的方法使劳资双方自愿约束价格和工资的变动。这种行政性措施虽能奏效，但只能在短期进行，否则会人为抑制经济发展。

### (四)货币改革政策

对于恶性通货膨胀,仅靠前述几项政策措施是不够的,因为货币制度处于或接近崩溃边缘,就要采取币制改革政策才能重新恢复公众对货币的信心。币制改革的一般做法是废弃旧货币,发行新货币,并对新货币制定一些保证币值的措施。但币制改革必须有政治经济等各方面的配合,否则也难奏效。

## 五、通货紧缩及其治理

### (一)通货紧缩的定义

第二次世界大战以后,很少发生通货紧缩,而是经常发生通货膨胀。所以,西方经济学教材中几乎很少看到通货紧缩这个名词,即使有也只是在论述通货膨胀时附带提一下,不作重点分析。20世纪90年代日本发生了通货紧缩,经济界对此又有所论析。在我国,这是一个比较陌生的问题。对通货紧缩的定义,国内外有不同观点。

西方经济学界主流的观点,把通货紧缩定义为物价总水平的持续下跌,或是指一般价格水平持续下降。非主流的观点则认为,通货紧缩不只是一般价格水平持续下降,还包括货币数量减少以及经济萧条等。我国1997年10月起,零售商品价格指数出现持续下降,1998年、1999年分别比上年下降2.6%和3.0%。因此,出现了我国是否存在通货紧缩的争论,一种观点认为通货紧缩就是指一般价格水平的持续下降,因此认为我国确实存在通货紧缩;另一种观点认为通货紧缩有"两种特征,一个伴随",即有一般价格水平持续下降及货币供应量下降两个特征,同时还伴随着GDP的下降或经济衰退。但我国虽有价格水平不断下降,GDP和国民经济却持续增长,因此,持这种观点认为我国不存在通货紧缩问题。

我们的看法是,通货紧缩是一种货币现象,是与通货膨胀相对应的。从货币均衡的概念来看,通货膨胀是货币供给大于货币需求的表现,通货紧缩是货币供给小于货币需求的表现。通货膨胀率可以用零售物价指数或居民消费价格指数来测度,通货紧缩率也可用上述指数来测定。所以赞同通货紧缩是指一般价格水平持续下降的观点,轻度的通货紧缩不一定表现为货币供应量绝对的下降,可以是增长幅度下降,或增长不足。同时,轻度的通货紧缩也不一定伴随GDP的下降或经济衰退,可以是GDP增长幅度下降。

### (二)通货紧缩的成因和治理

通货紧缩的成因可以从以下几方面来分析:

(1) 从货币政策方面看,如果中央银行为了治理严重的通胀,连续数年实施紧缩的货币政策,很可能出现货币供给不足的问题。

(2) 从财政政策方面看,如果是紧缩财政政策,大量削减财政支出,很可能引起投资需求和消费需求的缩减,也会影响价格总水平的下降。

(3) 从生产方面看,如果由于外部(国际上)和内部(国内的)的影响,生产能力过剩,相当部分的商品供过于求,也会影响价格总水平的下降。

(4) 从银行的信贷状况看,如果银行有大量不良债权,银行往往对新的信贷掌握从严,以免产生新的不良债权,这也会影响货币供应量。

我国出现通货紧缩现象,与上述几方面的因素都有程度不同的关系。此外,我国由于农村市场需求不旺,农民收入增长相对于城镇居民要低,导致农村消费品市场发展缓慢,这就加剧了供大于求的状况,导致价格水平持续下降。还有,从全国来看,东南沿海地区虽然发展很快,但西北部地区发展滞后,同样会影响消费需求的不足。

治理通货紧缩,主要是找出原因"对症下药"。我国针对 1998 年、1999 年两年持续价格总水平的下降,把适度从紧的货币政策调整为稳健的货币政策,适当增加货币供应量;财政方面实行积极的财政政策适当扩大财政支出,增发国债用于基础建设项目投资;在生产方面加紧经济结构调整,发展高新技术产业,改造传统产业,压缩过剩生产能力,淘汰落后生产能力,加快产业结构及产品的结构优化升级;实施西部大开发战略,促进地区协调发展;扩大国内需求,增加城乡居民特别是低收入群体的收入,培养和提高居民购买力;商业银行努力降低不良贷款比例,正确处理支持经济发展与防范金融风险的关系,加大对经济发展支持的力度等措施,2000—2001 年基本上遏制了通货紧缩的趋势。但通货紧缩是一个复杂的问题,稍有不慎,有可能出现反复,治理不当也有可能重新发生通胀现象。所以,通货紧缩必须持之以恒的进行综合治理。

## 第四节 货 币 政 策

### 一、货币政策概述

货币政策是指中央银行为实现其特定的经济目标,在金融领域采取的控制和调节货币供应量的各种金融措施的总称。货币政策的研究范围包括货币政策的最终目标、货币政策的中间目标、货币政策的工具等。

(一)货币政策的一般特点

1. 货币政策是宏观经济政策

货币政策涉及的是整个国民经济运行中货币供应量、信用量、利率、汇率及金融市场等宏观经济问题。中央银行货币政策的扩张与紧缩都表现为货币量的增减,并以货币供给的扩张和紧缩来影响经济增长和物价变化。

2. 货币政策是以社会总需求为对象的间接调控政策

任何社会总需求,都表现为有货币支付能力的有效需求或社会购买力。货币政策对宏观经济的调控是通过调节社会总需求来实现的,并通过对社会总需求的调节,间接地影响社会总供给的变动,从而使社会总需求与社会总供给相对平衡。

3. 货币政策是长期性的经济政策

货币政策的实施,目的是为实现其最终目标。但是,稳定币值、充分就业、经济增长、平衡国际收支等,都是长期性政策目标。而且,从货币政策的实施到最后影响社会总需求和社会总供给,政策传导的时间比较长。因此,货币政策是长期性的经济政策。

(二)货币政策的基本类型

1. 扩张性货币政策

这是一种以超过并继续增加社会货币需要量带动社会总需求,启动闲置生产要素、刺激经济增长的货币政策。这种政策通常是在以下情况下采用的:一是生产要素利用不足;二是存在很大的潜在市场,通过扩大需求能带动市场潜力的发掘;三是货币容量弹性大,注入一定的超量货币不会引起经济震荡和物价波动。

2. 紧缩性货币政策

这是一种紧缩货币供应量以缩减社会总需求,挤出市场多余货币,促进社会总需求与总供给平衡的货币政策。这种政策通常在以下情况下采用的:一是已经出现明显的通货膨胀,经济秩序紊乱;二是有意识地控制经济过热。

3. 均衡性货币政策

均衡性货币政策,即中性货币政策,是指货币供应量与需求量基本一致,按照稳定物价的要求,以经济增长为货币供应量增长的制约标准来管理货币的一种货币政策。这种货币政策通常在以下情况采用:一是基期货币供应与需求基本平衡;二是在报告期经济、物价能够基本稳定的前提下,保证适度的发展水平;三是作为货币政策的制定和贯彻,都具有较大的独立性。

(三) 货币政策目标

货币政策的目标,是指一国货币当局(一般为中央银行)采取调节货币和信用的措施所要达到的目的。按照中央银行对货币政策的影响力和影响速度,货币政策划分为两个不同的目标层次,即最终目标和中间目标,它们共同构成中央银行货币政策的目标体系。

1. 货币政策的最终目标

货币政策的最终目标,是中央银行货币政策在一个较长时期内所要达到的目的,它基本上与一个国家宏观经济目标相一致。多数国家政府和经济学家赞同的宏观经济政策目标主要有:稳定物价、充分就业、经济增长与国际收支平衡。

(1) 稳定物价,通常是指维持国内币值的稳定,从而使一般物价水平在短期内不发生显著的波动,有的也称为稳定币值。这里物价是指一般物价水平,而不是指某种商品的价格。一般物价水平,表明物价变动的趋势。中央银行货币政策的首要目标就是稳定物价,将一般物价水平的上涨幅度控制在一定的范围内,也即稳定币值,防止通货膨胀。所谓一定的范围,不同的经济学家有不同的看法,不同的国家也有不同的标准。保守的经济学认为物价最好不升也不降,至多在1%的幅度内波动;而激进的经济学家认为轻微的通货膨胀对经济发展有一定刺激作用,因此,认为物价上涨幅度控制在5%以内也算实现了稳定物价的目标。

(2) 充分就业,是指社会可利用的资源被充分利用。而社会可利用的资源很多,而且要测定被利用的程度很困难。而利用劳动力的失业率来表明社会的就业程度,进而表明社会资源充分利用的程度较容易。所以,充分就业的目标一般用失业率来衡量,所谓失业率,就是指社会的失业劳动力与就业的劳动力之比。

充分就业并不是社会劳动力100%的就业,而应该把摩擦性失业和自愿失业排斥在外。前者是指由于产业结构调整或技术更新造成短时期内劳动力的供求失调,而后者是指由于工人不愿接受厂方的工资等条件而造成的失业。

如何衡量充分就业与失业率的关系,多数学者认为失业率在4%以内就算充分就业,而另一些学者认为,失业率应更低一些才能算充分就业。

(3) 经济增长。经济增长被看作货币政策的主要目标由来已久。国际上用来衡量经济增长的指标主要有以下两种：一是国民生产总值（即 GNP）增长率；二是人均国民生产总值增长率。如果国民生产总值增长率等于或低于人口增长率，实质上经济处于零增长或负增长。所以，用人均国民生产总值增长率来衡量一国经济增长，比用国民生产总值增长率更有意义。

（4）国际收支平衡。在一定时期内，一国对其他国家的全部货币收入和货币支出可能持平，可能顺差，可能逆差，很难做到国际收支的绝对平衡。某一年略有顺差，某一年略有逆差，基本上属于平衡的范围。如果连续多年出现逆差，国家弥补逆差的能力总会耗尽。若年年出现顺差，一般认为总是好事，但也要考虑外汇储备不断增加，一则占用大量本国货币，二则大量外汇资源的保值增值也很不易。因此，国际收支大体平衡也是货币政策的重要目标。

2. 货币政策目标之间的关系

货币政策一般要实现上述四个目标，从长期来看，四个目标是统一的，相辅相成的，但要同时实现这四个目标是非常困难的。往往是实行某一种货币政策来实现某一货币政策目标时，会干扰其他货币政策目标的实现。从各国政策实践来看，短期内大部分目标之间存在冲突，很少有几个目标同时结合得很好的。

（1）稳定物价与充分就业。一般来说，当就业接近或已经达到充分就业的水平，会由于没有失业和待业的人员来替换需要替换工作的人员，所以工资就会上涨。由于工资是产品的成本之一，工资上涨又会导致物价上涨。20 世纪 70 年代，资本主义国家中出现的"滞胀"现象，也说明稳定物价与充分就业不能兼顾。为了实现充分就业的目标，常常要牺牲若干程度的物价稳定；而为了维持物价稳定，往往又以提高若干程度的失业率为代价。

（2）经济增长与稳定物价。当采用扩张性的财政与货币政策时，虽然可以促进经济增长，但同时也会引起总需求超过总供给，出现通货膨胀加剧，物价大幅上涨。

（3）充分就业与国际收支平衡。当就业人数增加，消费支出扩大时，有可能使进口增长超过出口增长，使国际收支逆差。如采用紧缩性的财政与货币政策来解决国际收支逆差，则又可能导致充分就业水平的降低。

（4）经济增长与国际收支平衡。提高经济增长速度往往需要增加进口机器设备及原材料，而扩大出口不易于短期内见效，这样，会造成国际收支逆差。反过来，经济增长放慢时，往往出口下降比进口下降幅度大，也会影响国际收支的平衡。

从以上分析可以看出,货币政策的四个目标之间有时会有矛盾,货币当局如何作出适当的抉择,是一个重要问题。

3. 货币政策的中间目标

货币政策的中间目标,也称中介目标。它是与货币政策最终目标相关联的可以明确衡量的金融指标,是货币政策调节过程中十分重要的传导环节,关系到货币政策最终目标的能否最后实现。

货币政策的最终目标一般以年度为阶段,譬如以年人均国民生产总值增长5%作为最终目标。然而,这些指标只能在年度终了后才能统计出来。为此,必须确定金融当局在平时可以调控的金融数量指标,通过这些指标的变动来影响最终目标的实现。中间目标有以下几种:

(1) 利率。利率之所以适用于作为中间目标,其原因主要是:① 利率的升降变动能灵敏地反映货币与信用的供给同需求之间的变动。② 利率与经济周期各阶段的转换有密切关系,并随着经济发展过程的转换而波动。③ 利率也同金融当局的干预有关,特别是在利率并不是自由化的国家。利率作为中间目标,虽有适用性优点,但也存在一定的缺点。这是因为,利率的升降变动,既可以由于经济过程的转换所导致,也可以因中央银行政策性要求而发生,还可能由于人们对通货膨胀的预期变化所促成。鉴于这种复杂因素,往往会降低利率的"指示灯"作用,从而对中央银行的政策行为产生错误导向。由此可见,以利率作为中间目标,必须有条件地运用并配合参照其他指标进行分析,才能有利于政策目标的实现。

(2) 货币供应量。货币供应量一般由现金和存款货币构成。前者直接由中央银行产生并注入流通,中央银行对其有一定的控制性。后者是商业银行和其他金融机构的负债,中央银行通过货币政策工具的操作也可以间接控制。

货币供应量适用于作为中间目标的理由是:① 它是与经济活动直接相关的指标,因为生产和流通的扩大,相应要求扩大货币供应量;货币供应量的变动也会直接反作用于经济过程的变动。② 货币供应量的政策性很强,金融当局能够直接调控。③ 货币政策的松紧变动,主要是通过货币供应量的增减变动表现出来,与货币政策变动直接相关。④ 便于操作。用货币供应量作为中间目标,可以避免利率作为中间目标存在的缺陷,不致产生错误导向。

(3) 基础货币。基础货币由商业银行的准备金加上流通中的现金组成。这两者都是中央银行的负债。因此,中央银行可以通过调整负债和资产结构直接控制基础货币,从而给中央银行的调控提供了直接、简便的中间目标。但是,基础货币只能与货币乘数共同发挥作用才能影响货币供应量,进而影响经济过程。而货币乘数中除了法定存款准备率受制约于中央银行之外,现金漏损率、超额准备率都受非货币政策因素的影响。因此,基础货币作为中间目标,也有不完全准确反映中央银行政策的缺陷。

## 二、货币政策工具

中央银行为了实现其货币政策目标,在执行货币政策时,必须凭借一定的货币政策工具。货币政策工具是指货币当局直接控制的,能够通过金融途径影响经济活动以达到货币政策目标的经济手段。

(一)三大货币政策工具

一般说来货币政策工具包括法定存款准备率、再贴现率与公开市场业务三种工具。也就是传统的三大货币政策工具。

1. 法定存款准备金率

各国中央银行都以法律形式规定商业银行按一定比率提取存款准备金交存中央银行,这个比率称为法定存款准备金率。是各国中央银行调节货币供给量的重要政策工具。

法定存款准备金率对政策目标产生极为有效的影响,中央银行通过调高或调低法定存款准备金率,来影响商业银行的贷款能力和派生存款能力,以达到调节货币供应量的目的。如果中央银行降低法定存款准备金率,就能放松银根,增加货币供应量,扩张经济;如果提高法定存款准备金率,则会紧缩银根,减少货币供应量,收缩经济。法定存款准备金率每提高或降低1%,都会使市场通货和银行贷款规模发生巨大变化,从而对国民经济产生重大影响。所以,通常认为法定存款准备金率这一货币政策工具比较严厉,一般不宜经常或大幅调整。

2. 再贴现率

再贴现率,指商业银行把对工商企业贴现而持有的合格票据向中央银行申请再贴现时所使用的利率。

中央银行通过制订或调整再贴现率,干预和影响市场利率以及货币市场的供给和需求,从而调节市场货币供应量。当中央银行认为有收缩银根的必要时,可以提高再贴现率,使商业银行取得资金的成本提高,商业银行就会减少对中央银行资金的需求,也就减少了可贷资金。另一方面,商业银行向企业发放贷款的利率也会提高,企业贷款需求也就会减少。相反,中央银行降低再贴现率,商业银行在低成本条件下,必将增加贷款,扩大货币供给,刺激社会需求。此外,再贴现率的变动还可以产生告示性效果。当中央银行提高再贴现率时,社会公众可能认为这是中央银行抑制扩张的迹象。于是,人们会改变自己的消费与储蓄决策,从而影响商业银行和公众的信誉。

再贴现率这一货币政策工具也有一定的局限性。由于商业银行有多种获取资金的渠道,向中央银行借款只是众多筹资渠道之一,因此,再贴现率作为一种货币政策工具的有效性还是有限的。

3. 公开市场业务

公开市场业务,是指中央银行在金融市场上公开买卖有价证券(主要是政府债券、国库券)的业务活动。通过这种业务活动,可以调节信用和货币供应量。当金融市场上资金短缺时,中央银行可以在公开市场上购进有价证券,这实际上相当于中央银行向社会投入了一笔基础货币。这些基础货币流入社会公众手中,则直接增加社会的货币供给量。当金融市场游资充斥时,中央银行可以在公开市场上卖出有价证券,回笼货币,紧缩信用,以此减少货币供给量。

公开市场业务作为中央银行重要的货币政策工具有以下优点:① 公开市场业务可以直接左右市场货币供应量;② 作为一项控制手段,它富于弹性,买卖证券的数量可多可少,且可以随时买卖;③ 这一货币政策工具富有主动性,中央银行可以根据经济形势的需要采取"主动出击"。

但是,公开市场业务不是所有国家,特别是发展中国家所能运用的。因为,公开市场业务的开展需要具备一定的条件。首先,在流通中必须有足够数量的有价证券,而且种类多样,证券期限长短配置适当,以便有选择地操作。其次,金融市场必须发达,保证各种金融工具可以顺利进行流通。由于大多数发展中国家不具备上述条件,实施公开市场业务有一定的困难。

(二)选择性货币政策工具

选择性货币政策工具,是指对某些特定部门或领域实行的货币政策工具。国际上曾有过以下几种。

1. 控制证券市场信用

西方国家证券经纪公司对证券客户可以垫款,即用信用方式购买证券,客户现款支付交易额的一部分,作为保证金。保证金比例高,证券经纪公司垫款就少;反之,证券经纪公司垫款就多。如中央银行要压缩证券市场信用,就提高证券保证金率。

2. 控制不动产信用

许多国家,银行对于购买房屋、土地等不动产者给予信贷支持。当房地产过热、投机活动过度时,银行对这些方面贷款加以控制,比如规定贷款的最高限额、最长期限、首期付款的最低额度等等。

3. 控制消费信用

在消费需求过旺的时候,银行可以采取规定用消费信用购买耐用消费品的种类、缩短消费贷款的最长年限、提高首期付款的比例等措施来压缩消费信用。

（三）行政性控制

行政性控制是指中央银行凭借行政权力直接对商业银行等金融机构的业务活动进行干预。各国中央银行常用的直接干预手段有如下几种:① 贷款总规模限制;② 信用分配,在需求旺盛、资金短缺时期,中央银行对金融机构的贷款分配提出规定,规定在各部门或地区的资金分配数量或比例;③ 规定流动比率,指商业银行的流动资产与流动负债的比率;④ 存款利率上限,为了防止各家银行竞相以高利率吸引存款,多存多贷,有些国家的中央银行对定期存款及储蓄存款规定了最高利率。

此外,中央银行通过发表正式声明或谈话,表明对经济形势的判断与对各家银行的希望,以达到影响银行业务并使之符合政策目标的要求,这是西方国家称为的道义劝告。

## 三、我国货币政策首要目标和货币政策工具

什么是货币政策的首要或核心目标,在国内外理论界存在着激烈的争论,在各国的货币政策实践中也存在着不同的做法。主要观点有两种:一种观点认为,货币政策的首要目标是稳定物价。这种观点的典型代表是国际货币基金组织。另一种观点认为,货币政策的首要目标是促进经济增长,或称增长导向的货币政策。

我国也存在上述两种观点和做法。不少人主张,我国货币政策的首要目标应该是稳定物价。但是持不同意见的认为将促进经济增长作为货币政策的首要目标,在理论上有缺陷,在实践中也是有害的,理由如下:

(1) 经济增长的首要条件是有效地配置资源。在市场经济体制下,市场在

配置资源中起基础性作用；而市场配置资源的根据是价格,价格为资源流动提供信息。在价格合理的条件下,通过价格信号的导向,资源从低效率部门流向高效益部门,从低效率企业流向高效率企业,从而实现资源的有效配置,促进经济增长。然而,在严重通货膨胀的条件下,价格发生扭曲,投资和消费行为失常,价格信号对资源流动产生误导,就会降低资源配置效率,损害经济增长。

(2) 这种政策极易造成通货膨胀甚至严重通货膨胀。通货膨胀严重时,国内产品价格高涨,出口下降,国际收支状况恶化,正常的经济秩序遭到破坏,使经济合同增加了不确定性,投资环境变坏,外资流入减少。

(3) 通货膨胀的直接后果是收入再分配不公,这是由价格上涨引起的,是典型的分配不公,自然会引起受害者不满。严重的通货膨胀会导致社会动乱,不仅要付出经济代价,而且要付出政治与社会代价。

(4) 增加信贷和货币供应量,虽然能刺激经济高速增长,但这种一时的高速增长很快就会被随之而来的加速通货膨胀所造成的资源紧缺、"瓶颈"加剧所制约。在这种情况下,中央银行不得不实行紧急的紧缩政策,以防止通货膨胀进一步加剧。这实际上是一种"走走停停"的政策。这种政策不是促进而是损害长期经济增长,与最大经济增长率目标不相容。许多采取这种政策的发展中国家,经济非但没有得到应有的增长,反而陷入物价飞涨、社会动荡不安的困境。

(5) 这种政策不利于经济体制改革。东欧及独联体一些国家在经济体制改革中,普遍采取休克疗法,货币政策也服从于休克疗法。其结果是导致经济严重衰退和恶性通货膨胀,体制改革受到严重打击。

实际经验证明,增长导向的货币政策既不利于经济增长,也不利于经济体制改革的顺利进行。把稳定币值作为货币政策的首要目标,可以保持或加速价格体系合理化,而合理的价格体系正是市场有效配置资源的必要条件。它可以避免严重的通货膨胀,建立公开的竞争秩序,改善投资环境,促进出口,吸引外资。

《中华人民共和国中国人民银行法》明确规定,我国的货币政策目标是保持货币币值的稳定,并以此促进经济增长。至于如何实现稳定币值这一首要目标,当然主要依靠货币政策工具。1992年通过的《中共中央关于建立社会主义市场经济体制若干问题的决定》中指出:"中国人民银行作为中央银行,在国务院领导下独立施行货币政策,从主要依靠信贷规模管理,转变为运用存款准备金率、中央银行贷款利率和公开市场业务等手段,调控货币供应量,保持币值稳定。"

从1984年起,我国确立了中央银行制度,从此存款准备金率和中央银行贷款利率两大工具充当了我国中央银行控制、调节货币供应量和信贷规模的重要角色。我国的公开市场业务是从外汇操作起步的。1994～1996年中央银行在外汇市场上累计净买入外汇923亿美元,净投放人民币7 775亿元。1996年4月,中央银行又开办买卖国债的公开市场业务。2003年,通过外汇公开市场操作,净投放基础货币11 459亿元,人民币公开市场操作,净回笼基础货币2 694亿元,两者相抵净投放8 765亿元。2004年净投放基础货币16 098亿元,净回笼基础货币6 690亿元,两者相抵,净投放9 408亿元。

近几年,我国金融业稳步健康发展,金融部门积极贯彻执行党中央、国务院一系列方针,在实施适度从紧的货币政策,加强和改善宏观调控等方面做了大量富有成效的工作,对防止经济过热,治理通货膨胀,调整经济结构,促进改革开放和经济发展,保持社会稳定,发挥了重要的作用。实践证明我国的货币政策及有关措施是完全正确有效的。

1999年,我国实行稳健的货币政策,与适度从紧的货币政策是相辅相成的。从中长期来看,为了保持社会总供给与总需求的平衡,防止出现通货膨胀和经济大起大落,我们仍要坚持适度从紧的货币政策。但就每一个具体年份而言,需要根据国内外经济情况,适时调节货币供应量。稳健的货币政策的主要内涵是,既要坚持贷款条件,保证贷款质量,防范金融风险;又要适当增加货币供应量,改进金融服务,利用信贷杠杆促进扩大内需和增加出口,积极支持经济增长。

# 第十九章

# 证券概论

**内容提示** 本章主要阐述证券的概念和种类,证券市场的形成和发展,以及我国证券市场的作用和风险。

## 第一节 证券及其种类

### 一、证券的概念

证券,这里是指有价证券,即具有一定票面金额、代表财产所有权或债权的凭证。有价证券是商品经济和信用关系发展到一定阶段的产物。广义来讲,有价证券有三类:① 实物证券,如提单、仓库栈单等。② 货币证券,如支票、汇票、本票、储蓄存单等。③ 资本证券,如股票、债券、投资基金券等。本章所称证券,是指资本证券。一般来说,证券具有收益性、流动性(可以在证券市场上流通买卖)、风险性的特点。债券还具有偿还性的特点,而股票不具有偿还性的特点,投资者认购了股票后,不能要求退股,只能到证券市场上出售。

股票是社会化大生产的产物,有近 400 年的历史。最早的股份公司,始于17 世纪初荷兰和英国的海外贸易公司。18 世纪下半叶,英国开始工业革命,大机器生产逐步取代工场手工业,股份制掀起了热潮。19 世纪中叶,美国也产生了大批股份制企业。19 世纪后半叶,股份制进入了日本和中国。日本明治维新后出现了一批股份公司。我国在洋务运动时期建立了一批官商合办的股份制企业,出现了最早的股票。

债券主要指政府债券和公司债券。19 世纪以后,公司债券开始发行,政府债券规模进一步扩大。日本在明治维新初期开始发行债券。我国的公债则出现于清朝末年。

进入 20 世纪之后,证券市场,特别是股票市场发展迅速,尽管其间风风雨雨,潮起潮落,但市场规模不断扩大,证券交易品种陆续增多,证券业在国民经济中的地位日益显得重要。

## 二、证券的种类

(一) 股票

股票一般可分为记名股和不记名股、普通股和优先股,这在本书第十三章关于长期信用工具部分中已有阐述。根据我国的情况,股票一般分为A股和B股两种。

1. A股

A股是指由我国境内的股份有限公司发行的、供境内机构、组织或个人以人民币认购和交易的普通股股票。根据投资主体的不同,又分为国有股、法人股和个人股三类。

(1) 国有股。它是由有权代表国家投资的部门或机构,以国有资产向公司投资形成的股份,包括以公司现有国有资产折成的股份。目前,法规规定国有股暂不可上市流通。

(2) 法人股。它是由企业法人或具有法人资格的事业单位和社会团体,以其依法可经营的资产向公司投资形成的股份。根据法人股认购对象的不同,又可分为发起人法人股、外资法人股和募集法人股三类。法人股暂时也不可上市流通。至于网下配售的法人股,经过一定时间,就可上市流通。

(3) 个人股。它是由我国境内个人,以其合法财产向公司投资形成的股份,又可分为公司职工股和社会公众股。

2. B股

B股的正式名称是人民币特种股票,它是以人民币标明股票面值,以外币认购,并在境内上市,以外币进行交易的股票。它的投资人限于:外国的自然人、法人和其他组织,港澳台地区的自然人、法人和其他组织,定居在国外的中国公民,以及中国证监会规定的其他投资人。2001年2月19日,经国务院批准中国证监会决定:允许境内居民以合法持有的外汇开立B股账户,交易B股股票。这次政策调整,主要由于我国外汇资本流动的宏观形势发生了显著变化。同时,我国B股市场已有近10年的发展历史,有必要根据国民经济的发展要求对市场取向、定位、规则、功能等作出相应调整。这次调整,将有利于促进我国资本市场国际化的进程。这次对境内居民开放B股市场仅限于自然人。

此外,还有 H 股、N 股、S 股,即公司注册在我国境内,以外币计值,在香港上市的称为 H 股,在纽约上市的称为 N 股,在新加坡上市的称为 S 股。

至于转配股,这是我国证券市场特有的产物。国有股、法人股的持有者放弃配股权,将配股权有偿转让给其他法人或社会公众,这些法人或社会公众行使相应的配股权时所认购的新股,就是转配股。转配股在相当长时间里不能上市流通,成了历史遗留问题。2000 年 3 月,中国证监会决定,将转配股从 2000 年 4 月开始,用 24 个月左右时间逐步安排上市流通。

(二) 债券

债券的概念和分类,在本书第十三章关于长期信用工具部分已有阐述,这里结合我国情况,再作具体介绍。

1. 国债

我国的国债是国务院授权财政部发行的政府债券,是财政部出具的、承诺在一定时期支付利息和到期偿还本金的债权债务凭证。我国的国债可分为三种。

(1) 凭证式国债可记名、挂失,以"凭证式国债收款凭证"记录债权,不能上市流通,从购买之日起计息,到期偿还本息。

(2) 无记名国债(债券实物),以实物券形式记录债权,不记名,不挂失,可上市流通。

(3) 记账式国债,以记账形式记录债权,通过证券交易所的交易系统发行和交易,可以记名、挂失。由于发行和交易均为无纸化,所以效率高,成本低,安全也有保障。

国际上,根据利息支付方式不同,将国债划分为贴息国债和附息国债。前者国债券面上不附有息票,发行时按规定的折扣率,以低于债券面值的价格发行,到期按面值还本,发行价格与面值的差额即为债券的利息。后者国债券面上附有息票,持有人可按期剪下息票领取债券利息。这两种国债,我国在 20 世纪 90 年代也曾先后发行过。

2. 金融债券

金融债券是由银行或非银行金融机构依法发行的债券。在欧美国家,金融机构发行的债券归类于公司债券,我国和日本等国家,将金融机构发行的债券称为金融债券。

金融机构发行债券主要用于解决资金来源不足和资金来源与资金运用期限不匹配的矛盾。由于金融机构在国民经济中占有特殊的重要地位,政府对其又有严格的监管,因为金融债券的资信一般高于公司债券,违约风险相对较小。所以金融债券的利率一般低于公司债券,但比国家的政府债券要略高。

2005年12月,中国人民银行批准信贷资产证券化试点单位,在银行间债券市场发行资产支持证券。由发起机构以自己的信贷资产设立特定目的信托,并委托信托投资公司管理,信托投资公司以信贷资产支持证券形式在银行间债券市场发行受益证券,并以信托资产所产生的现金支付本金和利息。信贷资产支持证券英文简称ABS,个人住房抵押贷款支持证券,简称MBS。

3. 公司债券

公司债券又称企业债券,是公司依照法定程序发行的、约定在一定期限还本付息的有价证券。发债公司是债务人,公司债券持有人为债权人,债权人对公司的经营管理无权干预。

公司债券按不同标准,主要分以下几类:① 按债券记名与否,可分为记名公司债券和不记名公司债券;② 按债券持有人是否参加公司利润分配,可分为参加公司债券和非参加公司债券;③ 按可否提前赎回,可分为可提前赎回公司债券和不可提前赎回公司债券;④ 按发行人是否给予债券持有人以选择权,可分为附有选择权的公司债券和未附选择权的公司债券。选择权主要指将债券转换为普通股股票的选择权,这种债券称为可转换公司债券(Convertible Bond,简称CB)。这种特殊的公司债券兼具债权性和股权性,在债券发行时明确约定在一定期限内按一定的价格将债券转换成公司的普通股票。债券持有人在这期限内可以选择按约定价格换成股票或长期持有直到债券到期收取本息。如我国的上海机场等就发过这种债券。

公司债券与国债、金融债券相比较,风险性比较大,因而利率也比较高。

(三)基金

基金,在美国被称为共同基金(Mutual Fund);在英国,封闭式基金被称为投资信托基金(Investment Trust),开放式基金被称为单位信托基金(Unit Trust);在日本,基金被称为证券投资信托基金;在我国,基金被称为证券投资基金。基金是一种投资方式,即集合投资,专家管理,利益共享,风险共担。基金由发起单位依照法定程序建立,集中投资者的资金,由基金托管人托管,由基金管理人管理和运作,进行证券投资,投资者可以分享基金的利益,也承担亏损的风险。

按照不同的标准,投资基金可以作以下划分。

1. 按基金规模是否可变分类

按基金的规模可变与否,分为封闭式基金(Closed End Fund)和开放式基金(Open End Fund)。前者基金规模(投资总额)固定不变。如规定为30亿元,发行满额就不再吸纳新成员(如果经批准扩募,那又当别论,但扩募也有定额)。后者的规模(投资总额)可以变动,基金设立后,投资者随时可以参加(认购)或退出(赎回),因此基金存续期内的投资总额每日都在变动,始终处于"开放"的状态。

2. 按基金组织形式分类

按基金组织形式的不同,分为契约型基金(Contractual Type Fund)和公司型基金(Corporate Type Fund)。前者也称信托型投资基金,基金通过信托契约组织起来,由基金发起人和基金管理人(信托人)、基金托管人(受托人)、投资人(受益人)三方共同组成,基金管理人负责管理和运作,基金托管人进行托管,负责保管基金资产、办理资金往来,投资人出资并享有投资收益。后者是投资者依据公司法组织起来的基金股份有限公司,基金投资者也是该公司的股东。通常这类公司要委托基金管理公司对基金进行管理和运作,委托基金保管人(通常是另一金融机构)保管基金资产。

(四)权证

权证(Warrant)是指发行人给予持有人某种权利的凭证。承诺持有人在未来某个时点可以按约定的价格认购(叫认购权证)或出售(叫认估权证)某种股票。届时这种行为叫行权,约定价格即行权价格,如果届时该股行情不能给持有人带来盈利,持有人可以放弃行权。一般意义的权证是由上市公司发行的,备兑权证则是由上市公司之外的某种机构(主要是规模较大、信誉较好的券商)发行的,又叫创设。券商创设认购权证必须有全额股票作为履行保证,创设认估权证必须有全额资金作为履约保证。

(五)证券期货

期货(Futures)是金融衍生产品,从大类来分,有金融期货和商品期货两大类,前者包括利率期货、债券期货、股票期货、外汇期货等,后者包括各类大宗商品如小麦、玉米、铜、石油等等。从金融衍生产品的形态来分,包括远期、期货、期权和掉期四大类。金融衍生产品的共同特点是保证金交易,因此具有杠杆效应,保证金比率越低,杠杆效应越大,风险也就越大。

期货交易与远期交易都是买卖双方约定在未来某一特定时点,某一特定价格、买卖一定数量和质量标的物的交易形式,都要签订交易合约。不同的是:期货合约是由期货交易所制定的标准化合约,对期限、标的物的数量和质量、价格(含最小变动价位、每日价格波动限制、最后结算价格)、交割方式等都有统一规定;远期合约则由双方根据具体需要自行签订。期权(Options)是期货交易中的选择权,即到期有权按约定价格买(或卖)这笔标的物,也可以放弃买(或卖)的权利。期权分买入期权和卖出期权,有在交易所上市的标准化合同,也有在柜台交易用的非标准合同。掉期(SWAP)主要有利率掉期交易和货币掉期交易。前者一般是指同一种货币资金的不同利率之间的掉换交易,后者一般是指在两种不同货币资金的本金之间的掉换交易。

上海证券交易所在1993年10月25日开办国债期货交易,面向社会公众。初期,规模较小,行情波动也不大。1994年秋,中国人民银行出台了储蓄保值补贴政策,国债的利率也随之实行保值补贴,固定利率变成了浮动利率,收益和风险骤然放大,市场成交规模迅速扩大。1995年2月下旬,多空炒作327国债争夺剧烈。2月23日接近尾市,空方在收市前8分钟抛出1千余万口卖单,将327国债期货价位从150.30元打压到147.50元,以期减少其空头头寸的巨大亏损。这完全是一次蓄意违规行为。上海证交所当晚决定,收市前8分钟的交易无效。空方损失达数10亿元。1995年5月18日,鉴于我国开放国债期货市场的条件尚未成熟,国务院决定暂停国债期货交易。

因此,证券期货的条件是否成熟是很关键的。现在已进入21世纪,中国金融期货交易所已经成立,经过金融期货仿真平台(制定规章,开展投资者教育,进行仿真交易等)数年运转,于2010年推出沪深300指数期货,上市以来,运行平稳,成交量不断不升,首批合格境外机构投资者也已于2013年1月顺利入市,推出国债期货的各项筹备工作已经完成。

## 第二节 证券市场的形成和发展

### 一、国际上证券市场的形成和发展

证券市场是股票、债券发行和交易的场所,可以是有形的场所,如证券交易所,设在固定的建筑物内,有营业大厅等;也可以是无形的,如通过电脑网络买卖双方直接联系进行交易,即所谓四级市场(参阅本书第十七章金融市场第四节资本市场)。证券市场是资本市场的重要组成部分,其形成过程,从国际上来看,最早可追溯到16世纪初,在比利时的安特卫普和法国的里昂,就有了证券交易所的雏形,为买卖双方提供交易场所。18世纪60年代末在伦敦的"乔纳森咖啡馆"开办了第一家股票营业厅,几经变迁,于1773年正式改名为伦敦证券交易所。1792年,美国的24名经纪人在纽约华尔街的一株梧桐树下,订立了有名的"梧桐树协议",约定每天在梧桐树下进行证券交易,这是纽约证券交易所的前身,直到1963年才正式定名为纽约证券交易所。美国的第二大证券交易所是美国证券交易所,也设在纽约。它起源于路边进行交易的露天市场,当时凡未在纽约证交所上市的股票,就在这里买卖。1911年称为"纽约路边市场",1953年正式改称为美国证券交易所。1879年5月,日本曾建立东京证券交易株式会社,但交易不兴旺。1943年,日本政府合并了所有的证交所,成立了日本证券交易所,但不到4年就解体了。直到1949年3月,才正式成立东京证券交易所,以迄于今。以上是当前世界上最大的三个证券交易中心形成的概述。

证券市场在20世纪的100年中,经历了一个曲折的发展过程。大体分为三个阶段。

(一) 自由发展阶段(1901—1932年)

这一阶段的特点是自由发展,过度投机,引发股灾,累及经济。由于美英等国股份公司大量涌现,股票市场随着经济繁荣而兴旺发达,如美国在20世纪20年代后期出现投资大众化浪潮,而且实行保证金交易,信用条件十分宽松,股价不断上升,投机炒作气氛炽热。由于法制没有跟上,缺乏监管,股票欺诈、内幕交易、市场操纵垄断等现象时有发生。以致股票价格普遍被哄抬到极不合理的程度,终于在1929年10月下旬引发了一场股灾,从纽约股市崩溃开始,波及其他各国。这场股灾持续达4年之久,累及经济,金融也发生危机,国民经济犹如雪上加霜。

(二) 规范发展阶段(1933—1988年)

这一阶段的主要特点是加强法制建设,加强监管,在规范中逐步恢复和发展。严重经济危机之后,美英等国吸取教训,下决心加强法制建设。美国在1933年出台了《证券法》和《格拉斯·斯蒂格尔法》,前者主要是建立证券发行注册制度,对防止证券发行中的欺诈行为,加强证券一级市场的监管,保护投资者利益,起了积极作用。后者针对过去银行、证券业混业经营的问题,决定实行分业经营、分业管理,在银行与券商之间建立一道所谓"隔离墙",即经营存贷业务的不能兼营证券业务,经营证券业务的不能兼营存贷业务。1934年出台了《证券交易法》,对证券市场、证交所及券商加强管理。并于1938年、1964年两次作了修改。之后又陆续制定了一系列法规。英国对证券市场的管理一贯强调自律管理,但在这次全球性股灾之后,也在银行与证券业之间设立了"隔离墙",并也陆续制定了一些证券法案和与证券业相关的法案,并监督实施。日本于1948年5月出台《证券交易法》(之后经过数十次修订),为实施该法,还制定了一系列补充规则。

1961年,成立了国际证券交易所联合会(FIBV),其宗旨之一就是促进全球证券市场规范化的进程。1983年成立了国际证监会组织(IOSCO),这是国际间各证券及期货管理机构所组成的国际合作组织。其宗旨是促进全球证券市场的健康发展,保证证券市场的公正有效和交易安全。

由于法制化、规范化的结果,美、英、日等各国的证券市场逐渐恢复和发展,世界上出现了一些新兴证券市场(主要在亚洲、拉丁美洲)。可是,恢复和发展不等于没有问题。1987年10月19日,纽约证交所又一次剧烈暴跌,道·琼斯指数一天暴跌508点,跌幅达22.62%,超过了1929年10月29日暴跌的记录。据估计一天下跌使市场丧失了5 000亿美元市值,相当于当年美国GDP的1/8。美国股市暴跌,又引发一场全球性的股灾。据估计,这次股灾共造成全球主要股市损失近18 000亿美元。

既然经过加强法制、加强监管,股市得到了恢复和发展,何以又突然爆发股灾呢?这是有许多因素复合而成的。第一,1987年西方国家的经济已经出现衰退迹象,股市产生了泡沫。第二,美国1986年财政赤字2 210亿美元,外贸赤字1 562亿美元,外债高达2 636亿美元,这种状况1987年还在继续,对股市产生极为不利的影响。第三,大量游资撤离,形成对股市和汇市的巨大压力。第四,由于以上情况引起投资者的信心不稳,大量的抛单如波涛汹涌,使得股市人气涣散。第五,西方各国在协调经济发展的过程中不断发生摩擦。这一场全球股灾的影响到1988年才逐步缓过气来。

(三)科技进步带来的新发展阶段(1989年后)

由于科技进步引起的经济发展,全球证券市场加快了发展势头,但是若干国家和地区由种种因素造成的风波,依然时有所闻。如1995年初墨西哥金融危机,1997年东南亚金融危机,1997年日本很多证券公司和银行破产,股市长期低迷。2008年的国际金融危机等等。

综上所述可见,证券市场的兴衰深深植根于整个社会的经济兴衰之中,与财政状况、外贸状况、汇率、利率等等密切相关,相互影响,相互制约。如果经济状况不佳,股市却拼命吹泡沫,终有一天泡沫要破灭。如果经济状况好,股市或迟或早会相应兴旺起来。

证券市场是金融体系的重要组成部分,从一系列金融风暴中可以看到,必须加强监管包括股市在内的金融体系,防范风险,防范国际游资过度投机的冲击。这就需要有正确的经济发展战略,合理的经济结构(包括外债的适度规模和合理结构),增强综合国力。特别是新兴的证券市场更要在规范中稳步发展。

## 二、我国证券市场的形成和发展

旧中国有过证券市场,1905年由外国商人在上海组织上海外商股票交易所,亦称上海众业所。交易偏重于洋商股票和橡皮股票。1920年7月由华商组建上海证券物品交易所,经营证券、棉花、棉纱、杂粮等交易。1921年1月,由上海股票商业公会会员组建上海华商证券交易所,在20世纪30年代交易相当兴旺。1946年9月,成立上海证券交易所,将原华商证券交易所的大楼扩充改建,一楼是股票市场,二楼是债券市场。它是旧中国规模最大的证交所,上海解放后停业。

新中国建立以后,由于种种原因,30多年不存在证券市场。从20世纪80年代起,我国国民经济体制改革和对外开放,促使我国的证券市场逐步形成和发展,大体可分三个阶段。

(一)萌芽阶段(1981—1990年)

1981年,我国中央政府开始采用发行国债的方式来筹措资金,开始了新中国证券市场的序幕。随后由于新办集体企业向内部职工筹集资金以及企业改革涉及产权改革的股份制试点,股票终于出现。最初一些企业的股票是很不规范的。1984年12月上海飞乐音响股份公司经过批准发行了50万元股票,这是改革开放后第一张相对规范的股票。之后各地也陆续发行了不少股票,股票是有流通的要求的,于是在1986年1月,上海出现了第一家证券柜台交易点,即中国工商银行上海市信托投资公司静安区证券部,当时挂牌上市交易的仅有延中实业和飞乐音响两只股票。经过几年的缓慢发展,至1990年10月底,上海已设有柜台点16个,代理点40多个,初步形成了柜台交易市场。其间,1987年成立了深圳经济特区证券公司,1988年上海成立了申银、万国、海通、财政等证券公司。沪、深两地也陆续出台了一些地方性证券法规。

(二)探索起步阶段(1991—1995年)

1990年12月19日,上海证券交易所鸣锣开市,1991年4月,深交所成立,标志着新中国证券市场探索起步,进入集中交易、规模交易的阶段。1991~1992年是初创阶段,举步维艰。当时,关于股票、股份制究竟姓"资"还是姓"社",争论正热,国企改制上市是不是私有化、国有资产会不会流失的担心还相当普遍。证券交易所要开还是要关,谁也讲不清。1992年初,小平同志的南方谈话,在理论和实践问题上解除了禁锢,为证券市场的发展开创了新的机遇。小平同志指出:"证券、股市,这些东西究竟好不好,有没有危险,是不是资本主义独有的东西,社会主义能不能用?允许看,但要坚决地试。看对了,搞一两年对了,放开;错了,纠正,关了就是了。关,也可以快关,也可以慢关,也可以留一点尾巴。""总之,社会主义要赢得与资本主义相比较的优势,就必须大胆吸收和借鉴人类社会创造的一切文明成果,吸收和借鉴当今世界各国包括资本主义发达国家的一切反映现代社会化生产规律的先进经营方式、管理方法。"[①]

小平同志南方谈话,促使我国的证券市场进入加快发展的阶段。1992年里,B股开始发行;A股股价实行放开;全国性证券公司又增加了3家;华晨公司股票在纽约证交所挂牌上市。1993年沪、深证交所与异地交易中心双向联网交易系统逐步开通。1994年开始发行H股。到1995年底,上市证券达450只,其中包括B股70只,基金22只,H股18只。股票市价总值达3 474亿元,流通市值938亿元。与1991年初,上海只有"老八股"上市,1991年底上市总值109亿元,流通市值40亿元相比,发展是相当快的。但是也出现了过度投机的现象和一些事件,如1992年1月上证综指只有370点,到5月暴涨到1420点,到9月又跌落到387点;再如1994年7月最低为325点,8月又暴涨到1052点,1995年也有过反复。总之,股市需要规范化、法制化。

(三)规范发展阶段(1996年至今)

1996年,我国政府把发展证券市场列入了国家中长期经济发展目标,这标志着我国证券市场探索实验阶段的结束,进入了规范发展阶段。这些年来,在市场容量、交易品种、交易手段、清算体系、法规建设、监管措施等各方面都有了很大的发展。至2013年年底,我国境内上市公司(A、B股)2342家,境外上市公司(H股)171家。股票流通市值16.5万亿元。股票、基金、债券全部实现无纸化

---

① 《邓小平文选》第3卷,人民出版社1993年版,第373页。

发行和交易。交易结算网络覆盖全国各地。

在这一段时期里,法制建设有了重大进展,《证券法》于 1998 年 12 月公布,1999 年 7 月 1 日正式实施;2005 年又进行了重要修正,新的证券法于 2006 年 1 月 1 日起实施。在这前后,国务院发布了不少有关证券的法规。1998 年 10 月,国务院明确中国证监会对全国证券期货市场实行集中统一监管。在这前后,证监会采取了不少规范措施,诸如券商增资扩股;进一步完善股票发行方式;基金管理公司、证券公司进入银行间同业市场;允许证券公司以股票质押向银行贷款;开创网上证券委托交易;准备开放式基金试点;培育、发展机构投资者;允许保险基金间接入市和直接入市;深圳中小企业板块获准开业等等,总之,体现了在规范中发展,在发展中规范的精神。2003 年 10 月国家发布了《中华人民共和国证券投资基金法》,之后,证监会又陆续发布了一系列配套法规;特别是,2004 年 2 月,国务院发出了关于推进资本市场改革开放和稳定发展的若干意见这一极为重要的文件,这是在我国资本市场近 10 多年的发展过程中,国务院首次就发展资本市场的意义、作用,指导思想和任务作出全面明确的阐述,并对发展资本市场的政策措施进行整体部署,预示着中国资本市场将迎来历史性的转折。2005 年 4 月 30 日开始,进行股权分置改革试点。股权分置是指 A 股市场上市公司的股份按能否上市交易被分为非流通股和流通股,这是诸多历史原因造成的。在资本市场改革开放的新形势下,股权分置已成为完善资本市场基础制度的一个重大障碍。中国证监会经国务院批准,自 4 月底开始进行股权分置改革试点,经过两批试点,再全面铺开,历经曲折,终于完成了股权分置改革,并取得较好的效果。当然,在这一段时期里,过度投机,违规炒作,内幕交易,企业做假账骗取上市资格、坑害股民,大股东占用公司巨额资金,公司高官挪用资金等等时有发生,虽然一经查实,先后受到严肃处理。但此类问题还是屡禁不止。

中国证券市场还存在不少问题:① 市场规范化还不够;② 监管仍存在很大不足;③ 产品品种还很不足;④ 与国际市场的差距仍然很大;⑤ 在市场结构、层次方面也有所不足。

进入 21 世纪之后,中国证券市场需要体现市场化取向、国际化取向、法制化取向。市场化,就是要坚决按照市场经济的原则来管理市场。市场能够决定的事情,就让市场作出选择;如果市场功能一时难以充分发挥,管理层就要想办法清除障碍,为之创造条件。国际化,就是适应经济全球化、市场一体化的大趋势,在监管体系、法律制度以及上市公司管理环境等方面,加快与国际惯例接轨的步伐,以迎接加入 WTO 的挑战。法制化,就是要继续完善法律法规制度,形成比较完善的证券市场法律法规体系。而市场化取向、国际化取向、法制化取向,都将从整体上提高证券市场的规范化程度。我国证券市场发展的道路还很长,路上难免还有沟沟坎坎,也必然会有急风骤雨的考验,但前景肯定将会是一片灿烂的阳光。

## 第三节 证券市场的作用和风险

### 一、证券市场的作用

我国十多年证券市场的实践证明,证券市场是社会主义市场经济的重要组成部分,对促进国民经济的发展具有重要的作用。

1. 筹集社会资金的作用

我国是发展中的社会主义国家,资金短缺是一个长期存在的难题。过去单一的间接融资体制,已不适应经济的发展,发展证券市场,开辟直接融资的渠道(包括吸取外资的渠道),是完全必要的。实践证明,这是正确的措施,具有极大的作用。

2. 优化资源配置的作用

资金是生产要素的黏合剂,资源配置的关键在于资金。优化资源配置的作用,是通过一级市场筹资,二级市场的流通实现的。在证券市场上,资金总是流向效益好、发展前景好的企业,这种企业能顺利上市,上市后股价上扬,并可为这种企业的资本扩张提供良好的运作环境;反之,业绩差、前景不妙的企业,其股价下滑,必将逐渐衰落下去,或被收购兼并,或作特别处理。通过证券市场的作用,我国的能源、交通、通讯、原材料等基础产业的瓶颈状况得到显著改善,高新技术产业如虎添翼。

3. 对企业经营机制转换,现代企业制度的建立起促进作用

在证券市场上市的企业,与非上市企业相比,前者在运行机制上有三个特点:一是决策程序规范化。因为上市公司是多元化投资,公司的重大决策必须由股东大会或董事会通过。二是监督社会化,因为上市公司必须依法公开披露信息,接受证交所的监管,接受投资者、证券分析师、中介机构等监督。三是经营责任法制化,因为上市公司除了必须遵循《中华人民共和国公司法》之外,还要受

《证券交易所上市规则》等其他法律规则的约束。这"三化"的要求,促使上市公司必须加快建立和完善法人治理结构。

4. 有利于宏观调控的作用

发展规范的证券市场是构成现代市场经济调控体系的一个重要条件。证券市场尤其是国债市场,是货币政策与财政政策的有效结合点,是宏观调控的重要阵地,也是中央银行贯彻货币政策,进行公开市场操作的首选基地。证券市场在相当程度上能灵敏地反映宏观经济的运行状况和走势,这种经济晴雨表是优化宏观调控的重要依据。

在中国经济的发展过程中,证券市场有力地支持了经济的快速成长,目前证券业已成为中国经济成长的新增长点。无论是国企改革,多种经济成分的发展,还是整个经济资源的配置调整,都与证券市场的发展密不可分。

## 二、证券市场的风险

证券市场是高风险的市场,因为证券价格有很大的波动性、不确定性,而且价格波动的灵敏度很高,受到方方面面的影响和制约。证券市场的价格是一刻不停地在变动的,K线图上的曲线始终是曲曲折折、上上下下的。正常的波动,一般不会造成风险;异常的波动,甚至是剧烈的波动,就造成风险。形成股票价格风险的因素主要如下。

1. 上市公司经营风险

这是指某些上市公司经营管理上出了问题,造成股价大幅下跌。例如,1992年7月停牌的原野股票,原来该公司董事长挪用公司在境外的资金1.3亿元,为其私人谋利;又如,2000年10月揭露的郑百文,除了做假账外,令人吃惊的是上亿元募股资金被任意挪用,数亿贷款流入个人腰包,公司完全失控,管理混乱到了极点。

2. 券商或上市公司操纵股价的风险

1997年被揭露海通、申银万国、广发三家证券公司,违规获取银行巨额资金,分别操纵上海石化、陆家嘴、南油物业等股票价格。结果三家券商的总经理被撤职,公司被暂停股票自营业务1年。深发展、张家界、冰熊股份等公司违规炒作本公司股票,也都受到查处。

3. 弄虚作假、欺骗上市的风险

有些上市公司做假账、虚造利润、欺骗上市,造成股价暴涨暴跌。例如,琼民源1996年报每股收益0.87元,净利润同比增长1 200多倍,利润总额高达5.71亿元,后来调查显示,虚构利润达5.66亿元!又如,红光1996年净利润有5 400万元,但在股市上募集4.1亿元之后,竟在不到半年的时间里亏损2亿元。实际上1996年不是盈利,而是亏损1.03亿元。

以上风险只涉及个别或少数公司,是非系统性风险。以下风险,则属系统性风险,即基本上整个股市或大部分股票的价格会发生异常波动。

4. 政策措施的变动引起价格波动的风险

从国外来看,美联储的利息政策对股市影响很大,当其调高利率消息一公布,道·琼斯等股指就应声大跌。例如,墨西哥1994年12月19日宣布货币贬值15%,于是汇率狂跌,股市也随之暴跌,不到3个月,跌去近50%。从我国股市来看,最突出的是扩容问题,如1995年5月22日,管理层宣布当年股票发行规模将在二季度下达,5月23日沪、深股市都下跌16%以上。1997年5月15日宣布1997年度股票发行规模为300亿元,5月16日沪、深两市就有近200只股票以跌停开盘。

5. 受宏观经济状况影响的风险

比较突出的例子是日本的股市,日经225指数在1989年曾经近40000点,然而当其泡沫经济破灭后,连续多年经济衰退,股指跌至14000点左右,跌幅约2/3。1997年7月后东南亚国家和地区股市的狂跌,也是受宏观经济的拖累(见前述和分析)。

6. 受国际股市的影响、国际游资过度投机的风险

美国1929年、1987年两次股灾以及2008年国际金融危机均曾在世界上很多股市引起连锁反应。至于国际游资过度投机的袭击,最突出的例子是1997年国际投机者对东南亚国家的货币进行狙击,首先从泰国铢发难,金融风波波及东南亚及其他国家和地区,并对香港的汇率、利率、股市发生相当大的冲击。1997年8月和10月两次袭击香港的汇市、股市现货、股指期货,导致恒生指数暴跌。1997年8月7日恒指历史高点为16820点,10月23日跌至10000点左右,造成股市很大的震荡。当然,由于香港的经济、金融体系比较健全,行政当局以及财政司、金管局认真应对,措施果断有力,最终国际投机者以失败告终。

# 第二十章

# 证券市场

**内容提示** 本章主要阐述证券市场的参与者、证券发行市场、证券交易市场和证券市场的监督管理问题。

## 第一节 证券市场主体

证券市场是股票、债券、投资基金证券等有价证券发行和交易的市场,具有筹集资金、资本定价、优化资源配置等功能。其结构从纵向看,分为一级市场(发行市场)和二级市场(交易市场);从横向看,分为股票市场、债券市场和投资基金市场。

证券市场的参与者有证券筹资者、证券投资者、证券中介机构和证券监督管理机构等。

### 一、证券筹资者

证券发行人在证券市场通过发行有价证券来筹集所需资金,是证券筹资者。按照我国现行法规,证券筹资者可以是政府、企业、公司和金融机构。

政府为了发展经济和其他需要,由财政部代表国家发行国债。这是政府筹集资金的一种重要途径。

企业、公司为了生产经营和自身建设的需要,根据其业务经营和财务状况,在符合法律、法规的条件下,发行股票、债券,它们是证券市场上主要的筹资者。据不完全统计,我国境内上市公司通过证券市场累计筹集资金7 000多亿元人民币。

国有商业银行、政策性银行以及其他金融机构为了发放特种贷款、政策性贷款或其他专门用途,在证券市场上发行金融债券,同样也扮演了筹资者的角色。因其资信度较高,发行金融债券成了金融机构的重要筹资渠道之一。随着我国金融体制改革的深化,目前银行等金融机构通过发行股票来筹集资金逐步成为另一重要筹资方式。

## 二、证券投资者

在证券市场上,为获取预期的收益而购买证券的各类机构法人和自然人,就是证券投资者,他们是证券市场资金的供应者。投资者可分为个人投资者和机构投资者两大类。一个国家证券市场的投资者结构,从一个方面反映了证券市场的成熟程度。我国证券市场发展初期,投资主体是个人投资者,2000年初,我国证监会推出超常规发展机构投资者的政策后,机构投资者队伍不断扩大。

(一) 个人投资者

个人投资者是指从事证券投资的自然人,具有人数众多、交易活跃、账户资金规模不大等特点,是证券市场最广泛的参与者。

(二) 机构投资者

机构投资者是指各类法人机构,诸如企业、金融机构、公益基金和其他投资机构。

(1) 证券投资基金。在我国,按照《证券投资基金管理暂行办法》组建的基金管理公司,可以发起设立基金。基金拥有相当规模的资金和足够的投资专家,进行专业化的分析研究,进行证券投资操作,具有分散风险、获取稳定收益的特点。这是机构投资者队伍中的重要成员。

(2) 企业、公司等法人组织。1999年9月8日,中国证监会发出《关于法人配售股票有关问题的通知》,明确国有企业、国有资产控股企业、上市公司可以在发行市场上申请配售新股,也可以在二级市场上投资买卖股票,为我国证券市场又引入新的机构投资者。除上述三类企业之外的法人组织,特别是处于逐渐增多情况中的民营企业,也属于机构投资者的范围。

(3) 综合类证券公司。这是指具备自营业务资格,并取得国家证券管理机关颁发的"经营证券自营业务资格证书"的证券公司。它们以自有和依法筹集的资金来买卖证券,投资于发展前景较好的上市公司或收益较好的其他证券,具有成交量大、流动性强的特点,是证券市场上强有力的机构投资者。

(4) 合格境外机构投资者(QFII, Qualified Foreign Institutional Investors)。2002年11月中国证监会和中国人民银行联合发布《合格境外机构投资者境内证券投资管理暂行办法》并于同年12月1日起施行。合格境外机构投资者是指符合暂行办法规定的条件,经中国证监会批准投资于中国证券市场,并取得国家外汇管理局额度批准的中国境外基金管理机构、保险公司、证券公司以及其他资产管理机构。香港特别行政区、澳门特别行政区、台湾地区设立的机构投资者到内地从事证券投资的,适用暂行办法的规定。引进境外机构投资者可以加快我国证券业的对外开放,活跃我国证券市场。目前已有瑞士银行、花旗银行等 26 家机构成为 QFII,获准投资额度达 37.5 亿美元。2006 年 9 月 1 日实施《合格境外投资境内证券投资管理办法》,大幅度放宽 QFII 投资股市限制。

(5) 其他机构投资者。其他机构投资者包括保险公司、公益基金和其他投资组织,其中以保险公司的资金规模较大,既可以通过证券投资基金间接入市,也可直接入市。

### 三、证券中介机构

证券中介机构是指为证券发行和交易提供服务的各类机构。它是沟通投资者与筹资者之间的桥梁,主要包括证券公司、证券登记结算公司、证券投资咨询公司、律师事务所、会计师事务所、审计事务所、资产评估公司、信用评级机构等。

(一)证券公司

证券公司是从事证券业务,即接受客户委托、代客买卖证券,并以此收取佣金的中间人。如果业务范围仅限于此,就称其为证券经纪公司。它们是以代理人的身份从事证券交易的,与客户是委托代理关系。按照我国《证券法》的规定,这类公司需具备下列条件:① 注册资本最低限额为人民币 5 亿元;② 主要管理人员和业务人员必须具有证券从业人员资格;③ 有固定的经营场所和合格的交易设施;④ 有健全的管理制度和规范的自营业务与经纪业务分业管理体系。如果证券公司除可以从事经纪业务外,还可从事自营业务、承销业务以及经核定的其他证券业务,则称其为综合类证券公司。

证券公司还提供证券咨询服务。诸如向客户提供上市公司、行业背景、经济前景的分析研究,证券市场变动态势以及有关资产组合等各种信息资料和咨询服务。

(二)证券服务机构

(1) 证券登记结算公司。目前我国有上海、深圳两家中央登记结算公司,系沪、深证交所独资设立,担负中央登记、中央存管、中央结算的任务,通过电子化账面系统管理。地方登记结算公司则代理中央登记结算公司在当地的业务。

(2) 投资咨询公司。投资咨询公司分两种:一种是依法成立的专营机构;另一种是经过有关部门批准的兼营投资咨询的机构。

（3）律师事务所。由取得从事证券法律业务资格证书的专职律师来执业，其主要事务是为证券发行和上市出具法律意见书等。

（4）会计师事务所、审计事务所。由取得从事证券相关业务许可证的注册会计师执业，其主要事务是为股票发行和上市出具有关报告等。

（5）资产评估机构。它是对股票发行、上市的公司资产进行评估和开展与证券业务有关的资产评估业务的专门机构。

（6）信用评估机构。它是由专门的经济、法律、财务专家组成的，对证券发行公司和证券信用进行等级评定的专门机构。

**四、证券监督管理机构**

（一）中国证券监督管理委员会

它是国务院直属机构，其职责是依法对证券市场实行监督管理，维护证券市场秩序，保护其合法运行。具体内容将在本章第四节中叙述。

（二）自律性管理机构

1. 证券交易所

证券交易所是依法设立的，不以营利为目的的，为证券的集中和有组织的交易提供场所、设施，履行国家有关法律、法规、规章、政策规定的职责，实行自律性管理的会员制事业法人。负责组织和监督证券交易活动，对会员、上市公司进行监督和管理，公布市场信息，设立和监督登记结算机构，以及证监委许可的其他职能。

2. 证券业协会

证券业协会是证券业的自律性社团法人组织，由全体证券公司参加组成。其主要的职责是：协助中国证监会教育和组织会员执行证券法律、法规；依法维护协会会员的合法权益，反映会员的建议和要求；收集、整理和提供证券信息，为会员提供服务；制定会员规则，组织会员单位的从业人员进行业务培训；调解会员之间和会员与客户间的纠纷；组织会员研究证券业的发展、运作及相关业务；监督、检查会员行为，按照规定对会员的违规、违法行为予以纪律处分等。

## 第二节　证券发行市场

证券发行市场是指证券发行者向证券投资者发售各类证券的市场。证券发行市场具有提供筹资渠道,提供投资获利机会,促进资源优化配置等功能,通常与证券交易市场共同在证券交易所中运作。

## 一、证券发行方式

证券发行方式有公募发行和私募发行两种。

### (一)公募发行

公募发行,又称公开发行,是由证券承销商将新证券向社会上广大投资者公开推销的一种发行方式,又称社会募集。这种发行方式的特点是发行面大,能吸引较多的投资者购买,扩大证券持有者的队伍,防止少数人对该证券的垄断和对发行公司的操纵,提高证券上市后的流通性。目前我国采用公募发行的证券主要是人民币普通股、金融债券、企业债券、公司债券、国债、基金。

1. 人民币普通股发行

从我国的有关规定和实践经验来看,公募发行分为网上发行和网下发行两类,具体有四种形式:一是"认购证"方式,即认购证抽签发行。因其工作量大,认购成本高,发行时间较长,现已不采用。这是一种网下认购形式。二是"储蓄存单"方式,即通过指定银行发行储蓄存单摇号抽签。该方式虽能降低认购成本,因会形成巨额现金流动,故现也很少采用。它也是一种网下发行形式。三是"上网定价、竞价"方式。"上网"是指投资者在指定时间内,在与证交所联网的证券营业部按现行委托买入股票方式进行股票申购。"上网定价"是投资者申购款全额存入账户,按已经确定的发行价格填写委托单申报认购,经过对申购资金验资配号,承销商组织摇号,公布中签结果,交易所根据中签结果进行清算交割和股东登记,并将未中签申购款,解冻划还申购者。该方法成本低,发行速度快,为市场上大多数发行人和承销商采用。"上网竞价"是指在规定的发行时间内,由投资者以不低于发行底价的价格竞价购买。交易所的交易系统按价格优先、时间优先的顺序由高到低依次对申购价格排队,以认购数量等于发行数量时的价格为发行价格,凡高于、等于该价格的由交易系统自动成交;如遇认购不足,剩余部分按承销协议处置。该方法是证券发行走市场化道路的一种尝试。四是"全额预缴、比例配售"方式。这是指投资者在规定的申购期限内,将申购款全额存入专户中,申购结束后全部冻结,在确定资金和有效申购后,根据发行量和申购总量计算配售比例,然后按比例进行配售的一种方式。

除了上述发行方式外,还有向二级市场投资者的配售发行和向法人投资者配售的发行方式。

向二级市场投资者配售新股是指在新股发行时,将一定比例的新股向二级市场投资者配售,投资者根据其持有上市流通证券的市值和折算的申购限量,自愿申购新股。而配售比例的确定则是:如主承销商采用向二级市场投资者配售方式发行新股的,基本原则是优先满足市值申购部分,在此前提下,配售比例应在50%~100%之间确定。对于市值的计算,应是投资者持有上市流通证券的市值,即指按发行公告确定的交易日登记在投资者股票账户内的、各种已上市流通证券的数量乘以该日各证券收盘价的总和,包括可流通但暂时锁定的股份的市值。上市流通的证券应是上市流通的A股股票;中国证监会批准发行的可转换公司债券、投资者持有的基金暂不计入市值和参与配售。每持有1万元上市流通股票市值可申购1 000股新股,不足1万元的部分不计入可申购市值。

向法人投资者配售发行,通常是采取市值配售或对一般投资者上网定价发行时,可以采用与向法人投资者配售相结合的方式。但事先应向中国证监会提出发行方案,经核准后方可实施。发行方案应按《证券法》及中国证监会的要求,按照"公开、公平、公正"的原则制定,具体的运作方式有:承销期开始前不确定上网发行量,先向机构投资者配售,后上网公开发行;承销期开始前确定上网发行量,向机构投资者配售和上网公开发行同时进行;法人投资者配售与向二级市场投资者配售发行相结合。这里所讲的法人投资者包括战略投资者与一般法人和证券投资基金。中国证监会建议,当发行量在8 000万股以下,原则上不使用对一般投资者上网发行和对机构投资者配售相结合的发行方式、发行量在8 000万股以上的,对机构投资者的配售比例原则上不应超过发行量的50%;发行量在2亿股以上的,发行人和主承销商可根据市场情况适当提高对机构投资者配售的比例。

作为上述各种发行方式的一种补充,中国证监会在股票发行中推出了超额配售选择权的试点。所谓超额配售选择权是指发行人授予主承销商的一项选择权,获得此授权的主承销商按同一发行价格超额发售不超过包销数额15%的股份,即主承销商按不超过包销数额15%的股份向投资者发售。这样主承销商在未动用自有资金的情况下,通过行使超额配售选择权,可以平衡市场对该只股票的供求,起到稳定市价的作用。这种发行方式,既可以用于上市公司增发新股,也可用于首次公开发行新股。

在同一次发行中采取两种发行方式时,比如市值配售与上网定价发行,市值配售与法人投资者配售；上网定价发行和法人投资者配售等，为了保证发行成功和公平对待不同类型投资者，先人为设定不同发行方式下的发行数量，然后根据认购结果，按照预先公布的规则在两者之间适当调整发行数量，这就形成了股票发行的回拨机制。

2. 债券发行

债券发行在确定了公开发行的方式以后：金融债券由于其发行主体是金融机构，业务网络广泛，故可采取自己发行、自己承销的方式；而企业、公司债券的发行，根据《企业债券管理条例》和《公司法》有关规定，应采用包销和代销方式，即由证券经营机构同发行债券的企业、公司签订承销协议，对数额较大的企业债券、公司债券（面值总额超过人民币5 000万元的），可采用区域性承销团承销，由各承销团成员利用自己的销售网络向各种组织和个人出售所承销的债券。

3. 国债发行

我国国债的发行经历了从以前行政分配到承购包销，再到现在公开招标逐步向市场化方向发展的一个循序渐进的过程。

在经历过多次实践和改进后，目前我国的国债发行已形成了一种无区间、价位非均匀分布、以价格或收益率为标的的多种价格招标模式。这种以价格或收益率为标的的方式是由承销商通过竞标决定国债的票面利率，真正实现了国债发行的利率市场化。由于采用这种招标发行方式，各承销商的中标成本不一样，故而财政部允许承销商在发行期可自定分销价格，随行就市地发行，从而也提高了国债的发行效率。

当然，对于事先已确定了发行条件的国债，目前仍采用承购包销的方式，即各金融机构按一定条件向财政部或地方财政部门承销国债，并在市场上实施分销，如有未能发售的余额就由承销商购买。这种方式保证了国债得以顺利发行。

4. 基金发行

目前我国基金发行有两种方式：一是封闭式基金采取与股票上网定价发行一样的方式，如果申购基金单位数大于发行数，也需摇号按中签号发售。二是开放式基金由基金公司委托银行网点，按其发行价（面值加一定的销售费用）发售。我国开放式基金目前尚在试点阶段。

（二）私募发行

私募发行，是指将新证券出售给一个或少数特定投资者的发行方式。整个发行过程通过发行者与投资者之间直接协商完成，不向社会公众公开发售。当然,有时证券机构也起牵线作用,但不介入具体发行。这种发行方式又称为直接发行或定向募集。在这种方式下,买方大都是机构投资者。好处是手续比公募较为简单,节约文书、资料工作,发行费用低,缺点在于受益凭证不向公众出售,发行面较窄,流动性较差。

私募发行的证券主要有人民币普通股,债券,基金,外资股。

1. 人民币普通股发行

我国《公司法》颁布之前,在《股份有限公司规范意见》中,公司的设立有定向募售即私募方式。1994年6月19日国家体改委发出通知,停止审批此种方式设立股份有限公司。

2. 债券发行

国际上企业债券的发行者与一些机构投资者,如人寿保险公司、养老基金管理机构、退休基金管理机构等直接洽谈相关条件和事务进行定向募集;财政部门根据需求向社会养老基金和保险基金发行的特种国债,一般量少,规模有限,也采用定向私募的行政分配方式发行。

3. 基金发行

国际上证券投资基金机构针对一些大的机构投资者发行的基金单位,也采用定向募集方式。我国目前没有证券投资基金的私募方式。

4. 外资股的发行

按照国际金融市场的通常做法,境内上市外资股采用私募方式,由承销商将所承销的股份以议购方式向特定的投资者配售;我国股份有限公司发行境外上市外资股,用公开发行加国际配售的方式,即将一定比例的外资股以公开认购方式发售,将其余外资股以私募方式配售给机构投资者。

## 二、证券发行上市保荐

(一) 保荐制度

为了提高上市公司质量和证券经营机构执业水平,保护广大证券投资者的合法权益,进一步推动我国证券市场的健康发展,中国证监会发布了《证券发行上市保荐制度暂行办法》,自2004年2月1日起,对股份有限公司首次公开发行股票和上市公司发行新股、可转换公司债券采用证券发行上市保荐制度。

保荐机构负责证券发行的主承销工作,依法对公开募集发行的文件进行核查,向中国证监会出具保荐意见;尽职推荐发行人证券发行上市;持续督导发行人履行相关义务。保荐机构履行保荐职责应当指定保荐代表人具体负责保荐工作。证券经营机构要履行保荐职责，就应当注册登记为保荐机构。

中国证监会建立保荐信用监管系统，对保荐机构和保荐代表人进行持续动态的注册登记管理，并将保荐机构的执业情况、违法违规行为、其他不良行为以及中国证监会对保荐机构采取的监管措施等各方面予以记录和公布。

（二）保荐工作规程

（1）建立健全内部控制制度。保荐机构应当建立健全保荐工作的内部控制制度。

（2）不推荐关联发行人的证券。保荐机构不得推荐会影响其公正履行保荐职责情形的证券，如不得推荐保荐机构及其大股东、实际控制人、重要关联方持有发行人的股份合计超过7％或发行人持有或控制保荐机构超过7％股份的证券；不得推荐为发行人提供投保或融资的证券等。

（3）签订保荐协议。保荐机构应当与发行人签订保荐协议，明确双方的权利义务。

（4）更换保荐机构。如另行聘请的保荐机构，应当完成原保荐机构未完成的持续督导工作，并且持续督导的时间不得少于一个完整的会计年度。应当承担相应责任。

（5）保荐机构的推荐。发行人经辅导符合要求了，保荐机构才可以推荐其股票发行上市，保荐机构应当向证券交易所提交推荐书及证券交易所上市规则所要求的相关文件，并报中国证监会备案。

（三）持续督导

证券发行后，保荐机构对发行人可能存在的违法违规行为以及其他不当行为，应当督促发行人做出说明并限期纠正，情节严重的，应向中国证监会、证券交易所报告。

## 三、证券发行价格

（一）证券发行价格的类型

证券发行价格一般有平价发行、溢价发行、市价发行和折价发行等方式。

（1）平价发行，又称面值发行，即按照证券票面注明的金额作为发行价格，即发行价格与证券面值相等。目前，我国的债券多数采用此发行价格。

（2）溢价发行，指证券的发行价格超过证券面值，我国的股票就采用此方法发行,因为股票尽管也有票面金额,但股票的票面金额往往并不代表其内在价值,因此股票采用溢价发行较为普遍。我国《证券法》规定,股票采用溢价发行的,其发行价格由发行人与承销的证券公司协商确定,报国务院证券监督管理机构核准。

(3) 市价发行,是指证券的发行价格以二级市场同类证券的交易价格为基准来确定的。

(4) 折价发行,即证券以低于其面值的价格发行,如债券以此方法发行,通常称其为贴现债券。发行价与面值之差就是发行人预付给投资者的债息收益。根据有关法律规定,股票不得低于面值发行,即不能折价发行。

(二) 确定股票发行价格的方法

确定发行价格的方法,一般有协商定价法;市盈率法$\left(市盈率=\dfrac{股票市价}{每股收益}\right)$;竞价确定法;净资产倍率法(发行价格=每股净资产值×溢价倍数);现金流量折现法(通过盈利预测,计算出公司净现值,再按一定的折扣率折算出发行价格)。我国在对法人配售和对一般投资者上网发行前,先要召开配售对象问答会,了解认购意图,确定最终发行价格,即现场路演或网上路演。

(三) 影响证券发行价格的因素

影响发行价格的因素主要是:净资产;经营业绩;公司发展潜力;发行数量;行业前景;证券流通市场的状态。

### 四、我国证券发行市场的重大改革

为了建立规范的法人治理结构和完善的运行机制,提高上市公司质量,中国证监会自2000年以来,先后发出了不少关于改革和完善股票发行制度的文件,其主要精神是用市场化原则来促进股票发行制度的改革。其主要内容如下。

(一) 发行制度由行政审批制改为保荐制

我国近10年的股票发行,一直用行政审批制,发行股票及上市采用"指标控制"(额度控制)和行政推荐,带有浓厚的计划经济色彩。2000年3月颁布了股票发行核准程序和股票发行上市辅导暂行办法。就是说:拟公开发行股票的股份有限公司,在向中国证监会提出发行股票的申请前,必须接受具有主承销资格的证券公司(即辅导机构)的辅导,辅导期为1年,极大地加强了主承销商的责任。

辅导的主要内容为:① 公司设立及其历次演变的合法性、有效性;② 公司的人事、财务、资产及供、产、销系统独立完整性;③ 对公司董事、监事、高级管理人员及持有5%以上股份的股东进行《公司法》、《证券法》等有关法律、法规的培训;④ 建立健全股东大会、董事会、监事会等组织机构,并实现规范运行;⑤ 建立健全股份有限公司财务会计制度;⑥ 建立健全公司决策制度和内部控制制度,实现有效运作;⑦ 建立符合上市公司要求的信息披露制度;⑧ 规范股份公司和控股股东及其他关联方的关系;⑨ 公司董事、监事、高级管理人员及持有5%以上股份的股东持股变动情况是否合规。辅导期满后由辅导机构作出《发行上市辅导汇总报告》,该报告作为拟发行公司股票发行申请文件的必备材料。

2001年3月,中国证监会发布了1号令,公布并实施《上市公司新股发行管理办法》。实行核准制下的"通道制",即向综合类券商下达可推荐发行股票的企业家数(通道)。这是由于前两年上市公司的配股和增发新股的情况,存在市场自身约束力不强,中介机构不够尽责,上市公司法人治理结构不健全,通过关联交易操纵利润,以及重筹资轻使用、不重视股东回报等问题,所制定的办法,对上市公司公开发行股票的两种形式(配股和增发)统一加以规范。这一办法,引入市场机制,进一步加大中介机构(特别是证券商)的责任,通过市场的力量形成筛选上市公司的优胜劣汰机制;要求公司建立完善的法人治理结构,要求证券商在尽职调查工作中认真核查;要求上市公司加强资金管理,加大对募集资金使用情况和使用效果的监管力度;强调上市公司重视对股东的回报(特别是近3年有无现金分红及现金分红占可分配利润的比例);强调证券市场优化资源配置的作用;要求配股增发均以现金认购等。

2004年2月又开始实行"保荐制",即保荐代表人制度。保荐制的主体由保荐代表人和保荐机构两部分组成。满足一定条件和资格的人可担任保荐代表人。具有两个保荐人以上的证券公司(或资产管理公司)并具备保荐资格的就可以成为保荐机构。证监会希望引入保荐人制度,为证券发行把好第一关。2005年1月废除通道制,全面实行保荐制。

(二)发行方式逐步推陈出新

2000年2月,中国证监会发出《关于向二级市场投资者配售新股有关问题的通知》,规定向基金配售以后的新股,50%上网定价发行,50%向二级市场投资者配售。2000年4月完善法人配售发行方式,允许发行后总股本在4亿元以下的公司也可以向法人配售新股。2000年5月发出通知,规定新股发行时不再单独向投资基金配售,取消了基金在一级市场的优惠政策。2000年8月组建完成设立于中国证券业协会的"法人配售审核小组",负责审查可能成为战略投资者的法人单位的具体情况;出台规范法人配售办法,首先明确发行价格必须由询价产生,发行量在8 000万股以下的原则上不使用法人配售。

(三)发行价格由行政定价逐步向市价化定价转变

在遵循发行价格能真正反映公司股票内在价值和投资风险原则的基础上,发行价格趋向于市价化定价,一级、二级市场之间的价差收益距离逐渐缩小。2005年1月1日起,试行询价制度,询价对象为证券投资基金管理公司、证券公司等六类机构。根据累计投标询价来确定发行价格。

## 第三节 证券交易市场

证券交易市场是指已发行的证券通过买卖实现转让流通的场所,证券的流通性、收益性、风险性在交易市场中得到充分的体现。国际上有场内交易市场和场外交易市场之分,我国目前只有场内交易市场,不准在证券交易所之外进行证券的场外交易。

### 一、证券交易的原则

证券交易的原则是指参加证券交易各方共同遵循的准则,它是反映证券交易宗旨的一般法则。为了保证证券交易的正常有序进行,必须遵循以下原则。

(一)"三公"原则,即公开、公平、公正原则的简称

所谓公开原则,是指信息公开,要求在证券交易活动中,市场信息的公开化,使得投资者能通过市场充分、真实、准确、完整、及时地了解投资的证券信息,而交易参与的各方也应依法及时向社会发布真实、完整、准确的信息。

所谓公平原则,是指证券交易活动中所有参与者都具有相同的法律地位,各自的合法权益都能得到公平保护,都能获得平等的机会。不能以各参与者不同的资金实力、交易能力的差异而进行歧视,进而形成不同参与者享有不同的待遇。

所谓公正原则,是指应以公正的态度来对待证券交易的各方,公正处理证券交易事务,特别是要公正地处理在证券交易中出现的违法、违规行为等。

(二)"二优"原则,即竞价交易中的价格优先和时间优先的原则

所谓价格优先,是指在证券交易活动中,价格较高的买进申报优先于价格较低的买进申报,价格较低的卖出申报优先于价格较高的卖出申报。

所谓时间优先是指在同一价格申报中,依照申报的时序决定优先顺序,即谁

的报价在先谁先成交。在计算机申报竞价时,按计算机主机接受的时间顺序排序成交。

## 二、证券交易的过程

我国的证券交易活动是在证券交易所内完成的,而且交易活动都是通过证券机构的代理或自营方式实施的。这里主要介绍证券投资者委托证券经纪商买卖证券的过程,包括两方面的内容,即委托买卖和竞价成交。

(一)委托买卖

依照证券交易的有关规则,投资者(除证券商的自营业务外)是不能直接进入交易所参与证券买卖活动的,必须委托证券经纪商代理进入交易所买卖证券。大致步骤如下:

(1)开设资金账户。投资者首先必须在证券登记结算机构开立证券账户,然后在证券营业部开设证券交易结算资金账户,存入交易所需的资金,它主要是用于交易的资金清算,记载资金变动状况的。目前的银证联网转账,就是在银行开立储蓄账户,向证券营业部和银行申请开通银证转账功能,实现证券交易结算资金账户和银行储蓄账户之间的转账。

(2)委托买卖。这是指证券营业部接受投资人委托,代理投资者买卖证券,收取佣金的行为。在这个行为中,投资者要下达委托指令,指令中包括投资人的证券账号、委托日期、委托买卖证券品种、数量、价格、时间、有效期、签名等内容。

目前委托买卖的形式有多种,主要分柜台委托和非柜台委托。非柜台委托又含电话委托、传真或电函委托、自助委托和网上委托。近年来,自助委托和网上委托已成为主要委托形式。

(3)委托受理。这是指证券营业部在收到委托指令后,对委托人的身份、委托内容进行审查,只有经审查无误后,才能接受委托。

(4)委托执行。证券营业部把审查无误的委托,按照证券交易的规则代理买卖证券,如能成交要进一步制作买卖成交报告单交付给委托人。

(5)委托撤销。当投资人的委托指令还未达成交易时,可以变更和撤销委托,但已成交或有部分成交的不得撤销。

(二)竞价成交

证券经纪商受投资者所托,在证券交易所内按照一定的规则和程序进行公开竞价,达成交易,这一过程就是竞价成交。

在竞价成交过程中,必须遵循价格优先和时间优先的原则。

价格优先原则表现为在撮合成交时价格较高的买进申报优先于价格较低的买进申报,价格较低的卖出申报优先于价格较高的卖出申报。

时间优先原则表现为在同价位申报情况下,依照申报时间顺序来决定优先顺序,取买卖方向、价格相同时,先申报者优先于后申报者。这里的先后顺序以证券交易所撮合交易主机的接受申报时间为标准。

现在证券交易所采用的竞价方式一般有两种,即每日开盘前采用集合竞价方式,在全天的交易中采用连续竞价方式。

所谓集合竞价是在交易日上午9:25,由交易所对9:15~9:25之间接受的全部有效委托进行集中撮合处理。这里所确定的开盘价应该是在有效的价格范围内(涨跌停板幅度内)所选取的所有有效委托产生最大成交量的价格。

所谓连续竞价是指在开盘以后,每一笔买卖委托输入交易所计算机主机自动撮合系统等待机会成交。如遇部分成交,剩余部分则继续等待机会成交,直至当日交易结束。目前,交易所规定,委托指令当日有效。

### 三、证券交易费用

证券投资者在委托证券营业部代理买卖证券时,按有关规定必须支付各种费用和税款,这些都是投资人应考虑的交易成本。一般包括委托手续费、佣金、过户费、印花税等。

(一)委托手续费

它是证券公司经批准后向投资者收取的,主要用于设备、单证制作等方面的费用,一般按委托笔数收取,并无统一标准,在相当长的时期内,各证券营业部一律收1元/次,现也有许多证券机构出于竞争需要,免收这项费用。

(二)佣金

它是证券成交后,投资人按一定比例支付的费用,主要是由证券经纪公司佣金、证券交易所交易经手费和管理机构的监管费组成。佣金的收费标准因交易品种、交易场所的不同而有所区别。根据中国证监会、国家发改委、国家税务总局联合发出的《关于调整证券佣金收取标准的通知》,从2002年5月1日起,A股、B股、证券投资基金的交易佣金实行最高上限向下浮动制度,即由原来的固定佣金制改为浮动佣金制,证券公司向客户收取的佣金不得高于证券交易金额的3‰,也不得低于代收的证券交易监管费和证券交易所手续费等,具体的各证券品种在深、沪两个交易所的佣金收费标准如表20-1、表20-2和表20-3所示。

表20-1

### 上海证券交易所债券交易佣金费率

| 品 种 | | 佣 金 标 准 |
|---|---|---|
| 债券现货 | 国债 | 不超过成交金额的1‰，起点5元 |
| | 企业债 | 不超过成交金额的1‰，起点5元 |
| | 可转换债券 | 不超过成交金额的1‰，起点5元 |
| 国债回购 | 1天 | 成交金额的0.025‰，起点5元 |
| | 2天 | 成交金额的0.05‰ |
| | 3天 | 成交金额的0.075‰ |
| | 4天 | 成交金额的0.1‰ |
| | 7天 | 成交金额的0.125‰ |
| | 14天 | 成交金额的0.25‰ |
| | 28天 | 成交金额的0.5‰ |
| | 91天 | 成交金额的0.75‰ |
| | 182天 | 成交金额的0.75‰ |
| 企业债回购 | 天 | 成交金额的0.025‰ |
| | 3天 | 成交金额的0.075‰ |
| | 7天 | 成交金额的0.125‰ |

表20-2

### 上海证券交易所涉及投资者的一部分费用

| 业 务 分 类 | | 收费项目 | 收 费 明 细 |
|---|---|---|---|
| A股开户 | 个人/纸卡 | 开户费 | 40元/户 |
| | 机构账户 | | 400元/户 |
| 基金账户开户 | | | 5元/户 |
| A股交易 | | 佣 金 | 小于或等于成交金额的0.3%，起点5元 |
| | | 过户费 | 成交面额的0.1%，起点1元（双向） |
| | | 印花税 | 成交金额的0.2%（双向） |
| B股开户 | 个 人 | 开户费 | 19美元/户 |
| | 机 构 | | 85美元/户 |
| B股/B股权证交易 | | 佣 金 | 小于或等于成交金额的0.3%，起点1美元 |
| | | 结算费 | 成交金额的0.05%（双向） |
| | | 印花税 | 成交金额的0.2%（双向） |
| 证券投资基金交易 | | 佣 金 | 小于或等于成交金额的0.3%，起点5元 |
| 债券（国债、企业债、可转换公司债券等）交易 | | 佣 金 | 不超过成交金额的0.1%，起点5元 |

(续表)

| 业务分类 | | 收费项目 | 收费明细 |
|---|---|---|---|
| 国债回购 | | 佣金 | 成交金额的 0.0025%（1 天），起点 5 元<br>成交金额的 0.0050%（2 天）<br>成交金额的 0.0075%（3 天）<br>成交金额的 0.0100%（4 天）<br>成交金额的 0.0125%（7 天）<br>成交金额的 0.025%（14 天）<br>成交金额的 0.05%（28 天）<br>成交金额的 0.075%（28 天以上） |
| 企业债券回购 | | 佣金 | 成交金额的 0.0025%（1 天）<br>成交金额的 0.0075%（3 天）<br>成交金额的 0.0125%（7 天） |
| 债转托管 | | 手续费 | 面值 0.01% |
| 查询 | 交易记录 | 查询费 | 20 元/年 |
|  | 账户余额 |  | 机构 50 元/户、个人 20 元/户 |

资料来源：http://www.sse.com.cn。

表 20-3

**深圳证券交易所债券交易佣金费率**

| 品　种 | | 佣金标准 |
|---|---|---|
| 债券现货 | 国债<br>企业债<br>可转换债券 | 不超过成交金额的 1‰<br>不超过成交金额的 1‰<br>不超过成交金额的 1‰ |
| 国债回购 | 1 天<br>2 天<br>3 天<br>4 天<br>7 天<br>14 天<br>28 天<br>63 天<br>91 天<br>182 天<br>273 天 | 不超过成交金额的 0.02‰<br>不超过成交金额的 0.03‰<br>不超过成交金额的 0.05‰<br>不超过成交金额的 0.06‰<br>不超过成交金额的 0.1‰<br>不超过成交金额的 0.2‰<br>不超过成交金额的 0.4‰<br>不超过成交金额的 0.5‰<br>不超过成交金额的 0.6‰<br>不超过成交金额的 0.7‰<br>不超过成交金额的 0.7‰ |
| 企业债回购 | 1 天<br>2 天<br>3 天<br>7 天 | 不超过成交金额的 0.02‰<br>不超过成交金额的 0.03‰<br>不超过成交金额的 0.05‰<br>不超过成交金额的 0.1‰ |

### (三)过户费

它是证券成交后,买卖双方为变更股权登记所支付的费用,属于证券登记结算机构的收入,由证券公司在同投资者清算交割时代为扣收。在上海证券交易所,A股的过户费为成交面额的 1‰,起点为 1 元;B 股(称其为结算费)为成交金额的 0.5‰。在深圳证券交易所,A 股免收过户费;B 股为成交金额的 0.5‰,但最高不超过 500 港元。沪、深两个交易所目前对基金交易都不收过户费,债券交易无过户费。

### (四)印花税

根据我国《税法》规定,按税率向 A、B 股的成交双方分别征收印花税。为保证税源、简化缴款手续,现行的做法是由证券公司在股票交割中代扣。A 股和 B 股目前都按成交金额的 2‰征收,其他交易品种不征收印花税。

## 四、证券交易的结算

当证券交易的买卖双方在达成交易后,必须经过证券结算交易才算真正完成。证券结算主要分为两个过程:即证券清算与证券交割、交收。

### (一)证券清算

这是指在每一交易日中每个证券公司成交的证券数量与价款分别予以轧抵,对证券和资金的应收或应付净额进行计算、处理的工作过程。因为在证券交易业务十分繁忙的情况下,不可能也不必要逐笔业务进行证、钱两清,所以采用差额清算办法。

具体操作是在一个清算期中,对两个证券公司价款的清算只计算其各笔应收、应付款项轧抵后的净额;对证券的清算,只计算每一种证券应收、应付轧抵后的净额。这就简化了手续,提高了效率。

### (二)证券交割、交收

根据证券清算的结果,证券的买卖方在事先约定的时间内履行合约。证券的买方收入证券交付所购证券的款项;证券的卖方交付证券得到款项,这一过程中的证券收付称为证券交割,资金的收付称为证券交收。

我国目前的证券交割、交收有两种方式,即 T+1 交割、交收和 T+3 交割、交收(T 即交易当日)。我国的 A 股、基金、国债、公司债券等用 T+1 方式,B 股用 T+3 方式。

只有通过证券的交割、交收,才能最终完成证券或资金的收付,从而结束交易的总过程。

## 五、代办股份转让

### (一)代办股份转让概念

所谓代办股份转让服务业务,是指证券公司以其自有或租用的业务设施,为非上市公司提供的股份转让服务业务。从其基本特征来看,这种股份转让并没有在证券交易所挂牌交易,而是通过证券公司进行交易,当然证券公司在代办股份转让服务时,同样应遵循公开、公平、公正原则,不应损害投资者的合法权益,中国证券业协会依法履行自律性管理职责,对该项服务业务进行监督管理。

我国开展证券公司代办股份转让服务业务,最初是为了解决原 STAQ、NET 系统挂牌公司的股份流通问题,现在从证券交易所退市的股票也进入这一系统进行转让。截止到 2005 年 8 月 8 日,代办股份转让系统中共有 36 只股票(含同一公司 A、B 股)在转让交易。

### (二)代办股份转让的基本规则

投资者参与股份转让,必须开立非上市公司股份转让账户。证券登记结算机构负责股份账户号码的编制、股份账户卡的印制及其管理工作,并可委托证券公司为参与股份转让的投资者开设股份账户。

股份转让公司的股份必须按照有关规定重新确认、登记和托管后方可进行股份转让。股份转让公司应按规定向办理机构进行重新确认股份,并托管在证券登记结算机构后方可开始转让。

投资者参与股份转让,应当委托证券公司营业部办理。证券公司不得自营所代办公司的股份。

根据股份转让公司的质量,即所满足的条件不同,有每周五次(周一至周五)和每周三次(周一、周三、周五)的转让方式。

股份转让的委托申报时间为转让日 9:30~11:00,13:00~15:00,在这之后进行集中配对成交。股份转让价格实行涨跌幅限制,为前一转让日转让价格的 ±5%。

## 第四节 证券市场的监督管理

为了规范证券的发行和交易行为,保护投资者的合法权益,防范和化解风险,维护证券市场的正常秩序,保障其合法运行,对证券市场进行监督管理是完全必要的。

## 一、监管模式

国际上主要有两种证券市场监管模式:

(1) 国家集中统一监管模式,即由政府直属的部门,或由直接隶属于立法机关的国家证券监管机构进行集中统一监管,而自律组织如证券行业协会则起辅助作用。如美国、日本即是这种模式。

(2) 自律模式,即不制定直接的证券市场管理法律法规,而通过一些其他法规来制约证券市场的运行;也不设立全国性的证券管理机构,而是靠自律原则,由证交所、证券行业协会等组织进行自我监管。实行这种监管模式的主要有英国、德国、意大利等国家。

这两种监管模式各有优缺点,但不少原来采取自律模式进行监管的国家正逐步倾向于采用集中统一监管的模式。

我国采取集中统一监管的模式,国务院有证券委员会,并设立中国证券监督管理委员会,依据《证券法》,对全国证券市场实行集中统一的监督管理。由国务院决定设立的证券交易所,是提供证券集中竞价交易场所的、不以营利为目的的法人。证交所依据《证券法》对在交易所进行的证券交易实行实时监控,并对上市公司披露信息进行监督。由证券公司加入组成的证券业协会是证券业的自律性组织,其首要职责是协助证券监督管理机构教育和组织会员执行证券法律、法规。

## 二、我国证监会的职责

(1) 依法制定有关证券市场监督管理的规章、规则,并依法行使审批或核准权。

(2) 依法对证券的发行、交易、登记、托管、结算,进行监督管理。

(3) 依法对证券发行人、上市公司、证券交易所、证券公司、证券登记结算机构、证券投资基金管理机构、证券投资咨询机构、资信评估机构以及从事证券业务的律师事务所、会计师事务所、资产评估机构的证券业务活动,进行监督管理。

(4) 依法制定从事证券业务活动人员的资格标准和行为准则,并监督实施。

(5) 依法监督和检查证券发行和交易的信息公开情况。

(6) 依法对证券业协会的活动进行指导和监督。

(7) 依法对违反证券市场监督管理法律、行政法规的行为进行查处。

(8) 法律、行政法规规定的其他职责。

### 三、监管的原则

(1) 依法监管的原则。对证券市场的监管,必须有法可依,依法办事,随着经济和证券市场的发展,必须不断完善和加强有关的法制建设。

(2) 保护投资者合法权益的原则。投资者是证券市场重要的参与者之一,证券市场是一个依靠投资者信心支撑的市场,对投资者,特别是中小投资者合法权益的有效保障,是证券市场健康发展的保证。

(3) "三公"原则。证券交易中的公开、公平、公正原则,同样是监管的原则。

### 四、对证券违法违规行为的查处

《证券法》第十一章用了36条来对证券违法违规行为及有关查处办法作了规定。大体上有以下四个方面:

(1) 关于发行上市方面。如第175条,对未经核准或审批,擅自发行证券的,或者制作虚假的发行文件发行证券的,"责令停止发行,退还所募资金和加算银行同期存款利息,并处以非法所募资金全额百分之一以上百分之五以下的罚款。对直接负责的主管人员和其他直接责任人员给予警告,并处以三万元以上三十万元以下的罚款。构成犯罪的,依法追究刑事责任。"又如第177条,对经核准上市交易证券的发行人,"未按照有关规定披露信息,或者所披露的信息有虚假记载、误导性陈述或者有重大遗漏的,由证券监督管理机构责令改正",并对有关人员给予警告,处以罚款。构成犯罪的,追究刑事责任。

(2) 关于证券交易方面。如第183条,对证券交易内幕信息的知情人员或者非法获取证券交易内幕信息的人员,"在涉及证券的发行、交易或者其他对证券的价格有重大影响的信息尚未公开前,买入或者卖出该证券,或者泄漏该信息或者建议他人买卖该证券的,责令依法处理非法获得的证券,没收违法所得,并处以违法所得一倍以上五倍以下或者非法买卖的证券等值以下的罚款。构成犯罪的,依法追究刑事责任。"关于什么是证券交易内幕信息,什么是证券交易内幕信息知情人,《证券法》第68条、第69条都有明确规定。又如,对于操纵证券交易价格,或者制造证券交易的虚假价格或证券交易量,获取不正当利益或者转嫁风险的,《证券法》第184条作出了明确的处罚规定。第188条,对编造并且传播影响证券交易的虚假信息,扰乱证券交易市场的也作了处罚规定。2001年1月,中国证监会先后作出决定,对亿安科技、中科置业两只股票价格突出异动,涉及股票价格操纵问题进行调查。

(3) 关于证券公司方面。对于为客户卖出其账户上未实有的证券或者为客户融资买入证券的;当日接受客户委托或者自营买入证券又于当日将该证券再行卖出的;在证券交易活动中作出虚假陈述或者信息误导的;综合类证券公司假借他人名义或者以个人名义从事自营业务的;未经客户委托,买卖、挪用、出借客户账户上的证券或者将客户的证券用于抵押的,或者挪用客户账户上的资金的;超出业务许可范围经营证券业务的;综合类证券公司,对经纪业务和自营业务不分开办理,混合操作的等等,《证券法》均有处罚的规定。

(4) 其他方面。对于证券交易所、证券公司、证券登记结算公司、证券交易服务机构、社会中介机构及其从业人员,或者证券业协会、证券监督管理机构及其工作人员,在证券交易活动中作出虚假陈述或者信息误导的;对于上述机构的工作人员,故意提供虚假资料,伪造、变造或者销毁交易记录,诱骗投资者买卖证券的;对于为证券的发行、上市或者证券交易活动出具审计报告、资产评估报告或者法律意见书等文件的专业机构,就其所应负责的内容弄虚作假的;对于挪用公款买卖证券的;对于法人以个人名义设立账户买卖证券的;对于为股票的发行、上市出具审计报告、资产评估报告或者法律意见书的专业机构和人员,违反《证券法》第39条规定买卖股票的,《证券法》均作出处罚的规定。

为进一步强化证券执法,2007年11月中国证监会成立了稽查总队,这标志着经历重大改革后中国证券执法体制初步形成。采用证券执法体制不仅实现了证券执法的集中高效管理,而且大大加强了证券稽查力量。具体包括:① 设立中国证监会行政处罚委员会;② 合并稽查一局、二局,即首席稽查办公室;③ 设立中国证监会稽查总队;④ 增加中国证监会派出机构稽查力量。这次改革完成后,证监会稽查人员将达到600人,比原来的人数增加一倍。有关案件的调查将分为非正式调查和正式调查两个阶段,与国际惯例一致。稽查局内设立案处,负责接收有关举报信息,进行即时调查,并根据调查结果确定是否立案。在新的体制下,首席稽查负责统一协调、指挥全系统的稽查工作;稽查局主要负责组织、协调、指导、督促案件调查,负责立案、复核及行政处罚的执行,负责跨境执法合作及行业反洗钱工作;稽查总队主要负责调查内幕交易、市场操纵、虚假陈述等重大案件,以及涉及面广、影响大的要案、急案、敏感类案件;地方稽查局及各地方监管局的稽查力量,主要负责辖区内案件的调查,以及非正式调查和各类协查工作;行政处罚委员会负责所有案件的审理。

# 李海波工作室

　　李海波工作室由我国著名会计学专家李海波教授创办,多年来,李海波会计系列、财经系列教科书在图书市场声誉卓著,深受广大读者的欢迎和有关专家的好评。李海波工作室经政府有关部门批准,已经正式注册,工作室的图书及相关业务呈现了新的发展势头。

　　李海波工作室邀集会计、经济等各路专家、教授及出版人才,专门从事图书的选题策划和书稿的创作编写以及相关出版业务,兼做有关教育培训、财务咨询等业务。

　　李海波教授、研究员毕业于中央财经大学,中国注册会计师,享受国务院特殊津贴专家,长期从事会计、财经等专业的教学、研究和高校管理工作;先后兼任中国会计学会理事、中国审计学会理事、中国生产力学会常务理事等职;曾受聘担任国家教育部全国专科教育人才培养工作委员会副主任,并被收入《中国大学校长名典》和《中国教育名人录》。

　　多年来,李海波工作室策划了许多高质量的图书。李海波教授主编了《新编会计学原理》、《公司会计》、《企业会计》、《新编成本会计》、《新编小型企业会计》、《新编审计学》、《财务管理》、《经济法》、《财政与金融》、《金融会计》、《管理会计》、《会计电算化》、《统计学》、《生产力词典》等90多部著作、教材和词典,论文60多篇。他主编的图书获得过许多荣誉和奖项,包括"全国优秀畅销书一等奖"、"全国优秀教材奖"、"优秀教材学术专著奖"、"双效书荣誉奖"、"建国精品图书奖"等。李海波会计系列、财经系列教科书经受了市场的检验,正在不断地完善和丰富。许多书不断重版、重印,其中《新编会计学原理》再版十几次,重印90多次,发行全国各地,单本发行量500多万册。

　　以李海波名字命名的李海波工作室,在会计、财经等专业图书的策划、编辑、出版等方面积累了丰富的经验,有独特的优势,与出版社有着长期的、良好的合作关系。

立信会计出版社